安徽省一流教材
煤炭高等教育“十四五”规划教材

道路工程

主　编　王　强　张金松　焦　玲
副主编　王长柏　胡功宏　韦　璐

中国矿业大学出版社
·徐州·

内容提要

本书为安徽省一流教材及煤炭高等教育“十四五”规划教材。全书共10章内容：概论、道路平面线形设计、道路纵断面设计、道路横断面设计、道路选线、一般路基设计、路面设计、道路施工、平面交叉口设计、立体交叉规则设计。

本书为高等院校土木工程类专业非道路与桥梁工程专业方向学生专用教材，也可供从事道路设计与施工的技术人员参考。

图书在版编目(CIP)数据

道路工程 / 王强，张金松，焦玲主编. —徐州：中国矿业大学出版社，2022.8

ISBN 978 - 7 - 5646 - 5506 - 8

Ⅰ. ①道… Ⅱ. ①王… ②张… ③焦… Ⅲ. ①道路工程—高等学校—教材 Ⅳ. ①U41

中国版本图书馆 CIP 数据核字(2022)第 134955 号

书　　名 道路工程
主　　编 王　强　张金松　焦　玲
责任编辑 杨　洋
出版发行 中国矿业大学出版社有限责任公司
(江苏省徐州市解放南路　邮编 221008)
营销热线 (0516)83884103　83885105
出版服务 (0516)83995789　83884920
网　　址 http://www.cumtp.com　**E-mail**:cumtpvip@cumtp.com
印　　刷 徐州中矿大印发科技有限公司
开　　本 787 mm×1092 mm　1/16　**印张** 15.25　**字数** 390 千字
版次印次 2022 年 8 月第 1 版　2022 年 8 月第 1 次印刷
定　　价 38.00 元

前　言

为了适应高等教育改革与发展，教育部对高等学校本科专业目录进行了调整，把公路与城市道路工程、桥梁工程、隧道与地下工程纳入了土木工程专业，我们正是在这个背景下决定编写具有交通特色的道路工程方向专业教材。进入21世纪以来，随着道路建设的迅猛发展，道路设计及施工的新理念、新技术、新方法如雨后春笋一般不断涌现，为适应新的发展形势，近几年我国已对有关设计标准、规范做了大量修订；与此同时，如何培养具有高素质的创新人才以满足21世纪科学技术飞速发展的需要，是全球高等院校面临的课题。尤其对于土木工程专业的学生，社会不但要求他们具有较为扎实的专业理论基础知识，而且要求他们具备解决具体工程技术问题的专业实践能力。

本教材由安徽省高等学校省级质量工程项目(2020yljc045)资助，是安徽省一流教材和煤炭高等教育“十四五”规划教材，严格按照培养土木工程师的基本要求和教育部“卓越工程师教育培养计划”编写。主要内容包括：概论、道路平面线形设计、道路纵断面设计、道路横断面设计、道路选线、一般路基设计、路面设计、道路施工、平面交叉口设计、立体交叉规划设计。

本教材由安徽理工大学王强、张金松，许昌学院焦玲担任主编，安徽理工大学王长柏、胡功宏，安徽建筑大学韦璐担任副主编，全书由安徽理工大学王强统稿。具体编写分工如下：安徽理工大学王强编写第1章，张金松编写第2章、第9章，王长柏编写第3章、第7章，胡功宏编写第4章、第5章。许昌学院焦玲编写第6章、第10章。安徽建筑大学韦璐编写第8章。

编写过程中参考和引用了国内外近年来正式出版的有关教材和相关资料，在此向有关作者表示感谢。

由于我们水平有限，加上时间仓促，书中难免有错误和疏漏之处，恳请读者提出宝贵意见，以便及时修改、完善。

编　者

2022年3月

目　录

第1章　概　　论

1.1　道路运输概论

1.1.1　现代交通运输系统

交通运输业是指国民经济中使用运输工具将货物和旅客送到目的地的行业，是发展国民经济、提高人民物质文化和生活水平的重要基础。交通运输具有物质生产的三个要素：① 从事交通运输生产的劳动者；② 线路、机场、码头、机车、车辆、船舶、通信、信号等劳动资料；③ 作为劳动对象的旅客或货物。在交通运输生产的三个要素中，劳动者和劳动资料可由运输部门控制，但劳动对象，即运送的旅客和货物，运输部门只是提供服务而不能自由支配，所以运输部门虽然是一个物质生产部门，但是还具有服务的功能。服务功能决定了运输安全在各个运输方式的协调配合、合作分工的条件下，要能安全、舒适、快捷地满足运输需求，以适应国民经济和社会发展的需要。

交通运输系统是在社会生产发展到一定历史阶段产生的。18 世纪蒸汽机的发明，使交通领域逐渐出现了列车、机动船、汽车、飞机等新型运输工具。新型的运输工具需要配套的工程技术设备和相应的科学组织管理，从而构成了新型的交通运输方式。

现代交通运输系统主要由铁路运输、道路运输、航空运输、管道运输和水路运输 5 种运输方式组成。

1.1.1.1　铁路运输

铁路运输是一种陆上运输方式，以机车牵引列车在两条平行的铁轨上行走。广义的铁路运输包括磁悬浮列车、缆车、索道等非钢轮行进的方式，或称为轨道运输。铁路运输是现代运输的主要方式之一，也是陆上货物运输基本方式之一，在整个运输领域中占有重要的地位，并发挥着越来越重要的作用。铁路运输适合大宗笨重的中远程运输，要求准时到达的远程客货运输以及容易死亡、变质的活物、鲜货的中远程运输。

铁路运输的特点主要包括以下几个方面：

① 经常性、连续性好。铁路运输几乎不受天气影响，一年四季可以不分昼夜地进行定期的、有规律的、准确的运转，在运输经常性方面优势显著。

② 运行速度快。一般普通列车的速度可达 100 km/h 左右，高速铁路的速度则更快，远高于海上运输。

③ 运输能力大。铁路一列货物列车一般能运送 3 000～5 000 t 货物，能承担大量货物和人的运输，远高于航空运输和汽车运输。

④ 运输成本较低。铁路运输费用仅为汽车运输费用的十几分之一到几分之一，尤其是运距长和运输量大时，单位成本低。

⑤ 安全可靠，风险远比海上运输小。

⑥ 初期投资大。铁路运输需要铺设轨道、建造桥梁和隧道，建路工程艰巨复杂；需要消耗大量钢材、木材；占用土地，其初期投资大大超过其他运输方式。

⑦ 无法实现“门对门”的运输，通常要依靠其他运输方式配合，才能完成运输任务，除非托运人和收货人均有铁路支线。

⑧ 铁路运输中的货损率较高，而且由于装卸次数多，货物损毁或丢失事故通常比其他运输方式多。

1.1.1.2 道路运输

道路运输是指在道路上进行运输活动，是一种能实现“门到门”的最快捷的陆上运输方式。道路运输适合少量货物的短途运输，短途客运以及容易死亡、变质的活物、鲜货的短途运输。道路运输的特点主要包括以下几个方面：

① 机动灵活，适应性强。其能适应各种地形条件，可在规定时间和地点进行分散、集中货物或旅客。

② 可实现“门到门”直达运输。汽车体积较小，中途不需要换装，从而节省时间和费用，可以把旅客和货物从始发地门口直接运送到目的地门口，实现“门到门”直达运输。

③ 通达性好。道路运输能深入边远地区或山区，可直接与任何工矿企业或居民点相连。

④ 运送速度较快，投资回收快。公路运输与铁路运输、水路运输、航空运输相比，所需固定设施简单，车辆易驾驶且购置费用较低，投资回收期短。

⑤ 投资少，社会效益好。同铁路运输、航空运输相比，公路运输投资较少、见效快，公路建设还能给沿线地区带来显著的社会效益和经济效益。

⑥ 运输量较小，运输成本偏高。在几种运输方式中，汽车运输是仅次于航空运输的成本第二高的运输方式。

⑦ 运行持续性差，安全性较低，环境污染较严重。在几种运输方式中，道路运输的运距最短，因道路交通事故致死、致残的人员数量较高。同时，汽车尾气和车辆噪声也严重威胁人类的健康。

道路运输是国民经济的重要组成部分，对国民经济具有促进和制约作用。改革开放以来，我国道路建设得到了持续、快速、健康的发展，取得了世界瞩目的成就。多年来，国家和地方政府一直致力于道路管理体制的建设、完善，为最终建立科学、合理的道路管理体制和强化道路的行业管理积累了宝贵的经验，奠定了扎实的基础。目前，道路运输已成为世界各国广泛采用的一种主要运输方式。

1.1.1.3 水路运输

水路运输是以船舶为主要运输工具，以港口或港站为运输基地，以水域包括海洋、河流和湖泊为运输活动范围的一种运输方式。水路运输较适于担负大宗、低值、笨重和各种散装货物的中长距离运输，其中海运更适于承担各种外贸货物的进出口运输。

水路运输的特点主要包括以下几个方面：

① 通航能力不受限制。水路运输主要利用江、河、湖泊和海洋的“天然航道”。水上航道四通八达，通航能力几乎不受限制，而且投资小。

② 运输量大，成本低。水路运输可以利用天然的有利条件，实现大吨位、长距离的运输，运量大、成本低的特点非常适合大宗货物的运输。

③ 是开展国际贸易的主要方式。

④ 受自然条件的限制与影响大。受海洋与河流的地理分布及其地质、地貌、水文与气象等条件和因素的明显制约与影响。

⑤ 对综合运输的依赖性较大。河流与海洋的地理分布有相当大的局限性，水运航线无法在广大陆地上任意延伸。

水路运输是国民经济发展的润滑剂。水路运输按其航行的区域，大体上可划分为远洋运输、沿海运输和内河运输三种形式。远洋运输是指除沿海运输以外所有的海上运输；沿海运输是指利用船舶在国内沿海区域各地之间的运输；内河运输是指利用船舶、排筏和其他浮运工具，在江、河、湖泊、水库及人工水道上的运输。作为水路运输重要组成部分的内河运输，为国民经济的繁荣发展，特别是沿江、沿河等内陆省份经济的繁荣发展起到了推动作用。

1.1.1.4 航空运输

航空运输又称为飞机运输，是指在具有航空线路和飞机场的条件下，以飞机为运输工具进行货物运输的一种运输方式。近年来，航空运输日趋普遍，航空货运量越来越大，航空运输的地位日益提高。航空运输适合贵重、急需但数量不大的货物，大城市和国际的快速客运及报刊、邮件运输等。航空运输的特点主要包括以下几个方面：

① 运行速度快。由于在空中较少受到限制，因此航空线一般取两点之间的最短距离，这样航空运输能够实现两点间的高速、直达运输，尤其是远程直达，更体现其优势。

② 破损率低，安全性高。航行支持设施，如地面通信设施、航空导航系统、着陆系统以及保安监测设施的迅速改进与发展提高了航空运输的安全性。且航空运输的地面操作流程环节比较严格，管理制度比较完善，这就使货物破损率很低，安全性较好。

③ 营运成本较高。航空运输的成本及运价高于铁路、水路，是一种价格较高的运输方式。航空运输通常不如其他运输方式普及，尤其是在不发达国家。

④ 节省包装等费用，加快资金周转。运输速度快，商品在途时间短、交货速度快，可降低商品的库存数量，减少仓储费、保险费和利息支出等。另外，货损和货差较少，包装可相应简化，降低了包装费用和保险费用。产品流通速度加快，也加快了资金周转速度。

⑤ 基建周期短、投资少，不像地面交通线路建设那样投入大量的基建费用。

⑥ 受气候条件影响大。因出行条件要求高（保证安全），航空运输在一定程度上受气候条件的限制，从而影响运输的准确性与正常性。

航空运输是一个对国民经济贡献极大的行业，航空运输对区域经济具有显著的推动作用。航空运输受益于改革开放，又反过来直接促进改革开放。GDP 对民航有拉动作用，即社会对民航运输的需求量不断上升，民航也为 GDP 的增长做出了贡献。随着我国工农业生产和整个国民经济的发展，民用航空运输与国民经济活动的关系也越来越密切，正在日益发挥其独特作用。民用航空运输根据自身的特点和分工，和其他运输方式相互配合、相互补充、密切衔接，就能迅速、及时、保证质量地将货物从生产地运到消费地。

1.1.1.5 管道运输

管道运输是一种以管道输送流体（液体或气体）货物的运输方式，是统一运输网中干线运输的特殊组成部分。管道运输适合大宗流体货物运输，其特点主要包括以下几个方面。

① 运输量大。管道运输可省去水运或陆运的中转环节，缩短运输周期，降低运输成本，提高运输效率。当前管道运输中管道的口径不断增大，运输能力大幅提高；管道的运距迅速增大；运输物资由石油、天然气、化工产品等流体逐渐扩展到煤炭、矿石等非流体。

② 建设投资相对较小，占地面积少，受地理条件限制少。管道建设的投资和施工周期均不到铁路的1/2。管道埋于地下，只有泵站、首末站占用土地，占用土地少。管道可以从河流、湖泊、铁路、公路下部穿过，也可以翻越高山，横穿沙漠，一般不受地形与坡度的限制，可以缩短运输里程。

③ 由于管道埋于地下，受气候和环境的影响较小，可以长期稳定运行。

④ 可实现远程控制，自动化程度高。管道输送流体能源，主要依靠增压站提供压力能，设备运行比较简单，易就地自动化和集中遥控。先进的管道增压站可无人值守，生产效率高。

⑤ 耗能少、成本低、效益好。管道运输是一种连续工程，运输系统不存在空载行程，运输效率高，理论分析和实践经验已证明：管道口径越大，运输距离越远，运输量越大，运输成本就越低。以运输石油为例，管道运输、水路运输、铁路运输的运输成本之比为1∶1∶1.7。

⑥ 沿线不产生噪声，泄漏污染少，有利于环境保护。据近10年西欧石油管道统计泄露污染仅为输送量的4%。

⑦ 灵活性差，专用性强。管道运输不如其他运输方式（如道路运输）灵活，不容随便扩展管线。管道运输常与铁路运输或道路运输、水路运输配合才能完成全程输送。运输对象受到限制，承运的货物比较单一，只适合运输石油、天然气、化学品、碎煤浆等气体和液体货物。

交通运输是现代经济社会正常运行的保障，经济社会实现现代化首先要求交通运输现代化。近年来，我国的铁路、公路、水运和民航等运输方式均得到较快的发展，而且随着交通运输事业市场化程度的不断提高，各种运输方式之间的市场竞争也已全面展开。综合以上五种交通运输方式，道路运输除运输成本高以外，具有其他运输方式不可比拟的优势，也是一种最活跃的运输方式，显示出广阔的发展前景。

1.1.2 道路的特点及道路运输的作用

1.1.2.1 道路的特点

汽车运输之所以能得以迅速发展，与道路及其运输所具有的一系列特点分不开。与其他交通运输相比，其具有下列基本属性和经济特征。

(1) 道路的基本属性

道路建设与道路运输是物质生产，因而必然具有物质生产的基本属性，即有生产资料、劳动手段和劳动力以及作为物质产品而存在的道路。同时，它又具有自身特有的基本属性。

① 公益性——道路分布广，涉及面宽，能使全社会受益，也受到社会各方面的关注和支持。

② 商品性——道路建设是物质生产，道路是产品，必然具备商品的基本属性，因此既具有价值，又具有使用价值。这一属性是目前发展商品化道路（或称为收费道路）的基本依据。

③ 超前性——道路的超前性主要是指道路的先行作用。道路是为国民经济和社会发

展服务的，它作为国家连接工农业生产的链条和经济腾飞的跑道，其发展速度应高于其他部门的发展速度。

④ 储备性——道路运输是资金密集型和技术密集型产业，属于国家基本建设项目，道路的建设不仅要满足现行通行能力的要求，还要考虑今后一段时间内通行能力增长的要求，即具有一定的储备能力。

(2) 道路的经济特征

道路作为一种特殊的物质产品，还具有一些经济特征，主要包括：

① 道路产品是固定在广阔地域上的线形建筑物，不能移动，这不同于一般的工业生产和建筑业。工业生产一般是生产设备固定，产品(从原材料到成品)在生产过程中流动，而道路与此相反。建筑业虽然也是如此，但其产品分布在各点上，而不是线形工程。因此，道路建设的流动空间更大，工作地点更不固定，受社会和自然环境影响大，具有更强的专业性。

② 道路的生产周期和使用周期长。通常建成一条上百公里的道路要花两三年的时间，高等级道路时间更长，在实施过程中需耗用大量的人力、物力和财力。投入使用后一般使用年限为10～20年。在使用过程中还需进行经常性的养护、维修和管理工作。

③ 道路虽是物质产品，但不具有商品的形式。在商品经济中，一般的产品都采取商品交换形式，出售后进入消费。而道路建成后，不能作为商品出售，也不存在等价交换的买卖形式，只提供给社会使用。

④ 具有特殊的消费过程和消费方式。一般的商品生产与消费在时间和空间上都是分离的，即商品必须成型后才能运送到市场中进行交换和消费。而道路可边建设、边使用，并在使用过程中养护、维修与改造。生产与消费不可分割，在时间和空间上是重复的。道路在消费形式上不是一次性的，而是多次消费。这就对道路的质量提出了特别高的要求，以确保其多次重复性使用(消费)中车辆行驶的安全、快速、经济和舒适。

⑤ 道路作为一个完整的系统发挥其作用，为社会服务。一条道路由路线、路基、路面、桥涵等各部分组成完整的系统。一个区域的道路网是由许多条道路组成的一个有机的网络系统，而这个系统又成为交通运输系统中的一个子系统，这就要求各条道路的修建要统筹规划，相互协调，密切配合，从整体的角度为社会服务。

1.1.2.2 道路运输在国民经济中的地位和作用

道路运输是交通运输系统的重要组成部分，是为国民经济、社会发展和人民生活服务的基础设施。社会经济的发展和交通运输的需求决定道路运输的发展进程，而道路运输的发展也影响和制约着社会经济和交通运输的发展水平。道路运输以其机动性、灵活性等特点深入影响政治、经济、文化、教育、军事及人们的日常生活等各个方面。随着国家经济的发展和科学技术水平的不断提高，道路运输越来越重要。

道路运输与国民经济的发展存在着相互促进、相互制约的对立统一的关系。道路运输在国民经济中的地位和作用主要表现在以下方面：

① 道路运输是最便捷且唯一具有直达功能的运输方式。道路运输可以实现门到门的运输，自成运输体系，这种直达的运输方式是其他运输方式所不具备的。

② 道路运输可以为其他运输方式集散、接运客货。道路运输灵活性、输入性的特点可将其他运输方式连接成网，充分发挥运输业在经济和社会发展中的重要作用。

③ 道路运输的通达深度广、覆盖面大。道路运输可以将地区、城乡、企业、不同用户之间的经济活动连接起来,为各个产业的生产活动提供服务。

④ 道路运输成为世界各国发展最快和主要的运输方式。道路运输的发达程度已成为衡量一个国家经济实力和现代化水平的重要标志。

1.2 道路发展简史与现状

道路的历史,就是人类社会的发展史。道路伴随人类活动而产生,也必然随着人类生产和生活的改变而改变,道路的发展促进社会的进步和发展,是历史文明的象征、科学进步的标志。

1.2.1 国外道路发展简史

1.2.1.1 西方古代道路

公元前1900年以前,亚述帝国曾修筑了从巴比伦辐射出的道路。今天在巴格达和伊斯法罕之间仍留有遗迹。传说非洲古国迦太基人(公元前600年—公元前146年)曾首先修筑有路面的道路,后来为罗马所沿用。

罗马帝国大修道路对维护帝国的兴盛起了很大的作用。由首都罗马通过修建道路和意大利、英国、法国、西班牙、德国、小亚细亚部分地区、阿拉伯以及非洲北部连成整体,以维持在该地区的统治地位。并把这些区域分成13个省,有322条联络干道,总长度达78 000 km(52 964罗马里)。罗马大道网,以29条主干道为主,其中最著名的一条是由罗马东南方向越过亚平宁山脉通往布林迪西的阿庇乌大道(又译亚平大道),全长约660 km,开始兴建于公元前400年前后,用了68年的时间,完成后起到了沟通罗马与非洲北部和远东地区的作用。罗马大道的主要特征有二:一是路面高于地面,主要干道平均高出2 m左右,以利于瞭望,保障行车安全,因此成为现代英语所袭用的"highway"一词的来源;二是两点之间常常不顾地形的艰险,恒以直线相连,工程浩大,至今尚留有隧道、桥梁挡土墙的遗迹,其中若干主要军用大道宽达11～12 m,中间部分宽3.7～4.9 m,用硬质材料铺砌成路面,以供步兵使用,两边填筑了高于路面的宽约0.6 m的堤道,可能供军官指挥用,外侧每边尚有2.4 m宽的骑兵道。其施工方法是先开挖路槽,然后分四层用不同大小的石料并用泥浆或灰浆砌筑,总厚达1 m。路面的式样也不尽相同,较高级的阿庇乌大道,曾使用自160 km以外运来的边长为1～1.5 m的不整齐石板,镶砌于灰浆之中。有些道路用大理石方块或用厚约18 cm的琢石铺砌。

罗马帝国的道路建设之所以有如此辉煌的成就,主要原因是统治者重视,道路的主持者是高级官吏,道路的最高监督有至高的权威和荣誉,如凯撒(公元前100年—公元前44年)是第一个任此职者,之后只有执政官级别的人才有资格充当。正因为道路建设对罗马帝国的兴盛起了很大的作用,罗马人才修建了凯旋门,以纪念诸如恺撒、图拉真等人的筑路功绩。随着罗马帝国的衰亡,道路建设也随之衰落。因此可以说,国家的兴衰和道路的状况有着密切的联系。

1.2.1.2 西方近代道路

首先用科学方法改善道路施工的,是拿破仑时代法国工程师P.M.J.特雷萨盖,由于他的努力，筑路技术向科学化和近代化迈出了第一步。他曾于1764年发表了新的筑路方法，10年后在法国获得普遍采用，主要特点是减薄了路面的厚度，底层用较大的石料竖向铺筑，用重夯夯实；其上同样铺成第二层后，再用重夯夯击并将小石块填满大孔隙；最上层撒铺坚硬的碎石，罩面形成有拱度的厚约7.5 cm的面层。他重视道路养护，被认为是首先主张建立道路养护系统的人，在他的影响下，法国的筑路精神受到了鼓舞，致使拿破仑当政期间建成了著名的法国道路网。因而当时法国人尊称特雷萨盖为现代道路建设之父。

英国的苏格兰工程师T.特尔福德于1815年建筑道路时，采用一层式大石块基础的路面结构，用平均高约18 cm的大石块铺砌在中间，两边用较小的石块以形成路拱，用石屑嵌缝后，再分层摊铺10 cm和5 cm厚的碎石，之后借助交通压实。其要求较特雷萨盖更为严格。以后将这种大块石基础称为特尔福德基层。1816年间英国另一位苏格兰工程师J.L.马克当，对碎石路面进行了认真研究，认为路面损坏的原因主要是所选用材料不良、准备工作不够、铺筑工艺欠精以及设计不合理等。他主张取消特尔福德所发明的笨重的大石块基础而代之以小尺寸的碎石材料，用两层10 cm厚的粒径为7.5 cm的碎石，上铺一层2.5 cm厚的碎石作为面层获得了成功，至今仍将这种碎石路面称为马克当路面。他首先科学地阐述了路面结构的两个基本原则，至今尤为道路工作者所肯定：一是道路承受交通荷载的能力，主要依靠天然土路基，并强调土路基要具有良好的排水功能，当它经常处于干燥时，才能承受重载而不致发生沉降；二是用有棱角的碎石，互相咬紧锁结成为整体，形成坚固的路面。根据当时的交通情况，路面的厚度一般小于25 cm即可适应。与罗马时代的路面厚度相比较，减薄了3/4，节约了大量的人力和材料。路面压实主要依靠车辆，并经常用工具整平，直到路面坚实为止。因此，路面的成型耗费时日，而破碎石料更加费时费工。

1858年轧石机的发明促进了碎石路面的发展，后来又用马拉的滚筒进行压实。1860年在法国出现了蒸汽压路机，进一步提高并改善了碎石路面的施工技术和质量，加快了施工进度。20世纪初，碎石路面被认为是当时最优良的路面，在全球得到推广。马克当还为汽车时代交通与道路的关系提出了正确的见解。他认为：道路建设应该适应交通的发展，而不应该为了维持落后的道路而限制交通的发展。这个主张为之后公路的发展起了很大的作用。1883年G.W.戴姆勒和1885年C.F.本茨分别发明汽车，1888年J.B.邓洛普发明充气轮胎，加上马克当的碎石路面，成为近代道路交通的三大支柱。与此同时，特尔福德以道路工程师的身份首先创建了土木工程师学会，并担任终身主席，发展成为国际上群众性学术团体。

由上述内容可知道路工程的改革始自路面。如碎石路面结构，当时虽然新颖，但是只是原始的。自古以来，在道路建设中也已经知道外加结合料的重要性，过去是石灰、沥青，后来是水泥。所用材料不同，其结构性能各异，可将路面分为柔性路面和刚性路面两大类。近年来，由于缓凝性质材料（主要是工业废料）的采用，又有半刚性路面之分。

汽车被发明后，其性能不断改善，在速度、安全和舒适性方面有了很大的提高，原来的道路条件已不能适应，因而高速公路出现。自第二次世界大战之后，高速公路已成为公路现代化的标志。

1.2.2 我国道路发展简史

我国道路发展史可以追溯至距今4 000年以前的新石器晚期，中国有记载役使牛马为人类运输而形成驮运道，并出现了原始的临时性的简单桥梁。相传中华民族的始祖黄帝，因看见蓬草随风吹转，而发明了车轮，于是以“横木为轩，直木为辕”制造出车辆，对交通运输做出了伟大贡献,故尊称黄帝为"轩辕氏"。随着车辆的出现,产生了车行道,人类陆上交通出现了新局面。我国道路的发展史大体经历了如下三个阶段。

1.2.2.1 古代道路(公元前21世纪—公元1911年)

早在公元前2000年,我国已出现可行驶牛、马车的道路。商朝(公元前16世纪—公元前11世纪)已经懂得夯土筑路,并利用石灰稳定土壤。对商朝殷墟的发掘,发现有用碎陶片和砾石铺筑的路面,并出现了大型木桥。周朝(公元前11世纪—公元前3世纪)道路的规模和水平有很大的发展。《诗经·小雅·大东》记载:"周道如砥,其直如矢。"说明当时道路坚实平坦如磨石,线形如箭一样直。对道路网的规划、标准、管理、养护、绿化以及沿线的服务性设施等方面都有所创建。首先把道路分为市区和郊区,前者称为"国中",后者称为"鄙野",分别由名为"匠人"和"遂人"的官吏管理。可以说是现代城市道路和公路划分的先河。城市道路的规划,分为"经、纬、环、野"四种,南北之道为经,东西之道为纬,都城中有九经九纬,呈棋盘形,围城为环,出城为野。规定有不同的宽度(其单位是轨,每轨宽八周尺,每周尺约0.2 m),经涂、纬涂宽九轨,环涂宽七轨,野涂宽五轨。郊外道路分为路、道、涂、畛、径五个等级,并根据其功能规定不同的宽度,类似现代的技术标准。在路政管理上,朝廷设有"司空"掌管土木建筑和道路,而且规定"司空视涂",按期视察,及时维护;如"雨毕而除道,水涸而成梁";并"列树以表道,立鄙食以守路",是以后养路、绿化和标志的萌芽。而且"凡国野之道,十里有庐,庐有饮食;三十里有宿,宿有路室,路室有委;五十里有市,市名侯馆,侯馆有积",其道路服务性设施的齐备程度,可想而知。以上情况,可见周朝的道路已臻相当完善的程度。周王朝规划的道路系统如图1-1所示。

战国时期(公元前475年—公元前221年)车战频仍,交往繁忙,道路的作用显得日益重要。当时在山势险峻之处凿石成孔,插木为梁,上铺木板,旁置栏杆,称为栈道,是中国古代道路建设的一大特色。秦朝时期,强调"车同轨、书同文",秦始皇为巩固政权、便利通商,大修驰道,形成了全国性的基本道路网,古史有"皇帝坐车,任重而道远"的记载。汉代时期,十里一亭,三十里一驿,作为交通运输中继站,伸展运输距离。秦汉时期,长达7 000 km的通往中亚细亚和欧洲的"丝绸之路",是当时欧亚大陆的通商交通动脉,是中西文化、宗教交流的主要路线,促进了世界文明的发展。

唐代是我国古代道路发展的鼎盛时期,初步形成了以城市为中心的四通八达的道路网。唐朝长安城道路网系统如图1-2所示。清代道路系统分为三等,即官马大路、大路、小路。官马大路分东北路、东路、西路和中路四大干线,共长2 000多公里。清代北京城道路系统如图1-3所示。

1.2.2.2 近代道路(1912—1949年)

至1949年,中华人民共和国成立以前只修建了13万km,并且路况差,标准不一,其中通车里程仅为8.1万km。这一时期可细分为四个阶段:

第一阶段——清末和北洋政府时期,是中国公路的萌芽阶段,1902年,上海出现了汽车,汽车公路开始在中国发展;1906年,中国修建了广西镇南关(今广西友谊关)到龙州间长约50 km的国内第一条公路。截至1927年,全国公路通车里程约29 000 km。

第二阶段——1927—1936年期间,是我国公路开始纳入国家规划建设阶段。1927年国民政府的交通部和铁道部草拟了全国道路规划和公路工程标准。截至1936年6月,全国通

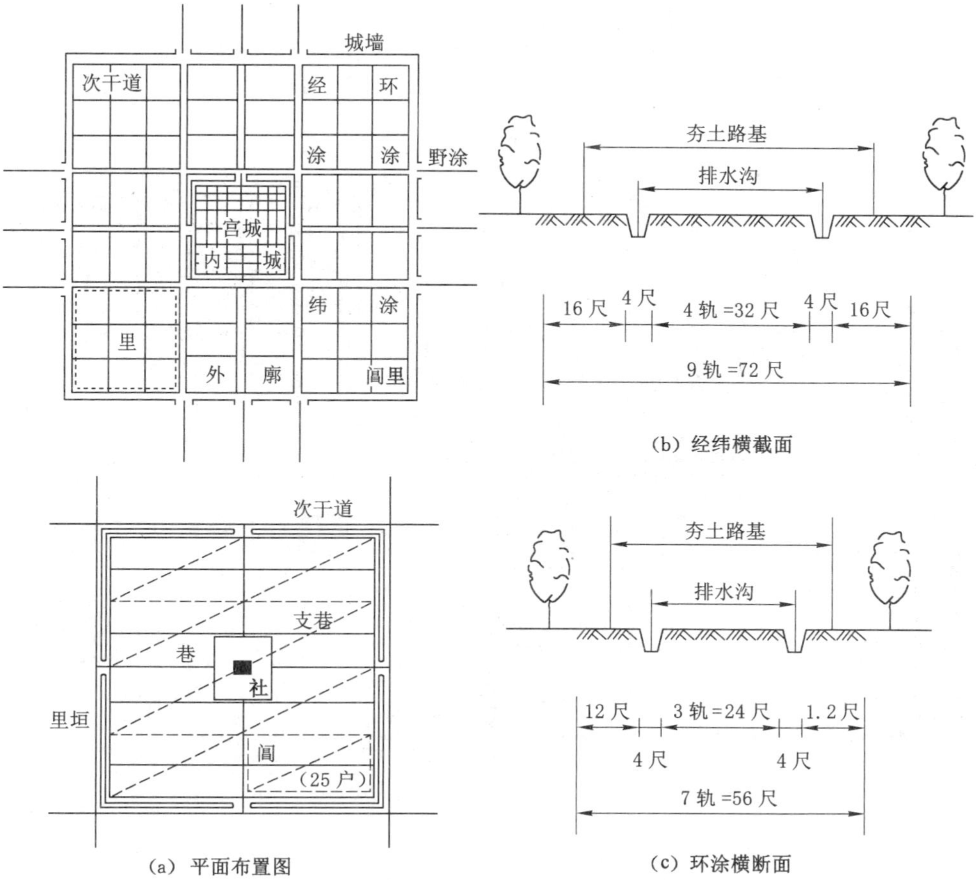

图 1-1　周王朝规划的道路系统

车里程达 117 300 km。

第三阶段——1937—1945 年期间，由于战争的影响和破坏，公路发展缓慢。截至 1946 年 12 月，全国公路总里程只有 130 307 km。

第四阶段——1946—1949 年期间，公路交通以军用为主，公路建设进展不大。特别是国民党军队溃退时，公路遭到严重破坏。截至中华人民共和国成立前夕，全国通车里程只有 75 000 km。

1.2.2.3　现代公路(1949 年以后)

1949 年以后，我国的公路建设大致经历了“通达工程”建设期(1950—1978 年)、“提高等级”建设期(1979—1997 年)和“完善路网”建设期(1998 年以后)，各种文献中的划分方法和结果不尽相同，但都是为了说明道路建设的时代经历。

(1)“通达工程”建设期(1950—1978 年)

这个时期我国的国民经济建设全面展开，百废待兴。国民经济基础十分薄弱，且长期处于计划经济的体制环境制约下，国家对公路交通的基础性和先导性作用认识不足，导致投资严重不足，公路建设资金十分匮乏。这一时期的公路建设以通为主，公路建造技术和工艺水平相对落后，公路建设标准多为三、四级公路，但是通车里程增长迅速，截至 1976 年，全国公

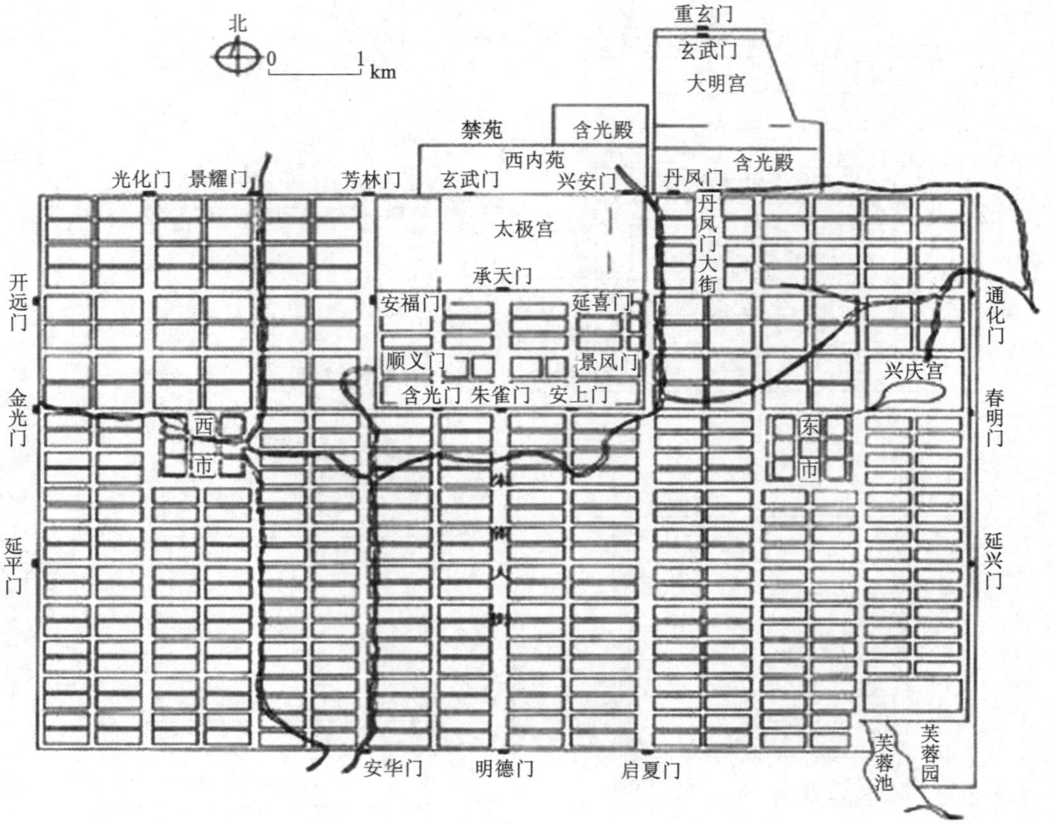

图 1-2 唐长安城道路系统

路通车里程达到 82.3 万公里。

(2)“提高等级”建设期(1979—1997 年)

这个时期我国经济开始步入持续、快速、健康发展的轨道,综合实力日趋强盛,公路基础设施建设发生历史性转变,主要表现在:

① 公路建设得到中央和地方各级政府的重视,公路建设的重要性逐步为全社会所认识。

② 在统一规划的基础上,开始有计划地进行全国公路基础设施建设,明确了全国干线公路网布局。

③ 公路建设在扩大总规模的同时,重点提高了质量,高等级公路迅速发展,公路基础设施的总体技术水平得到提高。

④ 公路建设资金来源趋于多元化,提高了养路费征收标准、开征车辆购置附加费、允许高等级公路收费还贷等政策的出台,保证了公路建设资金的来源。

这一时期,公路建设由以前的“以通为主”向“提高公路的快速性”转变,主要任务是提高公路等级、质量和通行能力,开始建设高速公路,以满足国民经济对公路交通的需求。截至 1996 年年底,我国的公路里程超过 118 万公里,高速公路和一级公路里程超过 15 万公里,路网等级全面提高。

(3)“完善路网”建设期(1998 年以后)

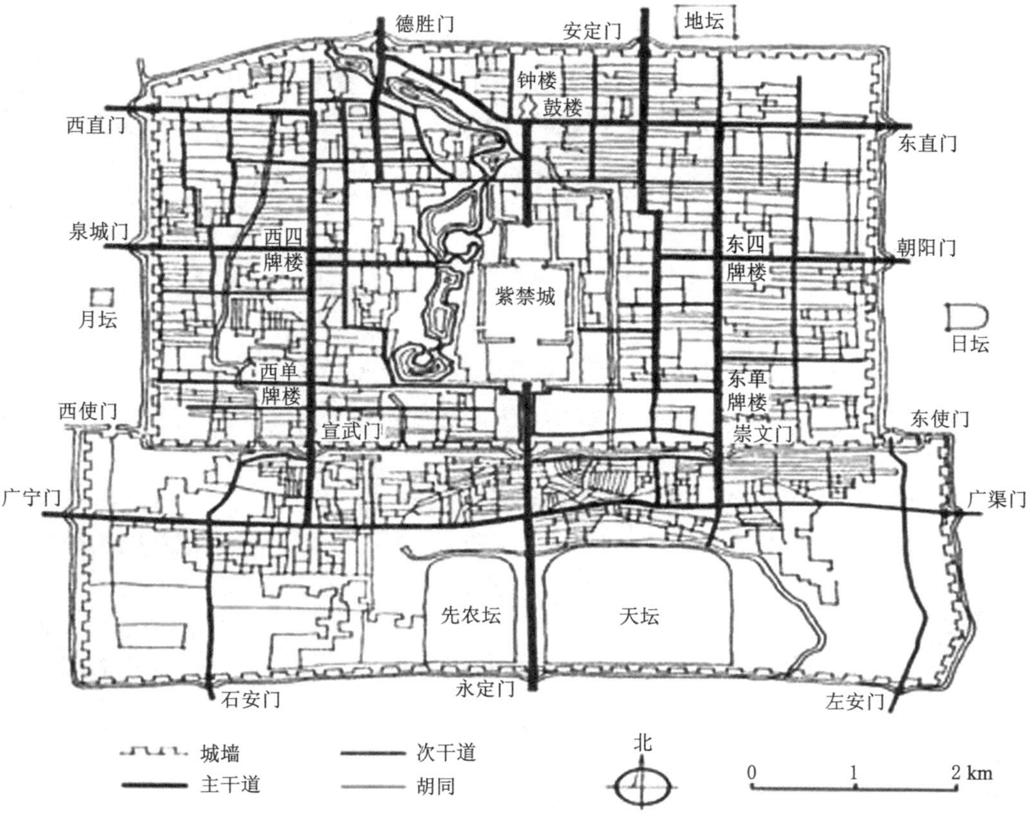

图 1-3 清代北京城道路系统

这个时期，国家采取了扩大内需的积极的财政政策，以推动国民经济快速、稳步增长。扩大内需行之有效的措施是大规模启动基础建设项目，这给公路建设带来前所未有的发展机遇，加之交通增长对公路建设具有强烈需求，修建高速公路成为公路建设的主旋律。截至2021年年底，我国的公路通车里程超过520万公里，其中高速公路达到16.8万公里，居世界第一，高速公路对20万以上人口城市覆盖率超过98%，国、省道总体技术状况达到良好水平，路网日趋完善。

总的来看，经过70多年的发展，我国的公路建设取得了巨大的成就。一是路网密度大幅提高；二是农村公路建设成就显著；三是公路、桥梁、隧道建造技术赶上甚至超越国际先进水平，建造了一批标志性工程，如港珠澳大桥、杭州湾大桥、秦岭特长隧道、最长的沙漠公路等；四是高速公路里程建设成就突出。

1.3 道路的分类、分级与技术标准

1.3.1 道路的分类及功能

道路是提供各种车辆（无轨）和行人等通行的工程设施。目前，我国道路分类由于各种道路管理机构不同，处于多样化状态，按照用途大体上可分为公路、城市道路、专用道路（厂

矿道路、林区道路)和乡村道路等。

(1) 公路

公路是指连接城市、乡村，主要供汽车行驶的具备一定技术条件和设施的道路。根据公路的作用和使用性质，又将公路划分为国家干线公路、省级干线公路、县级公路和乡级公路(简称国道、省道、县道、乡道)，以及专用公路。

① 国道——在国家干线网中具有全国性的政治、经济、国防意义，并经确定为国家级的干线公路。

② 省道——在省公路网中具有全省性的政治、经济、国防意义，并经确定为省级的干线公路。

③ 县道——具有全县性的政治、经济意义，并经确定为县级的公路。

④ 乡道——修建在乡村、农场，主要供行人及各种农业运输工具通行的道路。

(2) 城市道路

城市道路是指在城市范围内供车辆及行人通行的具备一定技术条件和设施的道路;《城市道路工程设计规范》(CJJ 37—2012)(2016 年版)根据城镇道路在道路网中的地位、交通功能以及对沿线建筑物的服务功能等，分为快速路、主干路、次干路、支路。

城市道路的功能除了把城市各部分联系起来为城市各种交通服务外，还起到了形成城市结构布局的骨架，提供通风、采光，保持城市生活环境空间以及为防火、绿化提供场地的作用。

(3) 专用道路

由工矿、农林等部门投资修建，主要供该部门使用的道路。

① 厂矿道路——在工厂和矿山区，主要供各种厂矿车辆通行的具备一定技术条件和设施的道路;在《厂矿道路设计规范》(GBJ 22—87)中分为厂内道路和厂外道路，厂外道路分为一、二、三、四级，厂内道路分为主干道、次干道、支道、车间引道和人行道。

② 林区道路——林区道路是指修建于林区，主要供各种林业运输工具通行的道路。由于林区地形和运输木材的特征，其技术要求应按照专门制定的林区道路工程技术标准执行。

(4) 乡村道路

乡村道路是指修建于乡村、农场主要供行人及各种农业交通运输工具通行的道路。在目前大力推进新农村建设政策的推动下，乡村道路等基础设施的建设尚缺乏专门的依据。我国现阶段农村公路基本都是按三、四级公路相关设计标准和规范进行设计的。因此，在我国道路设计中乡村道路属于公路范畴。

1.3.2 公路的分类与技术标准

1.3.2.1 公路(技术)等级的划分

《公路工程技术标准》(JTG B01—2014)(下文简称《标准》)基于原功能概念，提出了公路的功能分类，见表 1-1。公路按功能分为主要干线公路、次要干线公路、主要集散公路、次要集散公路和支线公路五类，为不同层次的出行提供畅通直达、汇集疏散和接入服务的功能。

表 1-1 公路的功能分类表

	主要干线公路	次要干线公路	主要集散公路	次要集散公路	支线公路
适应地域与路网连续性	人口 20 万以上的大中城市	人口 10 万以上重要的市县	人口 5 万以上的县城或连接干线公路	连接干线公路与支线公路	直接对应于交通发生源
路网服务指数	≥15	10～15	5～10	1～5	<1
期望速度	80 km/h 以上	60 km/h 以上	40 km/h 以上	30 km/h 以上	不要求
出入控制	全部控制出入	部分控制出入或接入管理	接入管理	视需要控制横向干扰	不控制

公路按使用任务、功能和适应的交通量分为高速公路、一级公路、二级公路、三级公路、四级公路五个技术等级。

(1) 高速公路是指专供汽车分向、分车道行驶并全部控制出入的多车道公路。高速公路应能适应将各种汽车折合成小客车的年平均日交通量宜在 15 000 辆以上。

(2) 一级公路是指供汽车分向、分车道行驶，可根据需要控制出入的多车道公路。

一级公路应能适应将各种汽车折合成小客车的年平均日交通量宜在 15 000 辆以上。

一级公路是连接高速公路或某些大城市的城乡接合部、开发区经济带及人烟稀少地区的干线公路。它实际上是有两种不同的任务和功能：一种是具有干线功能，部分控制出入；另一种是可以采用平交的距离不长的连接线等。一级公路强调必须分向、分车道行驶，《公路工程技术标准》(JTG B01—2014)规定一级公路一般应设置中央分隔带。当受到特殊条件限制时，必须设置分隔设施，不允许用画线代替。

(3) 二级公路是指供汽车行驶的双车道公路。

二级公路应能适应将各种汽车折合成小客车的年平均日交通量为 5 000～15 000 辆。

二级公路为中等以上城市的干线公路或者是通往大工矿区、港口的公路。

(4) 三级公路是指主要供汽车、非汽车交通混合行驶的双车道公路。三级公路应能适应将各种车辆折合成小客车的年平均日交通量为 2 000～6 000 辆，主要为连通县、城镇之间的集散公路。

(5) 四级公路是指主要供汽车、非汽车交通混合行驶的双车道公路或单车道公路，一般为连通乡、村等地的地方公路。

双车道四级公路能适应按各种车辆折合成小客车的年平均日交通量为 2 000 辆以下；单车道四级公路能适应各种车辆折合成小客车的年平均日交通量为 400 辆以下。

交通量换算采用小客车为标准车型。各汽车代表车型及车辆折算系数见表 1-2。

高速公路和一级公路的设计交通量预测年限为 20 年；二、三级公路的设计交通量预测年限为 15 年；四级公路可根据实际情况确定。设计交通量预测的起算年应为该项目可行性研究报告中的计划通车年。设计交通量的预测应充分考虑走廊带范围内远期社会、经济的发展和综合运输体系的影响。

表 1-2　各型汽车的折算

汽车代表车型	车辆折算系数	说　明
小客车	1.0	座位≤19 座的客车和载质量≤2 t 的货车
中型车	1.5	座位>19 座的客车和 2 t<载质量≤7 t 的货车
大型车	2.5	7 t<载质量≤20 t 的货车
拖挂车	4.0	载质量>20 t 的货车

注：1. 畜力车、人力车、自行车等非机动车，按路侧干扰因素计。

2. 公路上行驶的拖拉机每辆折算为 4 辆小客车。

3. 公路通行能力分析所要求的车辆折算系数应针对路段、交叉口等形式，按不同的地形条件和交通需求，采用相应的折算系数。

1.3.2.2　公路(技术)等级的选用

① 应根据路网规划、公路功能，并结合交通量，充分考虑项目所在地区的综合运输体系、远期发展等，经论证后确定。

② 主要干线公路应选用高速公路，次要干线公路应选用二级及以上公路。

③ 主要集散公路宜选用一、二级公路，次要集散公路宜选用二、三级公路。

④ 支线公路宜选用三、四级公路。

⑤ 一条公路，可分段选用不同的公路等级或同一公路等级不同的设计车速、路基宽度，但不同的公路等级、设计车速、路基宽度间的衔接应协调，过渡应顺适。

1.3.2.3　公路工程技术标准

(1) 技术标准的内涵

公路的技术标准是法定的技术准则，它是指公路线形和构造物的设计、施工在技术性能、几何尺寸、结构组成方面的具体规定和要求。它是在根据汽车行驶性能、数量、荷载等方面的要求和设计、施工及使用的经验基础上，经过调查研究和理论分析制定出来的。各级公路主要技术指标汇总见表 1-3。

表 1-3　各级公路主要技术指标汇总

公路等级		高速公路			一级公路			二级公路		三级公路		四级公路
设计速度/(km/h)		120	100	80	100	80	60	80	60	40	30	20
车道数		≥4			≥4			2		2		2(1)
行车道宽度/m		3.75	3.75	3.75	3.75	3.75	3.5	3.75	3.5	3.5	3.25	3.0
中间带宽度/m	一般值	4.5	3.5	3.0	3.5	3.5	3.0	3.8	3.0	—	—	—
	最小值	3.5	3.0	2.0	3.0	2.0	2.0	2.0	2.0	—	—	—
右侧硬路肩宽度/m	一般值	3.0 或 3.5	3.0	2.5	3.0	2.5	2.5	1.5	0.75	—	—	—
	最小值	3.0	2.5	1.5	2.5	1.5	1.5	0.75	0.25	—	—	—
土路肩宽度/m	一般值	0.75	0.75	0.75	0.75	0.75	0.75	0.75	0.75	0.75	0.5	0.25(双车道)
	最小值	0.75	0.75	0.75	0.75	0.75	0.5	0.5	0.5			0.5(单车道)

表 1-3(续)

公路等级		高速公路			一级公路			二级公路		三级公路		四级公路
不设超高最小半径/m	$i_{路拱}\leqslant 2.0\%$	5 500	4 000	2 500	4 000	2 500	1 500	2 500	1 500	600	350	150
	$i_{路拱}>2.0\%$	7 550	5 250	3 350	5 250	3 350	1 900	3 350	1 900	800	450	200
一般最小半径/m		1 000	700	400	700	400	200	400	200	100	65	30
极限最小半径/m		650	400	250	400	250	125	250	125	60	30	15
停车视距/m		210	160	110	160	110	75	110	75	40	30	20
最小坡长/m		300	250	200	250	200	150	200	150	120	100	60
最大纵坡/%		3	4	5	4	5	6	5	6	7	8	9

公路技术标准主要是指公路等级、路基宽度(车道数)、设计速度三个关键要素,三者相辅相成,又相互独立。

公路等级主要由公路在路网中的功能决定。大多数情况下,公路等级需更多地考虑政治、经济、社会等宏观因素,非单纯由技术确定。

路基宽度由交通需求决定。但是从根本上讲,交通需求决定的是公路的车道数,而非整个路基宽度,路基宽度则以车道数为基础,即由基本的行车道宽度加安全的路缘带宽度、硬路肩宽度、中央分隔带宽度等组成。

设计速度由公路等级与地形条件决定。设计速度对于公路交通容量有一定的影响,但是以提高速度去获得有限的交通容量的提高,尤其在地形复杂路段,属舍本求末之举。以此可知交通容量提高的根本途径是增加车道数,而非采用更高的设计速度。

(2) 技术标准的应用

运用《公路工程技术标准》(JTG B01—2014)要合理,确定指标要慎重,在可能的条件下尽量采用较高的指标。

标准指标的选择和运用应有针对性和灵活性。我国地域辽阔,各地条件迥异,不同地区公路乃至同一公路不同路段具有不同环境特征。为保护个性环境,需要灵活设计;为展现环境个性,需要精心创作。技术标准和设计规范是应用于全国范围内的纲领性法规,因此必须也只能具有一般性和普遍性的指导意义。在道路设计时,应在全面、系统地理解标准和规范的基础上,根据个性环境,灵活地运用标准规范中的各项指标。

标准中的指标有主次之分。主要指标是指对安全性、功能有重大影响的指标,如最小圆曲线半径、最大纵坡、视距等;次要指标是指在满足安全性的前提下,主要影响美学或舒适性的指标,如曲线间直线长度等。主要指标在设计中原则上应予保证,对于次要指标,当对环境不构成影响时,可采用较高值,当对环境产生影响时,应采用较低值,当对环境和生态产生影响巨大时,为了保护环境,可突破使用。

1.3.3 城市道路的分类与技术分级

1.3.3.1 城市道路的分类

根据道路在城市道路网中的地位、交通功能以及对沿线建筑物的服务功能,分为快速路、主干路、次干路、支路四类。

(1) 快速路——为城市中大量、长距离、快速交通服务。快速路上的机动车道两侧不应设置非机动车道。快速路对向行车道之间应设置中间分隔带,其进出口应采用全控制或部分控制。快速路沿线两侧不能设置吸引大量车流、人流的公共建筑物的进出口,对一般建筑物的进出口应加以控制,当进出口较多时宜在两侧另建辅道。

(2) 主干路——为连接城市各主要分区的干路,以交通功能为主。主干路上的机动车与非机动车应分道行驶,非机动车交通量大时,宜采用机动车与非机动车分隔形式,如三幅路或四幅路。主干路一般不设立体交叉,而是采用扩宽交叉口引道的方法来提高其通行能力。主干路两侧不应设置吸引大量车流、人流的公共建筑物出入口。

(3) 次干路——与主干路结合组成城市道路网,起集散交通的作用,兼有服务功能。次干路是城市中数量较多的一般的交通性道路,配合主干路组成城市干道网,起到联系各部分和集散交通的作用。次干路一般不设立体交叉,部分交叉口可以扩大,并加以渠化。次干路兼有服务功能,允许两侧布置吸引人流的公共建筑,但应设停车场。

(4) 支路——为次干路与街坊的连接线,解决局部地区交通,以服务功能为主。支路是一个地区内(如居住区内)的道路,是地区通向干道的道路。支路可以与平行于快速路的道路相接,但不得与快速路直接相接。支路需要与快速路交叉时采用分离式立体交叉跨过或穿过快速路。

1.3.3.2 城市道路的红线规划

道路红线是指通过城市规划或道路系统专项规划确定的各等级城市道路的路幅边界控制线及城市道路用地与其他用地的分界控制线。红线宽度为道路用地的规划范围,包括车行道、人行道、绿化带等在内的规划道路的总宽度,或称为规划路幅。

城市道路的红线规划是根据城市总体规划确定道路网的形式、道路的功能、走向和位置、一次修建还是分期逐步改造、新建道路还是旧路改造等。

城市道路红线规划的主要工作内容包括:

(1) 确定道路红线宽度

根据道路的功能与性质,考虑适当的横断面形式和确定机动车道、非机动车道、人行道、绿化带等各组成部分的合理宽度,从而确定道路的总宽度,即红线宽度。红线宽度规划太窄不能满足日益发展的城市交通和其他各方面的要求,给以后改建带来困难;太宽时近期沿线建筑要从目前路边后退很多,会给近期建设带来困难。所以,确定红线宽度时应充分考虑"近远结合,以近为主"的原则。

(2) 确定道路红线位置

在城市总平面图基本方案的基础上,对于新建区道路,选择规划路中心的位置,并按拟定道路横断面宽度画出道路红线;对于旧区改建道路,如计划近期一次拓宽至规划宽度者,规划红线根据少拆迁原则以一侧拓宽为宜;属于长期控制,逐步形成的道路,定位时可以按照现状中线不动,使两侧建筑平均后退。

(3) 确定交叉口形式

根据各交叉口的形式及具体条件和近远期结合的要求,确定交叉口用地范围、具体位置和尺寸,路缘石半径以及安全视距等,并以红线绘于平面图上。

(4) 确定控制点的半径和标高

规划道路中线的转折点和各条道路的相交点就是控制点。控制点平面位置可直接实地测量,标高则由竖向规划确定,也可以依据可靠的地形图计算其坐标和标高。

1.4 道路的基本组成

1.4.1 公路工程的基本组成

公路是一种线形工程结构物,由线形和结构两部分组成。

(1) 线形组成

公路线形是指公路中线的空间几何形状和尺寸。这一空间线形投影到平、纵、横三个方向而分别绘制成反映其形状、位置和尺寸的图形,即公路的平面图、纵断面图和横断面图。公路设计中,平、纵、横是相互影响、相互制约、相互配合的,设计时应综合考虑,如图 1-4 所示。

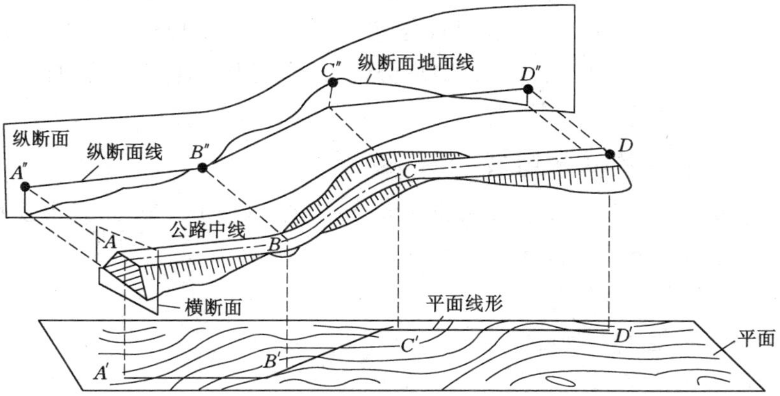

图 1-4 道路的平面、纵断面及横断面

公路路线的线形是指在空间的几何形状和尺寸,为研究方便,将之分解为平面、纵断面、横断面设计进行研究。平面线形由直线、圆曲线和缓和曲线等基本线形组成。纵面线形由直线(直坡段)及竖曲线等组成。公路线形设计时必须考虑技术经济和美学等的要求。

(2) 结构组成

公路是交通运输结构物,不仅承受荷载的作用,还受自然条件的影响,其结构组成主要包括:路基路面工程、排水工程(桥涵、渗水路堤、过水路面等)、防护工程(挡土墙、护坡、护栏等)、特殊构造物以及交通服务设施。

① 路基——行车部分的基础,一般有路堤、路堑、半填半挖三种路基形式,如图 1-4 所示。路基结构必须稳定、坚实并符合规定的尺寸,以承受汽车和自然因素的作用。

② 路面——用坚硬材料铺筑于路基上供汽车直接行驶的地带,通常由基层和面层组成。

路面按其适用品质、材料组成和结构强度有高级、次高级、中级、低级之分。按其力学性质可分为柔性路面和刚性路面。常用材料有沥青、水泥、碎(砾)石、砂、黏土等。

③ 桥涵——公路跨越水域、沟谷和其他障碍物时修建的构造物。根据《公路工程技术标准》(JTG B01—2014)的规定,单孔跨径小于 5 m 或多孔跨径之和小于 8 m 称为涵洞,大

于这一规定值称为桥梁。

④ 隧道——公路隧道通常是指建造在山岭、江河、海峡和城市地面下，供车辆通过的工程构造物。它是为公路从地层内部或水体下通过而修建的结构物。当公路翻越高山或穿过深水层时，为了改善平、纵面线形和缩短路线长度，经过技术、经济比选，可开凿隧道。

⑤ 公路特殊结构物——在山区地形、地质复杂路段，可修建悬出路台、半山桥及防石廊等以保证道路连续和路基稳定的构造物。

⑥ 排水系统——为了防止地面水和地下水等自然水侵蚀、冲刷路基，确保路基稳定，需设置排水构造物，除上述桥涵外，还有边沟、截水沟、排水沟、跌水、急流槽、盲沟、渗井及渡槽等。这些排水构造物组成综合排水系统，以减轻或消除各种水源对道路的侵害。

⑦ 防护工程——在陡峻山坡或沿河一侧的路基边坡修建的填石边坡、砌石边坡、挡土墙、护脚及护面墙等可加固路基边坡保证路基稳定的构造物。在易发生雪害的路段可设置防雪栅、防雪棚等。在沙害路段设置控制风蚀过程的发生和改变沙粒搬运及堆积条件的设施。沿河路基可设置导流结构物，如顺水坝、格坝、丁坝及拦水坝等间接防护工程。

⑧ 交通工程及沿线设施——公路交通工程及沿线设施是保证公路功能和安全形势的配套设施，如照明设备、交通标志、护栏、中央分隔带、隔音墙、隔离墙、加油站、汽车停车场、休息设施及绿化和美化设施等。

1.4.2 城市道路工程的基本组成

城市道路将城市的主要组成部分如居民区、市中心、工业区、车站、码头及其他部分联系起来，形成完整的道路系统，通常其组成如下：

(1) 机动车道和非机动车道。

(2) 人行道：包括地下人行道和人行天桥。

(3) 交叉口、步行广场、停车场、公共汽车站。

(4) 交通安全设施：人行地道、人行天桥、照明设备、护栏、标志、标线等。

(5) 排水系统：街沟、雨水口、窑井及雨水管等。

(6) 沿街设施：照明灯柱、电杆、邮筒及给水栓等。

(7) 地下各种管线：各种电缆、煤气管及给排水管道等。

(8) 绿化带。

(9) 大城市还有地下铁道、高架桥等。

道路工程的主体是路线、路基(包括排水系统、防护工程等)和路面三大部分。在道路设计中它们是相互联系、相互影响的。路线设计时要有经济合理的线形，还应充分考虑通过地区的自然与地貌等因素，以保证路基的稳定性。路基设计要求有足够的强度和稳定性，以保证路面结构的整体强度和稳定性，保证行车安全和迅速。

思考与练习

1. 道路是如何分类分级的？分类分级的依据是什么？
2. 简述现代交通运输系统的组成及各自的优缺点。
3. 现代公路与城市道路的基本组成有哪些？

第 2 章　道路平面线形设计

2.1　概述

道路是一条三维空间带状实体构造物，该实体表面的中线是一条空间曲线，该空间曲线为道路中线，即通常所说的路线。道路中线在水平面上的投影称为路线的平面线形，如图 2-1(a)所示。沿着中线竖直剖切，再行展开则是路线的纵断面；中线各点的法向切面是道路在该点的横断面。路线的平面、纵断面和各个横断面是道路路线的几何组成。路线设计是指确定路线空间位置和各部分几何尺寸的工作。设计一条道路，对路线的平、纵、横三个方面，既要分别进行，又要综合考虑。

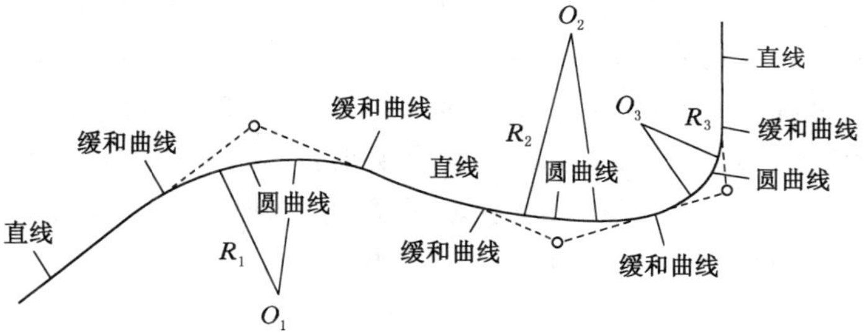

(a) 路线图

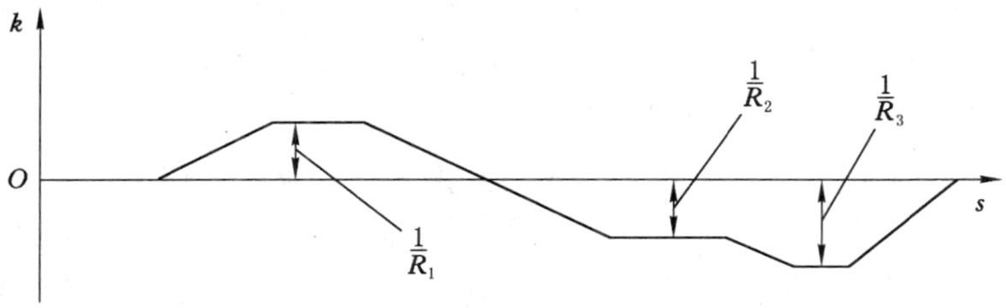

(b) 曲率图

图 2-1　曲率连续的道路平面线形

道路线形是道路的骨架，不但对行车的速度、安全性、舒适性、经济性及道路的通行能力起决定性的影响，而且直接影响道路构造物设计、排水设计、土石方数量、路面工程及其他构造物，同时对沿线的经济发展、土地利用、工农业生产、居民生活及自然景观、环境协调也产生很大影响。

2.2 道路平面线形三要素

现代道路是为汽车行驶服务的，要保证满足汽车在道路上行驶安全、迅速、经济、舒适、低公害的要求。道路工程的规划和设计必须要考虑并满足其使用对象——载运工具的运行要求。

汽车行驶过程中，车轮在路面上留下的痕迹可粗略看成汽车的行驶轨迹。观察发现任何一辆正常行驶的汽车，无论直行还是拐弯，留下的轨迹都是一条光滑、连续的优美线形。

经分析，行驶中汽车导向轮与车身纵轴之间的角度有下列三种关系：

① 当汽车转向角为0时，其轨迹为直线；

② 当汽车转向角为常数时，其轨迹为圆曲线；

③ 当汽车转向角为变数时，其轨迹为曲率渐变的曲线(即缓和曲线)。

理想的道路平面线形应与汽车的重心轮轨迹完全重合，只有这样，才能使驾驶员更轻松地操纵汽车沿路线方向正常行驶，进而保证行车的安全性、舒适性和工程经济性。道路平面线形正是由上述三种线形——直线、圆曲线和缓和曲线构成的，称为平面线形三要素。

平面线形三要素是道路平面线形设计的基本组成。现代道路平面线形设计是根据汽车行驶的力学性质和行驶轨迹要求，合理地确定各线形要素的组合、比例以及几何参数，保持线形的连续性和均衡性，并注意使线形与地形、地物、环境和景观等协调。对于车速较高的道路，线形设计还应考虑汽车行驶美学及驾驶员视觉和心理上的要求。各线形要素所占比例及使用频率并无规定，各要素只要使用合理、配置得当，即可满足汽车行驶的基本要求，参数则视地形情况和人的视觉、心理、道路技术等来确定。

2.2.1 直线

(1) 直线的特点

因为两点之间距离以直线为最短，一般定线时只要地势平坦且无大的地物障碍，定线人员都首先考虑使用直线通过。笔直的道路给人以短捷、直达的美学效果。汽车在直线上行驶受力简单，方向明确，驾驶操作简易。从测设上看，直线只需定出两点，就可以方便地测定方向和距离。直线因为具有这些优点，在道路线形设计中被广泛使用。

除了上述优点外，直线也存在一些缺点：直线线形大多数难以与地形协调，若长度运用不当，不仅破坏了线形的连续性，还不便达到线形设计自身的协调。过长的直线易使驾驶员感到单调、疲倦，难以准确目测车间距离，于是产生尽快驶出直线的急躁情绪，易超速行驶，对行车安全不利。所以在运用直线线形并决定其长度时必须持谨慎态度，不宜采用过长的直线。

(2) 直线的运用

在现代道路路线平面设计中，下述路段可采用直线：

① 不受地形、地物限制的平坦地区或山间的开阔谷地；

② 市镇及其近邻，或规划方正的农耕区；

③ 过长过大的桥梁、隧道等构造物路段；

④ 路线交叉点及其前后路段；

⑤ 双车道公路提供超车的路段。

(3) 直线的最大长度限制

鉴于直线的特点，道路平面线形中直线最大长度应有所限制。当采用长的直线线形时，为弥补景观单调的缺陷，应结合沿线具体情况采取相应的技术措施，并注意下述问题：

① 长直线再加上下陡坡更易导致高速度，因此在直线上纵坡坡度不宜过大；

② 长直线宜与大半径凹形竖曲线组合，这样可以使生硬呆板的直线得到缓和；

③ 道路两侧过于空旷时，宜采取植不同树种或设置一定建筑物、雕塑、广告牌等，以改善单调的景观；

④ 长直线或长下坡的尽头的平曲线，除曲线半径、超高、视距等必须符合规定外，还必须采取设置标志、增加路面抗滑能力等安全措施。

“长直线”的量化是一个需要研究的课题。德国和日本规定直线的最大长度（以米计）为 $20V$（V 为计算行车速度，km/h），苏联为 8 km，美国为 180 s 行程。我国地域辽阔，地形条件在不同的地区有很大的不同，对直线最大长度很难作出统一的规定。基于对驾驶人员和乘客的心理反应和感受调查，一般认为直线的最大长度在城镇附近或其他景色有变化的地方大于 $20V$ 是可以接受的；在景色单调的地方最好控制在 $20V$ 以内；而在特殊的地理条件下应特殊处理。若作某种具体限制是不现实的。但是必须强调，无论是汽车专用公路还是一般公路，在任何情况下都要避免追求长直线的错误倾向。

（4）直线的最小长度限制

考虑到线形的连续和驾驶的方便，相邻两曲线之间应有一定的直线长度，这个直线长度是指前一曲线的终点（缓直点 HZ 或圆直点 YZ）到后一曲线的起点（直缓点 ZH 或直圆点 ZY）之间的长度。

① 同向曲线间的直线最小长度——转向相同的曲线之间若插入较短的直线段，则容易产生把直线和两端的曲线看成反向曲线的错觉，如图 2-2 所示。当直线过短甚至把两个曲线看成一个曲线，这种线形破坏了公路整体线形的连续性，且容易造成驾驶操作失误，设计中应尽量避免。《公路路线设计规范》（JTG D20—2017）规定：当计算行车速度$\geqslant$60 km/h 时，同向曲线间直线最小长度（以 m 计）以不小于行车速度（以 km/h 计）的 6 倍为宜；当计算行车速度$\leqslant$40 km/h 时，可参考上述规定执行。

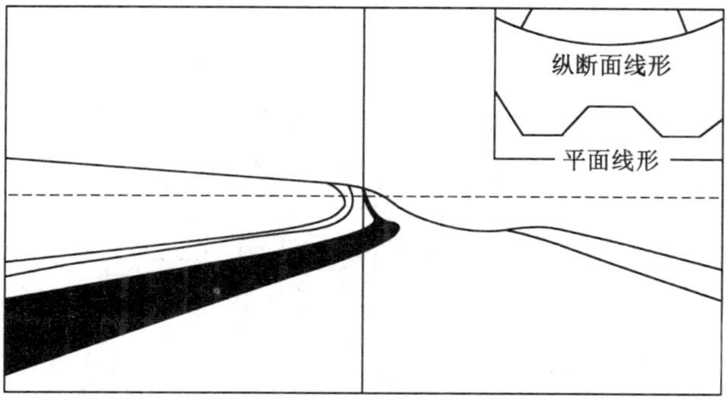

图 2-2　同向曲线间插入短直线

② 反向曲线间的直线最小长度——转向相反的两条曲线之间，考虑到为了设置超高和加宽缓和段的需要，以及驾驶人员转向操作的需要，宜设置一定长度的直线。《公路路线设

计规范》(JTG D20—2017)规定:当计算行车速度≥60 km/h时,反向曲线间直线最小长度(以m计)以不小于行车速度(以km/h计)的2倍为宜;当计算行车速度≤40 km/h时,可参考上述规定执行。特别困难的山岭区三、四级公路设置超高时,中间直线长度不得小于15 m。若两条反向曲线已设缓和曲线,在受到条件限制的地方也可以将两条反向曲线首尾相连,但是被连接的两条缓和曲线和圆曲线应满足一定的技术条件。

③ 相邻回头曲线间直线最小长度——回头曲线是指山区公路为克服高差在同一坡面上回头展线时所采用的曲线。两相邻回头曲线之间应尽量有较长的距离。一个回头曲线的终点至下一个回头曲线起点的距离,在二、三、四级公路上应分别不小于200 m、150 m和100 m。

2.2.2 圆曲线

(1) 圆曲线的特点

《公路路线设计规范》(JTG D20—2017)规定:各级公路不论转角大小均应设置圆曲线。圆曲线具有与地形相适应、可循性好、线形美观、易于测设等优点,所以在设计中使用相当广泛。其主要特点如下:

① 曲线上任意一点的曲率半径为常数,故测设工作比缓和曲线简便;

② 能较好地适应地形的变化,适应范围较广且灵活;

③ 较大半径的圆曲线具有线形美观、顺适、行车舒适特点;

④ 圆曲线上的每一点都在不断地改变方向,汽车受到离心力作用,同时汽车比直线段多占用宽度;

⑤ 圆曲线半径较小时,汽车在圆曲线内侧行驶,视线受到路堑边坡或其他障碍物的影响,视距条件差,容易发生交通事故。

(2) 圆曲线半径

汽车在曲线上行驶时,除受重力作用以外,还受到离心力的作用,也正是离心力的作用,使行驶在平曲线上的汽车有两种横向不稳定的危险——汽车向外滑移和汽车向外倾覆。

① 汽车在圆曲线上行驶时力学分析。

在平曲线上行驶的汽车所受到的离心力 F 如图2-3所示,其计算公式为:

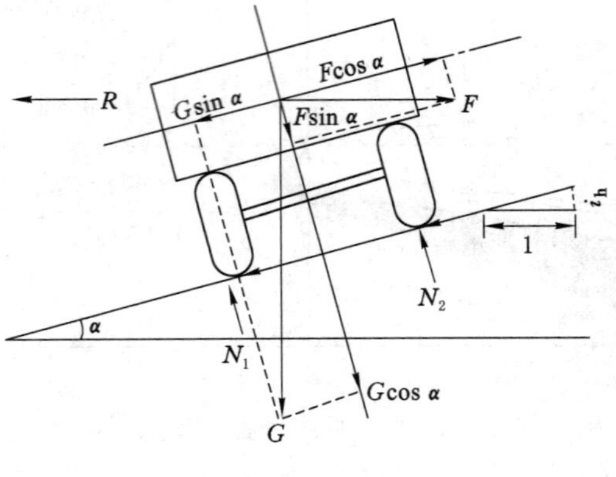

图2-3 曲线上汽车的受力分析

$$F=\frac{G}{g}\cdot\frac{v^2}{R}=\frac{GV^2}{127R} \tag{2-1}$$

式中　G——汽车所受重力，N；

R——圆曲线的半径，m；

g——重力加速度，9.8 m/s^2；

v,V——汽车的行驶速度，分别以 m/s、km/h 计。

为了减小离心力的作用，保证汽车在平曲线上行驶的稳定性，把路面做成外侧高的单向横坡形式，也就是超高。汽车在具有超高的平曲线上行驶，重力的水平分力可以抵消一部分离心力的作用，其余可由横向摩阻力平衡。

沿着平行于路面的横向力方向 X 和垂直于路面的竖直力方向 Y 对离心力 F 和汽车重力 G 进行分解，可得下式：

$$\begin{cases}X=F\cos\alpha-G\sin\alpha\\Y=F\sin\alpha-G\cos\alpha\end{cases} \tag{2-2}$$

由于路面的横向倾角 α 一般很小，$\sin\alpha=\tan\alpha=i_h$，$\cos\alpha\approx1$，其中 i_h 称为横向超高坡度(也称为超高率)。因此可以得到：

$$X=F-Gi_h=\frac{G}{g}\cdot\frac{v^2}{R}-Gi_h=G\left(\frac{v^2}{gR}-i_h\right) \tag{2-3}$$

② 横向力系数。

在汽车行驶过程中，横向力 X 是一个不稳定的因素，为了表示汽车所受横向力的程度，采用了单位车重所受的横向力这个概念，也就是用横向力系数来衡量汽车所受横向力的程度，即

$$\mu=\frac{X}{G}=\frac{v^2}{gR}-i_h \tag{2-4}$$

将车速 v(m/h)变成 V(km/h)，可以得到：

$$\mu=\frac{V^2}{127R}-i_h \tag{2-5}$$

式中　μ——横向力系数；

i_h——超高横坡度(或超高率)；

V——计算行车速度，km/h；

R——平曲线半径，m。

式(2-5)表达了横向力系数与车速、平曲线半径及超高率之间的关系，可以看出：横向力系数越大，汽车行驶的稳定性越差。

对式(2-5)进行变形可得：

$$R=\frac{V^2}{127(\mu\pm i_h)} \tag{2-6}$$

由式(2-6)可以看出：在 V 一定的前提下，曲线的最小半径决定于容许的最大横向力系数和最大超高率。因此首先对这两个因素进行讨论，再分析曲线的最小半径的计算。

横向力系数会对行车产生不利的影响，主要表现在以下几个方面：

a. 行车安全方面——汽车在路面上不发生滑移的前提条件是横向力系数 μ 不大于轮胎与路面之间的横向摩阻系数 f，即 $\mu\leqslant f$。

b. 增加燃料消耗和轮胎磨损——在平曲线路段，由于横向力系数的存在，使车辆的燃油消耗和轮胎磨损较平直路段都有所增加(表 2-1)。

表 2-1　实测的燃料消耗和轮胎磨损

横向力系数 μ	燃料消耗/%	轮胎磨损/%	横向力系数 μ	燃料消耗/%	轮胎磨损/%
0	100	100	0.15	115	300
0.05	105	160	0.20	120	390
0.10	110	220			

c. 乘客感觉不舒适——横向力系数不仅造成驾驶员操作困难、燃油消耗及轮胎磨损的增加，还对乘客的乘车感觉造成不良影响，当 μ 过大时，乘客的感觉不舒适。据试验，乘客的心理随 μ 的变化如下：

当 $\mu<0.10$ 时，感觉不到有曲线存在，很平稳；

当 $\mu=0.15$ 时，稍感觉到有曲线存在，尚平稳；

当 $\mu=0.20$ 时，已感觉到有曲线存在，稍感觉不稳定；

当 $\mu=0.35$ 时，感觉到有曲线存在，不稳定；

当 $\mu>0.40$ 时，非常不稳定，车辆有倾覆的危险。

综上所述，μ 值的采用关系到行车安全、经济性与舒适性，必须确定一个合理的范围。研究认为 0.11～0.16 是比较合理的范围，设计时可以根据公路等级采用不同的值。

③ 超高横坡度。

设置超高是为了抵消部分离心力的作用，但公路上行驶车辆的速度并不一致，特别是在混合交通的公路上，不仅要照顾快车，也要照顾慢车。因此要选择合适的超高率才能保证行车的安全。

确定最大的超高率，除了考虑公路所在地区的气候条件外，还应充分考虑驾驶员和乘客的心理反应。对重山区、城市附近、交叉口及有相当数量的非机动车的公路，最大超高率比一般路段要小些。《公路工程技术标准》(JTG B01—2014)明确规定：超高的横坡度按计算行车速度、半径大小，结合路面类型、自然条件和车辆组成等情况确定，见表 2-2。当超高横坡度的计算值小于路拱坡度时，应设置等于路拱的超高。

表 2-2　各级公路最大超高横坡度　　单位：%

公路所在地区的气候	高速公路、一级公路	二、三、四级公路
一般地区	10 或 8	8
积雪冰冻地区	6	6

《城市道路工程设计规范》(CJJ 37—2012)(2016 年版)规定的城市道路最大超高横坡度见表 2-3。

表 2-3　城市道路最大超高横坡度

设计速度/(km/h)	80	60	50	40	30	20
最大横向坡度/%	6	4		2		

④ 圆曲线最小半径。

圆曲线最小半径包括极限最小半径、一般最小半径、不设超高的最小半径。《公路工程技术标准》(JTG B01—2014)和《城市道路工程设计规范》(CJJ 37—2012)(2016 年版)规定，圆曲线最小半径见表 2-4 和表 2-5。

表 2-4　公路圆曲线最小半径

设计速度/(km/h)		120	100	80	60	40	30	20
一般最小半径/m		1 000	700	400	200	100	65	30
极限最小半径/m		650	400	250	125	60	30	15
不设超高最小半径/m	路拱坡度≤2.0%	5 500	4 000	2 500	1 500	600	350	150
	路拱坡度>2.0%	7 500	5 250	3 350	1 900	800	450	200

表 2-5　城市道路圆曲线最小半径

设计速度/(km/h)	80	60	50	40	30	20
不设超高最小半径/m	1 000	600	400	300	150	70
设超高的一般最小半径/m	400	300	200	150	85	40
极限最小半径/m	250	150	100	70	40	20

a. 极限最小半径——极限最小半径是指按设计速度行驶的车辆，能保证其安全行驶的最小半径。计算时，μ 值视设计车速采用 0.11～0.16；i_h 值视道路的不同环境而定，公路用 0.10、0.08 或 0.06，城市道路用 0.06、0.04 或 0.02。《公路工程技术标准》(JTG B01—2014)和《城市道路工程设计规范》(CJJ 37—2012)(2016 年版)中所制定的极限最小半径考虑了我国的具体情况并参考国外资料，取适当的 μ_{max} 和 $i_{h,max}$ 代入式(2-6)计算整理而得。

极限最小半径是设计采用的极限值，是在特殊困难的条件下不得已才使用的，通常不轻易采用。

b. 一般最小半径——一般最小半径是指按照设计速度行驶的车辆能保证其安全性和舒适性的最小半径，是通常情况下推荐采用的最小半径。它介于极限最小半径与不设超高的最小半径之间，其超高值随半径增大按比例减小。一般最小半径时的 μ 和 i_h 取值见表 2-6。

表 2-6　公路一般最小半径时的 μ 及 i_h 取值

设计速度/(km/h)	120	100	80	60	50	40	30	20
μ	0.05	0.05	0.06	0.06	0.06	0.06	0.05	0.05
i_h	0.06	0.06	0.07	0.08	0.07	0.07	0.06	0.06

c. 不设超高的最小半径——不设超高的最小半径是指曲线半径较大，离心力较小，靠轮胎

与路面之间的摩阻力就足以保证汽车安全稳定行驶所采用的最小半径。这时路面可以不设超高。从舒适角度考虑，此时 μ 的取值比极限最小半径所采用的 μ 要小得多。《公路工程技术标准》(JTG B01—2014)规定不设超高的最小半径时取 $\mu=0.035$，$i_h=-0.015$，利用式(2-6)计算后取整得到的。《城市道路工程设计规范》(CJJ 37—2012)(2016 年版)规定的城市道路不设超高的最小半径时取 $\mu=0.06$，$i_h=-0.015$，利用式(2-6)计算后取整得到的。

d. 圆曲线最大半径——选用圆曲线半径时，在地形等条件允许的前提下，应尽量采用大半径曲线，使行车舒适。但是半径过大，使圆曲线太长，对测设和施工都不利，且过大的半径，其几何性质与直线无太大差异。因此，《公路路线设计规范》(JTG D20—2017)规定圆曲线最大半径值不宜超过 10 000 m。

⑤ 圆曲线半径的确定。

圆曲线能较好地适应地形变化，并可以获得圆滑的线形，使用范围较广且灵活。圆曲线在适应地形的情况下，应尽量选用较大的半径。在确定半径时，应注意以下几点：

a. 一般情况下宜采用极限最小半径的 4～8 倍或超高为 2%～4%的圆曲线半径；

b. 地形条件受限制时，应采用大于或接近一般最小半径的圆曲线半径；

c. 地形条件特别困难不得已时，方可采用极限最小半径；

d. 应同前后线形要素相协调，使之构成连续、均衡的曲线线形；

e. 应同纵面线形相配合，避免小半径曲线与陡坡相重叠；

f. 每个弯道半径的确定，应根据实地的地形、地物、地质、人工构造物及其他条件，用外距、切线长、曲线长、曲线上任意点线位、合成纵坡等控制条件反算，并结合标准综合确定。

(3) 圆曲线的计算

四级公路可以不设缓和曲线，其他各级公路当曲线半径大于或等于不设超高的圆曲线半径时，也可以不设缓和曲线，所以此类弯道的平曲线中只有圆曲线。圆曲线的几何要素(图 2-4)为：

$$T=R\tan\frac{\alpha}{2} \tag{2-7}$$

$$L=\frac{\pi}{180}\alpha R \tag{2-8}$$

$$E=R\left(\sec\frac{\alpha}{2}-1\right) \tag{2-9}$$

$$J=2T-L \tag{2-10}$$

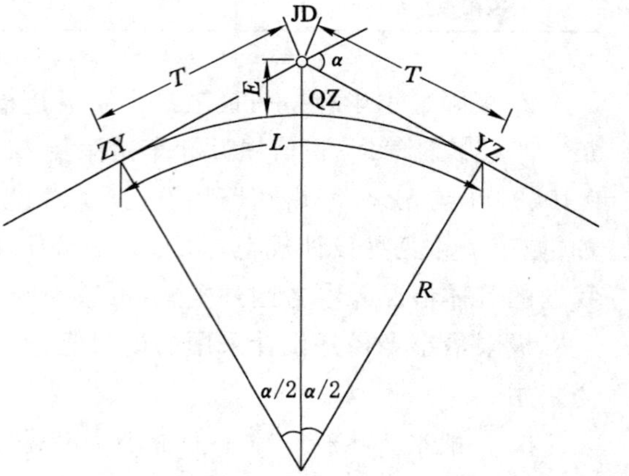

图 2-4　圆曲线几何要素

式中　T——切线长，m；

L——曲线长，m；

E——外距，m；

J——校正数(或切曲差)，m；

α——转角，(°)；

R——圆曲线半径，m。

对于未设置缓和曲线的单圆曲线，其几何要素为 T、L、E 和 J。在圆曲线上有 3 个主点桩，如图 2-4 所示，其里程桩号计算如下：

$$\text{ZY(桩号)}=\text{JD(桩号)}-T$$

$$\text{YZ(桩号)}=\text{ZY(桩号)}+L$$

$$\text{QZ(桩号)}=\text{YZ(桩号)}-L/2$$

$$\text{JD(桩号)}=\text{QZ(桩号)}+J/2$$

【例 2-1】 某弯道交点桩号为 K87＋441.41，$\alpha_{右}=26°52'$，$R=300$ m。试计算曲线要素和曲线主点桩号。

解　(1) 计算圆曲线要素

由已知条件可知：

$$T=R\tan\frac{\alpha}{2}=300\times\tan\frac{26°52'}{2}=71.66\ (\text{m})$$

$$L=\frac{\pi}{180}\alpha R=\frac{\pi}{180}\times 26°52'\times 300=140.67\ (\text{m})$$

$$E=R(\sec\frac{\alpha}{2}-1)=300\times(\sec\frac{26°52'}{2}-1)=8.44\ (\text{m})$$

$$J=2T-L=2\times 71.66-140.67=2.65\ (\text{m})$$

(2) 计算曲线主点桩号

JD	K87＋441.41
$-T$	71.66
ZY	K87＋369.75
$+L$	140.67
YZ	K87＋510.42
$-L/2$	70.33
QZ	K87＋440.09
$+J/2$	1.32
JD	K87＋441.41

2.2.3　缓和曲线

缓和曲线是道路平面线形要素之一，是设置在直线与圆曲线之间或半径相差较大的两个转向相同的圆曲线之间的一种曲率连续变化的曲线。《公路工程技术标准》(JTG B01—2014)规定：除四级公路可不设缓和曲线外，其余各级公路都应设置缓和曲线。在现代高速公路上，有时缓和曲线所占的比例超过了直线和圆曲线，成为平面线形的主要组成部分。在城市道路上，缓和曲线也被广泛使用。《城市道路工程设计规范》(CJJ 37—2012)(2016 年版)规定：当设计车速大于等于 40 km/h 时，应按要求设置缓和曲线。

(1) 缓和曲线的作用与性质

① 缓和曲线的作用。

a. 曲率连续变化，便于车辆遵循。汽车在转弯过程中，其行驶轨迹是一条曲率连续变化的轨迹线，其形式和长短由行车速度、曲率半径和司机转动方向盘的快慢而定。从安全角度出发，缓和曲线的合理设计有利于车辆在行驶过程中不致偏离车道，从而保证行车安全。

b. 离心加速度逐渐变化，旅客感觉舒适。汽车行驶在曲线上会产生离心力，离心力的大小与曲线的曲率成正比。从直线驶入圆曲线，如果不设缓和曲线，其曲率会产生突变，在一定的车速情况下，乘客就会有不舒适的感觉。设置了缓和曲线，其曲率是从直线到圆曲线逐渐过渡的，离心加速度的过渡也是逐渐的，乘客就不会有不舒服的感觉。

c. 缓和曲线可以作为超高和加宽变化的过渡段。道路路线在弯道上要设置超高和加宽，从双面横坡过渡到单面横坡，和由直线上的正常宽度过渡到圆曲线上的加宽宽度，这个过程变化一般是在缓和曲线内完成的。

d. 与圆曲线配合得当，提高线形美观。圆曲线与直线相连接，其曲率是突变的，在视觉上有明显不平顺的感觉。设置缓和曲线以后，线形连续圆滑，提高了线形的透视美，驾驶人员也会感到安全，如图 2-5 所示。

(a) 不设缓和曲线时感觉路线扭曲　　(b) 设缓和曲线后变得平顺美观

图 2-5　直线与曲线连接效果图

② 缓和曲线的性质。

汽车由直线进入圆曲线，其行驶轨迹的曲率是逐渐变化的。假定汽车是等速行驶，司机匀速转动方向盘，当方向盘转动角度为 φ 时，前轮相应转动角度为 ϕ，如图 2-6 所示，二者之间的关系式为：

$$\phi = k\varphi (k < 1) \tag{2-11}$$

方向盘转动的角速度为 ω，则汽车前轮转动的角度为 $\phi = k\varphi = k\omega t$。根据图 2-6 可得 $r = \dfrac{d}{\tan \varphi}$。

因为 ϕ 很小，因此可以近似地表示为：

$$r = \frac{d}{\phi} = \frac{d}{k\omega t} \tag{2-12}$$

汽车以 v 等速行驶，因此 $l = vt$，代入式(2-12)并整理得到 $l = v\dfrac{d}{k\omega r}$。式中 v、d、k、ω 都为常数，因此定义

$$\frac{vd}{k\omega} = C \tag{2-13}$$

故得到：

$$l = \frac{C}{r} \quad 或 \quad rl = C \tag{2-14}$$

式中　l——汽车自曲线起点开始转弯，经 t(s)后行驶的距离，m；

r——汽车行驶 t(s)后的曲率半径,m;

C——常数。

推断说明汽车匀速从直线进入圆曲线(或相反),其行驶轨迹的弧长与曲线的曲率半径之乘积为一常数。这一性质与数学中的回旋线正好相符。

(2) 缓和曲线的形式

缓和曲线有回旋线、三次抛物线、双扭线、n 次抛物线($n>3$)、正弦形曲线、马克康奈尔曲线等。但是世界各国使用回旋线居多,我国《公路工程技术标准》(JTG B01—2014)推荐的缓和曲线也是回旋线。以下将重点介绍回旋线。

① 缓和曲线的数学表达式。

在公路设计中最常用的一种缓和曲线是回旋线(图 2-7)。回旋线的基本公式为:

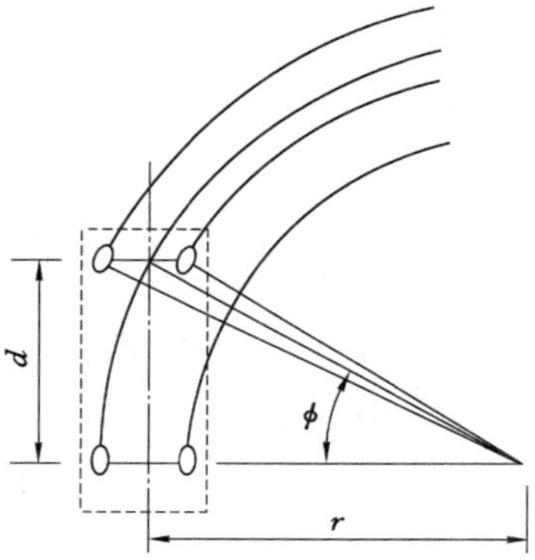

图 2-6　汽车转弯简化图

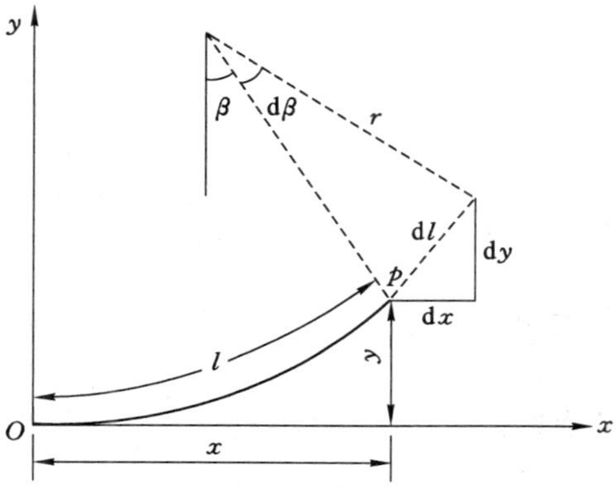

图 2-7　回旋线

$$rl=A^2 \tag{2-15}$$

式中　r——回旋线上任意点的曲率半径,m;

l——回旋线上任意点到原点的长度,m;

A——回旋线的参数。

由于 rl 的量纲是 m^2,因此为了使量纲一致,故令常数 $C=A^2$,表示回旋线曲率变化的缓急程度。对于回旋线的终点处 $r=R$,$l=L_S$,则式(2-15)可以表示为:

$$RL_S=A^2 \quad 或 \quad A=\sqrt{RL_S} \tag{2-16}$$

式中　R——回旋线所连接的圆曲线的半径,m;

L_S——缓和曲线的长度,m。

② 回旋线的几何要素。

a. 回旋线上任意点 P 的计算公式。

回旋线要素如图 2-8 所示,计算公式如下:

P 点的曲率半径:$r=\dfrac{A}{\sqrt{2\beta}}$。

P 点的回旋线长:$l=A\sqrt{2\beta}$。

缓和曲线角:$\beta=\dfrac{l^2}{2A^2}=\dfrac{l^2}{2rl}=\dfrac{l}{2r}$。

长切线长:$T_L=x-y\cos\beta$。

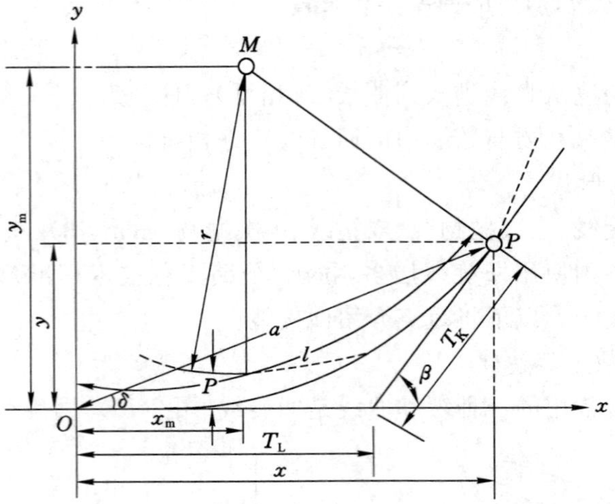

图 2-8　回旋线要素

短切线长：$T_K=\dfrac{y}{\sin\beta}$。

P 点的弦长：$\alpha=\dfrac{y}{\sin\delta}$。

P 点的偏角：$\delta=\arctan\dfrac{y}{x}\approx\dfrac{\beta}{3}$。

b. 有缓和曲线的公路平曲线的几何要素。

公路平面线形的基本组合为：直线-缓和曲线-圆曲线-缓和曲线-直线，如图 2-9 所示。其几何元素的计算公式如下：

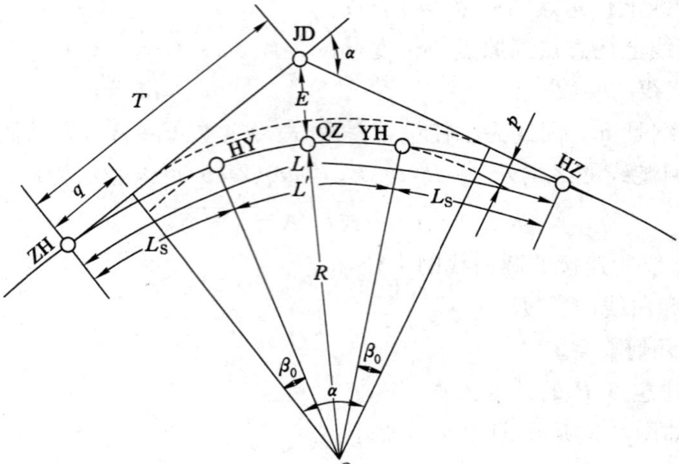

图 2-9　基本型平曲线

$$q=\frac{L_S}{2}-\frac{L_S^3}{240R^2} \tag{2-17}$$

$$p = \frac{L_S^2}{240R} - \frac{L_S^4}{2\,384\,R^3} \tag{2-18}$$

$$\beta_0 = 28.647\,9\frac{L_S}{R} \tag{2-19}$$

$$T = (R + p)\tan\frac{\alpha}{2} + q \tag{2-20}$$

$$L = (\alpha - 2\beta_0)\frac{\pi}{180}R + 2L_S \tag{2-21}$$

$$E = (R + p)\sec\frac{\alpha}{2} - R \tag{2-22}$$

$$J = 2T - J \tag{2-23}$$

式中　q——缓和曲线起点到圆曲线原起点的距离，也称为切线增值，m；

p——设缓和曲线后圆曲线内移值，m；

β_0——缓和曲线终点缓和曲线角，(°)；

L_S——缓和曲线长，m；

R——圆曲线半径，m；

α——转角，(°)；

T——切线长，m；

L——曲线长，m；

E——外距，m；

J——超距，m。

c. 回旋线参数 A 的确定。

回旋线是缓和曲线的常用曲线形式。所有的回旋线在几何上都是相似的，参数 A 是长度的量度，可认为是放大的倍数。$RL=A^2$，如设 $R/A=r$，$L/A=l$，则单位回旋线方程为 $rl=1$，即参数 A 越大，对缓和曲线长度 L 来说，回旋线的弯曲度越缓，回旋线整体越大。该性质与圆曲线类同：圆曲线半径越大，圆弧弯曲度越平缓，整个圆也就变得越大。

参数 A 作为不同等级道路的回旋线标准，应根据下述几个方面来计算，最好综合予以确定。

① 根据汽车在回旋线上缓和行驶时间确定。

设 v 为汽车行驶速度(m/s)，L 为缓和曲线长度(m)，R 为圆曲线半径(m)，则离心加速度变化率为：

$$p = \frac{v^2/R}{L/v} = \frac{v^3}{LR} = \frac{v^3}{A^2} \tag{2-24}$$

若 V 以 km/h 计，则可换算为：

$$p = 0.021\,4\frac{V^3}{A^2} \tag{2-25}$$

所以有：

$$A = \sqrt{\frac{0.0214}{p}}\sqrt{V^3} \tag{2-26}$$

p 值可参照下述规定：高速公路及快速路推荐值为 0.35，绝对最小值为 0.5；一般公路及

$V<60$ km/h 的匝道、地方道路为 0.6；山岭区公路为 0.75；其他特殊地区道路为 0.775。

② 根据行驶时间确定。

设汽车在回旋线上行驶必要的最小时间为 t(s)，汽车车速为 v(m/s)，则 $L=vt$，所以有：

$$A=\sqrt{RL}=\sqrt{vRt} \tag{2-27}$$

以 V(km/h)代替 v(m/s)，并取 t 为 3 s，则式(2-27)变为：

$$A=\sqrt{3vR}=\sqrt{\frac{VR}{1.2}} \tag{2-28}$$

③ 根据视觉条件确定。

确定合理的缓和曲线参数 A，可以使线形顺适与美观。根据跟踪司机的视觉发现：当缓和曲线角小于 3°时，曲线极不明显，在视觉上容易被忽略；当缓和曲线角大于 29°时，曲线过于弯曲，很难与相接的圆曲线顺接。保持缓和曲线角 β 在 3°～29°之间，就可以确定合适的 A 值。

因为 $\beta_0=28.647\,9\dfrac{L_S}{R}$，所以有：

$$L_S=\frac{R\beta_0}{28.647\,9} \tag{2-29}$$

而

$$A=\sqrt{RL_S}=R\sqrt{\frac{\beta_0}{28.647\,9}} \tag{2-30}$$

在回旋线终点，$\beta=\beta_0$，将 $\beta_0=3°$和 $\beta_0=29°$分别代入式(2-30)，则有如下关系式：

$$\frac{R}{3}\leqslant A\leqslant R$$

不过上述关系式只适用于 R 在某种范围内。经验证明：设计时，一般当 $R\approx100$ m 时，取 $A=R$；$R<100$ m 时，取 $A\geqslant R$；$100<R<3\,000$ m 时，取 $A=R/3$；当 $R>3\,000$ m 时，取 $A<R/3$。

(3) 缓和曲线的最小长度

由于车辆要在缓和曲线上完成不同曲率的过渡行驶，所以要求缓和曲线有足够的长度，以使驾驶员能从容地操控方向盘。这样乘客感觉舒适，道路线形美观流畅，圆曲线上的超高和加宽的过渡也能在缓和曲线段内比较合理地完成，所以应当规定缓和曲线的最小长度。为此可从以下几个方面考虑。

① 根据离心加速度变化率确定。

即离心加速度从直线上的 0 增大到进入圆曲线时的最大值，离心加速度变化率限制在一定的范围内。

离心加速度变化率为：

$$p=\frac{v^3}{L_SR} \tag{2-31}$$

设置缓和曲线通常采用 $p\leqslant0.6$ m/s³，并以 V(km/h)代替 v(m/s)，则有：

$$L_S=0.036\frac{V^3}{R} \tag{2-32}$$

② 根据驾驶员操作反应时间确定。

$$L_S = vt = \frac{1}{3.6}Vt \tag{2-33}$$

一般要求操作反应时间 t 不小于 3 s,则有:

$$L_S = \frac{3V}{3.6} = 0.83V \tag{2-34}$$

③ 根据视觉条件确定。

由回旋线特性可知 $RL_S = C$,经验认为 $C = \frac{R^2}{9} \sim R^2$ 即可使线形舒顺协调,所以有:

$$L_S = \frac{R}{9} \sim R$$

实际采用的缓和曲线长度应取上述计算中的大值(一般取 5 m 的整数倍)。《公路工程技术标准》(JTG B01—2014)规定了各级公路缓和曲线最小长度,见表 2-7。《城市道路工程设计规范》(CJJ 37—2012)(2016 年版)规定了城市道路的缓和曲线最小长度,见表 2-8。

表 2-7　各级公路缓和曲线最小长度

公路等级	高速公路			一			二		三		四
设计速度/(km/h)	120	100	80	100	80	60	80	60	40	30	20
最小缓和曲线长度/m	100	85	70	85	70	50	70	50	35	25	20

注:四级公路为超高加宽缓和段的长度。

表 2-8　城市道路缓和曲线最小长度

设计速度/(km/h)	80	60	50	40	30	20
最小缓和曲线长度/m	70	50	45	35	25	20

(4) 缓和曲线的省略

在直线和圆曲线之间设置缓和曲线之后,圆曲线在原来与直线相切的基础上产生了一个内移值 p,在缓和曲线长度 L_S一定的情况下,p 与圆曲线半径成反比,当 R 增大到一定程度时,p 值很小,即使直线与圆曲线直径相连接,汽车也能完成缓和曲线的行驶,因为在路面的富余宽度中已经包含该内移值。《公路路线设计规范》(JTG D20—2017)规定下列情况下可不设回旋线:

① 直线与圆曲线间缓和曲线的省略。

《公路路线设计规范》(JTG D20—2017)规定:当圆曲线半径大于或等于表 2-4 中不设超高的圆曲线最小半径时可不设缓和曲线;四级公路可将直线和圆曲线径相连接,在圆曲线两端的直线上设置超高缓和段、加宽缓和段。

《城市道路工程设计规范》(CJJ 37—2012)(2016 年版)规定:当计算行车速度小于 40 km/h时,可以省略缓和曲线;大于 40 km/h 时,如半径大于不设缓和曲线的最小圆曲线半径时,缓和曲线可以省略,见表 2-9。

表 2-9　城市道路不设缓和曲线的最小圆曲线半径

设计速度/(km/h)	80	60	50	40
不设缓和曲线的最小圆曲线半径/m	2 000	1 000	700	500

② 半径不同的圆曲线间缓和曲线的省略。

半径不同的圆曲线间缓和曲线的省略有以下两种：

a. 小圆半径大于表 2-4 中不设超高的圆曲线最小半径时，可以省略缓和曲线。

b. 小圆半径大于表 2-10 中所列半径，且符合下列条件之一时，可省略缓和曲线：

Ⅰ. 小圆曲线按规定设置相当于最小回旋曲线长的回旋线时，其大圆与小圆的内移值之差不超过 0.10 m。

Ⅱ. 计算行车速度≥80 km/h 时，大圆半径与小圆半径之比小于 1.5。

Ⅲ. 计算行车速度<80 km/h 时，大圆半径与小圆半径之比小于 2。

表 2-10　复曲线中小圆临界曲线半径

公路等级	高速公路			一			二		三	
设计速度/(km/h)	120	100	80	100	80	60	80	60	40	30
曲线半径/m	2 100	1 500	900	1 500	900	500	900	500	250	130

【例 2-2】 平原区某二级公路（$V=80$ km/h）有一弯道 $R=250$ m，交点 JD 的桩号为 K17+568.38，转角 $\alpha=38°30'00''$。试计算该曲线上设置缓和曲线后的五个基本桩号。

解　(1) 缓和曲线长度 L_S

平原区某二级公路设计速度为 80 km/h，则：

$$L_S=0.036\frac{V^3}{R}=0.036\times\frac{80^3}{250}=73.73\ (\text{m})$$

$$L_S\geqslant\frac{V}{3.6}\times3=\frac{80}{3.6}\times3=66.67\ (\text{m})$$

$$L_S=\frac{R}{9}\sim R=\frac{250}{9}\sim250=27.78\sim250\ (\text{m})$$

取整数 5 m 的倍数，采用缓和曲线长度 75 m[《公路工程技术标准》(JTG B01—2014)规定：$V=80$ km/h 时，最小缓和曲线长度为 70 m]。

(2) 圆曲线的内移值 p

$$p=\frac{L_S^2}{24R}=\frac{75^2}{24\times250}=0.94\ (\text{m})$$

(3) 总切线长度 T

$$q=\frac{L_S}{2}-\frac{L_S^3}{240R^2}=\frac{75}{2}-\frac{75^3}{240\times250^2}=37.47\ (\text{m})$$

$$T=(R+p)\tan\frac{\alpha}{2}+q=(250+0.94)\times\tan\frac{38°30'00''}{2}+37.47=125.10\ (\text{m})$$

(4) 曲线总长度 L

$$\beta_0=\frac{L_S}{2R}\cdot\frac{180}{\pi}=8°35'55''$$

$$L=(\alpha-2\beta_0)\frac{\pi}{180}R+2L_S=(38°30'00''-2\times8°35'55'')\times\frac{\pi}{180}\times250+2\times75=242.99\ (\text{m})$$

（5）5 个基本桩号

JD	K17+568.38
$-T$	125.10
ZH	K17+443.28
$+L_S$	75
HY	K17+518.28
$+(L-L_S)$	167.99
HZ	K17+686.27
$-L_S$	75
YH	K17+611.27
$-1/2(L-2L_S)$	46.495
QZ	K17+564.775
$+J/2$	3.605
JD	K17+568.38

其中超距 $J=2T-L=2\times125.10-242.99=7.21$（m）。

2.3　道路平面线形设计的一般原则与组合形式

2.3.1　平面线形设计的一般原则

（1）平面线形应与地形、地物相适应，与周围环境相协调。

路线要与地形相适应，这既是美学问题，也是经济问题和保护生态环境的问题。在地势平坦开阔的平原微丘区，路线以方向为主导，线形应直捷、舒顺，平面线形三要素中以直线为主；在地势起伏很大的山岭重丘区，路线以高差为主导，为了适应地形，路线多弯曲，则曲线所占比例较大。如果在没有任何障碍物的开阔地区（如戈壁、草原）故意设置一些不必要的曲线，或者在高低起伏的山地硬拉长直线，都将给人以不协调的感觉。直线、圆曲线、缓和曲线的选用与合理组合取决于地形、地物等具体情况，片面强调路线要以直线为主或以曲线为主，或人为规定三者的比例都是不合适的。

（2）保持平面线形的均衡与连贯。

为了使一条道路上的车辆尽量以均匀的速度行驶，应注意各线形要素保持连续、均衡，而不出现技术指标的突变。以下几点在设计时应充分注意。

① 长直线尽头不能接以小半径曲线。

长直线和大半径曲线会导致较高的车速，若突然出现小半径曲线，会因减速不及时而造成事故。特别是在下坡方向的尽头更要注意。若由于地形所限小半径曲线在所难免时，中间应插入中等曲率的过渡性曲线,并使纵坡不要过大。

② 短直线不能接大半径的平曲线。

这种组合线形均衡性差,且线形不美观。根据国外设计经验,从视觉和安全性考虑,当直线与平曲线相接时,圆曲线半径 R 与其前后的直线长度 L 满足如下关系是比较合适的组合。

$L \leqslant 500$ m 时,$R \geqslant L$;

$L > 500$ m 时,$R \geqslant 500$ m。

③ 平曲线与平曲线的组合。

相邻平曲线之间的设计指标应连续、均衡、避免突变。在条件允许时,相邻圆曲线大半径与小半径之比小于 2.0,相邻回旋线参数之比小于 2.0,该要求对行车是有利的。

④ 高、低标准之间要有过渡。

同一等级的道路由于地形的变化在指标的采用上会有所变化,同一条道路按不同设计速度的各设计路段之间也会有技术标准的变化。遇有这种高、低标准变化的路段,除满足有关设计路段在长度上的要求外,还应结合地形的变化,使路线的平面线形指标逐渐过渡,避免出现突变。

(3) 平曲线应有足够的长度。

平曲线太短,汽车在曲线上行驶时间过短会使驾驶操控来不及调整,一般都应该控制平曲线(包括圆曲线及其两端的缓和曲线)的最小长度,见表 2-11、表 2-12、表 2-13 和表 2-14。

表 2-11　各级公路平曲线最小长度

公路等级	高速公路			一			二		三		四
设计速度/(km/h)	120	100	80	100	80	60	80	60	40	30	20
平曲线最小长度/m	200	170	140	170	140	100	140	100	70	50	40

表 2-12　公路转角等于或小于 7°时的平曲线最小长度

公路等级		高速公路			一			二		三		四
设计速度/(km/h)		120	100	80	100	80	60	80	60	40	30	20
平曲线长度/m	一般值	1 400/α	1 200/α	1 000/α	1 200/α	1 000/α	700/α	1 000/α	700/α	500/α	350/α	280/α
	低限值	200	170	140	170	140	100	140	100	70	50	40

注:表中的 α 角为路线转角值(°),当 $\alpha < 2°$时,按 2°计。

表 2-13　城市道路平曲线与圆曲线最小长度

设计速度/(km/h)	80	60	50	40	30	20
平曲线最小长度/m	140	100	85	70	50	40
圆曲线最小长度/m	70	50	40	35	25	20

表 2-14　城市道路小转角平曲线最小长度

设计速度/(km/h)	80	60	50	40	30	20
平曲线最小长度/m	1 000/θ	700/θ	600/θ	500/θ	350/θ	280/θ

注：当 $\theta<2°$时，按 2°计。

公路弯道在一般情况下是由两段缓和曲线（或超高、加宽缓和段）和一段圆曲线组成的。缓和曲线的长度不能小于该级公路对其最小长度的规定，中间圆曲线的长度宜有大于 3 s 的行程，当条件受限时，可将缓和曲线在曲率相等处对接，此时的圆曲线长度为 0。

路线转角的大小反映了路线的舒顺程度，但如果转角过小，即使设置了较大的半径也容易把曲线长度看成比实际的要短，造成急转弯的错觉。这种倾向转角越小越显著，以致造成驾驶者枉作减速转弯的操作。一般认为，$\theta<7°$应属于小转角弯道。小转角弯道应设置较长的平曲线，其长度应大于表 2-12 中规定的一般值。但是受地形和其他特殊情况限制时，可减短至表中的低限值。

2.3.2　平面线形的组合形式

由平面线形的三要素——直线、圆曲线和缓和曲线可得到多种平面线形的组合形式。对于道路平面线形设计，主要有简单型、基本型、S 形、卵形、凸形、C 形、复合型等。

（1）简单型

当一个弯道由直线与圆曲线组合时称为简单型曲线，即按直线-圆曲线-直线的顺序组合，如图 2-10 所示。

简单型组合曲线在 ZY 和 YZ 点处有曲率突变点，对行车不利。当半径较小时，该处线形也不顺适，一般限于四级公路。在其他等级公路中，当平曲线半径大于不设超高半径时，省略缓和曲线后也可以构成简单型。

（2）基本型

直线-回旋线-圆曲线-回旋线-直线的组合，如图 2-11 所示。

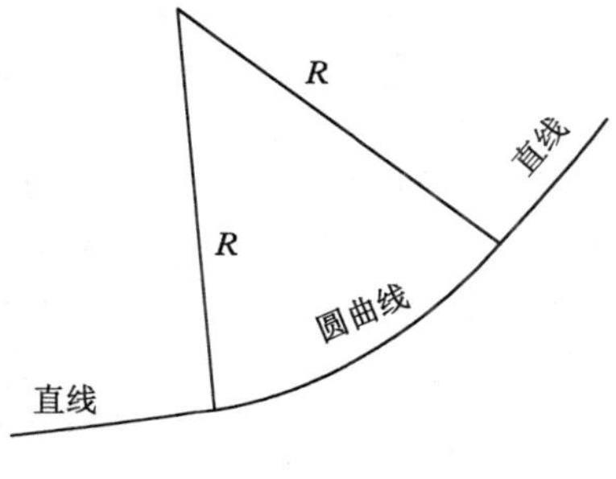

图 2-10　简单型

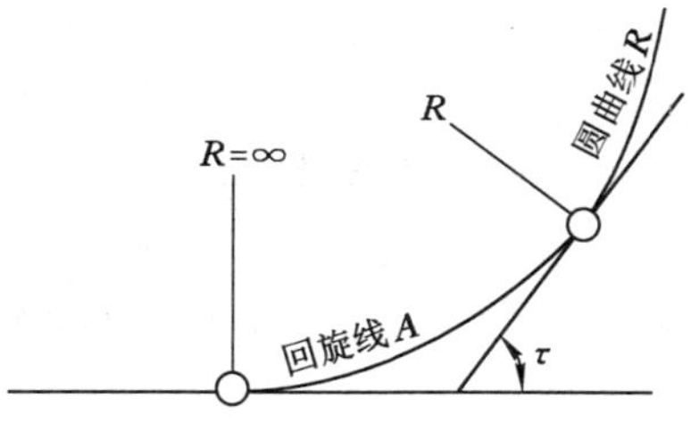

图 2-11　基本型

基本型的两个回旋线应符合缓和曲线的规定，但不必要求相等，也可以根据地形等条件设计成非对称形曲线。为了使线形连续、协调，回旋线-圆曲线-回旋线的长度之比最好设计成 1∶1∶1 或 1∶2∶1。

（3）S 形回旋线

用 2 条回旋线连接 2 条反向圆曲线的组合，如图 2-12 所示。S 形相邻两个回旋线参数

A_1与A_2宜相等。当采用不同的参数时，A_1与A_2之比应小于2.0，有条件时，以小于1.5为宜。此外，在S形曲线上，2条反向缓和曲线之间不应设置直线。不得已插入直线时，必须尽量短，其短直线的长度或重合段的长度应符合下列公式：

$$l \leqslant \frac{A_1 + A_2}{40} \tag{2-35}$$

式中　l——反向回旋线间短直线或重合段的长度，m；

A_1，A_2——回旋线参数。

S形两圆曲线半径之比不宜过大，一般应控制如下：

$$\frac{R_1}{R_2} = 1 \sim \frac{1}{3} \tag{2-36}$$

式中　R_1——小圆的圆曲线半径，m；

R_2——大圆的圆曲线半径，m。

(4) 卵形回旋线

用1条回旋线连接2条同向圆曲线的组合，如图2-13所示。

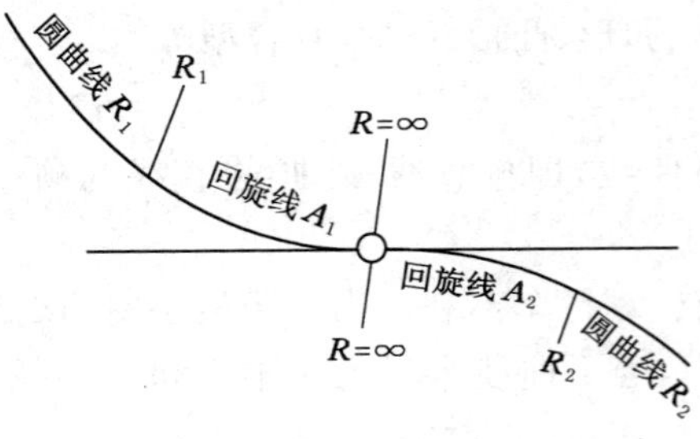

图2-12　S形

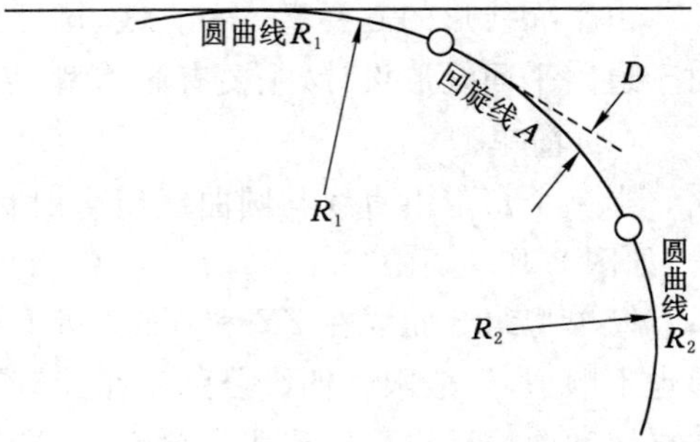

图2-13　卵形

卵形回旋线的参数宜符合式(2-37)规定范围：

$$\frac{R_1}{2} \leqslant A \leqslant R_1 \tag{2-37}$$

式中　A——回旋线参数，m；

R_1——小圆的圆曲线半径，m。

两条圆曲线半径之比应控制在式(2-38)范围之内：

$$0.2 \leqslant \frac{R_1}{R_2} \leqslant 0.8 \tag{2-38}$$

式中　R_1——小圆的圆曲线半径，m；

R_2——大圆的圆曲线半径，m。

两条圆曲线的间距，宜在式(2-39)界限之内：

$$0.003 \leqslant \frac{D}{R_1} \leqslant 0.03 \tag{2-39}$$

式中　R_1——小圆的圆曲线半径，m；

D——两圆曲线的最小间距，m。

(5) 凸形回旋线

2 条同向回旋线间不插入圆曲线而直接径向衔接的组合，如图 2-14 所示。

一般情况下，最好不采用凸形回旋线，只有在地形受限制的山嘴等处使用。

(6) 复合型回旋线

2 条以上同向回旋线间在曲率相等处相互衔接的组合，如图 2-15 所示。复合型回旋线的 2 条回旋线半径之比以 1∶1.5 为宜。

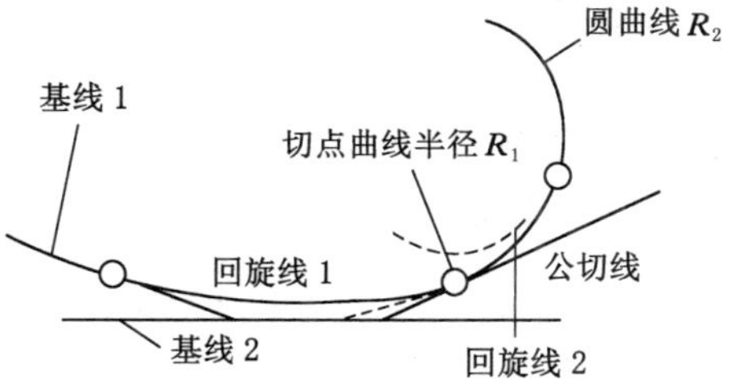

图 2-14　凸形

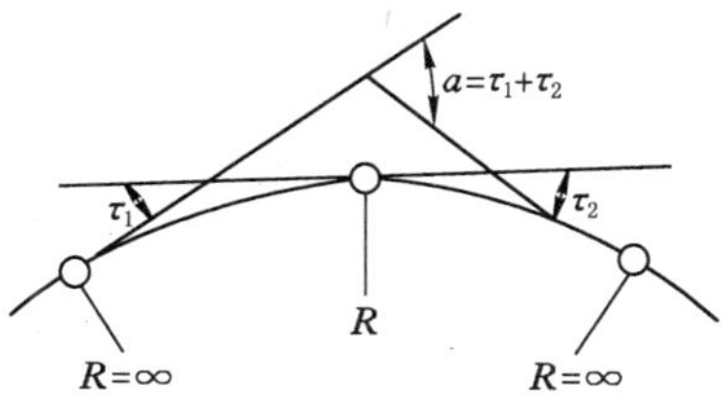

图 2-15　复合型

复合型回旋线除因地形或其他特殊原因限制外，一般很少使用。

(7) C 形回旋线

C 形回旋线是指同向曲线的 2 条回旋线在曲率等于 0 处径向连接的形式，如图 2-16 所示。其连接处的曲率为 0，相当于 2 条基本型的同向曲线中间直线长度为 0，这种线形对行车也会产生不利影响。因此，C 形曲线只有在特殊地形条件下才可采用。

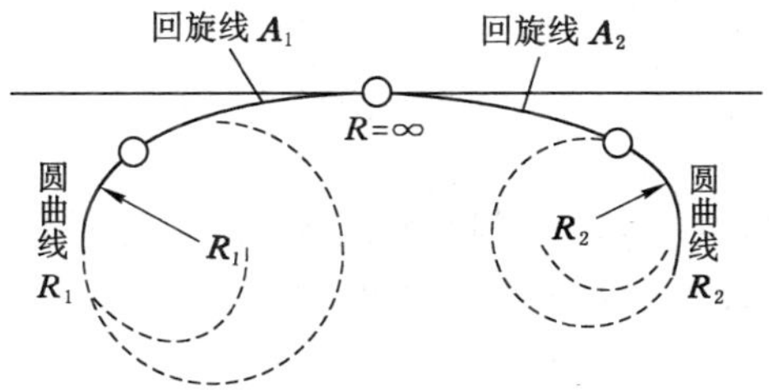

图 2-16　C 形

2.4　行车视距

2.4.1　行车视距的定义

为了保证行车安全，当司机看到一定距离处的障碍物或迎面来车时，能及时采取措施避免相撞，这一必需的最短距离称为行车视距。行车视距是否足够，直接关系到行车的安全与速度，是道路使用质量的重要指标之一。道路平面上的暗弯(处于挖方路段的弯道和内侧有障碍物的弯道)、纵断面上的凸形竖曲线及以下穿式立体交叉的凹形竖曲线上都有可能存在视距不足的问题。根据驾驶员所采取的措施不同，行车视距可分为以下几种。

(1) 停车视距

汽车在路上行驶时，司机看到前方障碍物，紧急安全制动所需的最短距离称为停车视距。此时，司机视线高度取 1.2 m，障碍物高出路面 0.1 m。

停车视距由三部分组成(图 2-17)，即

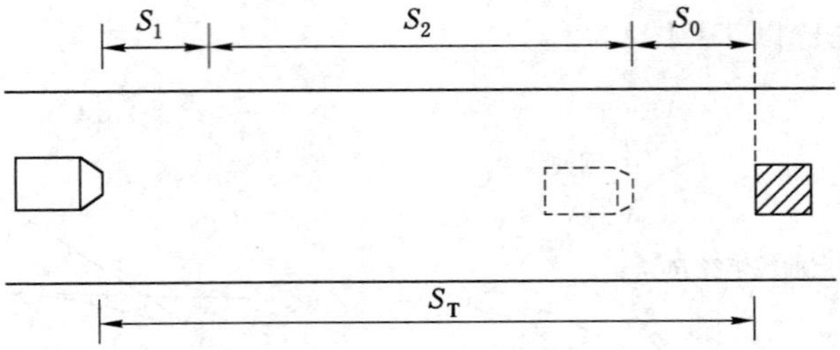

图 2-17　停车视距

$$S_T = S_1 + S_2 + S_0 \tag{2-40}$$

式中　S_1——司机反应时间所行驶的距离，m；

S_2——制动距离，即司机开始制动到完全停止时所行驶的距离，m；

S_0——安全距离，一般可取 5～10 m。

则 S_1 为：

$$S_1 = \frac{V}{3.6}t \tag{2-41}$$

制动距离 S_2 取决于制动力和车速的大小，当忽略滚动阻力系数 f 时其计算公式为：

$$S_2 = \frac{K V^2}{254(\varphi \pm i)} \tag{2-42}$$

式中　V——汽车行驶速度，km/h；

t——司机反应时间，可取 2.5 s(判断时间为 1.5 s，运行时间为 1.0 s)；

K——制动系数，在设计中取 1.0～1.4；

φ——路面附着系数；

i——纵坡坡度。

综上所述，停车视距的计算公式应为：

$$S_T = S_1 + S_2 + S_3 = \frac{V}{3.6}t + \frac{K V^2}{254(\varphi \pm i)} + S_0 \tag{2-43}$$

《公路工程技术标准》(JTG B01—2014)充分分析了决定汽车制动的各种因素，结合国内外的基本情况，确定了各级公路的停车视距，见表 2-15。

表 2-15　各级公路的停车视距

公路等级	高速公路、一级公路				二、三、四级公路				
设计速度/(km/h)	120	100	80	60	80	60	40	30	20
停车视距/m	210	160	110	75	110	75	40	30	20

《城市道路工程设计规范》(CJJ 37—2012)(2016 年版)对停车视距的规定见表 2-16。

表 2-16　城市道路停车视距

设计速度/(km/h)	80	60	50	45	40	35	30	25	20	15	10
停车视距/m	110	70	60	45	40	35	30	25	20	15	10

(2) 会车视距

会车视距是指两辆对向行驶的汽车能在同一车道上及时刹车所必需的距离。

会车视距由双方司机反应时间所行驶的距离、双方汽车的制动距离和安全距离三部分组成(图 2-18)。

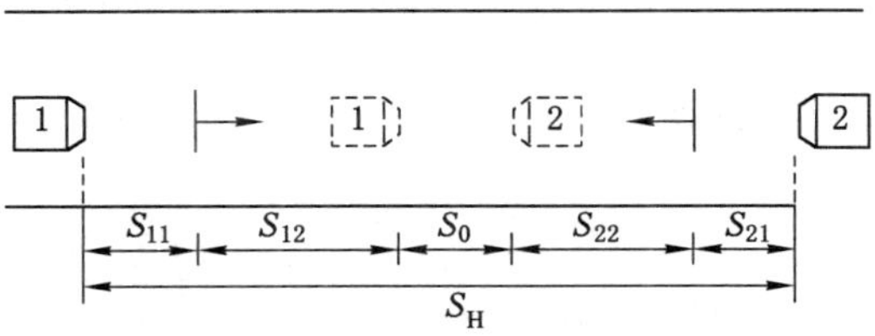

图 2-18　会车视距

可见会车视距的规定值不应小于停车视距的 2 倍。

(3) 超车视距

汽车行驶时为超越前车所必需的视距称作超车视距。在对向行驶的双车道公路上，当视高为 1.2 m，物高为 1.2 m 时，在后面的快车超越前面的慢车的过程中，从开始驶离原车道之处起，至可见逆向来车并能超越慢车后安全驶回原车道所需的最短距离，如图 2-19 所示。为了保证超车安全，驾驶员必须看到前面足够长度的车流空隙。

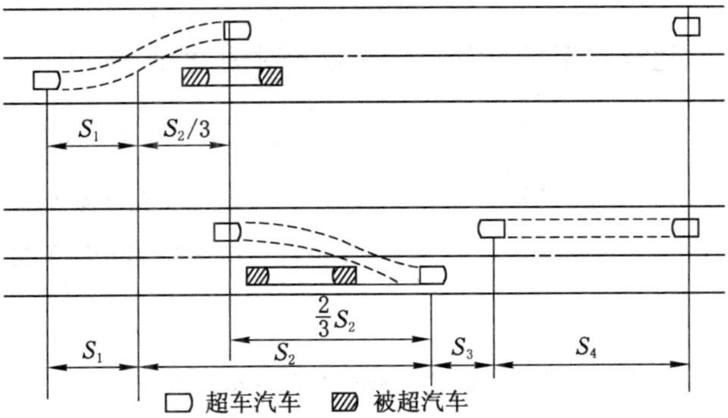

图 2-19　超车视距

超车视距可分为以下四个阶段。

全超车视距为：

$$S_c = S_1 + S_2 + S_3 + S_4 \tag{2-44}$$

式中 S_c——全超车视距；

S_1——汽车加速行驶的距离；

S_2——汽车在对向车道上行驶的距离；

S_3——完成超车时，汽车与对向来车之间的安全距离；

S_4——在超车过程中对向汽车的行驶距离。

① 汽车加速行驶的距离：当欲超车的快车认为有超车可能时加速行驶移向对向车道，在进入对向车道前所行驶的距离为：

$$S_1 = \frac{V_0}{3.6} t_1 + \frac{1}{2} a t_1^2 \tag{2-45}$$

式中 V_0——超车前汽车匀速行驶的速度，km/h；

t_1——加速时间，s；

a——平均加速度，m/s^2。

② 超车汽车在对向车道上行驶的距离：

$$S_2 = \frac{V}{3.6} t_2 \tag{2-46}$$

式中 V——超车汽车在加速后的速度，km/h；

t_2——在对向车道上行驶的时间，s。

③ 超车完成时超车汽车与对向汽车之间的安全距离：根据不同等级公路上的计算行车速度采用不同的值，一般取 20～100 m。

④ 超车汽车从开始超车到完成超车的过程中对向汽车所行驶的距离为：

$$S_4 = \frac{V_1}{3.6}(t_1 + t_2) \tag{2-47}$$

在实际的超车过程中不需要这样理想化的全超车距离，并且在地形较为复杂的地段要实现这一目标也较为困难。实际上，在超车汽车加速追上被超汽车后，一旦发现有对向来车而距离不足时还可以回到原来的车道。这个时间一般可取$\frac{2}{3}t_2$，所行驶的距离为$\frac{2}{3}S_2$；对向来车的行驶时间只考虑超车汽车进入对向车道后的时间就能够保证交通安全了，所以保证超车安全的最小超车视距为$\frac{2}{3}S_2 + S_3 + S_4$。在《公路工程技术标准》(JTG B01—2014)的制定过程中，充分考虑了超车时的各种因素，确定了各级公路的最小超车视距，见表 2-17。对向行驶的双车道公路，应根据需要并结合地形，在适当的距离内设置具有超车视距的路段。

表 2-17 二、三、四级公路停车视距、会车视距与超车视距

设计速度/(km/h)	80	60	40	30	20
停车视距/m	110	75	40	30	20
会车视距/m	220	150	80	60	40
超车视距/m	550	350	200	150	100

城市道路通常是分道行驶，不允许利用对向车道超车，因此《城市道路工程设计规范》(CJJ 37—2012)(2016年版)没有超车视距的规定。

2.4.2 视距标准的采用

停车视距、超车视距和会车视距应根据道路的等级和具体条件采用，《公路工程技术标准》(JTG B01—2014)和《公路路线设计规范》(JTG D20—2017)规定如下：

① 高速公路和一级公路应满足停车视距的要求。其原因是高速公路和一级公路均有中间分隔带，无对向车，因此不存在会车问题。并且高速公路和一级公路的车道数均在4个以上，快慢车用画线分隔行驶，各行其道，也不存在超车问题。

② 二、三、四级公路一般应满足会车视距的要求。在工程特别困难或受其他限制地段，可采用停车视距，但必须采取分道行驶的措施，如设分隔带、分道线、分隔桩或设两条分离的单车道。

③ 对向行驶的双车道公路，应根据需要并结合地形在适当的距离内设置具有超车视距的路段，一般情况下不小于路线总长度的10%～30%。

《城市道路工程设计规范》(CJJ 37—2012)(2016年版)规定如下：

① 道路平面、纵断面上的停车视距应大于或等于表2-16中规定值。

② 车道上对向行驶的车辆有会车可能，应采取会车视距，其值为表2-16中停车视距的2倍。

2.4.3 行车视距的保证

(1) 横断面上视距保证

汽车在弯道上行驶时弯道内侧行车视线可能被树木、建筑物、路堑边坡等障碍物阻挡而使行车视距受到影响。因此，在路线设计时必须检查平曲线上的视距是否能够得到保证，如有遮挡时，必须清除视距区内侧横净距内的障碍物，如图2-20所示。

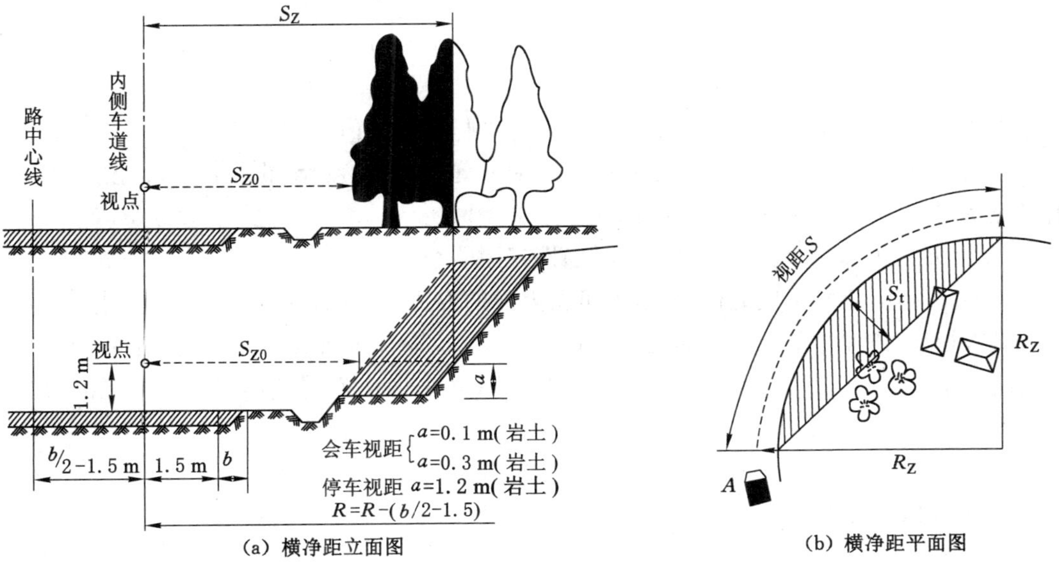

图2-20 视线障碍与视距(b为未加宽的行车道宽度)

图 2-20 中，阴影部分是阻碍司机视线的范围，范围以内的障碍物都应加以清除。S_Z为内侧车道上汽车应保证的横净距。横净距是指公路曲线范围最内侧的车道中心线行车轨迹上由安全视距两端点连线所构成的曲线内侧空间的界限线(即包络线)的距离。可根据各种情况按公式计算横净距 S_Z，若横净距 S_Z小于行车轨迹至障碍物的距离($S_Z<S_{Z0}$)，则视距能够得到保证，反之视距不能得到保证。

行车轨迹一般取弯道内侧车道路面内缘(不包括加宽)加 1.5 m，驾驶员视点离地面1.2 m。

(2) 图解法确定视距切除范围

按公式计算的 S_Z值是弯道上必须清除的最大横净距，在曲线中点或附近。在曲线上任意位置处的横净距是随着行车位置的改变而变化的，如果曲线全长上按最大横净距值切除，则会造成工程上的浪费。对于需要清除的是重要建筑物或岩石变坡时，多用图解法来确定清除范围(图 2-21)，其方法如下。

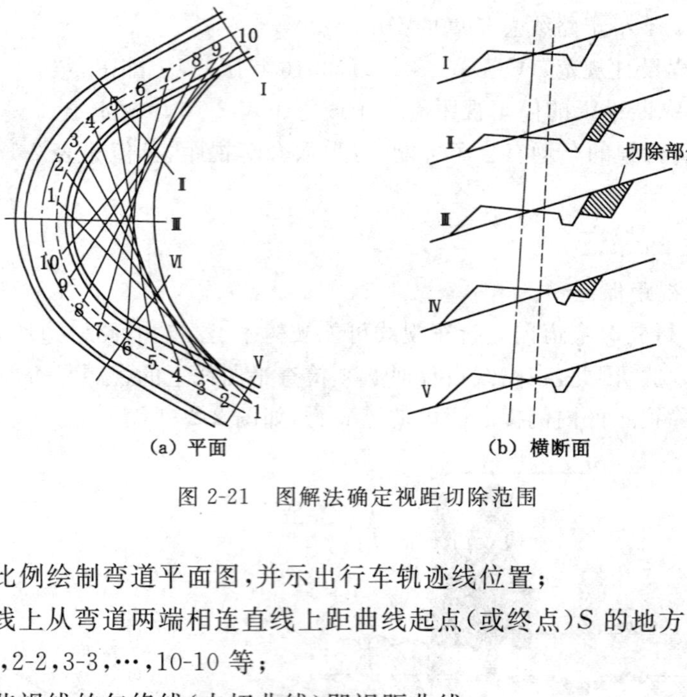

(a) 平面　　(b) 横断面

图 2-21　图解法确定视距切除范围

① 按一定比例绘制弯道平面图，并示出行车轨迹线位置；

② 在轨迹线上从弯道两端相连直线上距曲线起点(或终点)S 的地方开始，按 S 距离定出多组视线 1-1，2-2，3-3，…，10-10 等；

③ 绘出这些视线的包络线(内切曲线)即视距曲线；

④ 量出相应断面位置的横净距，即可按上面的方法确定相应断面上的视距切除范围。

必须指出：除平曲线上考虑视距外，在竖曲线上也有保证视距的问题，其保证措施在选择竖曲线半径时考虑。《公路工程技术标准》(JTG B01—2014)对竖曲线最小半径的规定值也考虑了视距的保证因素。

2.5　平面设计成果

2.5.1　直线、曲线及转角一览表

直线、曲线及转角一览表全面反映了路线的平面位置和路线平面线形的各项指标，是道

路设计的主要成果之一。只有在完成“直线、曲线及转角一览表”之后才能据此计算“逐桩坐标表”和绘制“路线平面设计图”，同时在作路线的纵断面设计、横断面设计和其他构造物设计时都要使用本表数据。该表的格式见表 2-18。本表对公路和城市道路都适用，其中“交点坐标”一栏视道路等级和测设情况取舍。

2.5.2　逐桩坐标表

逐桩坐标表是高等级公路平面设计成果组成之一，是道路中线放样的重要资料。高等级公路的线形指标高，表现在平面上是圆曲线半径较大，缓和曲线较长，在测设和放样时需采用坐标法方能保证测量精度。

逐桩坐标表即各个中桩的坐标，见表 2-19，其计算和测量的方法是按“从整体到局部”的原则进行的。一般是根据导线点坐标用全站仪或 GPS 测量路线交点坐标或从图上直接量取(纸上定线时)交点坐标，计算交点转角和方位角、交点间距。再根据选定的曲线半径和缓和曲线长度，计算中线上各桩的坐标。

2.5.3　路线平面设计图

路线平面设计图是公路设计文件的主要内容之一，综合反映了路线的平面位置、线形和几何尺寸，还反映了沿线人工构造物和重要工程设施的布置及公路与周边环境地形、地物和行政区划的关系等。

(1) 公路路线平面设计图

公路路线平面设计图应示出沿线的地形、地物、路线位置及里程桩号、断链、平曲线主要桩位与其他交通路线的关系以及县以上地界等；标注水准点、导线点、坐标网格或指北图式；示出特大桥、大中桥、隧道、路线交叉位置等；列出平曲线要素和交点坐标表等。比例尺一般为 1∶2 000～1∶5 000，参见图 2-22。

(2) 城市道路平面设计图

城市道路平面设计图一般应标明路线、规划红线、车行道线、人行道线、停车场、绿化、交通标志、人行横道线、沿线建筑物出入口，各种地上地下管线的起向位置、雨水进入口、窨井等，注明交叉口及沿线里程桩，弯道及交叉口处应注明曲线要素、交叉口转角缘石的转弯半径等，比例尺一般为 1∶500～1∶1 000，参见图 2-23。

思考与练习

1. 直线设置的基本原则是什么？直线的最小长度如何确定？
2. 什么是道路的极限最小半径、一般最小半径和不设超高的最小半径？
3. 设置缓和曲线的目的是什么？
4. 道路平面线形设计的一般原则是什么？
5. 道路平面线形要素有哪些组合类型？
6. 什么是道路行车视距？有哪些类型？

表 2-18　某公路某段直线、曲线及转角表

交点号	交点坐标		交点桩号	转角值	曲线要素值					
	x	y			半径	缓和曲线长度	切线长度	曲线长度	外距	校正值
起点	41 808.204	90 033.595	K0+000.000							
2	41 317.589	90 464.099	K0+652.716	右 35°35′25.0″	800.000	0.000	256.777	496.934	40.199	16.620
3	40 796.308	90 515.912	K1+159.946	左 57°32′52.0″	250.000	50.000	162.511	301.100	35.692	23.922
4	40 441.519	91 219.007	K1+923.562	左 34°32′06.0″	150.000	40.000	66.753	130.412	7.545	3.094
5	40 520.204	91 796.474	K2+503.273	右 78°53′21.0″	200.000	45.000	187.380	320.375	59.533	54.385
6	40 221.113	91 898.700	K2+764.966	左 51°40′28.0″	224.130	40.000	128.667	242.140	25.224	15.194
7	40 047.399	92 390.466	K3+271.318	左 34°55′51.0″	150.000	40.000	67.323	131.449	7.715	3.197
8	40 190.108	92 905.941	K3+802.980	右 22°25′25.0″	600.000	0.000	118.932	234.820	11.674	3.044
终点	40 120.034	93 480.920	K4+379.175							

交点号	曲线位置					直线长度及方向			测量断链		备注
	第一缓和曲线起点	第一缓和曲线终点或圆曲线起点	曲线中点	第二缓和曲线起点或圆曲线终点	第二缓和曲线终点	直线长度/m	交点间距/m	计算方位角或计算方向角	桩号	增减长度/m	
起点								138°44′00.0″			
2		K0+395.939	K0+644.406	K0+592.873		395.939	652.716	174°19′25.0″			
3	K0+997.435	K1+047.435	K1+147.985	K1+248.535	K1+298.535	104.562	523.850	116°46′33.0″			
4	K1+856.809	K1+896.809	K1+922.015	K1+947.221	K1+987.221	558.274	787.538	82°14′27.0″			
5	K2+315.893	K2+360.893	K2+476.081	K2+591.268	K2+636.268	328.672	582.805	161°07′48.0″			
6	K2+636.299	K2+676.299	K2+757.369	K2+838.439	K2+878.439	0.031	316.078	109°27′20.0″			
7	K3+203.995	K3+243.995	K3+269.720	K3+295.444	K3+335.440	325.556	521.546	74°31′29.0″			
8		K3+684.048	K3+801.458	K3+918.868		348.604	534.589	96°56′54.0″			
终点						460.307	579.239				

表 2-19　某公路某段逐桩坐标表

桩号	坐标/m		方向角	桩号	坐标/m		方向角
	x	y			x	y	
K1+500.00	40 632.336	90 840.861	116°46′33.0″	K2+140.00	40 471.158	91 436.529	82°14′27.0″
K1+540.00	40 614.316	90 876.572	116°46′33.0″	K2+160.00	40 473.858	91 456.346	82°14′27.0″
K1+570.00	40 600.801	90 903.355	116°46′33.0″	K2+180.00	40 476.558	91 476.163	82°14′27.0″
K1+600.00	40 587.286	90 930.139	116°46′33.0″	K2+200.00	40 479.258	91 495.980	82°14′27.0″
K1+630.33	40 573.623	90 957.216	116°46′33.0″	K2+220.00	40 481.959	91 515.797	82°14′27.0″
K1+669.00	40 556.202	90 991.740	116°46′33.0″	K2+240.00	40 484.659	91 535.613	82°14′27.0″
K1+680.00	40 551.246	91 001.561	116°46′33.0″	K2+260.00	40 487.359	91 555.430	82°14′27.0″
K1+700.00	40 542.236	91 019.416	116°46′33.0″	K2+280.00	40 490.059	91 575.247	82°14′27.0″
K1+720.00	40 533.226	91 037.272	116°46′33.0″	K2+300.00	40 492.759	91 595.064	82°14′27.0″
K1+750.00	40 519.711	91 064.055	116°46′33.0″	ZH2+315.89	40 494.905	91 610.809	82°14′27.0″
K1+780.00	40 506.196	91 090.838	116°46′33.0″	K2+340.00	40 497.902	91 634.730	84°05′26.5″
K1+800.00	40 497.186	91 108.694	116°46′33.0″	HY2+360.89	40 499.302	91 655.568	88°41′08.7″
K1+820.00	40 488.176	91 126.549	116°46′33.0″	K2+380.00	40 498.828	91 674.665	94°09′37.3″
K1+840.00	40 479.166	91 144.405	116°46′33.0″	K2+400.00	40 496.383	91 694.506	99°53′23.8″
ZH1+856.31	40 471.593	91 159.412	116°46′33.0″	K2+420.00	40 491.969	91 714.005	105°37′10.3″
K1+870.00	40 465.708	91 171.216	115°56′42.1″	K2+440.00	40 485.631	91 732.965	111°20′56.7″
HY1+896.81	40 455.191	91 195.860	109°08′09.7″	K2+460.00	40 477.431	91 751.198	117°04′43.2″
K1+900.00	40 454.177	91 198.885	107°55′03.1″	QZ2+476.08	40 469.544	91 765.206	121°41′06.9″
QZ1+922.01	40 448.963	91 220.253	99°30′30.3″	K2+500.00	40 455.794	91 784.761	128°32′16.2″
K1+940.00	40 477.061	91 238.126	92°38′19.1″	K2+520.00	40 442.573	91 799.757	134°16′02.6″
YH1+947.00	40 446.902	91 245.344	89°52′50.9″	K2+540.00	40 427.920	91 813.357	139°59′49.1″
K1+960.00	40 447.413	91 258.112	85°46′43.6″	K2+560.00	40 411.983	91 825.427	145°43′35.6″
K1+980.00	40 449.567	91 227.993	82°29′23.3″	K2+580.00	40 394.921	91 835.845	151°27′22.1″
HZ1+987.22	40 450.531	91 285.148	82°14′27.0″	YH2+591.27	40 384.875	91 840.947	154°41′05.3
K2+000.00	40 452.257	91 297.811	82°14′27.0″	K2+600.00	40 376.910	91 844.518	156°56′35.0″
K2+010.00	40 453.607	91 307.719	82°14′27.0″	K2+620.00	40 358.262	91 851.740	160°17′15.4″
K2+030.00	40 456.307	91 327.536	82°14′27.0″	HZ2+636.27	40 342.893	91 857.077	161°07′48.0″
K2+050.00	40 459.007	91 347.353	82°14′27.0″	K2+650.00	40 329.916	91 861.563	160°31′48.6″
K2+070.00	40 461.707	91 367.170	82°14′27.0″	K2+670.00	40 311.319	91 868.655	157°30′02.7″
K2+100.00	40 465.757	91 396.895	82°14′27.0″	K2+700.00	40 284.324	91 881.898	149°57′30.4″
K2+120.00	40 468.458	91 461.712	82°14′27.0″				

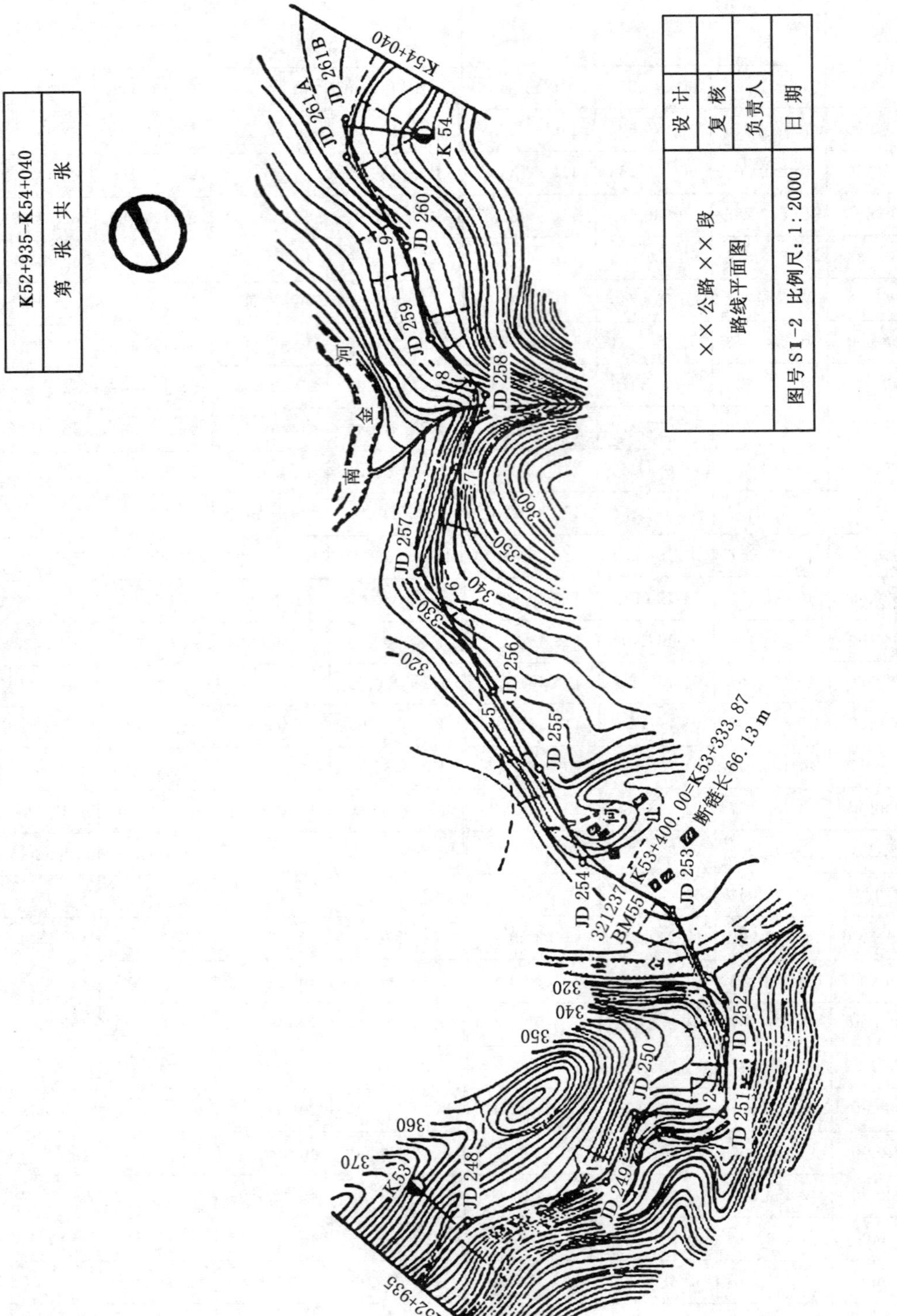

图2-22 公路路线平面设计图

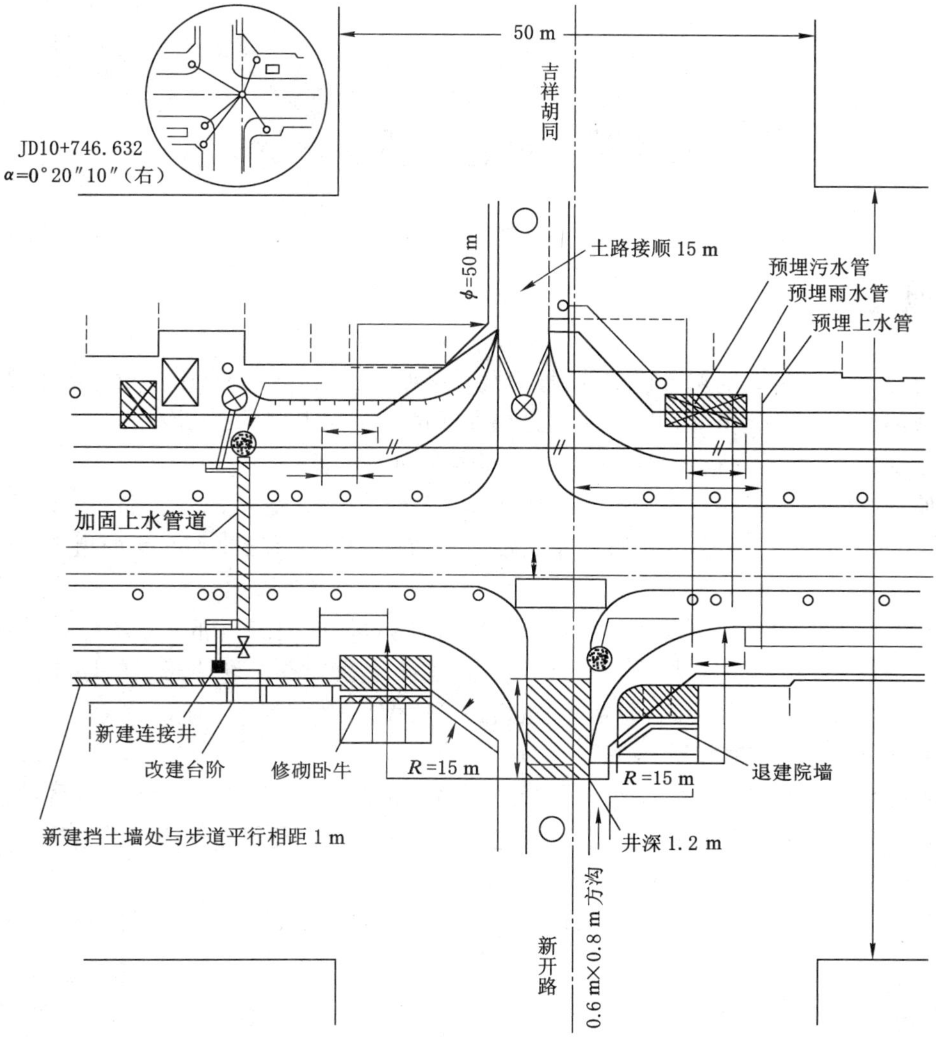

图 2-23　城市道路平面设计图

第3章 道路纵断面设计

3.1 概述

沿着道路中线竖直剖切再行展开，称为路线纵断面。它是道路纵断面设计的主要成果，主要反映路线起伏变化情况。图3-1为路线纵断面图。把道路的纵断面图与平面图、横断面图结合起来，就能够完整地表达道路的空间位置和立体线形。

道路的纵断面线形设计应根据道路的性质、任务、等级和地形、地物、水文等因素，考虑路基稳定、排水及工程量等，对纵坡大小、坡长、竖曲线半径以及与平面线形的组合关系等进行设计。

道路纵断面图中有两条重要的线，分别是地面线和设计线。相邻道路中桩处原地面标高的连线形成一条不规则的折线，称为地面线。道路中线处各点设计高程的连线称为设计线。对于纵断面上的设计标高，即路基(包括路面厚度)的设计标高，有如下规定：

(1) 新建公路的路基设计标高

高速公路和一级公路采用中央分隔带外侧边缘标高；二、三、四级公路采用路基边缘标高。在设置超高和加宽路段则是指在设置超高和加宽之前该处原路基边缘的标高。

(2) 改建公路的路基设计标高

一般按新建公路的路基设计标高设计，也可视具体情况采用中央分隔带中线或行车道中线标高。

(3) 城市道路的路基设计标高

城市道路的路基设计标高是指建成后的行车道中线路面标高或中央分隔带中线标高。

在任一横断面上设计标高与地面标高之差称为该处的施工高度(图3-2)。施工高度决定了路堤的填筑高度或路堑的开挖深度。当设计线在地面线上方时，路基筑成路堤(填方)；当设计线在地面线下方时，路基筑成路堑(挖方)。

3.2 纵坡设计

3.2.1 纵坡设计的一般要求

为了使纵坡设计经济合理，必须在全面掌握勘测资料基础上结合选(定)线的纵坡安排意图，经过综合分析、反复比较确定纵坡设计。纵坡设计的一般要求为：

① 纵坡设计必须满足《公路工程技术标准》(JTG B01—2014)的各项规定。

② 为了保证车辆能以一定速度安全、顺适地行驶，纵坡应具有一定的平顺性，起伏不宜过大和过于频繁。尽量避免采用极限纵坡值，合理安排缓和坡段，不宜连续采用极限长度的陡坡夹最短长度的缓坡。连续上坡或下坡路段，应避免设置反坡段。越岭线垭口附近的纵

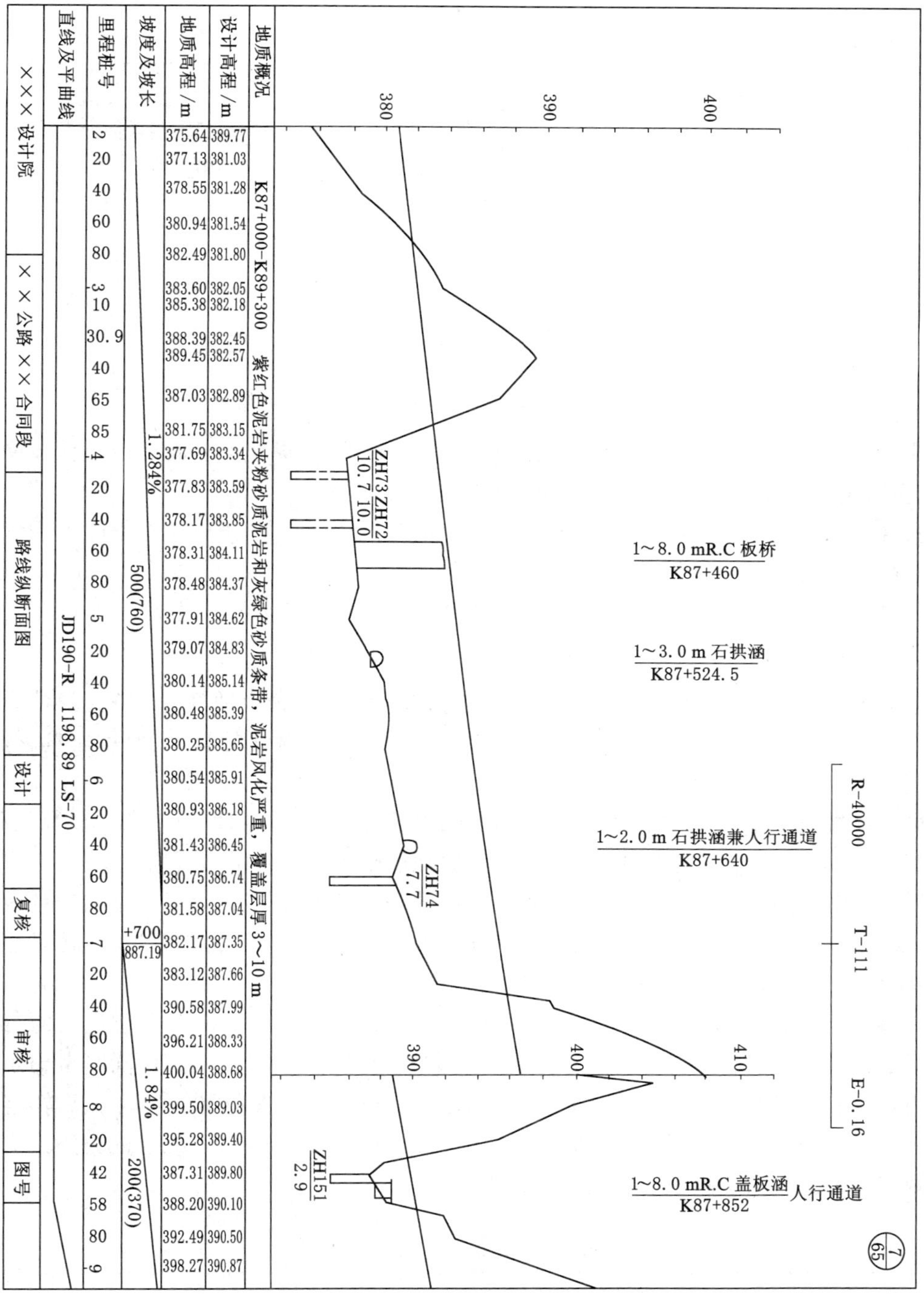

图 3-1　路线纵断面图

坡应尽量缓一些。

③ 纵坡设计应综合考虑沿线地形、地下管线、地质、水文、气候和排水等，视具体情况加以处理，以保证道路的稳定与通畅。

④ 一般情况下山岭重丘区纵坡设计应考虑填挖平衡，尽量使挖方运作就近路段填方，

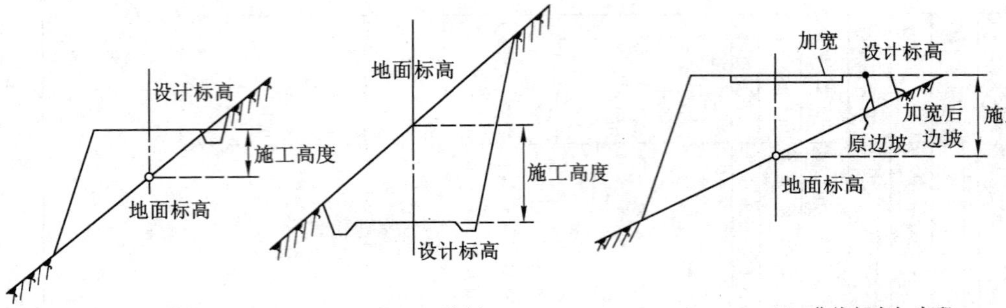

图 3-2 路基的地面标高与设计标高

以减少借方和废方，降低造价和节省用地。

⑤ 平原微丘区地下水埋深较浅，或池塘、湖泊分布较广，纵坡除应满足最小纵坡要求之外，还应满足最小填土高度要求，保证路基稳定。

⑥ 对连接段纵坡，如大、中桥引道及隧道两端接线等，纵坡应和缓，避免产生突变。交叉处前后的纵坡应平缓一些。

⑦ 在实地调查基础上，充分考虑通道、农田水利等方面的要求。

3.2.2 最大纵坡坡度

最大纵坡坡度是指在纵断面设计中各级道路允许采用的最大坡度值。它是路线设计中的一项重要控制指标。尤其在山区，最大纵坡坡度直接影响路线的长度、使用质量、行车安全及运输成本和工程的经济性。

最大纵坡坡度主要是根据汽车的动力性能、道路等级、自然条件、行车安全以及工程、运营经济等因素确定。汽车沿陡坡行驶时，因克服坡度阻力及其他阻力需增大牵引力，车速便会降低，若陡坡过长，将引起汽车水箱“开锅”(即沸腾)、气阻等情况，严重时还可能使发动机熄火，使驾驶条件恶化；若沿陡坡下行，因制动次数增多，制动器易发热而失效，司机心理紧张，易引起交通事故。当道路泥泞时，情况更严重。

《公路工程技术标准》(JTG B01—2014)在规定最大纵坡时，对汽车在坡道上的行驶情况进行了大量调查、试验，并广泛征求了各有关方面特别是驾驶员的意见，同时考虑了汽车带一拖挂车和畜力车通行的状况，结合交通组成、汽车性能、工程费用和营运经济等，经综合分析后确定了最大纵坡坡度。《公路工程技术标准》(JTG B01—2014)规定的公路最大纵坡坡度及城市道路最大纵坡坡度见表 3-1 和表 3-2。

表 3-1 公路最大纵坡坡度

设计速度/(km/h)	120	100	80	60	40	30	20
最大纵坡坡度/%	3	4	5	6	7	8	9

注：1. 设计速度为 120 km/h、100 km/h、80 km/h 的高速公路受地形条件或其他情况限制时，经技术经济论证，最大纵坡坡度可增加 1%。
2. 设计速度为 40 km/h、30 km/h、20 km/h 的公路，改建中利用原有公路的路段，经技术经济论证，最大纵坡坡度可增加 1%。
3. 四级公路位于海拔 2 000 m 以上或积雪冰冻地区的路段，最大纵坡坡度不应大于 8%。

表 3-2　城市道路机动车道最大纵坡坡度

设计速度/(km/h)		80	60	50	40	30	20
最大纵坡坡度/%	推荐值	4	5	5.5	6	7	8
	限制值	6	7	7	8	9	9

注：海拔 3 000～4 000 m 的高原城市应按表中值减小 1%，积雪寒冷地区应控制在 6%以内。

在高海拔地区，因空气密度下降而使汽车发动机的功率、汽车的驱动力降低，导致汽车的爬坡能力下降，另外，汽车水箱中的水易沸腾而破坏冷却系统。为此，在高原地区，道路纵坡设计中应适当采用较小的坡度。

《公路工程技术标准》(JTG B01—2014)规定：位于海拔 3 000 m 以上的高原地区，各级公路的最大纵坡坡度应按表 3-3 的规定予以折减，折减后若小于 4%，仍采用 4%。

表 3-3　高原纵坡坡度折减

海拔高度/m	3 000～4 000	4 000～5 000	>5 000
纵坡折减/%	1	2	3

3.2.3　最小纵坡坡度

为了使道路上行车快速、安全和通畅，希望道路纵坡坡度设计得小一些为好。但是在长路堑以及其他横向排水不通畅地段，为了保证满足排水要求，防止积水渗入路基而影响其稳定性，均应设置不小于 0.3%的纵坡坡度，一般情况下以小于 0.5%为宜。

《公路路线设计规范》(JTG D20—2017)规定：各级公路的长路堑路段，以及其他横向排水不畅的地段，应采用不小于 0.3%的纵坡坡度。

当必须设计平坡或小于 0.3%的纵坡坡度时，边沟应进行纵向排水设计。

在弯道超高横坡渐变段上，为了使行车道外侧边缘不出现反坡，设计最小纵坡坡度不宜小于超高允许渐变率。

干旱少雨地区最小纵坡坡度可不受上述限制。

3.2.4　平均纵坡坡度

平均纵坡坡度是指路段高差与水平距离之比，是衡量线形设计质量的重要指标之一，其值为：

$$i_{平均}=\frac{H}{l} \tag{3-1}$$

式中　$i_{平均}$——平均纵坡坡度；

H——相对高度，m；

l——路段长度，m。

为了保证行车安全与平顺，避免过多使用最大纵坡坡度和缓和坡段，对于山区公路连续纵坡组合路段，给以平均坡度限制。《公路工程技术标准》(JTG B01—2014)规定：为了使连续升坡(或降坡)路段的纵坡运用合理，二、三、四级公路越岭路段的平均纵坡坡度应符合下述规定：

① 越岭路段相对高差为 200～500 m 时，平均纵坡坡度不应大于 5.5%；越岭路段相对高差大于 500 m 时，平均纵坡坡度不应大于 5%。

② 任一连续 3 km 范围内的平均纵坡坡度不应大于 5.5%。

3.2.5 合成坡度

合成坡度是指在有超高的平曲线上，路线纵坡与超高横坡所组成的坡度，如图 3-3 所示。其值可按式(3-2)计算：

$$i_{合} = \sqrt{i_{超}^2 + i_{纵}^2} \tag{3-2}$$

式中 $i_{合}$——合成坡度，%；

$i_{超}$——超高坡度，%；

$i_{纵}$——路线纵坡，%。

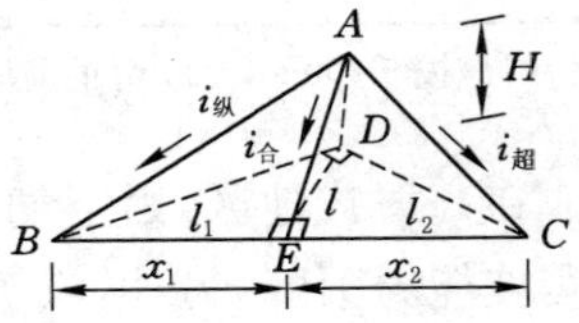

图 3-3 合成坡度

如果在小半径弯道上且伴有较大纵坡时，由于离心力作用会给汽车行驶造成危险。为了防止汽车沿合成坡度方向滑移，应将超高横坡与纵坡的组合控制在适当范围内，以确保安全。

《公路工程技术标准》(JTG B01—2014)规定最大合成坡度见表 3-4。

表 3-4 公路最大合成坡度

公路等级	高速公路				一级公路				二级公路		三级公路	四级公路
设计速度/(km/h)	120	100	80	100	80	60	80	60	40	30	20	
最大合成坡度/%	10.0	10.0	10.5	10.0	10.5	10.5	9.0	9.5	10.0	10.0	10.0	

注：1. 在积雪冰冻地区，公路的合成坡度应不大于 8%。

2. 最小合成坡度不宜小于 0.5%；在超高过渡的变化处，合成坡度不应设计为 0%；当合成坡度小于 0.5%时，应采取综合排水措施，以保证路面排水畅通。

我国城市道路对最大合成坡度的规定见表 3-5。

表 3-5 城市道路最大合成坡度

设计速度/(km/h)	80	60,50	40,30	20
最大合成坡度/%	7	6.5	7	8

3.2.6 坡长限制

坡长限制主要是指对纵坡的最大长度和最小长度的限制。

(1) 最大坡长

山岭重丘区公路，当连续纵坡大于 5%时，汽车上坡时为发挥更大的牵引力，多用低速挡。如坡长过长，长时间使用低速挡会使发动机过分发热而使效率降低、水箱沸腾、行驶无力。而下坡时因坡度过陡、坡段过长而刹车频繁，影响行车安全。因此，为了保证行车安全，对较陡纵坡的坡长应加以限制(表 3-6 和表 3-7)。

表 3-6　公路不同纵坡最大坡长

单位：m

设计速度/(km/h)		120	100	80	60	40	30	20
纵坡坡度/%	3	900	1 000	1 100	1 200			
	4	700	800	900	1 000	1 100	1 100	1 200
	5		600	700	800	900	900	1 000
	6			500	600	700	700	800
	7					500	500	600
	8					300	300	400
	9						200	300
	10							200

表 3-7　城市道路最大坡长

设计速度/(km/h)	80			60			50			40		
纵坡坡度/%	5	5.5	6	6	6.5	7	6	6.5	7	6.5	7	8
最大坡长/m	600	500	400	400	350	300	350	300	250	300	250	200

城市道路非机动车道纵坡坡度宜≤2.5%，当纵坡坡度>2.5%时，应按表 3-8 规定限制坡长。

表 3-8　城市道路非机动车道坡长限制

单位：m

坡度/%	自行车	平板车、三轮车
3.5	150	—
3	200	100
2.5	300	150

(2) 最小坡长

最小坡长是指纵断面线形上 2 个变坡点之间的最小长度。纵断面上如果变坡点太多，车辆行驶时颠簸频繁，行车顺适性差，其长度太短，变坡点之间长度不足以设置相邻两竖曲线的切线。此外，两凸形变坡点间的距离还应满足行车视距的要求。考虑上述因素，应对最小坡长加以限制。我国公路采用的坡段最小长度见表 3-9。

表 3-9　公路坡段最小长度

设计速度/(km/h)	120	100	80	60	40	30	20
坡段最小长度/m	300	250	200	150	120	100	60

我国城市道路坡段最小长度按表 3-10 取用。

表 3-10　城市道路坡段最小长度

设计速度/(km/h)	80	60	50	40	30	20
坡段最小长度/m	290	170	140	110	85	60

注：平面交叉路口、立体交叉匝道等坡段不受此限制。

(3) 坡长计算

当连续陡坡由几个不同坡度的坡段组合而成时，应按不同坡度的坡长限制折算确定。例如公路坡段纵坡坡度为8%，长160 m，该长度是相应限制坡长(400 m)的2/5，如相邻坡段的纵坡为7%，则其坡长不应超过相应坡长限制600 m的3/5，即600×3/5=360 m，也就是说，8%纵坡设计160 m后还可以接着设计7%纵坡段360 m长或6%纵坡段480 m长，之后再设置缓和坡段。缓和坡段是指在纵断面设计中，当陡坡的长度达到限制坡长时，应安排一段坡度缓和(一般指坡度小于或等于3%)的路段，主要目的是恢复在陡坡上下降的速度。

3.3 竖曲线设计

在纵断面上相邻两条纵坡线相交的转折处，为了使行车平顺，用一段曲线来缓和，称为竖曲线。竖曲线的形状通常为平曲线或二次抛物线两种。但是在设计和计算中二次抛物线更方便，故一般采用二次抛物线形式。

3.3.1 竖曲线几何要素计算

纵断面上两条相邻不同坡度线的交点称为变坡点。为了保证行车安全，舒适及满足视距需要，在变坡处设置的竖向曲线称为竖曲线。相邻两坡度线的交角用坡度差"ω"表示，坡度角一般较小，可近似用两坡段坡度的代数差表示，即$\omega=i_2-i_1$，式中i_1、i_2分别为两相邻坡段的坡度值，上坡为正，下坡为负，如图3-4所示。ω为正，变坡点在曲线下方，竖曲线开口向上，称为凹形竖曲线；ω为负，变坡点在曲线上方，竖曲线开口向下，称为凸形竖曲线。

《公路工程技术标准》(JTG B01—2014)规定各级公路及城市道路在变坡点处均应设置竖曲线，竖曲线形式为二次抛物线，但是在实用范围内圆形和二次抛物线线形几乎没有差别，所以通常采用圆形竖曲线。竖曲线要素主要包括竖曲线长度L、切线长度T和外距E，如图3-5所示。设R为竖曲线半径，ω为两纵坡段的变坡角，因纵坡很小，而高程变化值与水平距离之比相差很大，因此实际计算时均假定竖曲线的切线长度T、曲线长度L等于其水平投影长度。则由几何关系可得：

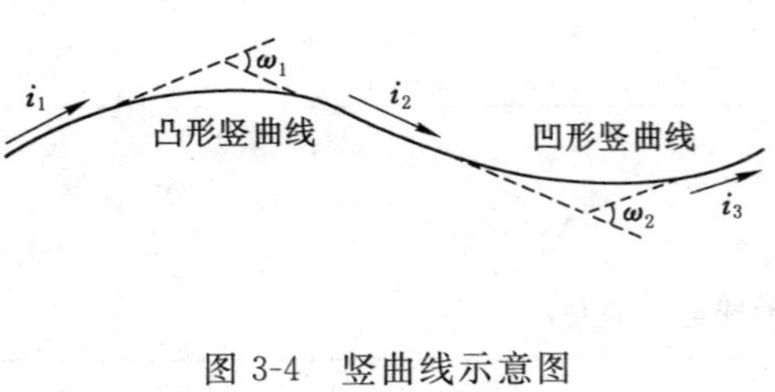

图3-4　竖曲线示意图

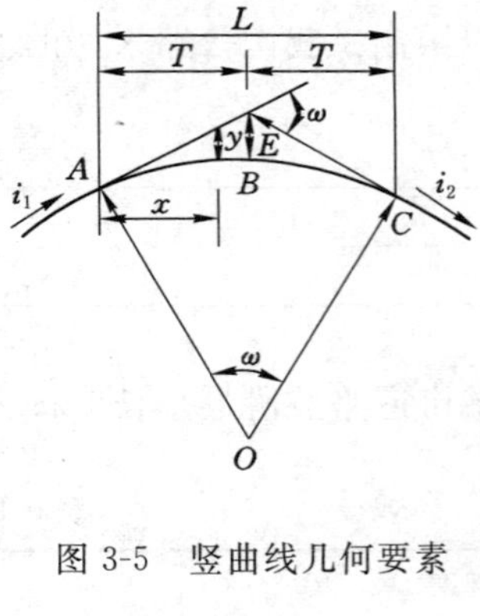

图3-5　竖曲线几何要素

$$L=R\omega\frac{\pi}{180}\approx R(i_1-i_2) \tag{3-3}$$

$$T = R\tan\frac{\omega}{2} \approx \frac{L}{2} \approx \frac{R}{2}(i_1 - i_2) \tag{3-4}$$

$$E = R(\sec\frac{\omega}{2} - 1) \tag{3-5}$$

。

由几何关系可得：

$$(R+E)^2 - T^2 = R^2$$

故有：

$$E = \frac{T^2}{2R + E} \tag{3-6}$$

E 与 $2R$ 相比很小，可忽略不计，则：

$$E = \frac{T^2}{2R} = \frac{L^2}{8R} = \frac{R(i_1 - i_2)}{8} = \frac{T\omega}{4} \tag{3-7}$$

为了具体敷设竖曲线坐标，竖曲线中间各点纵、横坐标 x，y 值按式(3-8)计算：

$$y = \frac{x^2}{2R} \tag{3-8}$$

式中　x——竖曲线起讫点至所求桩号之间的距离；

　　y——竖曲线各点的纵距，当 $x = T$ 时，$y = i$。

对于凸形竖曲线，设计标高＝未设竖曲线时的设计标高－y；

对于凹形竖曲线，设计标高＝未设竖曲线时的设计标高＋y。

【例 3-1】　某二级汽车专用公路上有一变坡点，桩号为 K10＋200，切线标高为 120.28 m，两相邻路段的纵坡为 $i_1 = +5\%$ 和 $i_2 = -3\%$，$R_{凸} = 5\ 000$ m。试设计该变坡处的竖曲线。

解　(1) 计算竖曲线要素

竖曲线长度：$L = R\omega = 5\ 000 \times [0.05 - (-0.03)] = 400$ (m)。

切线长度：$T = \frac{L}{2} = 200$ (m)。

外距：$E = \frac{T^2}{2R} = 4$ (m)。

(2) 求竖曲线起点和终点桩号

竖曲线起点桩号：K10＋200－200＝K10＋000。

竖曲线终点桩号：K10＋200＋200＝K10＋400。

(3) 求各桩号的设计标高

① K10＋000 竖曲线起点

切线标高：120.28－200×0.05＝110.28 (m)。

设计标高：110.28 m。

② K10＋100 处

至起点距离：$x = 10\ 200 - 10\ 100 = 100$ (m)。

切线标高：110.28＋100×0.05＝115.28 (m)。

纵距：$y = \frac{x^2}{2R} = \frac{100^2}{2 \times 5\ 000} = 1.00$ (m)。

设计标高：115.28－1.00＝114.28（m）。

③ K10＋200 竖曲线中点

切线标高：120.28（m）。

设计标高：120.28－4.00＝116.28（m）。

④ K10＋300 处

至起点距离：x＝10 400－10 300＝100（m）。

切线标高：120.28－100×0.03＝117.28（m）。

纵距：$y=\frac{x^2}{2R}=\frac{10\ 0^2}{2\times5000}$＝1.00（m）。

设计标高：117.28－1.00＝116.28（m）。

⑤ K10＋400 竖曲线终点

切线标高：120.28－200×0.03＝114.28（m）。

设计标高：114.28 m。

用以上计算得到的竖曲线各桩号设计标高见表 3-11。

表 3-11　K10＋000～K10＋400 竖曲线计算表　　单位：m

桩号	坡段高程	标高改正$\left(y=\frac{x^2}{2R}\right)$	竖曲线高程	备注
K10＋000	110.28	0	110.28	竖曲线起点
＋020	111.28	0.04	111.24	
＋040	112.28	0.16	112.12	
＋060	113.28	0.36	112.92	
＋080	114.28	0.64	113.64	
＋100	115.28	1.00	114.28	
＋120	116.28	1.44	114.84	
＋140	117.28	1.96	115.32	
＋160	118.28	2.56	115.72	
＋180	119.28	3.24	116.04	
＋200	120.28	4.00	116.28	竖曲线中点
＋220	119.68	3.24	116.44	
＋240	119.08	2.56	116.52	
＋260	118.48	1.96	116.52	
＋280	117.88	1.44	116.44	
＋300	117.28	1.00	116.28	
＋320	116.68	0.64	116.04	
＋340	116.08	0.36	115.72	
＋360	115.48	0.16	115.32	
＋380	114.88	0.04	114.84	
＋400	114.28	0	114.28	竖曲线终点

3.3.2　竖曲线最小半径

在纵断面设计中，竖曲线的设计受到许多因素的限制，其中有 3 个限制因素决定竖曲线的最小半径。

① 缓和冲击的要求。汽车在竖曲线上行驶时产生径向（指垂直方向）离心力。在凹形竖曲线上这个力与重力方向相同，是增重（人的感觉为超重），在凸形竖曲线上这个力与重力方向相反，是减重（人的感觉为失重）。这种增重与减重达到某种程度时，驾驶人员和乘客就有不舒服的感觉，同时对汽车的悬挂系统也产生不利影响，所以在确定道路竖曲线半径时应该对离心力（或离心加速度）加以控制。汽车在竖曲线上行驶时的离心加速度为：

$$a=\frac{v^2}{R}=\frac{V^2}{13R} \tag{3-9}$$

式中　v——行驶车速，m/s；

V——行驶车速，km/h；

R——竖曲线半径，m。

由大量试验结果可知离心加速度 a 限制在 0.5～0.7 m/s^2 比较合适。但是考虑到不因冲击而产生不舒适感，以及视觉平顺等要求，《公路工程技术标准》(JTG B01—2014)规定的凹形竖曲线最小半径（取 a =0.277 m/s^2）获得：

$$R_{\min}=\frac{V^2}{13a}=\frac{V^2}{3.6} \tag{3-10}$$

② 时间行程不能过短。汽车从直线道行驶到竖曲线上，虽然竖曲线半径较大，但是如果其长度过短，旅客同样会感到不舒适。因此，应限制汽车在竖曲线上的时间行程不能过短，最短应为 3 s 行程，即

$$L_{\min}=vt=\frac{V}{3.6}\times 3=\frac{V}{1.2} \tag{3-11}$$

③ 满足视距的要求。汽车行驶在凸形竖曲线上，如果半径太小，道路的凸起部分会阻挡司机的视线。为了保证行车安全，对凸形竖曲线的最小半径还应从保证视距的角度加以限制。

汽车行驶在凹形竖曲线上时，也存在视距问题。比如在地形起伏较大地区的道路上夜间行车时，若竖曲线半径过小，前车灯照射距离近，可能造成视距不足而影响行车速度和安全。又比如在高速公路及城市道路上有许多跨线桥、门式交通标志及广告宣传牌等，如果它们正好处在凹形竖曲线上方，也会影响驾驶员的视线。

总之，无论是凸形竖曲线还是凹形竖曲线，都会受到上述 3 种因素的限制。需要明确的是：哪一种限制因素为最不利的情况，该因素才是有效控制因素。就凸、凹形竖曲线来说，其控制因素是不一样的。

根据缓和冲击、时间行程及视距要求 3 个限制因素，可计算出不同设计速度时的凸形竖曲线与凹形竖曲线的最小半径，见表 3-12、表 3-13。表中《标准》规定的一般最小半径为极限最小半径的 1.5～2.0 倍，条件许可时应尽量采用大于一般最小半径的竖曲线为宜。

表 3-12　凸形竖曲线最小半径

设计车速 $V/(\text{km/h})$	停车视距 S_T/m	缓和冲击 $R_{\min}=\frac{V^2}{3.6}$	视距要求 $R_{\min}=\frac{S_T^2}{4}$	《标准》规定值	
				极限最小半径/m	一般最小半径/m
120	210	4 000	11 100	11 000	17 000
100	160	2 780	6 450	6 500	10 000
80	110	1 780	3 020	3 000	4 500
60	75	1 000	1 410	1 400	2 000
40	40	440	410	450	700
30	30	250	230	250	400
20	20	110	100	100	200

表 3-13　凹形竖曲线最小半径

设计车速 $V/(\text{km/h})$	停车视距 S_T/m	缓和冲击 $R_{\min}=\frac{V^2}{3.6}$	车灯照明 $R_{\min}=\frac{S_T^2}{1.50+0.0349S_T}$	桥下视距 $R_{\min}=\frac{S^2{}_T}{26.92}$	《标准》规定值	
					极限最小半径/m	一般最小半径/m
120	210	4 000	5 000	1 688	4 000	6 000
100	160	2 780	3 620	951	3 000	4 500
80	110	1 780	2 210	449	2 000	3 000
60	75	1 000	1 370	209	1 000	1 500
40	40	440	880	59	450	700
30	30	250	350	33	250	400
20	20	110	180	15	100	200

《城市道路工程设计规范》(CJJ 37—2012)(2016 年版)规定，各级道路纵坡变坡处应设置竖曲线。竖曲线采用圆曲线。竖曲线半径见表 3-14，条件许可时应尽量采用大于一般最小半径的竖曲线为宜。

表 3-14　城市道路竖曲线最小半径

设计车速/(km/h)		80	60	50	40	30	20
凸形	极限最小半径/m	3 000	1 200	900	400	250	100
	一般最小半径/m	4 500	1 800	1 350	600	400	150
凹形	极限最小半径/m	1 800	1 000	700	450	250	100
	一般最小半径/m	2 700	1 500	1 050	700	400	150

3.3.3　竖曲线最小长度

为了满足汽车司机操作的需要，竖曲线最小长度按设计速度 3 s 的运行距离计算。以公式表示，即

$$L=\frac{5}{6}V \tag{3-12}$$

式中　V——设计速度，km/h。

《公路工程技术标准》(JTG B01—2014)的相关规定见表 3-15。

表 3-15　竖曲线最小长度

设计速度/(km/h)	120	100	80	60	50	40	30	20
竖曲线最小长度/m	100	85	70	50	40	35	25	20

注：城市道路 $V=20\sim80$ km/h 时，采用与表列相同值。

3.3.4　竖曲线设计

(1) 竖曲线设计的一般要求

竖曲线是否平顺，在视觉上是否良好，往往是决定纵断面线形优劣的主要因素。竖曲线设计应满足以下要求。

① 宜选用较大的竖曲线半径——在不大幅增加工程量的情况下，宜选用较大的竖曲线半径。通常采用大于竖曲线一般最小半径的半径，特别是当坡度差较小时，更应采用大半径，以利于视觉和路容美观。只有当地形限制或其他特殊困难不得已时才允许采用极限最小半径。在有条件的路段，为了获得平顺、连续且视觉良好的纵面线形，可参照表 3-16 选择竖曲线半径。

表 3-16　从视觉观点选择所需的竖曲线最小半径

设计速度/(km/h)	凸形竖曲线半径/m	凹形竖曲线半径/m
120	20 000	12 000
100	16 000	10 000
80	12 000	8 000
60	9 000	6 000
40	3 000	2 000

② 同向竖曲线应避免"断背曲线"——同向竖曲线特别是同向凹形竖曲线间，如果直坡段不长，应合并为单曲线或复曲线。

③ 反向曲线间由直坡段连接，也可以径向相连接——反向竖曲线间最好设置一段直坡段，直坡段的长度应能保证汽车以设计车速行驶 3 s 的行程时间，以使汽车有一个缓和段。如果受条件限制也可以互相连接或插入短的直坡段。

④ 竖曲线设置应满足排水需要——若相邻纵坡的代数差很小时，采用大半径竖曲线可能导致竖曲线上的纵坡坡度小于 0.3%，不利于排水，应重新设计。

(2) 竖曲线半径的选择

选择竖曲线半径时应考虑以下因素：

① 选择半径应符合表 3-12 至表 3-15 所规定的竖曲线的最小半径和最小长度。

② 在不大幅增加土石方工程量的情况下，为了使行车舒适，宜采用较大的竖曲线半径。

③ 结合纵断面起伏情况和标高控制要求，确定合适的外距，按外距控制选择半径。

④ 考虑相邻竖曲线的连接(保证最小直坡段长度或不发生重叠)限制曲线长度，按切线长度选择半径。

⑤ 过大的竖曲线半径将使竖曲线过长，从施工和排水来看是不利的，选择半径时应注意。

⑥ 对夜间行车交通量较大的路段考虑灯光照射方向的改变，使前灯照射范围受到限制，选择半径时应适当增大，以使其有较长的照射距离。

3.4 纵断面设计方法及设计成果

3.4.1 纵断面设计方法与步骤

(1) 纵断面设计方法

设计纵坡前，在拟定路线位置后，应先根据中桩的桩号和地面标高绘出纵断面图的地面线及平面线一栏，然后按选线意图决定控制点及其高程，考虑填挖等工程经济及与周围地形景观的协调，综合考虑平、纵、横三个方面试定坡度线，再对照横断面检查核对，确定纵坡值和竖曲线半径，计算设计标高，完成纵断面图。

(2) 纵断面设计步骤

① 准备工作——设计纵坡前，应先根据中桩和水准记录点绘出路线纵断面图的地面线，绘出平面直线、平曲线示意图，写出每个中桩的桩号和地面标高以及沿线土壤地质说明资料，并熟悉和掌握全线有关勘测设计资料，领会设计意图和要求。

② 标注控制点——控制点是指影响纵坡设计的标高控制点。如路线起、终点，越岭垭口，重要桥涵，地质不良地段的最小填土高度、最大挖深、填挖平衡点(也称经济点)，沿溪线的洪水位，隧道进出口，平面交叉和立体交叉点，铁路道口，城镇规划控制标高及受其他因素限制而路线必须通过的标高控制点等。

③ 试坡——在已标出“控制点”的纵断面图上，根据技术指标、选线意图，结合地面起伏变化，在这些点位间进行穿插与取值，试定出若干直坡线。对各种可能坡度线方案反复比较，最好确定出既符合技术标准，又满足控制点要求，且土石方较少的设计线作为初定坡度线，将前后坡度线延长交会定出变坡点的初步位置。

④ 调整坡度线——对照技术标准检查设计的最大纵坡、最小纵坡、坡长限制等是否符合规定；平、纵组合是否适当；路线交叉、桥涵和接线等处的纵坡是否合理等。若有问题应进行调整。调整方法是对初定坡度线平抬、平降、延伸、缩短或改变坡度值。

⑤ 核对——选择有控制意义的重点横断面，如高填深挖、地面横坡较陡路基、挡土墙、重要桥涵及其他重要控制点等，在纵断面图上直接读取对应桩号的填、挖高度，用路基设计“模板”在横断面图上“戴帽子”，检查是否填挖工程量过大、坡脚落空或过远、挡土墙工程量过大、桥梁过高或过低、涵洞过长等情况，若有问题应及时调整纵坡设计线。

⑥ 定坡——经调查核对无误后，逐段把直坡线的坡度、变坡点桩号和标高确定下来。变坡点一般要调整到 10 m 的整桩号上，相邻边坡点桩号之差为坡长。各变坡点标高是由纵坡度和坡长值依次推算得到的。

⑦ 设置竖曲线——根据道路等级和地形情况确定竖曲线半径，并计算竖曲线要素和各桩号的设计标高。

3.4.2 纵断面设计成果

纵断面设计图是道路设计重要技术文件之一，也是纵断面设计的最后成果。纵断面采用直角坐标，以横坐标表示桩号，纵坐标表示高程。为了明显反映沿着中线地面起伏形状，通常横坐标比例尺采用 1∶2 000(城市道路采用 1∶500～1∶1 000),纵坐标采用1∶200(城市道路采用 1∶50～1∶100),如图 3-6 所示。

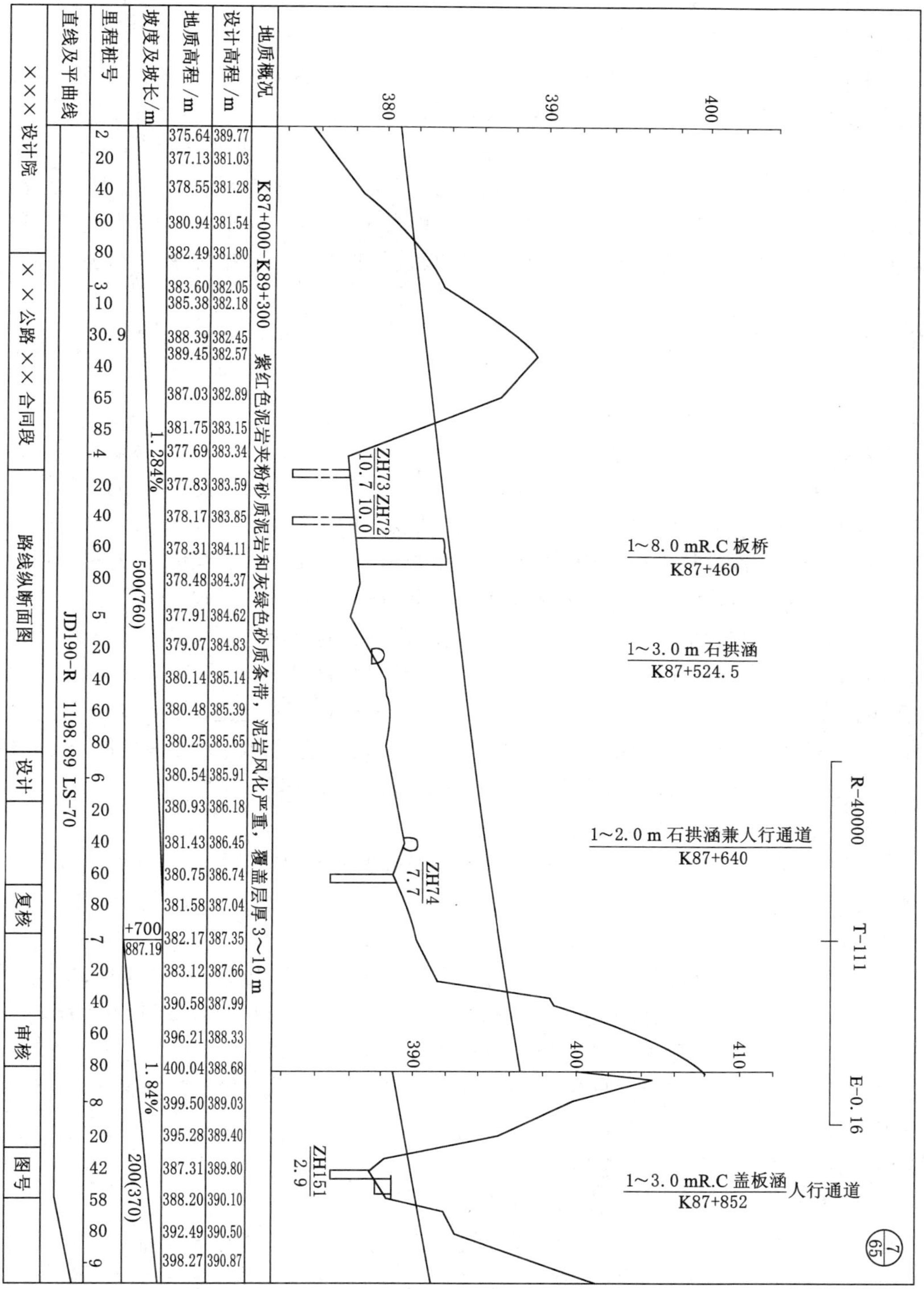

图 3-6　公路纵断面设计图

纵断面图是由位于坐标系内的图形和位于图形下的注解栏两个部分组成的。图形部分主要用来绘制地面线和纵坡设计线，另外也用以标注竖曲线及其要素，沿线桥涵及人工构造物的位置、结构类型、孔数和孔径，与道路、铁路交叉的桩号及路名，沿线跨越的河流名称、桩号、常水位和最高洪水位，水准点位置、编号和标高，断链桩位置、桩号及长短链关系。

注解栏主要用来填写有关测量数据，自下而上分别填写直线及平曲线，里程桩号，地面标高，设计标高，填、挖高度，坡度/坡长，土壤地质说明等。

城市道路的纵断面图一般包括以下内容：道路中线的地面线；纵坡设计线；施工高度；土壤地质剖面图；沿线桥涵位置；街沟类型及孔径；沿线交叉口位置和标高；沿线水准点位置、桩号和标高等；图的下方附以简要的说明表格。在市区主干道的纵断面图上，尚应标注相交道路的路名与交叉口的交点标高，以及街坊与主要建筑物的出入口标高等，如图 3-7 所示。

3.5　平、纵线形组合设计

(1) 平、纵线形组合设计的一般原则

道路线形设计是从道路选线、定线开始，最终以平、纵、横面所组成的立体线形反映到驾驶员的视觉上。平、纵线形组合是指在满足汽车运动学和力学要求前提下，研究如何满足视觉和心理方面的连续、舒适，与周围环境相协调的要求，并有良好的排水条件。尽管平、纵线形设计均按前述标准进行设计，但若平、纵线形组合不好，不仅有碍于其优点的发挥，还会加剧两方面存在的缺点，造成行车危险，也就不可能获得最优的立体线形。

对于不同设计速度的公路，平、纵线形组合设计的总体要求有所不同。对于设计速度≥60 km/h 的道路，必须注意平、纵线形的合理组合，尽量做到线形连续、指标均衡、视觉良好、景观协调、安全舒适。设计速度越高，线形设计可考虑的因素应越周全。对于设计速度≤40 km/h 的道路，首先应在保证行车安全的前提下，正确地运用线形要素指标，在条件允许的情况下力求做到各种线形要素合理组合，并尽量避免和减轻不利的组合。

道路平、纵线形组合设计应遵循以下原则：

① 应在视觉上能自然引导驾驶员的视线，并保持视觉上的连续性。任何使驾驶员感到茫然、迷惑和判断失误的线形，必须尽力避免。在视觉上能自然诱导视线，是衡量平、纵线形组合的最基本的标准。

② 注意保持平、纵线形的技术指标大小应均衡。它不仅影响线形的平顺性，还与工程费用相关。对于纵面线形反复起伏，在平面上采用高标准的线形是无意义的，反之亦然。

③ 选择组合得当的合成坡度，以利于路面排水和保证行车安全。

④ 注意与道路周围环境的配合。它可以减轻驾驶员的疲劳和降低其紧张程度，并可以起到引导视线的作用。

(2) 平、纵线形组合设计的基本要求

① 平曲线与竖曲线应相互重合，且平曲线应稍长于竖曲线。

这种组合使平曲线和竖曲线对应，即“平包竖”。图 3-8 为平曲线与竖曲线相互重合的透视形状。这种立体线形不仅能起到诱导视线的作用，还可取得平顺且流畅的效果。对于等级较高的道路，应尽量采用这种组合，并使平、竖曲线半径都大一些才显得协调，特别是凹形竖曲线处车速较高，两者半径更应该大一些。

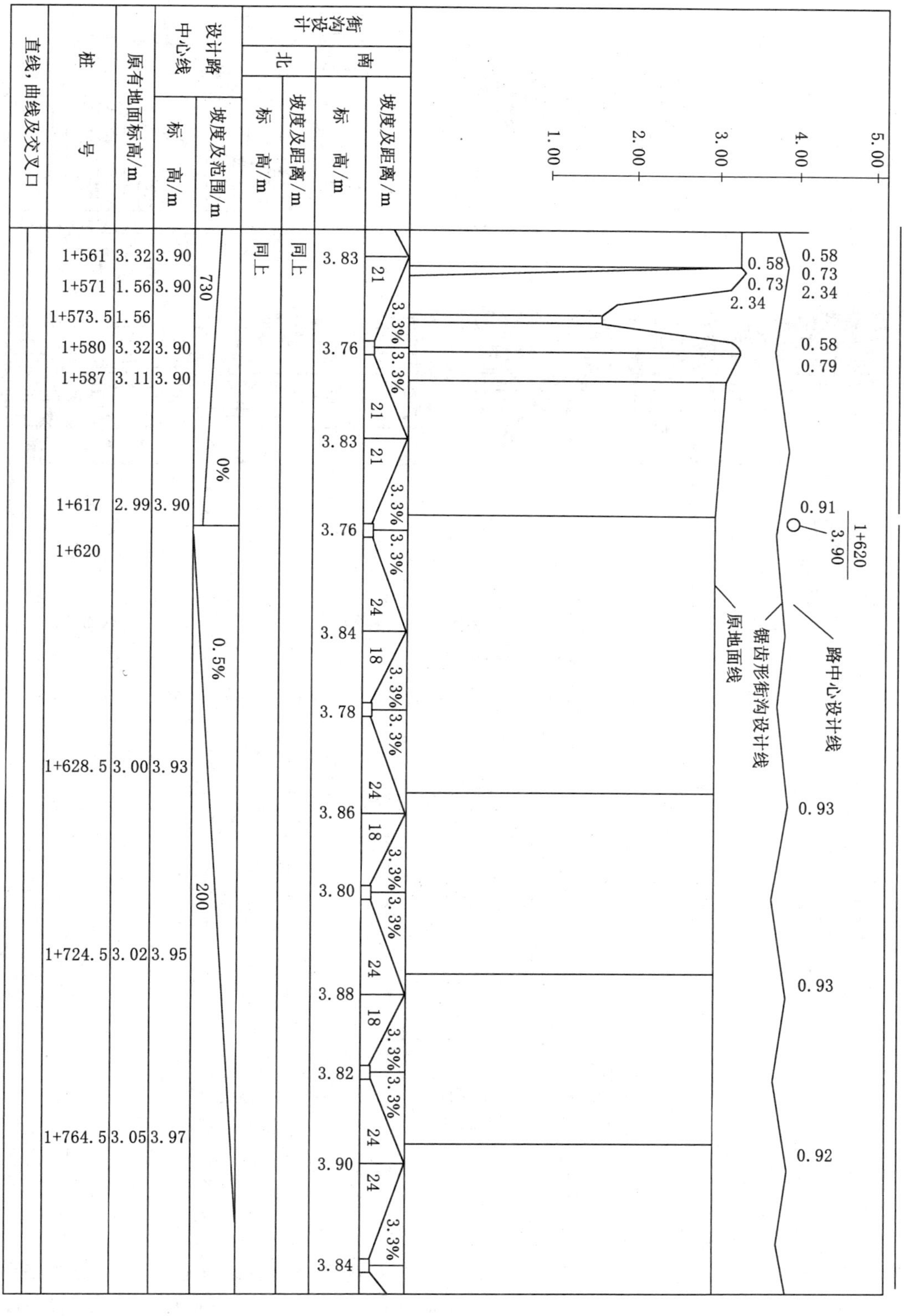

图 3-7　城市道路纵断面设计图

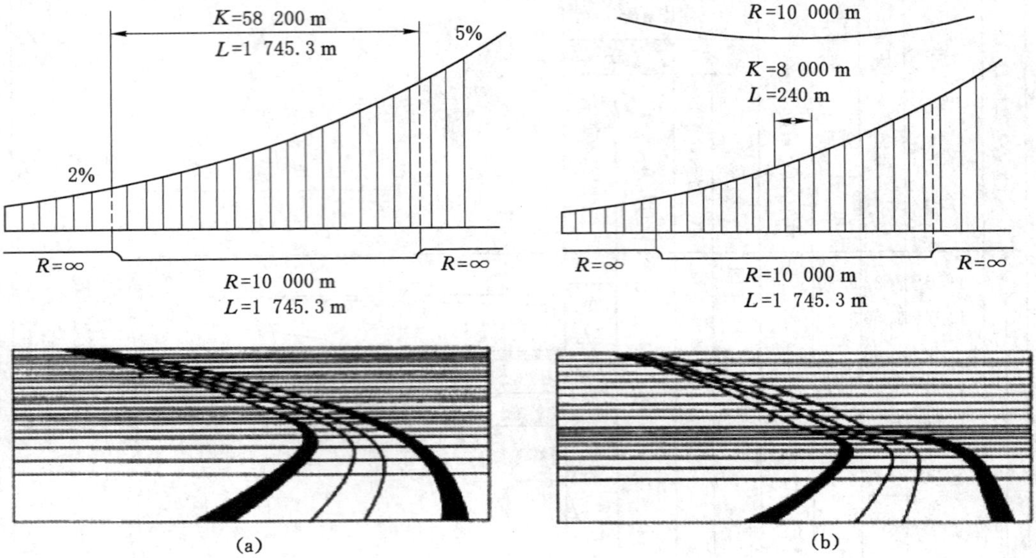

K—竖曲线半径;L—竖曲线长度。

图 3-8 平、竖曲线组合对比

竖曲线的起终点最好分别置于平曲线的两个缓和曲线内,其中任一点都不要置于缓和曲线以外的直线上,也不要置于圆弧段之内,如图 3-9 所示。若平、竖曲线半径都很大且坡率差较小时,则平、竖位置可不受上述限制;若做不到平、竖曲线较好组合,宁可将两者拉开相当距离,使平曲线位于直坡段或竖曲线位于直线上。

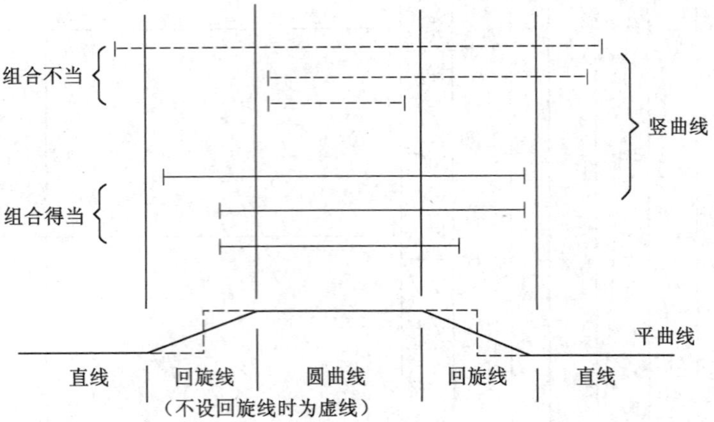

图 3-9 平曲线与竖曲线的组合

② 保持平曲线与竖曲线大小均衡。

平曲线和竖曲线其中一方大而平缓,那么另一方就不能形成多而小。一个长的平曲线内有两个以上凸、凹相间的竖曲线,或一个大的竖曲线含有两个以上反向平曲线,看上去非常别扭,图 3-10 即上述两种组合的透视形状。

研究认为:当平曲线半径小于 1 000 m 时,竖曲线半径宜为平曲线半径的 10～20 倍,此

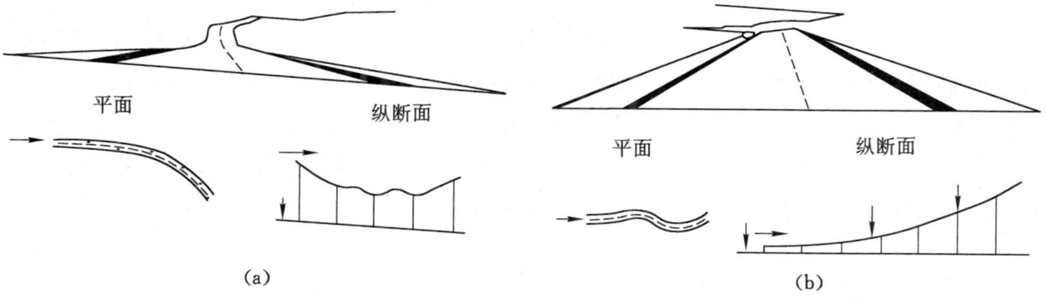

图 3-10　平曲线和竖曲线大小不均衡

时可获得视觉效果与经济性的平衡，其协调关系见表 3-17。

表 3-17　平、竖曲线半径的均衡

平曲线半径/m	竖曲线半径/m	平曲线半径/m	竖曲线半径/m
500	10 000	1 100	30 000
700	12 000	1 200	40 000
800	16 000	1 500	60 000
900	20 000	2 000	100 000
1 000	25 000		

③ 选择适当的合成坡度。

合成坡度过大，对行车安全不利，易出事故。山区纵坡大的路段插入小半径平曲线时，应注意控制最大合成坡度，陡峻傍山路段及非汽车交通比例高的路段合成坡度最好小于8%。合成坡度过小，不利于路面排水，高速行驶的车辆由于溅水而影响行车安全。如果变坡点与路面横向排水不良的平曲线路段组合，易使合成坡度过小，排水不利，妨碍高速行车，故合成坡度一般应不小于 0.5%。

(3) 平、纵线形设计中应注意避免的组合

平、竖曲线重合是一种理想的组合，但是由于地形等条件限制，这种组合往往不是总能争取到的。如果平曲线的中点与竖曲线的顶(底)点位置错开不超过平曲线长度的 1/4 时，仍然可以获得比较满意的外观。但是，如果错位过大或大小不均衡就会出现视觉效果很差的线形。

① 避免竖曲线的顶、底部插入小半径的平曲线。

如果在凸形竖曲线的顶部有小半径的平曲线，不但不能引导视线而且急转方向盘致使行车危险。在凹形竖曲线的底部有小半径的平曲线，便会出现汽车加速且急转弯，同样可能发生危险。

② 避免使竖曲线顶、底部与反向平曲线的拐点重合。

该类组合都存在不同程度的扭曲外观，前者不能正确引导视线，会致使驾驶员操作失误，引起交通事故；后者路面排水不畅，积水影响行车安全。

③ 应避免小半径的竖曲线与缓和曲线的重合。

对凸形竖曲线诱导性差，事故率较高；对凹形竖曲线路面排水不良，影响行车安全。

④ 避免出现驼峰、暗凹、跳跃等使驾驶员视线中断的线形。

在一个平曲线或一段长直线内包含几段竖曲线，特别是小半径竖曲线，易出现驼峰、暗凹、跳跃等线形，使前方道路失去连续性。当然，我国平原微丘区的高速公路设计，因地形平坦，平曲线半径一般较大，但由于沿线通道多，为减少工程数量，降低路肩填土高度，有时不得不在一个长的平曲线内多次变坡。实践表明：当纵坡不大且坡度差又较小时，在竖曲线半径选用较大的情况下，多次起伏并不影响线形的连续性。

3.6 爬坡车道

3.6.1 设置爬坡车道的条件

爬坡车道是指设置在陡坡路段上坡方向右侧供慢速车行驶的附加车道。在又长又陡的路段上，通过爬坡车道将大型车、慢速车从主线车流中分离出去，从而提高主线车辆的行驶自由程度，以提高该路段的通行能力。

《公路路线设计规范》(JTG D20—2017)规定：四车道高速公路、四车道一级公路以及二级公路连续上坡路段，符合下列情况之一者，宜在上坡方向行车道右侧设置爬坡车道：

① 沿连续上坡方向载重汽车的运行速度降低到表 3-18 中容许最低速度以下时。

表 3-18　上坡方向容许最低速度　　单位：km/h

设计速度	120	100	80	60	40
容许最低速度	60	55	50	40	25

② 上坡路段的设计通行能力小于设计小时交通量时。

③ 对经设置爬坡车道与改善主线纵坡不设爬坡车道进行技术经济比较分析，设置爬坡车道的效益费用比、行车安全性较优时。

3.6.2 爬坡车道的设计

(1) 横断面组成

爬坡车道设置于主线道路上坡方向行车道右侧，如图 3-11 所示。爬坡车道的宽度一般为 3.5 m，包括设在其左侧路缘带的宽度 0.5 m。

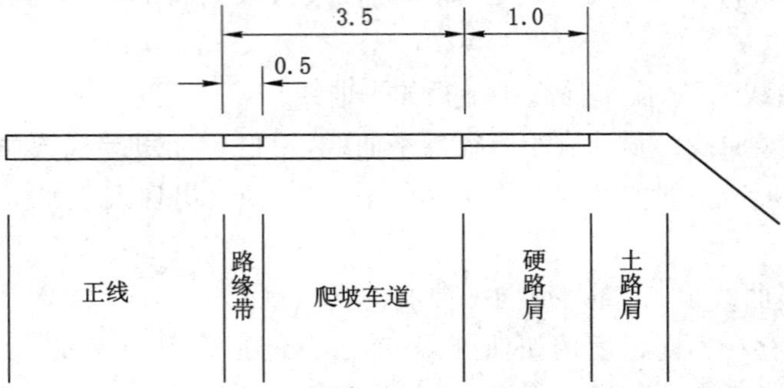

图 3-11　爬坡车道横断面(单位：m)

爬坡车道的路肩和主线一样由硬路肩和土路肩组成。但是由于爬坡车道上行驶速度较低，其硬路肩宽度可以不按主线的安全标准要求设计，一般为 1.0 m。而土路肩宽度以按主线要求设计为宜。

窄路肩不能停车使用，在长且连续的爬坡车道上，其右侧应按规定间隔一定的距离设置一紧急停车带。

(2) 横坡度

如上所述，因为爬坡车道的行车速度比主线低，为了行车安全起见，高速公路主线超高坡度与爬坡车道的超高坡度之间的对应关系见表 3-19。

超高坡度的旋转轴为爬坡车道内侧边缘线。

表 3-19　主线超高坡度爬坡车道超高坡度

主线的超高坡度/%	10	9	8	7	6	5	4	3	2
爬坡车道超高坡度/%	5		4					3	2

若爬坡车道位于直线路段时，其横坡坡度的大小同主线路拱坡度，采用直线式横坡，坡向向外。另外，爬坡车道右侧路肩的横坡坡度大小和坡向参照主线与右侧路肩之间关系的有关规定确定。

(3) 布置与长度

爬坡车道设计时，应综合考虑与线形设计的关系。其起点、终点应设置在通视良好、便于辨认和过渡顺适的位置。爬坡车道的长度应与主线相应纵坡长度一致。

爬坡车道的起点应设置于陡坡路段上载重汽车运行速度降低至表 3-18 中容许最低速度处。爬坡车道的终点应设置于载重汽车爬经陡坡路段后恢复至“容许最低速度”处，或陡坡路段后延伸的附加长度的端部。该陡坡路段后延伸的附加长度规定见表 3-20。

表 3-20　陡坡路段后延伸的附加长度

附加路段的纵坡/%	下坡	平坡	上坡			
			0.5	1.0	1.5	2.0
附加长度/m	100	150	200	250	300	350

爬坡车道起点、终点处应按规定设置分流、汇流渐变段，其长度见表 3-21。

表 3-21　爬坡车道分流、汇流渐变段长度

公路等级	分流渐变段长度/m	汇流渐变段长度/m
高速公路、一级公路	100	150～200
二级公路	50	90

按爬坡车道的起点、终点规定确定的爬坡车道长度(不含爬坡车道分流、汇流渐变段长度)小于 250 m 时，可不设爬坡车道。

相邻两条爬坡车道相距较近时，宜将两条爬坡车道直接连接。

爬坡车道在纵断面上的布设形式如图 3-12 所示。

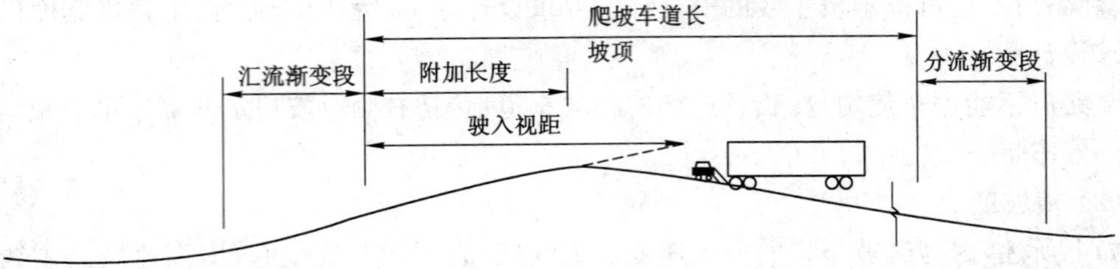

图 3-12　爬坡车道在纵断面上的布设形式

思考与练习

1. 纵断面设计有哪些控制指标？
2. 怎样确定竖曲线最小半径？
3. 竖曲线最小长度的控制因素有哪些？控制凸、凹竖曲线长度的因素是否相同？
4. 道路纵断面设计的步骤有哪些？
5. 道路纵断面设计要解决的主要技术问题有哪些？

第 4 章　道路横断面设计

4.1　概述

道路横断面是指中线上任意一点的法向切面，由横断面设计线和地面线构成。其中横断面设计线包括行车道、路肩、分隔带、边沟边坡、截水沟、护坡道以及取土坑、弃土堆、环境保护等设施。城市道路的横断面组成还包括机动车道、非机动车道、人行道、绿带、分车带等。高速公路和一级公路上还有变速车道、爬坡车道等。而横断面中的地面线是表征地面起伏变化的那条线，通过现场实测或由大比例尺地形图、航测相片、数字地面模型等途径获得的。路线设计中所研究的横断面设计只限于与行车直接有关的那一部分，即两侧路肩外缘之间各组成部分的宽度、横向坡度等，所以有时也将路线横断面设计称为路幅设计。

4.2　横断面各组成部分设计

4.2.1　公路横断面组成

（1）公路横断面基本组成

① 行车道——公路上各种车辆行驶部分的总称，包括快车行车道和慢车行车道。

② 路肩——位于行车道外缘至路基边缘，具有一定宽度的带状结构部分。

③ 中间带——高速公路与一级公路用于分隔对向车辆的带状构造物。中间的由中央分隔带和两条左侧路缘带组成。

④ 边坡——为了保证路基的稳定，设在路基两侧，具有一定坡度的坡面。

⑤ 边沟——为了汇集和排除路面、路肩及边沟流水，在挖方或低填方路基两侧设置的纵向排水沟。

高速公路与一级公路的横断面组成见图 4-1，二、三、四级公路的横断面组成见图 4-2。

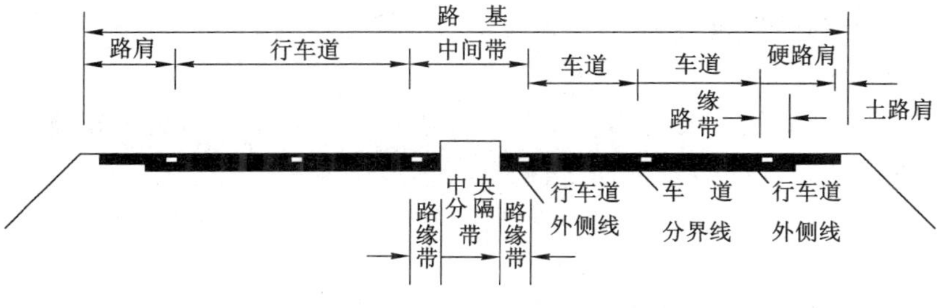

图 4-1　高速公路与一级公路的横断面组成

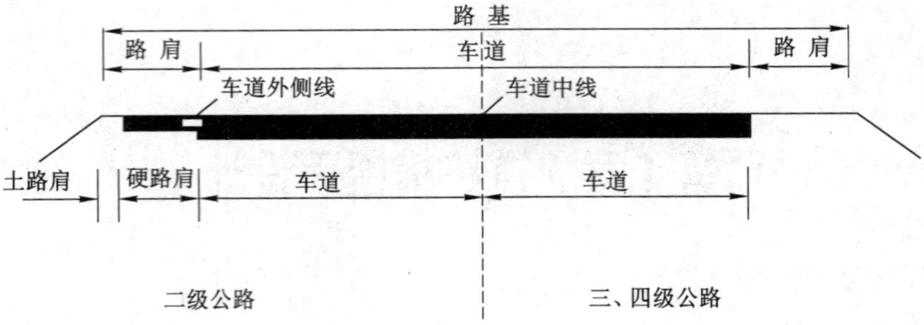

图 4-2　二、三、四级公路的横断面组成

(2) 公路横断面特殊组成部分

① 爬坡车道——在高速公路、一级公路及二级公路连续的上坡路段，设置的专供慢车爬坡使用的车道。

② 加减速车道——供车辆驶入(离)高速车流之前(后)加(减)速用的车道。

③ 错车道——当四级公路采用宽度为 4.5 m 的单车道路基时，在适当的可通视距离内设置的供车辆交错避让用的一段加宽车道。其间距应不大于 300 m，相邻两错车道能相互通视；设置错车道路段的路基宽度应不小于 6.5 m，有效长度小于 20 m，如图 4-3 所示。

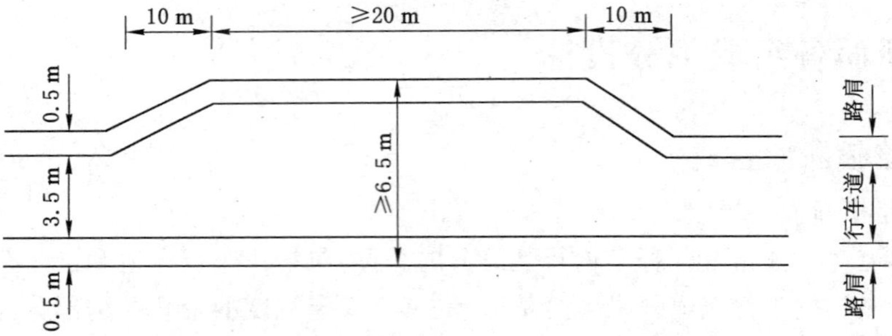

图 4-3　错车道布置图

④ 紧急停车带——在高速公路和一级公路上设置的供临时发生故障或其他原因需紧急停车车辆使用的临时停车地带。

⑤ 避险车道——在连续长、陡下坡路段行车道外侧增设的供速度失控(刹车失灵)车辆驶离正线安全减速的专用车道。

⑥ 护坡道——当路堤较高时，为保证路基边坡稳定，在取土坑与坡脚间，沿原地面纵向保留的有一定高度的平台。

⑦ 碎落台——在路堑边坡坡脚与边沟外侧边缘之间或边坡上，为防止石头等碎落物落入边沟而设置的具有一定宽度的纵向平台。

⑧ 截水沟——在地面线较陡的挖方路段，为拦截山坡流向路基的水，在路堑坡顶以外设置的水沟。

公路特殊组成仅在公路特殊路段才设置。

4.2.2　城市道路横断面组成

城市道路的交通性质和组成比较复杂，行人和各种非机动车较多，各种交通工具和行人的交通问题都需要在横断面设计中予以综合考虑并解决，所以城市道路路线设计中的横断面设计是矛盾的主要方面，一般都放在平面和纵断面设计之前进行的。

城市道路上供各种车辆行驶的部分统称为行车道。在行车道断面上，供汽车、无轨电车、摩托车等机动车行驶的部分称为机动车道；供自行车、三轮车、板车等非机动车行驶的部分称为非机动车道。此外，还有供行人步行使用的人行道和分隔各种车道（或人行道）的分隔带及绿带。

城市道路各组成部分相互联系和影响，其位置的安排和宽度的确定必须首先保证车辆和行人的安全畅通，同时要与道路两侧的各种建筑物和自然景观相协调，并能满足地面、地下排水和各种管线埋设的要求。横断面设计应注意近期与远期相结合，使近期工程成为远期工程的组成部分，并预留管线位置。路面宽度和高度等均应有发展余地。

（1）城市道路的横断面组成

由车行道、人行道、绿化带、分隔带及其他部分组成，布置图如图 4-4 所示 。

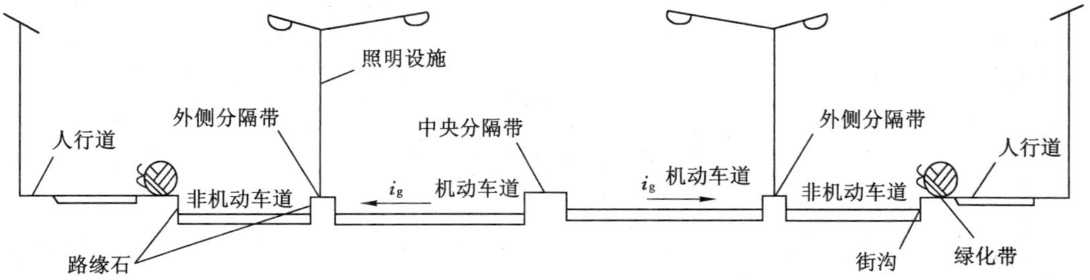

图 4-4　城市道路横断面布置图

① 车行道——在城市道路上供各种车辆行驶的路面，统称为车行道。供汽车、无轨电车、摩托车等机动车辆行驶的部分称为机动车道；供自行车、三轮车、板车、电动车等非机动车辆行驶的部分称为非机动车道。按车道的行车方向上的不同位置，可分为内侧车道、中间车道和外侧车道。按车道的不同性质可分为变速车道、爬坡车道、停车道、错车道、会车道、专用车道等。

② 人行道——在城市道路上用路缘石或护栏及其他类似的设施加以分隔的专门供人行走的部分。

③ 绿化带——在道路用地范围内供绿化的条形地带。

④ 分隔带（又称为分车带）——沿道路纵向设置的分隔车行道的带状设施。位于路中线的称为中央分隔带，位于路中线两侧的称为外侧分隔带。

⑤ 其他组成部分——路缘石、街沟、路拱、照明等。路缘石是指设置在路边的界石，简称缘石，包括平缘石和立缘石。街沟是指设在路面边缘处，由立缘石与平缘石或铺装路面形成的侧沟。路拱是指路面横断面的两端与中间形成的一定坡度的拱起形状。

（2）城市道路常见的几种断面形式

① 单幅路——俗称“一块板”断面。各种车辆在车道上混合行驶。在交通组织上有以

下几种方式：

a. 画出快、慢车行驶分车线，快车和机动车辆在中间行驶，慢车和非机动车靠两侧行驶。

b. 不画分车线，车道的使用可以在不影响安全的条件下予以调整。如只允许机动车辆沿同一方向行驶的单行道；限制载重汽车和非机动车行驶，只允许小客车和公共汽车通行的街道；限制各种机动车辆，只允许行人通行的步行道等。上述措施，可以是相对不变的，也可以是按规定的周期变换的。

② 双幅路——俗称“两块板”断面。在车道中心用分隔带或分隔墩将车行道分为两半，上、下行车辆分向行驶。各自再根据需要决定是否划分快、慢车道。

③ 三幅路——俗称“三块板”断面。中间为双向行驶的机动车车道，两侧为靠右侧行驶的非机动车车道。

④ 四幅路——俗称“四块板”断面，在三幅路的基础上，再将中间机动车车道分隔为二，分向行驶。

(3) 城市道路断面形式的选用

单幅路占地少，投资省，但各种车辆混合行驶，对交通安全不利，仅适用于机动车交通量大，非机动车较少的次干路、支路以及用地不足、拆迁困难的旧城改建的城市道路上。

双幅路断面将对向行驶的车辆分开，减少了行车干扰，提高了车速，分隔带上还可以用作绿化、布置照明和敷设管线等。它主要用于各向两条机动车道以上，非机动车较少的道路。有平行道路可供非机动车通行的快速路和郊区道路以及横向高差大或地形特殊的路段也可采用。

三幅路将机动车与非机动车分开，对交通安全有利；在分隔带上布置绿化带，有利于夏天遮阴防晒、减少噪音和布置照明等。机动车交通量大、非机动车多的城市道路上宜优先考虑采用。但是三幅式断面占地较多，只有当红线宽度等于或大于 40 m 时才能满足车道布置的要求。

四幅路不但将机动车和非机动车分开，而且将对向行驶的机动车分开，比三幅式路更为有利，适用于机动车车速较高、各向两条机动车道以上且机动车多的快速路与主干路。

一条道路宜采用相同形式的横断面。当道路横断面形式或横断面各组成部分的宽度变化时，应设过渡段，过渡段的起、止点宜选择在交叉口或结构物处。

4.2.3 公路路基宽度

公路路基宽度为车道宽度与路肩宽度之和。当设有中间带、紧急停车带、爬坡车道、加(减)速车道、错车道时，还应包括这些部分的宽度。

公路横断面的组成和各部分的尺寸应根据设计交通量、交通组成、设计速度、地形条件等因素确定。在保证必要的通行能力和交通安全与畅通的前提下，尽量做到用地省、投资少，使道路发挥其最大的经济效益与社会效益。

根据各级公路的性质和功能，其宽度组成如下：

① 高速公路、一级公路的路基的横断面分为整体式和分离式两类。

整体式断面包括车道、中间带(中央分隔带及左侧路缘带)、路肩(硬路肩和软路肩)以及紧急停车带、爬坡车道、加(减)速车道等组成部分。分离式断面是一种将上、下行车道放在不同的平面上，中间带随地形变宽的断面形式。

② 二级公路的路基横断面包括行车道、路肩、爬坡车道等组成部分。二级公路位于中、小城市城乡接合部混合交通量大的路段，实行快、慢车道分开行驶时，可根据当地的经验设置右侧硬路肩。

③ 三、四级公路的路基横断面包括行车道、路肩以及错车道等组成部分。

4.2.4　行车道

行车道是道路上供各种车辆行驶的各部分的总称，包括快车道和慢车道，在一般公路和城市道路上还有非机动车道。行车道宽度是根据车辆宽度、设计交通量、交通组成和汽车行驶速度来确定的。而车道数可按下式计算，即

$$\text{车道数}=\frac{\text{远景设计年单向每小时交通量}}{\text{每一车道的设计通行能力}}\times 2 \tag{4-1}$$

(1) 行车道宽度

公路的一条行车道内一般包括两条以上的车道。高速公路和一级公路有 4 条以上的车道，中央分隔带将上、下行车辆分开或做成分离式路基，每侧再划分快车道和慢车道，一般取两者中具有代表性的交通情况加以分析，探讨行车道宽度的确定方法。

① 一般双车道公路行车道宽度的确定。

双车道公路有两条车道，行车道宽度包括汽车宽度和富余宽度。根据《标准》第 2.0.1 条规定，设计车辆最大宽度为 2.5 m，加错车、超车所必需的富余宽度来确定行车道的宽度。富余宽度是指对向行驶时两车厢之间的安全间隙、汽车轮胎至路面边缘的安全距离，如图 4-5所示。

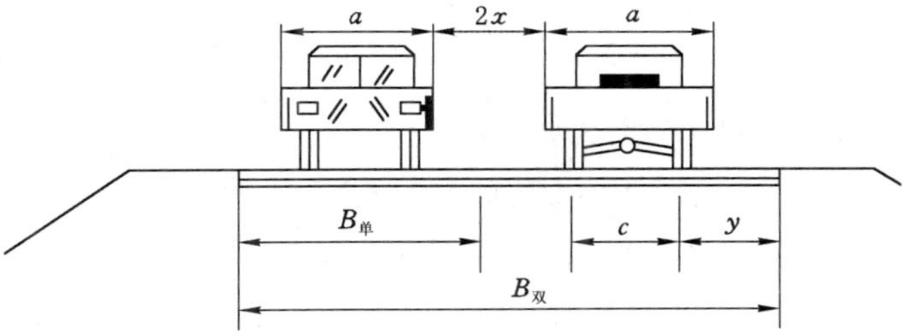

图 4-5　双车道公路的行车道宽度

则双车道公路第一条单向行驶的车道的宽度可用下式计算：

$$B_{单}=(a+c)/2+x+y \tag{4-2}$$

两条车道：

$$B_{双}=a+c+2x+2y \tag{4-3}$$

根据大量试验观测，得出计算 x、y 的经验公式为：

$$x=y=0.50+0.005v \tag{4-4}$$

式中　a——车厢宽度，m；

c——汽车轮距，m；

$2x$——两车厢安全间隙，m；

y——轮胎与路面边缘之间的安全距离，m；

v——行车速度，km/h。

② 有中央分隔带公路行车道宽度的确定。

高速公路、一级公路平原微丘区采用 3.75 m 的行车道。设计速度为 60 km/h 时，仍采用 3.50 m。

主要考虑因素：

a. 设计速度，远景交通量大，特别是我国载重汽车混入率高。

b. 参考了德国、法国的高速汽车公路，意大利的太阳公路、日本的高速公路、东欧各国的一级公路、英国和加拿大的高速公路，其车道均为 3.75 m。

c. 美国各州公路的工作者协会认为，各级公路合乎理想的行车道宽度为 3.66 m(12 ft)，不宜大于 3.97 m(13 ft)。近年来美国有的城市将行车道宽度减为 3.35 m(11 ft)，甚至 3.05 m(10 ft)。

对于有 4 条以上车道的高速公路和一级公路，一般都设置中央分隔带。分隔带两侧的行车道只有同向行驶的汽车，如图 4-6 所示，则单侧行车道宽度可按(4-5)计算，即

$$B = S + D + M + a_1 + a_2 \tag{4-5}$$

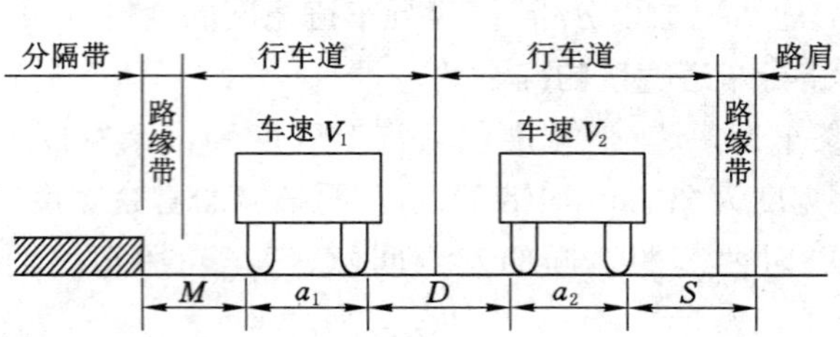

图 4-6　只有同向行驶的汽车

根据实地观测宽度，得到的关系式如下：

$$S = 0.010\,3\,V_1 + 0.56 \tag{4-6}$$

$$D = 0.000\,066(V_2^2 - V_1^2) + 1.49 \tag{4-7}$$

$$M = 0.010\,3\,V_2 + 0.46 \tag{4-8}$$

式中　S——后轮边缘与车道外侧之间的安全间隙，m；

V_1——被超车的车速，km/h；

D——两汽车后轮外缘之间的安全间隙，m；

V_2——超车的车速，km/h；

M——后轮外缘与车道内侧之间的安全间隙，m；

a_1，a_2——汽车后轮外缘间距，普通车 $a_1 = a_2 = 1.6$ m，大型车 $a_1 = a_2 = 2.3$ m。

根据式(4-6)至式(4-8)计算结果得出下列结论：计算行车速度 $V = 120$ km/h 时，每条车道的宽度均采用 3.75 m；当 $V = 100$ km/h，且交通量大和大型车混入率高时，内侧车道应为 3.75 m，外侧车道可采用 3.75 m 或 3.5 m。

当高速公路的交通量超过 4 个车道的容量时，其车道数可以按双数增加。

③ 城市道路的行车道宽度。

a. 靠路边的车道宽：

i. 一侧靠边，另一侧为反向行驶的车道，如图 4-7 所示。

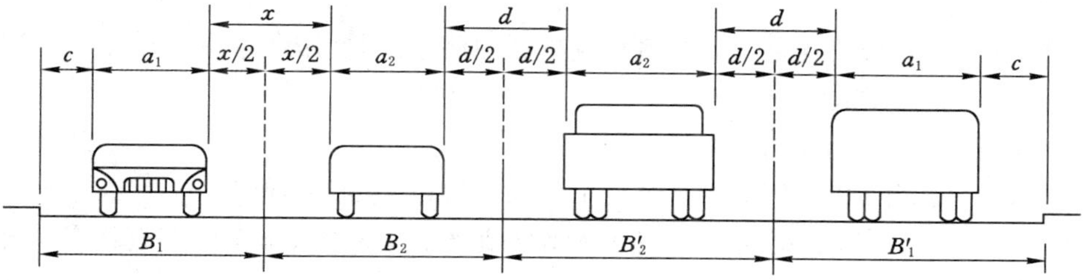

图 4-7　一侧靠边，另一侧行驶

$$B_1 = \frac{x}{2} + a_1 + c \tag{4-9}$$

ii. 一侧靠边，另一侧为同向行驶的车道：

$$B'_1 = \frac{d}{2} + a_1 + c \tag{4-10}$$

b. 靠路中心线的车道宽度：

$$B_2 = \frac{x}{2} + a_2 + \frac{d}{2} \tag{4-11}$$

c. 同向行驶的中间车道宽度：

$$B'_2 = \frac{d}{2} + a_2 + \frac{d}{2} \tag{4-12}$$

式中　a_1, a_2——车厢全宽，m；

x——反向行驶汽车间的安全间隙，m；

d——同向行驶汽车间的安全间隙，m；

c——车身边缘与路缘石间的横向安全距离，m。

根据试验观测得出 c, x, d 与车速之间的关系式为：

$$c = 0.4 + 0.02 v^{\frac{3}{4}} \tag{4-13}$$

$$d = 0.7 + 0.02 v^{\frac{3}{4}} \tag{4-14}$$

$$x = 0.7 + 0.02(v_1 + v_2)^{\frac{3}{4}} \tag{4-15}$$

式中，v 为以 km/h 为单位的实际车速。

上列诸式表明车道宽度 B 是车速 v 的函数，随着车速的变化一般在 3.40～3.80 m 之间。考虑到城市道路上行驶的车辆各异，且车道还需调剂使用，故一条车道的平均宽度取 3.50 m 即可；当车速 $v \gg 40$ km/h 时，可取 3.75 m。

(2) 行车道宽度及车道数的规定

① 公路行车道宽度：车道宽度根据设计速度确定，见表 4-1。

表 4-1　车道宽度

设计速度/(km/h)	120	100	80	60	40	30	20
车道宽度/m	3.75	3.75	3.75	3.50	3.50	3.25	3.00

注：1. 设计速度为 20 km/h 且为单车道时，车道宽度应采用 3.50 m。

2. 高速公路为八车道时，内侧车道宽度可采用 3.50 m。

② 公路车道数：

a. 高速公路、一级公路各路段的车道数应根据预测交通量、服务水平等确定，其车道数为四车道以上时，应按双数增加。

b. 二级公路、三级公路应为双车道。

c. 四级公路宜采用双车道，交通量小且工程艰巨的路段可采用单车道。

③ 城市道路机动车道的宽度：城市道路机动车道宽度，根据汽车车型和设计车速确定，其值规定见表 4-2。

表 4-2 机动车道宽度

车型及行驶状态	设计速度/(km/h)	车道宽度/m
大型汽车或大、小汽车混行	≥40	3.75
	<40	3.50
小型汽车专用线	—	3.50
公交汽车停靠站	—	3.00

④ 城市道路非机动车道的宽度：非机动车道是专供自行车、三轮车、平板车及兽力车等行驶的车道。确定非机动车道时，应以自行车为主，如图 4-8 所示。

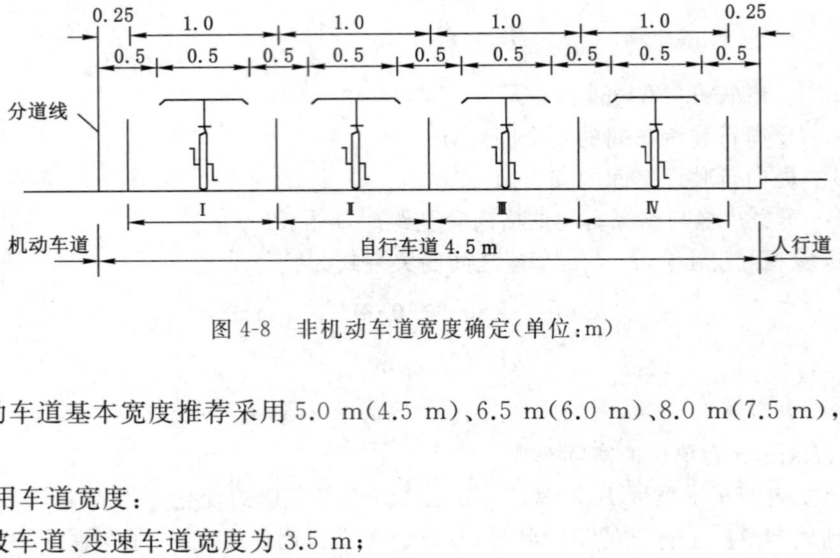

图 4-8 非机动车道宽度确定(单位:m)

非机动车道基本宽度推荐采用 5.0 m(4.5 m)、6.5 m(6.0 m)、8.0 m(7.5 m)，并不得小于 2.5 m。

⑤ 专用车道宽度：

a. 爬坡车道、变速车道宽度为 3.5 m；

b. 错车道路段行车道宽度不小于 5.5 m；

c. 避险车道宽度不小于 4.5 m；

d. 紧急停车带宽度为 5.0 m；

e. 公交车站港湾式停靠站宽度为 3.0 m。

4.2.5 特殊车道

(1) 爬坡车道

① 爬坡车道的功能——设置在上坡路段原有车道的外侧，供慢速上坡车辆行驶的专用车道。

② 爬坡车道的设计要求：

a. 高速公路、一级公路以及二级公路在连续上坡路段设置爬坡车道时，其宽度应为 3.50 m。

b. 高速公路、一级公路的爬坡车道应紧靠车道的外侧设置，可利用硬路肩宽度，爬坡车道的外车道应设置路缘带和土路肩。

c. 二级公路的爬坡车道应紧靠车道的外侧设置，可利用硬路肩宽度。当需要保留原来供非汽车交通行驶的硬路肩时，该部分应移至爬坡车道的外侧。

③ 作用——爬坡车道是丘陵地区超车车道的一种特殊形式，以保证快速车辆能越过货车和其他慢速车辆向前行驶，不仅可减少慢车压车时间，提高整个路段的平均车速和服务水平，也避免了强行超车，有利于交通安全。

(2) 加(减)速车道

设计要求：高速公路、一级公路的互通式立体交叉、服务区、停车区、公共汽车停靠站、管理与养护设施等与主线相衔接处，应设置加速车道和减速车道。加(减)速车道宽度应为 3.50 m。

(3) 错车道

设计要求：四级公路路基宽度采用 4.5 m 时，应在不大于 300 m 的距离内选择有条件地点设置错车道，并使驾驶者能看到相邻两条错车道之间的车辆。设置错车道路段的路基宽度应不小于 6.5 m，有效长度应不小于 20 m。

(4) 避险车道

① 组成——避险车道主要由引道、制动车道、服务车道及辅助设施(路侧护栏、防撞设施、施救锚栓、呼救电话、照明)等组成。

② 设计要求——连续长、陡下坡路段，为减轻失控车辆的损失或危及第三方安全，宜在长、陡下坡地段的右侧视距良好的适当位置设置避险车道，其宽度不应小于 4.50 m。

③ 类型——避险车道主要有上坡道型、水平坡道型、下坡道型和砂堆型四种。

4.2.6 紧急停车带

紧急停车带宽度一般为 3.5 m 宽、有效长度不小于 30 m，如图 4-9 所示。

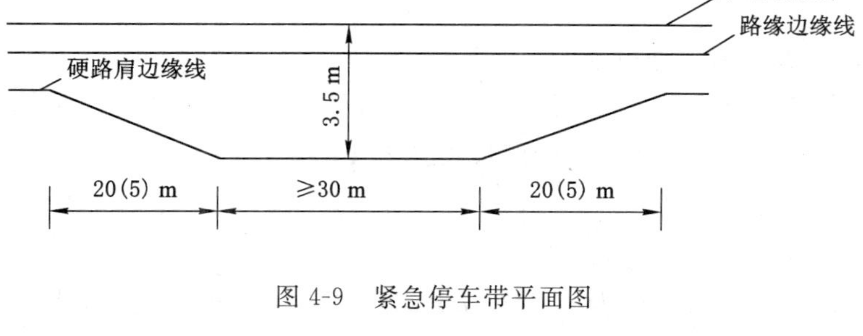

图 4-9　紧急停车带平面图

二级公路为避免急需停靠的车辆占道，根据需要可设置紧急停车带，其间距不宜大于 500 m。

高速公路和一级公路的特长桥梁、隧道，可根据需要设置紧急停车带，其间距为 750 m 左右，过渡段长度一般为 20 m，工程特别艰巨时最小值可为 5 m。当采用最小值时，为了使过渡段的外形不出现明显的折线，可用反向圆曲线连接，使之圆滑，如图 4-10 所示。

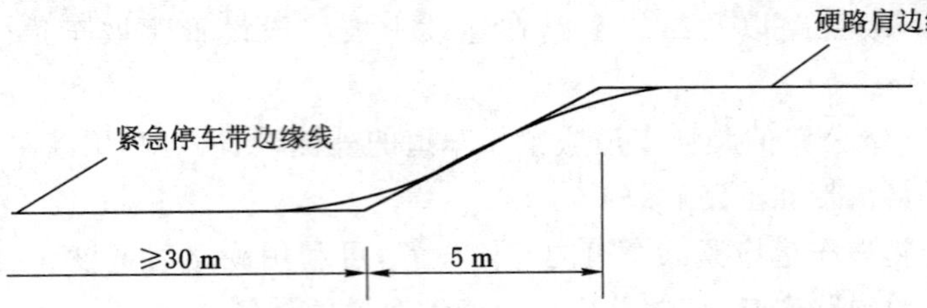

图 4-10 隧道中的紧急停车带过渡段

4.2.7 人行道

(1) 作用

人行道主要供行人步行，应能满足行人的安全与通畅，保证满足高峰期的行人流量要求。同时也是植物、立杆的场地，其地下空间还可埋设管线等。

(2) 人行道宽度

人行道宽必须满足行人通行的安全与畅通，可按下式计算：

$$\omega_p = N_W / N_{W1} \tag{4-16}$$

式中 ω_p——人行道宽度，m；

N_W——人行道高峰期小时行人流量，人/h；

N_{W1}——单位宽度人行道设计通行能力，人/(h·m)。

注意：按式(4-16)可以确定人行道宽度，为保持街道各部分宽度的均衡，一般认为街道总宽度与单侧人行道宽度之比在 5∶1～7∶1 之间是合适的。

式(4-15)中的人行道高峰期小时行人流量 N_W需根据交通调查结果确定，下面主要介绍设计通行能力 N_{W1}的确定方法。

(3) 一条人行道的通行能力

一条人行道是指一个步行的人所占用人行道的宽度。主要与人的肩宽、手中携带物品的大小以及携带方式有关，一般为 0.6～0.9 m。一条人行道的通行能力可按下式计算：

$$N_P = \frac{1\ 000V}{L} \tag{4-17}$$

式中 N_P——1 条人行道的通行能力，人/h；

V——行人步行速度，在一般城市道路上为 3～4 km/h，供散步与休息的路段为 1～2 km/h，在行人急速行走的路段可达 6 km/h；

L——行人间距，一般为 2～4 m。

(4) 单位宽度人行道的可能通行能力

按式(4-17)计算的一条人行带通行能力为 300～1 800 人/h，换算成 1 m 宽度并取较大值即得到可能通行能力，设计中所采用的通行能力是在可能通行能力的基础上乘以折减系数而得到的。折减系数取值如下：全市性的车站、码头、商场、公园、剧场及市中心处的人行道、人行横道、人行天桥、人行地道等采用 0.75；大商场、商店、公共文化中心及区中心处的人行道、人行横道等采用 0.8；区域性地带采用 0.85；支路、住宅区采用 0.9。折减后得到的设计通行能力为单位宽度人行道的设计通行能力。

（5）人行道坡度

人行道横坡为单向坡，坡度一般为 1.5%～2.0%，并向路缘石一侧倾斜，高出行车道0.1～0.2 m。

（6）种植带

人行道上靠行车道一侧种植行道树，株距一般为 4～6 m，树池采用 1.5 m 的正方形或 1.2 m×1.8 m 的矩形。也有种植草皮和花丛的。

（7）设施带

设施带宽度包括行人护栏、照明灯柱、标志牌、信号灯等的宽度。对于红线宽度较窄和条件困难时，设施带可与绿带合并，但应避免各种设施与树木间的干扰。常见宽度为：护栏 0.25～0.5 m，杆柱 1.0～1.5 m。

按上述求得的人行道宽、绿化带宽与设施带宽之和即路侧带宽度。此外，还应考虑人行道下埋设管线所需要的宽度。

（8）路缘石

路缘石是设置在路面与其他构造物之间的标石。在分隔带与路面之间，人行道与路面之间一般都需要设置路缘石。

路缘石的形状有立式、斜式和曲线式三种，城市道路的人行道及人行横道宽度范围内的路缘石宜做成低矮、平缓的，以便于儿童车、轮椅及残疾人通行，宜采用斜式。在分隔带的端头和交叉口处，路缘石宜采用曲线式。

4.2.8　路肩

（1）路肩的作用

路肩的作用：① 支挡；② 供临时停车或堆料；③ 增加有效行车道宽度；④ 提供道路养护作业、埋设地下管线的场地；⑤ 供行人及非机动车使用；⑥ 精心养护的路肩，能提高公路的美观性。

（2）路肩的组成

路肩一般由右侧路缘带（高速公路和一级公路才设置）、硬路肩和土路肩三部分组成，如图 4-11 所示。

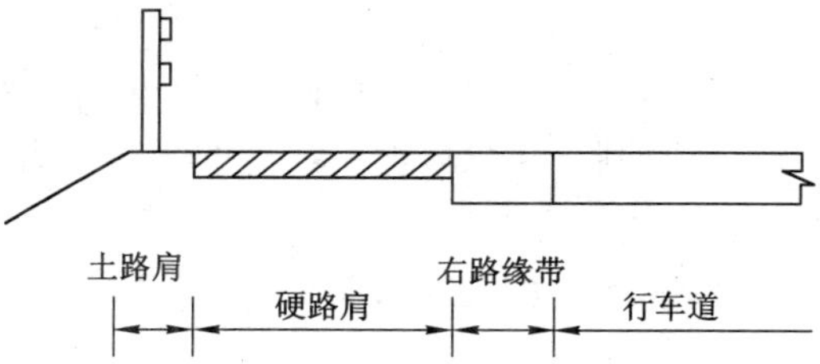

图 4-11　路肩的组成

（3）路肩的宽度

① 各级公路右侧路肩的宽度见表 4-3。

a. 设计速度为 120 km/h 的四车道高速公路，右侧硬路肩宜采用 3.50 m；六车道、八车道高速公路，宜采用 3.00 m。

b. 高速公路、一级公路应在有车硬路肩宽度内设置右侧路缘带，宽度为 0.50 m。

c. 二级公路的硬路肩可供非汽车交通使用。非汽车交通量较大的路段，也可以采用全铺的方式，以充分利用。

d. 二级公路、三级公路、四级公路在路肩上设置的标志，防护设施等不得侵入公路建筑限界，否则应加宽路肩。

表 4-3　各级公路右侧路肩的宽度

设计速度/(km/h)		高速公路			一级公路			二级公路		三级公路		四级公路
		120	100	80	100	80	60	80	60	40	30	20
右侧硬路肩宽度/m	一般值	3.00(2.50)						1.50	0.75	—	—	—
	最小值	1.50						0.75	0.25			
土路肩宽/m	一般值	0.75			0.75			0.75		0.75	0.75	0.25(双车道)
	最小值	0.75			0.50			0.50				0.50(单车道)

注：表中所列“一般值”为正常情况下的采用值；“最小值”为条件受限制时采用的值。

e. 左路肩。高速公路和一级公路的分离式路基应该设置左路肩，其宽度见表 4-4，左路肩内含左路缘带。

表 4-4　高速公路和一级公路的分离式路基设置左路肩宽度

设计速度/(km/h)	120	100	80	60
左侧硬路肩宽度/m	1.25	1.00	0.75	0.75
左侧土路肩宽度/m	0.75	0.75	0.75	0.75

路肩宽度变化处应有圆顺的过渡段，其渐变率一般为 1∶30。

路肩的坡度应保证排水，直线段一般比路面横坡大 1％～2％，弯道超高路段坡度可与横向超高坡度相同。

4.2.9　路拱

(1) 定义

为了迅速排除路面上的雨水，路面表面做成中间高、两边低的拱形，称为路拱。

路拱对排水有利，但对行车不利。路拱坡度所产生的水平分力增加了行车的不稳定性，同时给乘客带来不舒适的感觉。当车辆在有冰、雪、水或潮湿路面上制动时，还会增大侧向滑移的危险。为此，对路拱的横向坡度在满足横向排水的要求下，应尽量采用低值。

(2) 路拱形式

① 直线形路拱，如图 4-12 所示。

特点：中间有屋脊形，横坡一致。

适用范围：路拱横坡坡度小的水泥路面、有中央分隔带的路面、宽度较小的低等级公路。

② 直线加曲线(抛物线)形路拱，如图 4-13 所示。

特点：两侧较平缓，中间呈曲线形。

适用范围：宽度＞20 m 的柔性路面。

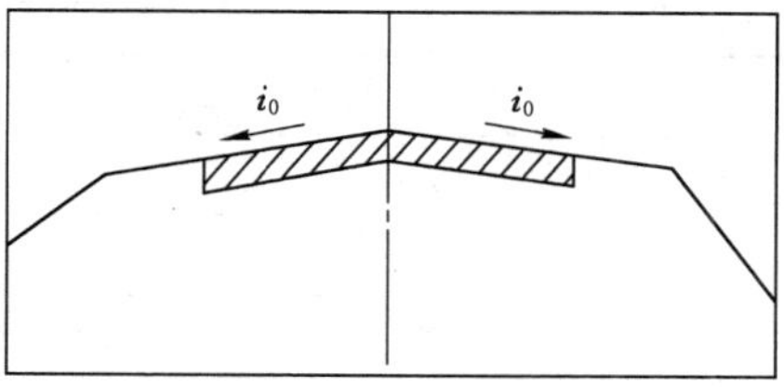

图 4-12　直线形路拱

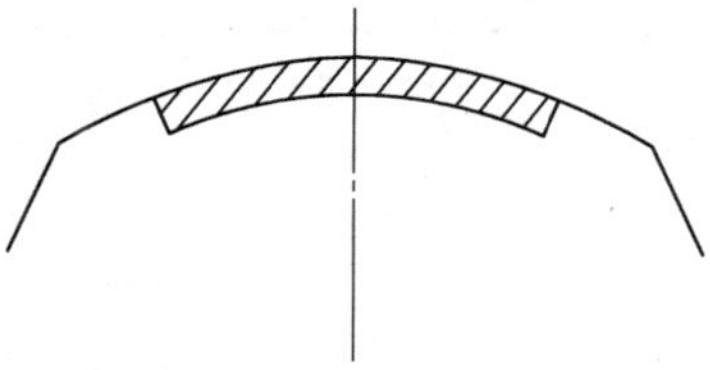

图 4-13　直线加曲线形路拱

③ 折线形路拱：

特点：坡度从中间到两侧逐渐增大，利于排水，横坡变坡位置对行车不利。

适用范围：多车道水泥混凝土路面。

④ 抛物线路拱如图 4-14 所示。

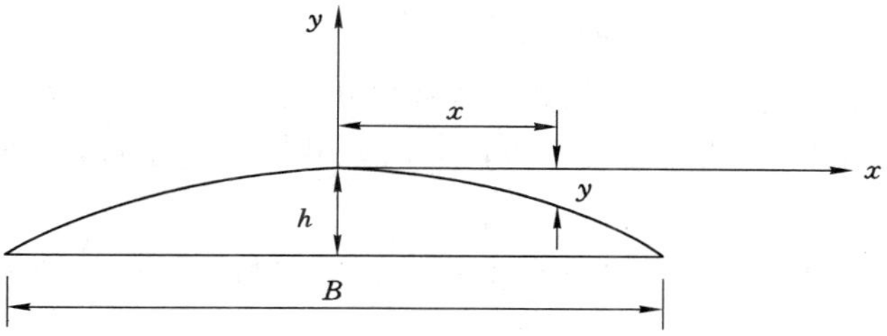

图 4-14　抛物线形路拱

a. 二次抛物线方程：

$$y=\frac{4h}{B^2}x^2 \tag{4-18}$$

特点：中间平两侧陡，有利于行车、排水。但是当路宽大时，边缘坡度过大。

适用范围：<12 m 黑色路面。

b. 改进的二次抛物线方程：

$$y=\frac{2h}{B^2}x^2+\frac{h}{B}x \tag{4-19}$$

特点：中间平，两侧适中。

适用：宽度<20 m 黑色路面。

(3) 路拱坡度的规定

路拱坡度应根据路面类型和当地自然条件，按表 4-5 规定采用。路肩横向坡度一般应较路面横向坡度大 1%～2%。

表 4-5　路拱坡度

路面类型	路拱坡度/%
沥青混凝土、水泥混凝土	1～2
其他沥青路面	1.5～2.5

表 4-5(续)

路面类型	路拱坡度/%
半整齐块石	2～3
碎、砾石	2.5～3.5
低级路面	3～4

六车道、八车道的高速公路宜采用较大的路面横坡坡度。

4.2.10 中间带和中央分隔带

(1) 中间带的组成

四条及以上车道的公路应设置中间带。中间带由两条左侧路缘带和中央分隔带组成。

(2) 中间带的作用

① 将上行和下行车流分开,防止对向车辆相撞,减少交通事故,减小公路中心线附近的交通阻力,保证车速,从而提高通行能力;

② 可作为设置公路标志牌及其他交通管理设施的场地,也可作为行人安全岛使用;

③ 种植花草灌木或设置防眩网,可防止对向车辆灯光而炫目,还可起到美化路容和环境的作用;

④ 设于分隔带两侧的路缘带增加了行车所必需的侧向余宽,从而提高行车的安全性和舒适性。

(3) 中间带宽度

中间带宽度主要根据侧向余宽和设置护栏、防眩网、交叉公路的桥墩等所需的设施带宽度而定。我国土地资源十分宝贵,采用较宽的中间带是不符合国情的,所以基本上采用窄的中间带。《标准》规定最小中间带宽度一般为 2.5～4.5 m,随着公路等级和地形条件而改变,特殊情况下可减至 2.0 m。城市道路因机动车和非机动车混合行驶,当设置非机动车道时,除设有中间分车带外,还有两侧分车带。城市道路规定的分车带最小宽度一般为 2.0～3.0 m。中间带宽度规定见表 4-6。

表 4-6 中间带宽度规定

设计宽度/(km/h)		120	100	80	60
中央分隔带宽度/m	一般值	3.00	2.00	2.00	2.00
	最小值	1.00	1.00	1.00	1.00
左侧路缘带宽度/m	一般值	0.75	0.75	0.50	0.50
	最小值	0.75	0.50	0.50	0.50
中间带宽度/m	一般值	4.50	3.50	3.00	3.00
	最小值	2.50	2.00	2.00	2.00

注意事项:一条道路上不得频繁地变化中间带的宽度,以保持良好的线形和视觉。不得已改变中间带宽度时,应设置渐变过渡段,使车道中心线的线形圆滑、顺适。过渡段以设在回旋线范围内为宜,其长度应与回旋线长度相等。对于宽度>4.5 m 的中间带,其过渡段宜设在半径较大的平曲线路段。

（4）中央分隔带的开口

① 为了便于养护作业和某些车辆在必要时驶向反向车道，中央分隔带应按一定距离设置开口。一般情况下，开口部的间距以 2 km 为宜，并应设置在通视良好的直线段。若在曲线上开口，其曲线半径宜大于 700 m。在互通式立体交叉、隧道、特大桥、服务区等设施的前后必须设置开口。城市道路可根据横向交通情况按需要设置开口。

② 开口的形状。常用的有两种：半圆形，适用于窄分隔带（中央分隔带宽度 $M<3.0$ m）；弹头形（图 4-15），适用于宽分隔带（中央分隔带宽度 $M\geqslant3.0$ m）。

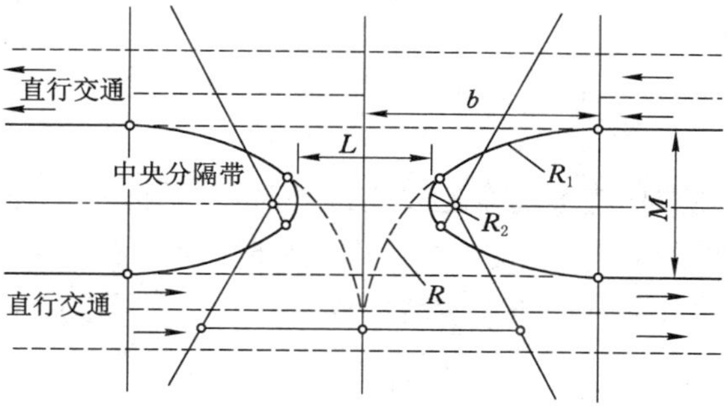

b—中央分隔带渐变起点到开口部中心点距离。

图 4-15　弹头形开口

图中 L 为开口宽度，R、R_1、R_2 为设计控制半径。只有当 R 和 R_1 足够大时，才能保证汽车以一定速度驶离主车道，进行左转弯，一般 $R_1=25\sim120$ m。R 切于开口中心线，其值取决于开口大小，一般取 $R\geqslant15$ m。弹头尖端圆弧半径 R_2 一般为 $M/5$，从外观上看比较悦目。

③ 规范要求：

a. 互通式立体交叉、隧道、特大桥、服务区设施前后，以及整体式路基、分离式路基的分离（回合）处，应设置中央分隔带开口。

b. 中央分隔带开口间距应视需要而定，最小间距为 20 m。

c. 中央分隔带开口长度不宜大于 40 m；八车道高速公路开口长度可适当增大，但不应大于 50 m。中央分隔带开口处应设置活动护栏。

d. 中央分隔带开口应设置在通视良好的路段，若开口设于曲线路段，该圆曲线半径的超高值不宜大于 3%。

e. 中央分隔带开口端部的形状：中央分隔带宽度小于 3.0 m 时可采用半圆形，中央分隔带宽度大于或等于 3.0 m 时宜采用弹头形。

（5）中央分隔带的表面形式

分隔带一般用缘石围砌，高出地面 10～20 cm。中央分隔带的表面形式有两种：

① 凹形，适用于宽度＞4.5 m 的中间带，一般种植花草树木；

② 凸形，适用于宽度≤4.5 m 的中间带，一般可铺面封闭。

（6）两侧带

布置在横断面两侧的分车带称为两侧带，其作用与中间带相同，只是设置的位置不同。两侧带常用于城市道路的横断面设计中，可以分隔快车道和慢车道、机动车道和非机动车道、车行道和人行道等。

两侧带的最小宽度规定为2.0～2.25 m。在北方寒冷积雪地区，在满足最小宽度的前提下应考虑能否满足临时堆放积雪的要求。

(7) 紧急出口

对控制进入的高速公路，在能提供消防、急救、道路养护及处理事故等条件的地点可设置紧急出口。其位置应选在通视良好，与外部一般公路连接方便的地点。

4.3 超高与加宽

4.3.1 超高

(1) 定义

在弯道上，当汽车在双向横坡的车道外侧行驶时，车重的水平分力将增大横向侧滑力，所以当采用的圆曲线半径小于不设超高的最小半径时，为抵消车辆在曲线路段上面行驶时所产生的离心力，将曲线段的外侧路面横坡做成与内侧路面同坡度的单坡横断面，这样的设置称为超高。

(2) 超高坡度

① 最大超高坡度。由平曲线半径计算公式可以推导得到超高横坡坡度的计算公式：

$$i_h=\frac{v^2}{127R}-\mu \tag{4-20}$$

式中 μ——横向系数；

i_h——超高横坡坡度(或称超高率)；

v——设计速度，km/h；

R——圆曲线半径，m。

当平曲线半径 R 采用极限最小半径时得到最大超高坡度公式：

$$i_{hmax}=\frac{v^2}{127R_{min}}-\mu \tag{4-21}$$

式中 i_{hmax}——最大超高横坡度；

R_{min}——圆曲线极限最小半径，m；

其他字母含义同前。

最大超高坡度的限值与气候条件、地形、地区、汽车低速行驶的频率、路面施工的难易程度等因素有关。从保证汽车转弯时有较高速度和乘客舒适性来看，要求超高横坡坡度应尽量大一些，但考虑车辆的组成不同，车速不一，特别是在弯道上停车($v=0$)时，有可能产生向弯道内侧滑移的危险。另外，在冰雪状态下，过大的超高对车辆启动和刹车不利。

当处于 $v=0$ 产生滑移的极限状态时：

$$G\,i_{hmax}=G\,\varphi_h \tag{4-22}$$

故横向滑移限制条件为：

$$i_{hmax}\leqslant\varphi_h \tag{4-23}$$

式中 φ_h——横向附着系数。

各级道路圆曲线部分最大超高横坡坡度规定见表4-7、表4-8。

表 4-7　公路最大超高横坡坡度

公路等级	高级公路	一	二	三	四
一般地区	10%		8%		
积雪、严寒地区	6%				

表 4-8　城市道路最大超高横坡坡度

设计速度/(km/h)	80	60	50	40	30	20
最大超高横坡坡度/%	6	4		2		

二、三、四级公路混合交通量较大且接近城镇路段，或通过城镇作为连接街道使用的路段，当车速受到限制，按规定设置超高有困难时，可按表 4-8 的规定设置超高。

② 超高横坡坡度的确定。

超高横坡坡度的确定按计算行车速度、半径大小，并结合路面类型、自然条件等最终确定。当超高横坡坡度的计算值小于路拱横坡坡度时，应设置等于路拱坡度的超高横坡坡度。

(3) 超高过渡方式

公路超高的过渡方式，根据超高旋转轴在公路横断面上的位置分为以下几种：

① 无中间带道路的超高过渡。

若超高横坡坡度等于路拱坡度，路面由直线上双向倾斜路拱形式过渡到曲线上具有超高的单向倾斜形式，只需要行车道外侧绕中线逐渐抬高，直至与内侧横坡坡度相等为止，如图 4-16所示。

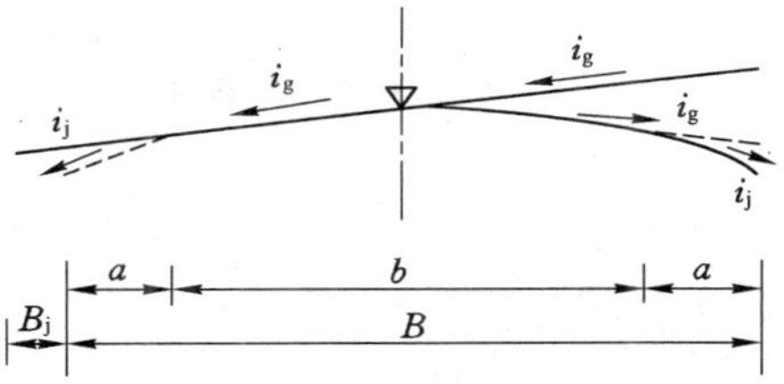

图 4-16　超高坡度等于路拱坡度时过渡

当超高横坡坡度大于路拱坡度时，可采用以下三种过渡方式：

a. 绕内边线旋转。先将外侧车道绕路中线旋转，待达到与内侧车道构成单向横坡之后，整个断面再绕未加宽前的内侧车道边线旋转，直至超高横坡坡度，如图 4-17(a)所示。

b. 绕中线旋转。先将外侧车道绕路中线旋转，待达到与内侧车道构成单向横坡后，整个断面再绕中线旋转，直至超高横坡坡度，如图 4-17(b)所示。

c. 绕外边线旋转。先将外侧车道绕外边线旋转，与此同时，内侧车道随中线的降低而相应降低，达到单向横坡后，整个断面仍绕外侧车道边线旋转，直至超过横坡坡度，如图 4-17(c)所示。

上述各种方法，绕内边线旋转时由于行车道内侧不降低，有利于路基纵向排水，一般新建工程多用此法。绕中线旋转可保持中线标高不变，且在超高坡度一定的情况下，外侧边缘的抬高值较小，多用于旧路改建工程。而绕外侧边线旋转是一种比较特殊的设计，仅用于部

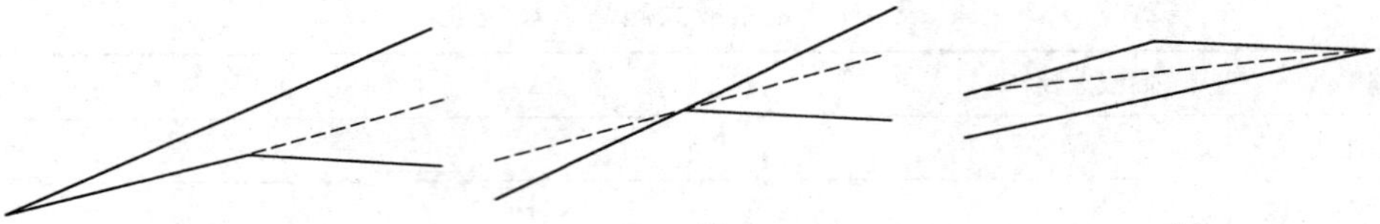

图 4-17　无中间带道路超高的过渡方式

分道路改善路容。

③ 有中间带公路的超高过渡。

a. 绕中间带的中心线旋转。先将外侧行车道绕中央分隔带边缘旋转，达到与内侧行车道构成单向横坡后，整个断面一同绕中心线旋转，直至超高横坡坡度。此时中央分隔带呈倾斜状，如图 4-18(a)所示。

b. 绕中央分隔带边缘旋转。将两侧行车道分别绕中央分隔带边缘旋转，使之各自成为独立的单向超高横断面，此时中央分隔带维持原水平状态，如图 4-18(b)所示。

c. 绕各自行车道中线旋转。将两侧行车道分别绕各自的中心线旋转，使之各自成为独立的单向超高断面，此时中央分隔带两边缘分别升高和降低而成为倾斜断面，如图 4-18(c)所示。

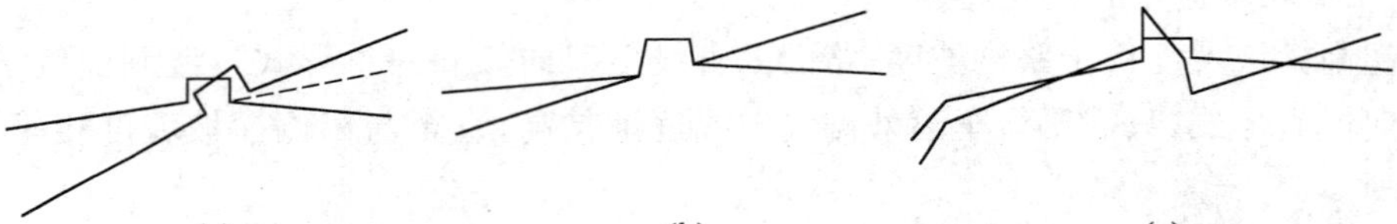

图 4-18　有中间带道路超高的过渡方式

公路分离式断面的超高过渡可视为两条无中间带的公路分别予以处理。城市道路超高方式应根据地形状况、车道数、超高横坡坡度、横断面形式、便于排水、路容美观等因素决定。单幅路面宽度和三幅机动车道路面宽度宜绕中线旋转；双幅路面宽度和四幅机动车道路面宽度宜绕中央分隔带边缘旋转，使两侧行车道各自成为独立的超高横断面。

(4) 超高缓和段

为了使行车舒适、路容美观和排水通畅，必须设置一定长度的超高过渡段，超高的过渡是在超高过渡段全长范围内进行的。双车道公路最小超高过渡段长度按下式计算：

$$L_c = \frac{B\Delta_i}{p} \qquad (4\text{-}24)$$

式中　L_c——超高缓和段长度，m；

B——旋转轴至行车道(设路缘带时为路缘带)外侧边缘的宽度，m；

Δ_i——超高坡度与路拱坡度的代数差，%；

p——超高渐变率，即旋转轴与行车道(设路缘带时为路缘带)外侧边缘线之间相对升降的比率，其规定见表 4-9 和表 4-10。

表 4-9　公路超高渐变率

设计速度 /(km/m)	超高旋转轴		设计速度 /(km/m)	超高旋转轴	
	中线	边缘		中线	边缘
120	1/250	1/200	40	1/150	1/100
100	1/225	1/175	30	1/125	1/75
80	1/200	1/150	20	1/100	1/50
60	1/175	1/125			

表 4-10　城市道路超高渐变率

设计速度/(km/m)	超高渐变率	设计速度/(km/m)	超高渐变率
80	1/150	40	1/100
60	1/125	30	1/75
50	1/115	20	1/50

绕中线旋转时，式(4-24)可写为：

$$L_c = \frac{\frac{b}{2}(i_c + i_g)}{p} \tag{4-25}$$

绕边缘旋转时，式(4-24)可写为：

$$L_c = \frac{b i_c}{p} \tag{4-26}$$

式中　b——路面宽度，m；

i_c——最大的超高横坡坡度；

i_g——路拱坡度。

多车道公路的超高缓和段长度，视车道数按式(4-25)和式(4-26)计算之值乘以下列系数：

① 行车道边缘到旋转轴距离为 1.5 车道时，乘以 1.2；

② 行车道边缘到旋转轴距离为 2 车道时，乘以 1.5；

③ 行车道边缘到旋转轴距离为 3 车道时，乘以 2.0。

超高缓和段长度应采用 5 的倍数，并不小于 10 m。四级公路超高的过渡应在超高过渡段的全长范围内进行。

对线形设计有一定要求的公路，应在超高缓和段的起、终点插入一段二次抛物线，使之连接圆滑、舒顺。

超高的过渡应在回旋线全长范围内进行。当回旋线较长时，应采取以下措施予以处理：

① 超高过渡段设在回旋线的某一区段内，其超高起点宜设在曲率半径大于不设超高半径处，全超高断面宜设在缓圆点和圆缓点处。

② 超高过渡段的纵向渐变率不得小于 1/330。

③ 六车道以上的公路宜增设路拱线。

4.3.2　加宽

(1) 定义

汽车在曲线路段上行驶时，靠近曲线内侧的后轮行驶的曲线半径最小，靠近曲线外侧的前轮行驶的曲线半径最大。为适应汽车在平曲线上行驶时后轮轨迹偏向曲线内侧的需要，平曲线内侧相应增加的路面、路基宽度称为曲线加宽(又称为弯道加宽)。

(2) 加宽值

圆曲线上加宽值与平曲线半径、设计车辆的轴距有关，同时还需要考虑弯道上形式车辆摆动及驾驶员的操作所需的附加宽度。因此，圆曲线上的加宽值由几何需要的加宽和汽车转弯时的摆动加宽两部分组成。

对于普通载货汽车，由图 4-19 所示几何关系可求得：

$$e = R - (R_1 + K) \tag{4-27}$$

$$R_1 + K = \sqrt{R^2 - S^2} \tag{4-28}$$

代入得：

$$e = R - \sqrt{R^2 - S^2} = R - \left(R - \frac{S^2}{2R} - \frac{S^4}{8R^3} - \cdots\right) = \frac{S^2}{2R} + \frac{S^4}{8R^3} \tag{4-29}$$

式中 S——汽车轴到前保险杠的距离，m；

R——圆弧半径，m。

半挂车的加宽值可由图 4-20 所示几何关系求得：

$$e = e_1 + e_2 = \frac{S_1^2 + S_2^2}{2R} \tag{4-30}$$

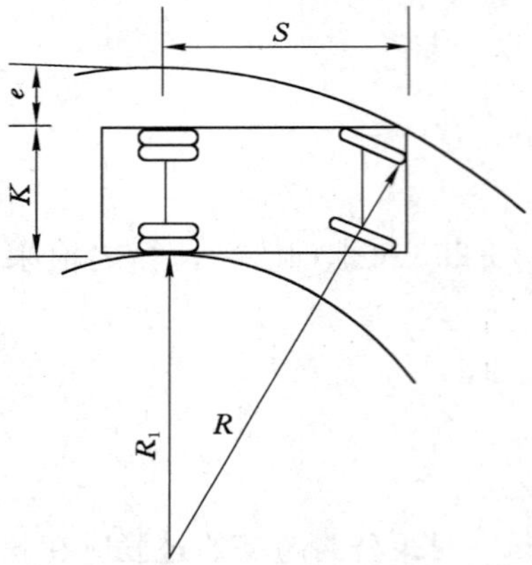

图 4-19 单车道加宽

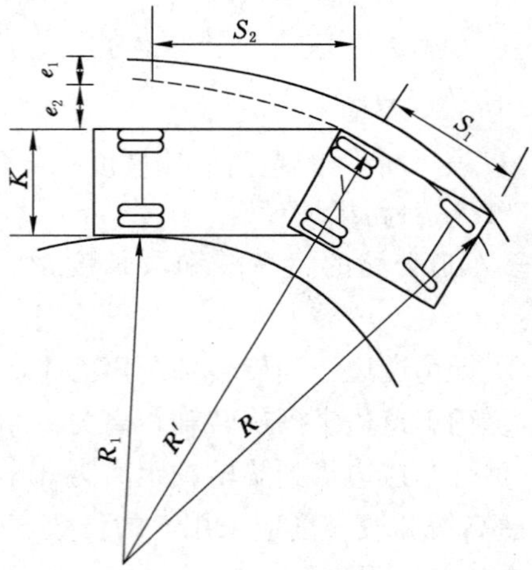

图 4-20 半挂车加宽

令 $S_1^2 + S_2^2 = S^2$，则：

$$e = \frac{S^2}{2R} \tag{4-31}$$

加宽值还与车速有关，车道摆动加宽值计算的经验公式为：

$$e' = \frac{0.05V}{\sqrt{R}} \tag{4-32}$$

式中 V——汽车转弯时的车速，km/h。

《公路路线设计规范》(JTG D20—2017)规定：二级公路、三级公路、四级公路的圆曲线半径小于或等于 250 m 时，应设置加宽。双车道路面加宽值规定见表 4-11。

表 4-11　双车道路面加宽值　　单位：m

加宽类别	设计车辆	250～200	200～150	150～100	100～70	70～50	50～30	30～25	25～20	20～15
1	小客车	0.4	0.6	0.8	1.0	1.2	1.4	1.8	2.2	2.5
2	载重汽车	0.6	0.7	0.9	1.2	1.5	2.0	—	—	—
3	铰接列车	0.8	1.0	1.5	2.0	2.5	—	—	—	—

注：单车道公路路面加宽值应为表中规定值的一半。

圆曲线加宽类别应根据该公路的交通组成确定。二级公路以及设计速度为 40 km/h 的三级公路有集装箱半挂车通行时，应采用第 3 类加宽值；不经常通行集装箱半挂车时，可采用第 2 类加宽值。四级公路和设计速度为 30 km/h 的三级公路可采用第 1 类加宽值。

对于分道行驶的公路，如果平曲线半径较小，其内侧车道的加宽值应大于外侧车道的加宽值，设计时应通过计算确定其差值。

根据《城市道路工程设计规范》(CJJ 37—2012)(2016 年版)，圆曲线半径不大于 250 m 时，应在圆曲线的内侧加宽，每条车道加宽值见表 4-12。

表 4-12　城市道路圆曲线每条车道的加宽值　　单位：m

车型	圆曲线半径								
	$200<R<250$	$150<R<200$	$100<R<150$	$60<R<100$	$50<R<60$	$40<R<50$	$30<R<40$	$20<R30$	$15<R<20$
小型汽车	0.28	0.30	0.32	0.35	0.39	0.40	0.45	0.6	0.70
普通汽车	0.40	0.45	0.60	0.70	0.90	1.00	1.30	1.8	2.40
半挂车	0.45	0.55	0.75	0.95	1.25	1.50	1.90	2.8	3.50

4.3.3　加宽缓和段

当平曲线半径≤250 m 时，一般在弯道内侧圆曲线范围内设置全加宽，当其平曲线内无圆曲线(凸形)时仅平曲线中点处断面设置全加宽。为了使路面路基均匀变化，设置一段从加宽值为 0 逐渐到全加宽的过渡段，称之为加宽过渡段，如图 4-21 和图 4-22 所示。在加宽缓和段(或超高缓和段)范围内，如无缓和曲线和超高缓和段，则应另设加宽缓和段。

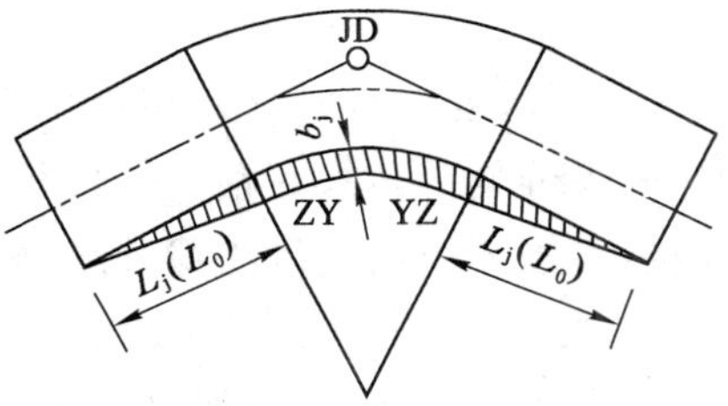

图 4-21　加宽过渡段(单圆曲线)

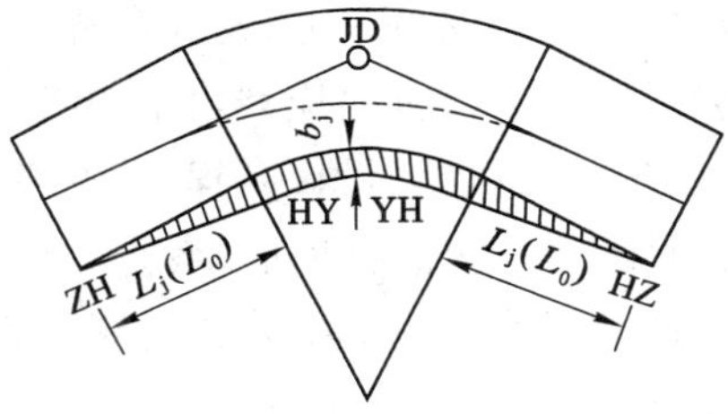

图 4-22　加宽过渡段(基本型曲线)

在公路设计中,加宽缓和段长度取决于三个方面的要求:

① 加宽所需要的最小长度。在不设缓和曲线或者超高缓和段时,加宽缓和段长度应按渐变率1∶15且不小于20 m的要求设置。

② 超高缓和段长度。

③ 缓和曲线长度。

设置缓和曲线或超高缓和段时,加宽缓和段长度一般采用与缓和曲线或超高缓和段长度相同的数值。不设缓和曲线,加宽缓和段长度取超高缓和段长度,其渐变率不小于1∶15,且长度不小于10 m。此时超高、加宽缓和段一般设于紧接圆曲线起、终点的直线段。在地形困难地段,允许将超高、加宽缓和段的一部分插入曲线,但插入曲线内的长度不得超过超高、加宽缓和段长度的一半。

4.4 横断面设计步骤及主要成果

4.4.1 设计步骤

道路横断面的布置及几何尺寸应能满足交通、环境、用地经济、城市面貌等要求,并应保证路基的稳定性。

① 点绘各横断面的横向地面线。

② 根据《标准》的规定,确定路基宽度。

③ 按照弯道半径大小拟定超高加宽值。

④ 根据纵断面设计资料,按设计标高在路基设计表上逐桩进行计算,完成路基设计表。

⑤ 按路基设计表数据绘出横断面设计线。

⑥ 检查弯道路段横断面内侧视距是否足够,是否需要清除障碍和设置视距台。

横断面一般在方格纸上按桩号自上向下绘制,并且在每个横断面上注明必要的数据(包括加宽、超高、土石分界等)。

4.4.2 设计成果

根据《公路工程基本建设项目设计文件编制办法》的规定,公路路基设计的主要成果及要求如下:

① 路基——列出平曲线要素、纵坡(坡度、坡长、变坡点桩号及高程)、竖曲线要素、桩号、地面高程、设计高程、填挖高度、路基宽度(原宽、加宽、加宽后总宽)、缓和长度、超高值(左、右)、路基边缘与设计高程之差(左、右)等。边沟(排水沟)需特殊设计时还应列出沟底纵坡设计资料、形状及尺寸、沟底高程(左、右)。

高速公路、一级公路应列出平曲线要素、纵坡(坡度、坡长、变坡点桩号及高程)、竖曲线要素、桩号、地面高程、设计高程、填挖高度、路基宽度(中央分隔带,左、右幅分别按行车带、路缘带、硬路带、土路肩计列)、各点与设计高程之差(左、右幅分别按左侧路缘外缘、硬路肩外缘、土路肩外缘各点填列),并说明加宽、超高情况。

② 边沟(排水沟)——列出桩号、地面高程、设计高程,按左、右侧分别列出边沟或排水沟形式及尺寸、沟中心至中桩距离及沟底纵坡(设计资料、沟底高程、说明等)。

③ 路基标准横断面图——示出路中心线、行车道、拦水缘石、土路肩、路拱横坡、边坡、

护坡道、边沟、碎落石、截水沟、用地界碑等各部分组成及其尺寸，路面宽度和概略厚度。高速公路、一级公路按整体式、分离式路基分别绘制，还应示出中央分隔带、缘石、左侧路缘带、硬路肩(含右侧路缘带)、护栏、隔离栅、预埋管道等设置位置。比例尺为 1∶100～1∶200。

④ 路基一般设计图——绘出一般路堤、路堑、半填半挖路基、高填方路堤、深挖路基、水田内路堤及沿河(江)及水塘(库)等不同形式的代表性路基设计图，并应分别示出路基、边沟、碎落台、截水沟、护坡道、排水沟、护脚墙、护肩、护坡、挡土墙等防护加固结构的形式和主要标注尺寸。比例尺为 1∶200。

⑤ 路基横断面设计图——绘出所有整桩、加柱的横断面图，示出加宽、超高、边坡、边沟、截水沟、碎落台、护坡道、路侧取土坑、开挖台阶及视距台等，注明用地界。挡土墙、护面墙、护脚、护肩、护岸、边坡加固、边沟(排水沟)及截水沟加固等均绘在本图上，并注明起讫桩号、圬工种类及断面尺寸(另绘有防护工程设计图的只绘出示意图，注明起讫桩号和设计图编号)。高速公路、一级公路还应标出设计高程、路基边缘高程、边沟(排水沟)底设计高程。比例尺为 1∶200。

⑥ 超高方式图——分类型绘出超高纵断面、缓和段代表性超高横断面，标注主要尺寸、超高渐变率、横坡及超高值。

⑦ 特殊路基设计工程数量表——分别列出软土地基等不良地质和病害地段路基起讫桩号、位置、长度、宽度、地质说明、处理方式或措施、工程及材料数量等。

⑧ 特殊路基设计图——绘出软土地基等不良地质和病害地段处理设计图(平面图、立面图、断面图)、加固及构造物等结构设计图，示出工程地质情况。比例尺为 1∶50～1∶200。列出每延米或每处(段)工程及材料数量表，软土地基处理应列出地基处理、填土、预压设计表。必要时应绘出工程地质平、纵面图，比例尺根据情况确定。

⑨ 中央分隔带设计图——绘出中央分隔带平面、断面设计图及路缘石大样图，示出预埋管道及轮廓尺寸等，列出每延米工程及材料数量表。比例尺根据情况确定。

⑩ 中央分隔带开口设计图：按类型分别绘出平面布置图、中央分隔带渐变段断面图、开口处路面结构图、路缘石大样图。比例尺为 1∶20～1∶200。列出中央分隔带开口一览表、一个开口工程及材料数量表。

⑪ 路基土石方数量表——列出桩号、断面积、平均断面积、挖方(总体积、土类、石类)、填方[总体积、填土及填石(分压实方和自然方)]、本桩利用方、余方、欠方、远运利用方、调配示意、借方(分土类、石类、运距、运量)、弃方(土、石、运距、运量)等。

⑫ 路基每公里土石方数量表——列出起讫桩号、长度、挖方(总体积、土类、石类)、填方[总体积、填土及填石(分压实方和自然方)、本桩利用方、远运利用方、借方]、弃方、总运量、计价土石方总数量。

⑬ 路基土石方运量统计表——列出起讫桩号施工方法[人工施工土方、推土机施工土方、铲运机施工土方、挖土机配自卸汽车施工土方、人工施工石方、机械施工石方(人工清运)、机械施工石方(机械清运)等]、数量、平均运距。

⑭ 取土坑(场)、弃土堆(场)一览表——列出取土或弃土地段起讫桩号、取土或弃土位置(上下路桩号、支线长度、运距)、取土坑(范围、土名、土类最大挖深、可取量、计划用量)、占用土地(永久或临时)、开挖方式及运输条件、弃土堆(土石方数量、运距)、临时工程(便道、便桥等)。

⑮ 弃土堆(场)设计图——大型取土坑(场)应绘制本图,绘出取土坑(场)或弃土堆(场)平面布置图(示出地形、地物、道路等,沿线取土坑和弃土堆可绘在路线平面总体设计图上)、纵横断面及排水系统、绿化等设计图,并说明施工注意事项。比例尺根据需要确定。

⑯ 路基防护工程数量表——列出起讫桩号、工程名称、主要尺寸及说明、单位、数量(左、右)、工程及材料数量等(包括挡土墙、护墙、护脚、护肩、边坡加固、驳岸、护岸、防水堤坝等)。

⑰ 路基防护工程设计图——绘出各项防护工程立面图、平面图、断面图及结构设计图、比例尺为1∶50～1∶500。按不同情况列出每延米或每处工程及材料数量表。

4.4.3 城市道路横断面图绘制

① 绘制各个路段的远期规划横断面图和近期设计横断面图,即远期和近期的标准断面图。一般采用1∶100或1∶200的比例尺。在图上应绘制红线宽度、车行道、人行道、绿化带、照明、新建或改建的地下管道各组成部分的位置和宽度,以及排水方向、横坡等。

② 绘制各个中线桩处的现状横断面图。图中包括横向地形、地物、中心桩地面高程、路基路面、横坡、车行道、人行道、边沟等。一般采用1∶100或1∶200的比例尺,直接在米厘纸上绘制,横距表示水平距离,纵距表示高程。纵、横坐标通常采用相同的比例尺,这对于绘制横断面图和计算土石方数量都方便。但是在某些情况下,例如横断面很宽,地面又较平坦时,如果水平距离和高程仍采用相同的比例尺,则显示不出地形的变化。此时应根据高程的变化程度,横断面图的纵、横坐标可以选用不同的比例尺,以能显示地形的起伏变化为原则。先在米厘纸上定出中心线的位置,然后将中心桩的地面高程和中心桩左右各地形的高程点出来,连接各点即得现状横断面的地面线,注写上桩号和高程。在一张米厘纸上可以绘制若干个地面,一般是以桩号为序自上而下和自左而右布置的。

③ 最后在绘制的各个桩号的现状横断面图上点出中心线的设计标高,以相同的比例尺,把设计横断面图(即标准横断面图)画上去。土石方工程的计算和施工放样,就是以此图为依据,故称为施工横断面图。

思考与练习

1. 简述道路横断面的组成。
2. 简述公路路肩和城市道路人行道的组成及作用。
3. 路拱的作用是什么?有哪些基本形式?
4. 简述中间带的组成及作用。
5. 公路的超高设置的作用是什么?超高的过渡形式有哪些?
6. 道路加宽的作用是什么?

第5章 道路选线

5.1 概述

选线是在路线起、终点之间的地表，根据计划任务书规定的使用任务和性质，结合当地自然条件，选定道路中线的位置的过程。选线是选定一条技术上可行，经济上合理，又能符合使用要求的道路中心线的工作，所面对的是十分复杂的自然环境和社会经济条件，需要综合考虑多方面因素。为达到该目的，选线必须由粗到细，由轮廓到具体，逐步深入，分阶段分步骤加以分析比较，才能定出最合理的路线。

定线是按照已定的技术标准，在选线布局阶段选定的“路线带”（或“定线走廊”）的范围内，结合细部地形、地质条件，综合考虑平、纵、横三面的合理安排，通常实地定出道路中线的确切位置的过程。定线是公路设计过程中很关键的一步，不仅要解决工程、经济方面的问题，还要对如何使公路与周围环境相配合，以及公路本身线形的美观等问题都要在定线过程中给予充分的考虑。公路定线除受地形、地质及地物等有形的制约外，还受技术标准、国家政策、社会影响、道路美学（构成优美线形的所有规则）以及其他因素的制约，这就要求设计人员必须具有广博的知识和熟练的定线技巧。最优秀的设计师也不可能一次试线就能选出最好的线位，复杂条件下的定线可能需要好几个设计方案供定线组全体人员研究比选。因为每一个方案都将是考虑众多相互制约因素的一种折中方案，理想的路线只能通过比较找出。定线应吸收桥梁、水文、地质等专业人员参加，也应听取具有园林建筑知识的设计人员的意见，发挥各种专业人员的才能和智慧，使定线成为各专业组协作的共同目标。

5.1.1 自然因素对道路路线的影响

影响道路的自然因素主要有地形、气候、水文及地质构造、土质及植物覆盖等。

(1) 地形

地形决定了选线条件，并在很大程度上影响道路的技术标准。按道路布线范围内地形形态、相对高差、倾斜度及平整度对各类地形特征描述如下：

① 平原、微丘地形。

a. 平原地形是指地形平坦，无明显起伏，地面自然坡度一般在3°以内。

b. 微丘地形是指起伏不大的丘陵，地面自然坡度在20°以下，相对高差在100 m以下，设线一般不受地形限制。

② 山岭、重丘地形。

a. 重丘地形是指连绵、起伏的山丘，具有深谷和较高的分水岭，地面自然坡度一般在20°以上，路线平、纵面大部分受地形限制。

b. 山岭地形是指山脊、陡峻山坡、悬崖、峭壁、峡谷、深沟等。地形变化复杂，地面自然坡度大部分在20°以上。路线平、纵、横面大部分受地形限制。

(2) 气候

气候情况直接或间接地影响地面水的数量，地下水位高度，大气降水量、降水强度和降水形态，路基水温状况，泥泞期，冬季积雪和冰冻延续期，并在一定程度上限制施工期限和条件。

(3) 水文及水文地质

水文情况决定排水结构物的数量和大小，水文地质情况决定了含水层的厚度和位置、地基或路基岩层滑坍的可能性。

(4) 地质构造

地质构造决定了地基及路基附近岩层的稳定性，确定有无滑坍、碎落和崩坍的可能，同时决定土石方工程施工难易程度和筑路材料的质量。

(5) 土质

土是路基与路面基层的材料，影响路基形状和尺寸，也影响路面形式和结构。

(6) 植物覆盖

地面的植物覆盖影响暴雨径流、水土流失程度，并在一定程度上影响路基土壤的水理和热理状况。

所有上述的这些自然情况都是密切相互联系与相互制约着的，并且处于经常相互作用和不断变化的过程中。因此道路选线时要细致调查、实地观察，充分考虑自然条件，并注意今后的自然变化和道路建成后的影响，保证道路在复杂的自然条件下的坚固稳定与交通运输的畅通无阻。

5.1.2 道路选线的一般原则

路线是道路的骨架，其优劣关系道路自身功能的发挥和在路网中是否能起到应有的作用。正如前所述，路线设计除了受自然条件影响外还受诸多社会因素的制约，因此选线要综合考虑多种因素，妥善处理好各方面的关系，基本原则如下：

(1) 多方案选择

在道路设计的各个阶段，应运用各种先进手段对路线方案做深入、细致的研究，在多方案论证、比选的基础上选定最优路线方案。

(2) 工程造价与营运、管理、养护费用综合考虑

路线设计应在保证行车安全、舒适、迅速的前提下，做到工程量小、造价低、营运费用省、效益好，并有利于施工和养护。在工程量增加不大时，应尽量采用较高的技术指标，不要轻易采用极限指标，也不应不顾工程大小片面追求高指标。

(3) 处理好选线与农业的关系

选线应注意同农田基本建设相协同，做到少占田地，并应尽量不占高产田、经济作物田或穿过经济林园(如橡胶林、茶林、果园)等。

(4) 路线与周围环境、景观相协调

通过名胜、风景、古迹地区的道路，应注意保护原有自然状态，其人工构造物应与周围环境、景观相协调，保护好重要历史文物遗址。

(5) 工程地质和水文地质的影响

选线时应对工程地质和水文地质进行深入勘测调查，弄清其对道路工程的影响。对于

严重不良地质路段，如滑坡、崩坍、泥石流、岩溶、泥沼等地段和沙漠、多年冻土等特殊地区，应慎重对待，一般情况下应设法避绕。当必须穿过时，应选择合适位置，缩小穿越范围，并采取必要的工程措施。

（6）选线应重视环境保护

选线应重视环境保护，注意由于道路修筑和汽车运营所产生的影响和污染，例如：

① 路线对自然景观与资源可能产生的影响；

② 占地、拆迁房屋所带来的影响；

③ 路线对城镇布局、行政区划分、农业耕作区、水利排灌体系等产生的影响；

④ 噪声对居民以及汽车尾气对大气、水源、农田所造成的污染及产生的影响。

5.1.3　选线定线的步骤和方法

一条路线的起、终点确定以后，中间有很多种走法。选线的任务就是在这些方案中选出一条符合设计要求且经济合理的最优方案。因为影响选线的因素很多，这些因素有的互相矛盾，有的又相互制约，各因素在不同场合中的重要程度也不相同，不可能一次就能确定理想方案。最有效的做法是分阶段，由粗到细反复比选来确定最佳方案。选线一般按工作内容分为三步进行。

（1）路线总体布局：路线方案选择

路线方案选择主要解决起、终点间路线基本走向问题。该项工作通常是先在小比例尺（1∶25 000～1∶100 000）地形图上在较大面积范围内找出各种可能的方案，收集各种可能方案的有关资料，进行初步评选，确定数种有进一步比较价值的方案。然后进行现场勘察，通过多方案的比选确定最佳方案，当没有地形图时，可采用调查或踏勘方法现场收集资料进行方案评选。当地形复杂或地区范围很大时，可以通过航空视察，或根据遥感与航摄资料进行选线。

（2）路线带选择

在路线基本方向选定的基础上，根据地形、地质、水文等自然条件选定一些细部控制点，连接这些控制点即构成路线带，也称为路线布局。这些细部控制点的取舍，仍然是通过比选的方法确定的。路线布局一般在比例尺为1∶1 000～1∶5 000的地形图上进行。只有在地形简单和方案明确的路段才可以现场直接选定。

（3）具体定线

经过上述两步工作，路线雏形已经明显勾画出来，定线就是根据技术标准和路线方案，结合有关条件在有利的路线带内进行平、纵、横综合设计，具体确定道路中线的工作。公路定线质量高低很大程度上取决于采用的定线方法，常用的有直接定线和纸上定线两种方法。技术标准高的，地形、地物复杂的路线必须使用纸上定线，然后把纸上路线敷设在地面上；直接定线省去了纸上定线这一步，所以只适用于标准较低的路线。

5.2　平原地区选线要点

平原地区主要是指一般平原、山间盆地、高原等地面高度变化较小的地区，地面起伏不大，一般自然坡度都在3°以下。其地形、地物特征是：除泥沼、盐渍土、河谷漫滩、草原、戈壁、沙漠等以外，一般多为耕地，且分布有较多的各种建筑设施，居民点较密，交通网系较密。

在农业区农田水系渠网纵横交错；在城镇区则建筑、电讯管网密布；在天然河网或湖区，还密布有湖泊、水塘和河岔。从地质和水文条件来看，平原区一般不良地质现象较少，但有时会遇到软土和沼泽地段。另外，平原区地面平坦，往往排水较困难，地面积水较多，地下水位较高，平原区河流较宽阔，泥沙淤积，河床低浅，洪水较容易泛滥。

平原地区地形对路线的限制不大，路线平、纵、横几何条件很容易达到标准，其路线特征是短捷顺直。平面线形顺直，以直线为主体线形，弯道转角一般较小，平曲线半径较大；在纵面上，坡度较小，以低路堤为主。路线布设除考虑地物障碍外，一般没有太大困难。平原地区路线要充分考虑近期规划和远期规划相结合，在线形上要尽量采用高标准，以便将来提高公路等级时能充分利用原路基、桥涵等。平原地区路线，受地形限制不大，布线应在符合基本路线走向的前提下着重考虑政治、经济因素，正确处理对地物、地质的避让。综合平原地区自然和路线特征，布线时应着重考虑以下几点。

(1) 以平面为主安排路线

选线时，首先在起、讫点间把经过的城镇、厂矿、农场及风景文物点作为大的控制点，在控制点间通过实地视察，进一步根据地形条件和水文条件选择中间控制点。除一般较大的建筑群、水电设施、跨河桥位、洪水泛滥线范围以外及其他必须绕过的障碍物外均可作为中间控制点。在中间控制点之间，无充分理由一般不设转角点。在安排平面线形时，既要使路线短捷顺直，又要注意避免过长的直线，在尽可能条件下多采用转角小、半径大的长缓平曲线线形。纵面线形应综合考虑桥涵、通道、交叉等结构物的要求，合理确定路基设计高度。注意避免纵坡起伏过于频繁，但也不应过于平缓而造成排水不良。

(2) 处理好路线与农业的关系

修建道路时占地是不可避免的，解决好路线与农田规划、农业灌溉水利设施的关系是平原地区选线的重要问题。布设路线时，要注意既不片面要求路线顺直而占用大面积的良田，也不片面要求不占耕地而降低线形标准，甚至恶化行车条件。再者，应解决好路线与农田水利设施的关系。使路线的布置尽可能与农业灌溉系统相配合，除较高等级的公路外，一般不要破坏灌溉系统，布线尽量与干渠平行，减少路线与渠道的相交次数，最好把路线布置在渠道的上方非灌溉区一侧或者是渠道的尾部。图 5-1 中虚线方案穿经稻田区，路线短、线形好，但占耕地多、建筑路堤取土距离较远；实线方案的长度略有增加，但避开了大片稻田区，沿山坡布线，路基稳定，又可以节约土方数量。当路线标准不是太高时，应采用实线方案。

注意筑路与造田、护田相结合。在可能的条件下，布线要有利于造田、护田，以支援农业。路线通过河曲地带，当水文条件许可时，可考虑路线直穿，裁弯取直，改移河道，缩短路线，改善线形，如图 5-2 所示。

(3) 处理好路线和桥位的关系

大、中桥位往往是路线的控制点，应在服从路线总方向的原则下，路、桥综合考虑，选择有利桥位，布设路线。既要防止只考虑路线顺直和不顾桥位条件，增大桥跨的难度，又要防止片面强调桥位，使路线绕线过长，标准过低。一般情况下，桥位中线应尽可能与洪水主流流向正交，桥梁和引道都在直线上。桥位应选在水文地质、跨河条件较好的河段。如图 5-3 所示，有 3 个跨河方案，Ⅱ方案与河沟正交跨越，但线形曲折，不利于行车；Ⅲ方案路线直捷，但桥位处于河曲段，跨河不利，并且桥涵较多。综合比较，Ⅰ方案桥位虽略斜，比Ⅱ方案桥跨略长，但路线顺适，故为可取方案。

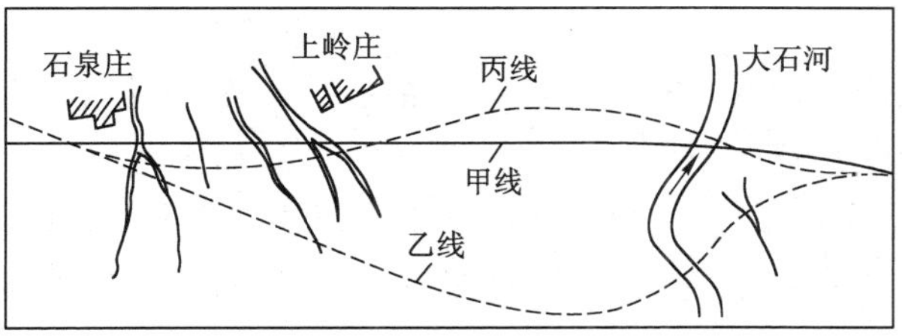

图 5-1 路线方案比较示意图

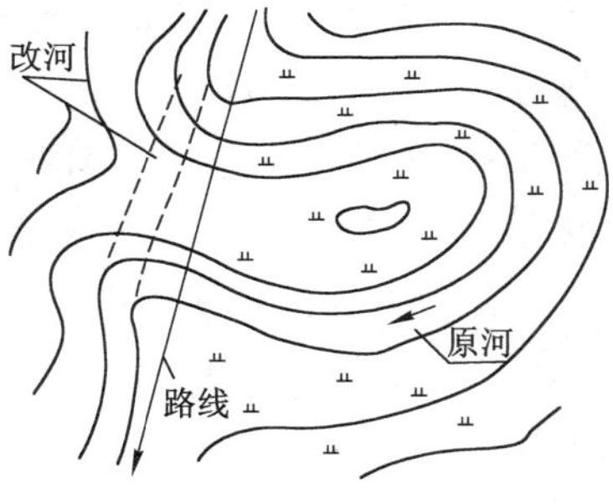

图 5-2 改移河道示意图

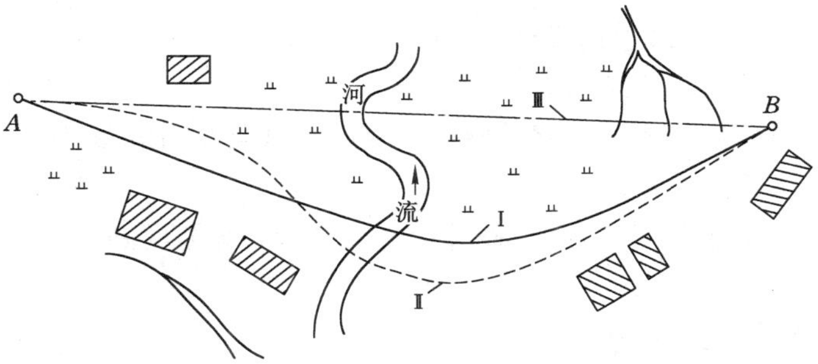

图 5-3 桥位方案比较示意图

小桥涵位置原则上服从路线走向，但是遇到斜交过大（夹角大于 45°时）或河沟过于弯曲时，可考虑采取改沟或改移路线的方法，调整交角，布线时应比较确定。

(4) 处理好公路与城镇的关系

平原地区有较多的城镇、村庄、工业区及其他公用设施，路线布置时应正确处理好服务与干扰、穿越与绕避、拆迁与保留的关系。

① 国防与高等级干线公路，应尽量避免直穿城镇、工矿区和居民密集区，以减少相互干扰。但考虑到公路对这些地区的服务性能，路线又不宜相离太远，必要时还应考虑支线联系。做到"近村不进村，利民不扰民"，既方便运输，又保证安全，布线时注意与地区规划相结合。

② 一般沟通县、区、村直接为农业运输服务的公路，经地方同意可穿越城镇，但要注意有足够的行车视距和行车道宽度（应考虑行人的需要）及必要的交通设施，以保证行人和行车的安全。

③ 路线布设应尽量避开重要的电力、电讯及其他重要的管线设施。当必须靠近或交叉时，应符合有关净空和安全距离的规定，尽量少拆或不拆各种电力、电讯和建筑设施。

④ 注意与铁路、航道、机场、港口、已有公路等交通运输配合，以发挥交通运输的综合效益。

(5) 注意土壤水文条件，确保路基稳定

① 在低洼地区布线时，应尽可能在接近分水岭的地势较高处布线，使路基具有较好的水文条件。

② 路线通过排水不良的低洼地带，布线时要注意保证路基最小填土高度，低填及个别挖方地段要注意排水处理。

③ 路线要避免穿过较大湖塘、水库、泥沼地带，不得已时应选择最窄、最浅和基底坡面较平缓的地方通过，并采取保证路基稳定的措施。

④ 沿河布线时，应注意洪水泛滥对路线的影响，一般应布线于洪水泛滥线以外，必须通过泛滥区时，桥梁、路基应有足够的高度，以免洪水淹没，并应对路基边坡进行防护加固，避免被冲毁。

(6) 正确处理新、旧路的关系

平原地区通常有较宽的人行大路或等级不高的公路，当设计交通量很大，需要修建汽车专用公路时，应分别处理好新、旧路的关系。

① 现有一般二级公路由于交通量很大需要建汽车专用二级公路时，宜利用、改造原路，并另建辅路供非汽车交通行驶。

② 现行公路等级低于一般二级公路标准，宜新建汽车专用公路，原有公路留作辅路。

(7) 尽量靠近建筑材料产地

平原地区一般缺乏砂石建筑材料，路线应尽可能靠近建筑材料产地。

5.3 山岭地区选线要点

山岭地区包括分水岭、起伏较大的山、陡峻的山坡，一般地面自然坡度大于 20°。其主要自然特征是自然条件复杂，地形变化很大，使得路线在平、纵、横受到很大限制，因而技术指标一般多采用低限值。在所有自然因素中，高差急变是主导因素，因此，在路线布设时，一般多以纵断面线为主安排路线，其次是横断面和平面。选线时要使平、纵、横相协调，结合影响路线的主要自然因素，综合考虑。山岭地区按地形布线一般为顺山沿水或横越山岭。顺山沿水的路线有沿溪线、越岭线、山脊线等。

(1) 沿溪线

① 沿溪线的基本特征。

沿溪(河)线是指道路沿河谷方向布设的路线，如图 5-4 所示。沿溪线的有利条件是路线走向明确，河床纵坡较小，平面受纵面线形的约束较小，容易得到较好的线形。沿溪线傍山临河，砂、石材料丰富，用水便利，为施工和养护提供了有利条件。山区的溪岸两侧多是居民密集的地方，沿溪线能更好地为沿线居民点服务，充分发挥道路的作用。

沿溪线的不利条件是临水较近，受洪水威胁较大；峡谷河段，路线线位摆动的余地很小，难以避让不良地质地段；在路线通过陡岩河段时，工程艰巨、工程量集中、工作面狭窄，给道路测设和施工带来很大困难；沿溪线线位低，往往要跨过较多的支沟，桥涵及防护工程较多；河谷两岸台地往往是较好的耕作地，筑路占地与农田及其水利设施的矛盾较为突出；河谷工程地质条件复杂，河谷两岸通常处于路基病害(如滑坡、岩堆、坍塌、泥石流)的下部，路线通过时容易破坏山体平衡，给道路的设计、施工、养护、运营带来困难。

② 沿溪线布线要点。

路线布设的首要任务是利用有利条件，避让不利条件。沿溪线布局的决定因素是水。由于路线自始至终都要与河流打交道，因此解决好路线与水的关系是沿溪线布局的关键。

图 5-4 沿溪线

路线与河流的基本关系主要是指平面关系和纵面关系,平面关系主要是解决择岸问题,即选河流左岸还是右岸,纵面关系主要是解决线位的高低和在什么地点跨河。

a. 河岸选择——择岸,主要是解决路线是否跨河(即一岸布线还是两岸布线)和选择走哪一岸两个问题。任何一条沿溪线公路,除了起、终点在同一岸,且相距又很近,工程又不大时不考虑跨河外,一般情况下都有是否跨河两岸设线的问题。对于较大的河流,如果不是中间控制点的需要,一般因跨河桥梁工程过大而不宜跨河。但是,对于中小河谷,由于跨河较容易,应充分利用两岸有利地形,往返跨河时有发生。

路线往返跨河主要有以下几种原因:

Ⅰ. 中间主要控制点的需要,当路线起、讫点在河岸两侧,至少必须跨河一次。有时起、讫点虽然在河流同一岸,但是控制点在对岸,如图 5-5 所示。这时可以有两种布线方式:一种是两次跨河方案,如图中虚线;另一种是一次跨河方案,如图中实线,用支线与中间控制点连接。一般情况下,第二种方案可省一座桥,且干线直达快速,路线短捷,是应优先考虑的方案。

Ⅱ. 由于避让严重不良地质地段的需要,对于严重地质病害无法穿越或处理时可考虑跨河绕避方案。

Ⅲ. 由于避让艰巨工程跨河,在峡谷带,河谷两岸地形的好坏变化常是交替出现,为了利用有利地形,避开艰巨石方工程,常采用两岸交替布线。

Ⅳ. 避让其他地物障碍,如铁路、农田、大型水利工程、重要建筑设施等。

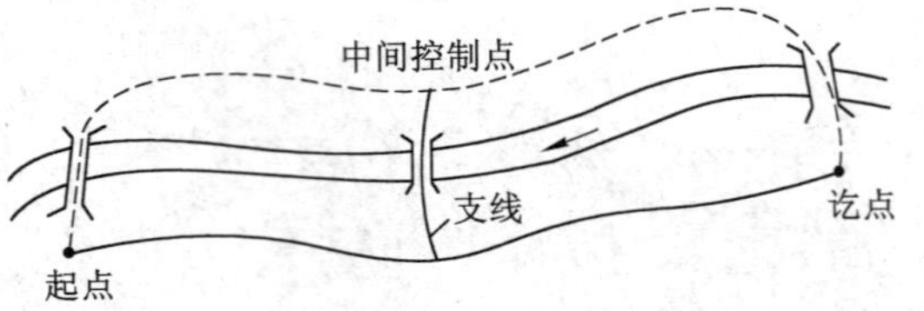

图 5-5　连接中间点的跨河方案

b. 择岸——沿溪线考虑跨河是与择岸同时进行的。两岸情况不尽相同，各有利弊，选择时应综合比较确定。主要考虑以下几个方面：

Ⅰ. 两岸地形、地质、水文条件。

Ⅱ. 积雪和冰冻的影响。主要是积雪地区，阳坡和阴坡、迎风面和背风面的气候条件差异很大，在不影响路线总体布局的前提下，一般走阳坡面和迎风面比较有利，可减少积雪和流冰对公路的危害，但是在冰冻地区，则走阴坡面比较有利。

Ⅲ. 城镇、工矿和居民点的分布情况。除国防路线外，一般公路尽可能选择村镇较多、人口较密的一岸，为革命史迹、历史文物、风景区等创造有利条件。

Ⅳ. 两岸施工、养护以及路线等级标准和投资情况。

③ 线位高低的确定。

线位高低是路线纵面线形布局的问题。路线沿岸走多高，首先应考虑洪水的威胁。不管是高线位还是低线位，均应在设计洪水位以上一定安全高度。因此，在选线中应认真做好洪水位调查工作，以确保路线必需的最低线位高度。

a. 低线位——路基略高出设计洪水位，路基临水一侧边坡常受洪水威胁的布线方案。其主要优点是：平、纵线形比较顺直、平缓，易争取到较高标准，路基土石方数量少，边坡较稳定，路线活动余地稍大，跨河利用有利条件和避让不利条件较容易；养护、施工用水、取材较方便，从国防来看，路基破坏后因线位低抢修也很快。其主要缺点是：线位低，受洪水威胁大，通常防护工程较多；低线位多在沟口附近跨越支沟，桥涵孔径较大，基础工程也较困难；路线与农田矛盾较大，处理弃方比较困难。

b. 高线位——路线远高出洪水位，完全不受洪水威胁的布线方案。其路线特征与山坡线相近。其主要优点是：无洪水影响，防护工程较少，弃方处理问题不突出。当采用台口路基时，路基比较稳定。其主要缺点是：路基多用台口路基，挖方大，弃方较多，由于线位高，路线势必随山形走势绕进绕出，特别是鸡爪地形地段，线形差，土石方大，跨支沟的桥涵构造物较多，工程费用较高；路基边坡常出现“缺口”，因而挡土墙和加固工程较多，线位高需要跨河时比较困难，施工、养护取料、用水也不如低线位方便。

综上所述，高线位一般害多利少，在不受洪水威胁的条件下，无特殊问题时，一般以低线位为主，结合路线具体条件，局部路段采用高线位。

c. 桥位的选择——按路线与河流的关系，有跨支流和跨主流两类。跨支流的桥位选择一般属于局部方案问题，而跨主流的桥位选择多属于路线布局问题。跨主流的桥位往往是确定路线走向的控制点，与河岸选择相互依存、互相影响，进行河岸选择的同时要认真研究跨河桥位的选择。当路线由于地形、地质原因需要换岸布线时，如果桥位选择不好，勉强跨河，很容易造成桥头线形差，或者增加桥梁工程量。要处理好桥位及桥头路线的布设问题，河岸的选择非常重要。

Ⅰ. 利用河曲地段跨河。应注意防止河曲地段水流对桥台的冲刷，采取必要的防护措施。

Ⅱ. 利用"S"形河段跨河。将跨河位置选在"S"形河段的腰部，使桥头线形得以显著改善，如图 5-6 所示。

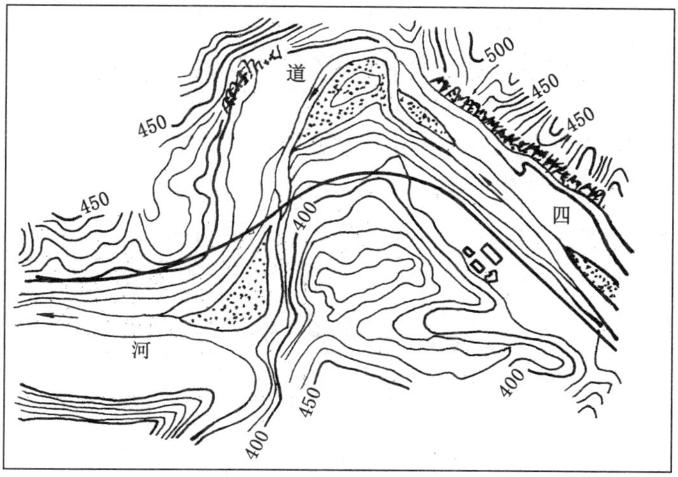

图 5-6　利用"S"形河段跨河

Ⅲ. 改善桥头线形。路线跨越河流，若没有河曲或"S"形河段可利用时，由于沿溪线与河谷走向平行，在跨主河时往往形成"之"字形路线，桥头平曲线半径较小，线形差。对于中、小桥，可用适当斜交的方法改善桥头线形，如图 5-7(a)所示。对于大桥不宜斜交时，可对桥头路线适当处理，形成杓形桥头线，如图 5-7(b)所示，可改善桥头线形，争取较大半径。

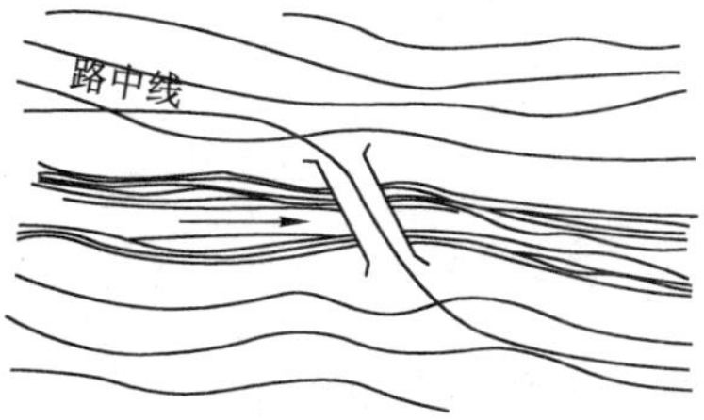

(a) 斜交跨河方案

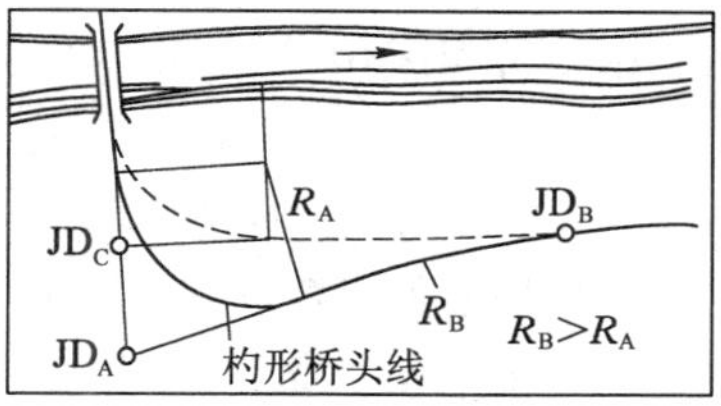

(b) 杓形桥头

图 5-7　改善桥头线形

(2) 越岭线

① 越岭线基本特征。

越岭线是指公路沿分水岭一侧山坡爬上山脊，在适当地点穿过垭口，再沿另一侧山坡下降的路线。其特点是布线不受河谷限制，活动余地大。由于无洪水问题，一般路基较稳定，桥涵及防护工程比沿溪线少。当采用隧道方案时，路线短捷且隐蔽，有利于运营和国防。但是越岭线里程较长，线形差，指标低，线位高，远离河谷，施工用水、砂石材料的运输等都不方便，克服高差是越岭线的关键，路线的长度和平面位置主要取决于路线纵坡的安排，因此，在越岭线的选线中首先考虑路线纵断面的安排。

越岭线的布线应解决的主要问题是:垭口选择,过岭标高和展线布局,三者之间相互联系、相互影响。布局时应综合考虑,处理好三者的关系。

② 越岭线的布线。

a. 垭口的选择。

垭口是体现越岭线方案的重要控制点,应在基本符合路线走向的较大范围内选择,要全面考虑垭口的位置、标高、地形条件、地质情况和展线条件。

Ⅰ. 垭口位置选择—— 垭口位置在基本符合路线走向的前提下与两侧山坡展线方案结合共同考虑。首先考虑高差较小且展线降坡后能与山下控制点直接衔接,不需无效延长路线。其次再考虑稍微偏离路线方向,但接线较顺且不致过于增加里程的其他垭口。

如图 5-8 所示,A、B 控制点间有 C、D 两个垭口,从平面位置看,C 垭口在 AB 直线上,D 垭口稍微偏离 AB 直线方向,但是从符合路线基本定向来看,穿 D 垭口比穿 C 垭口反而展线短些,而且平面线形较好。因此,D 垭口比 C 垭口更有优势。

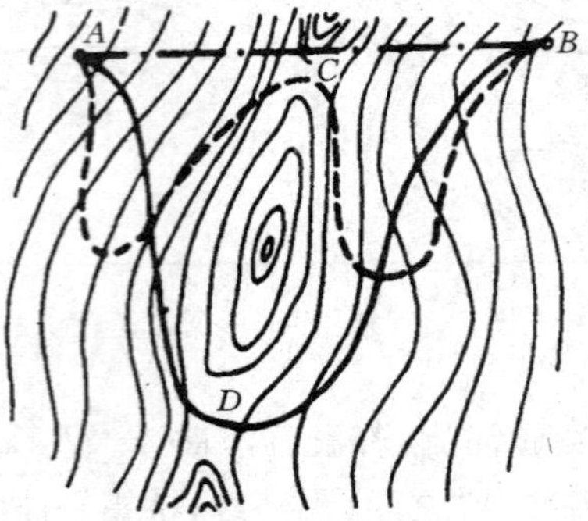

图 5-8 垭口位置的选择

Ⅱ. 垭口的高度——垭口与其山下控制点的高差,直接影响路线展线长度、工程数量等运营条件。当展线条件相同时,垭口降低的高度 Δh 和缩短的里程 Δl 有如下关系式:

$$\Delta l = 2\Delta h \cdot \frac{1}{i_p} \tag{5-1}$$

式中 i_p——展线的平均坡度,一般取 5%~5.5%。

由式(5-1)可知:垭口越低,里程越短。在地形困难的山区,减小路线长度而节省的工程造价和运营费用都是很难得的。

Ⅲ. 垭口的展线条件——山坡线是越岭线的重要组成部分。而山坡坡面的曲折与陡缓、地质条件优劣等直接影响路线的标准和工程量。因此,垭口选择要与侧坡展线条件结合起来考虑。选择时,如有地质稳定、地形平缓的有利于展线的侧坡,即使垭口位置略偏或垭口较高,也应比较该垭口。

Ⅳ. 垭口的地质条件——垭口一般地质构造薄弱,常有不良地质存在,应深入调查研究其地层构造,如图 5-9 所示,明确其性质对公路的影响。对于软弱层型、构造型和松软土侵蚀型垭口,只要注意到岩层产状和水的影响,路线通过时一般问题不大。对于断层破碎带及断层陷落型垭口,一般尽量避开;必须通过时,应查清破碎带的大小及程度,选择有利部位通过,并采取可靠工程措施(如设置挡土墙)以保证路基稳定。对于地质条件恶劣的垭口,局部移动路线或者采取工程措施也不能解决问题时，应该放弃。

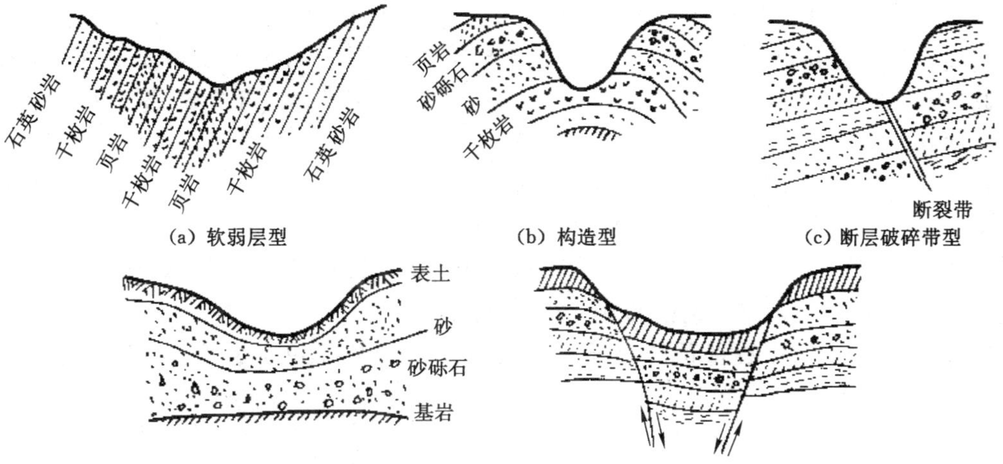

(a) 软弱层型　(b) 构造型　(c) 断层破碎带型

(d) 松软层型　(e) 断层陷落型

图 5-9　垭口的地层构造

b. 过岭标高的选择。

路线过岭，不外乎采用路堑或隧道通过。过岭标高越低，路线就越短，但路堑或隧道就越深、越长，工程量也越大。因此过岭标高应结合路线等级，越岭地段的地形、地质以及两侧展线方案，过岭方式等经过技术经济比较来选定。这些因素互相影响，必须全面分析，研究各种可能的比较方案，做出合理的选择。

过岭方式主要有以下几种：

Ⅰ. 低填浅挖——遇到过岭地段山坡平缓和垭口宽而厚(有的达到一两公里，有时还有沼泽出现)的地形，展线容易，适宜采用低填浅挖的方式过岭，过岭标高基本上就是垭口标高。

Ⅱ. 深挖垭口——当垭口比较“消瘦”时，常采用深挖的方式过岭。深挖垭口，虽然土石方工程较集中，但是由于降低了过岭标高，相应缩短了展线长度，总工程量并不一定增加，即使有所增加，也可以从改善行车条件、节约运营费用中得到补偿。至于深挖程度，应视地形、地质、气象条件以及展线对垭口标高的要求等而定。现有资料表明，一般挖深在 20 m 以内，地质情况良好时还可深些。垭口越“瘦”，越适宜深挖。但垭口通常地质条件较差，挖深应以不致危及路基稳定为度，否则应采取有效措施防止遗留病害。有条件时可采用隧道通过。

过岭标高是越岭线布局的重要控制因素，不同的过岭标高有不同的展线方案。

深挖垭口，工程量集中，通常要处理大量废方，施工条件差，影响施工期限，这些都应在选定过岭标高时充分考虑。

Ⅲ. 隧道穿越——当垭口挖深在 20～25 m 以上时，采用隧道往往比明堑经济。特别是垭口“瘦薄”时，采用不长的隧道能大幅降低路线爬升高度，缩短里程，提高路线线形指标，非常经济。另外，为了避让严重不良地质以及减轻或消除高山严重积雪、结冰对公路的不良影响时，也应该结合施工条件和施工期限，考虑采用隧道通过的方案。

一般情况下，隧道标高越低、路线越短，技术指标也越易提高，对运营越有利。但是标高低，隧道就长，造价就高，工期也长。因此，隧道标高的选定通常根据越岭地段的地质条件，并以临界标高作为研究的基础。临界标高是指隧道造价和路线造价总和最小的过岭标高。设计标高如果高于临界标高，则路线加长费用将多于隧道缩短的费用；设计标高如果低于临界标高，则隧道加长费用多于路线缩短费用。如果设计标高降低，可节约运营费用，这对交通量大的路线意义重大，也应作为比选的因素。

隧道标高的选定不能单纯着眼于经济，还应考虑以下因素：

① 地质和水文地质条件是确定标高的决定因素，要尽可能把隧道放在较好的地层中。

② 隧道标高应设在常年冰冻线和常年积雪线以下，以保证施工和行车安全。

③ 隧道长度要考虑施工期限和施工技术条件等。

④ 在不过多增加工程造价的情况下，要适当考虑远期发展，尽可能将隧道标高降低一些。

c. 展线布局。

越岭展线的形式——展线就是采用延展路线的方法，逐渐升坡克服高差的布线方式。展线的基本形式有三种，如图 5-10 所示。

自然展线为图 5-10 中Ⅰ方案，当山坡平缓、地质稳定时，以适当的纵坡，绕山嘴、沿侧沟来延展路线、克服高差的展线方式。这种方式的优点是：符合路线的基本走向、纵坡均匀、路线短、线形好、技术指标较高；缺点是：路线避让艰巨工程和地质不良地段的自由度不大。

回头展线为图 5-10 中Ⅱ方案，利用回头曲线延展路线、克服高差的布线方式。其优点是：能在短距离内克服较大的高差，并且用回头曲线布线灵活，利用有利地形避让艰巨工程和地质不良地段的自由度较大；缺点是：平曲线半径小，同一坡面上下线重叠，对施工、行车和养护都不利。图 5-11 为是利用有利地形布局回头展线实例。

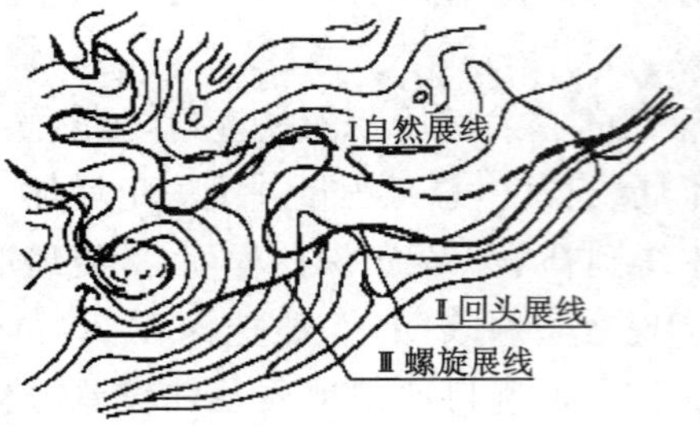

图 5-10　越岭线展线布局形式

图 5-11　布局回头展线实例

回头位置与回头曲线的线形、工程大小以及展线布局关系密切，选择时应多调查、多比较。回头位置在满足展线布局的前提下，宜选在地面横坡平缓、地形开阔、使上下线路能布置的地方；相邻回头曲线间距应尽量大，以减少回头的次数，运用时要与纵坡安排相结合，既不会因为回头位置过高而利用不上，也不会使其位置过低而使纵坡高差过大，导致增长路线。

一般较肥厚的山包、山脊平台、平缓的山坡、山沟、山坳及盆谷间的缓坡台地均是回头的有利地形。图 5-12 所示地形均适合于布置回头曲线。

螺旋展线为图 5-10 中Ⅲ方案，当路线受到地形、地质限制，需要在某处集中提高或降低

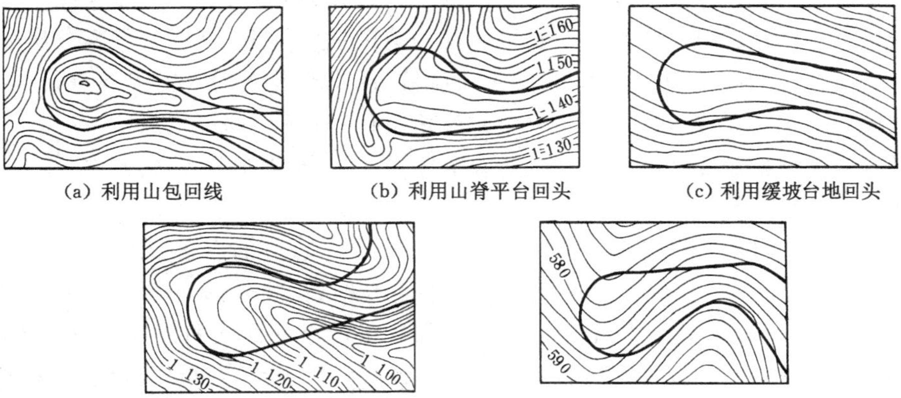

(a) 利用山包回线　(b) 利用山脊平台回头　(c) 利用缓坡台地回头

(d) 利用山沟回头　(e) 利用山坳回头

图 5-12　适合布置回头曲线的地形

一定高度才能充分利用周围的有利地形时可以采用的方式。这种展线的路线转角大于360°,其优点是:路线利用有利的山包或瓶颈形山谷,就能在很短的平面距离内克服较大的高差,较回头曲线有较好的线形,避免了路线的重叠;缺点是:需建桥或隧道,工程造价高。

螺旋展线有上线跨桥(图 5-13)和下线隧道(图 5-14)两种方式。

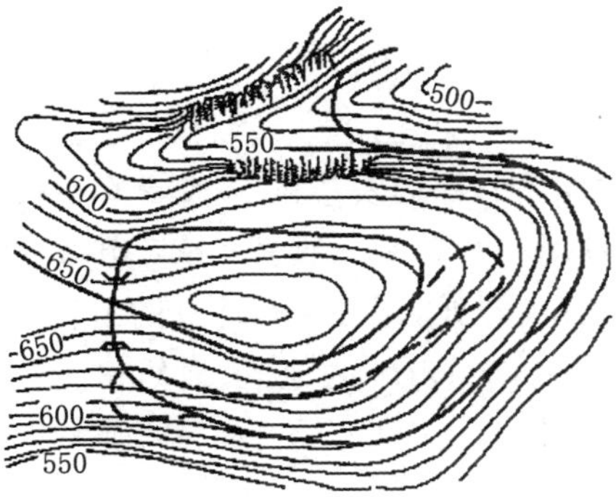

图 5-13　利用山包上线跨桥

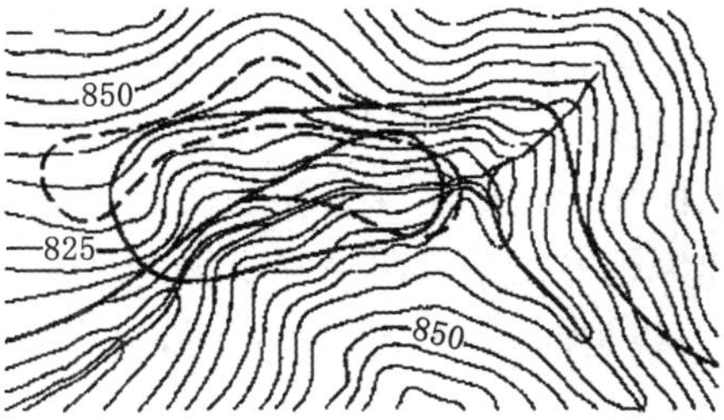

图 5-14　利用瓶颈形山谷下线隧道

以上三种展线形式中,一般首先考虑采用自然展线,不得已时采用回头展线。当地形十分复杂,又有适宜的山谷或山包等条件时,为了在短距离内克服较大的高差,可以考虑使用螺旋展线,但需要进行方案比选。

展线布局的步骤如下:首先拟定路线大致走向。在调查和踏勘阶段确定的主要控制点间进行广泛勘察,调查周围地形和地质情况,以粗略勘定的坡度作为指引,注意利用有利地形、地质,拟定路线的大致走向。然后进行试坡布线。试坡的目的是进一步落实初步拟定的路线走向。发现和加密中间控制点,试定局部比较方案,拟定路线布局。

试坡由已定的控制点开始。越岭线通常先固定垭口,自上而下,视野开阔,便于争取有利地形,因此一般多由垭口向下试坡。试坡选用的平均坡度,应根据《标准》的规定,地形曲折、小半径曲线多的地段,可略低于规定值。在试坡过程中,遇到必须避让的地物、艰巨工程及地质不良地段,以及拟用作回头线的地点,要把路线最适宜通过的位置暂时作为一个中间控制点。如果它和试坡线接近，并与前面的暂定控制点之间的坡度不超过坡度最大值和最小值，就把这个点大致的里程、高程以及可活动的范围记录下来，供以后调整落实参考。如果这个点和试坡线的高差较大，则应返回重新试坡，或修改前面的暂定控制点，认为合适后再向前试坡。如果经过修改后的路线纵断面或路线行经地带不够理想，应另寻比较线。这就是通过试坡发现控制点和局部比较线的大致过程，当一系列中间控制点暂定下来以后，路线布局就有个大致的轮廓了。

主要控制点间可能有几个方案，经过筛选剩下一两个较好的方案再进行下一步工作。

分析确定控制点，决定布局方案。控制点有固定和活动之分：第一种是位置和高程都不能改变，如工程特别艰巨地点的路线和某些受限制很严重的回头曲线地点，必须利用的桥梁，必须通过的街道等；第二种是位置固定，高程可以活动，如垭口、重要桥位等；第三种是位置和高程都有活动余地，如侧沟展线的跨沟地点，宽阔平缓山坡的回头地点等。一般第一种情况较少，第二、三种情况居多。也就是说，控制点大多数是有活动余地的，但活动范围不同。对于活动范围小的控制点，可视为固定控制点，把位置、高程确定下来。然后再去研究固定控制点之间的活动范围较大的那些控制点。以便通过适当调整，达到既不增加工程量而又能使线形更加合理的目的。

活动控制点的调整落实一般有两种情况和做法：活动性较大的回头地点，可从前、后两个固定控制点以适当的坡度分头放坡交会得出；两个固定控制点间的非回头的活动控制点，应在其可活动的范围内调整，以使固定控制点间的坡度尽量均匀些。

（3）山脊线

① 基本特点。

山脊线是指大致沿分水岭方向布设的路线。山脊线的平面线形随分水岭的曲折而弯曲，纵面线形随控制垭口间的高差变化而起伏。山脊线一般不单独使用，多与山坡线相结合，作为越岭线垭口两侧路线的过渡段。能否采用部分山脊线，还必须有适宜的山脊。一般服从路线走向，分水线平顺直缓，起伏不大，岭脊肥厚，垭口间山坡的地形、地质情况较好的山脊是较好的布线条件。

山脊线的有利条件是：

a. 当山脊条件好时，山脊线一般里程短，土石方工程量小；

b. 水文、地质条件好，路基病害少，稳定；

c. 地面排水条件好，桥涵人工构造物少。

山脊线的不利条件是：

a. 线位高，远离居民点，服务性能差；

b. 山势高、海拔高、空气稀薄，冬季云雾、积雪、结冰较严重，对行车和养护都不利；

c. 远离河谷，砂石材料及施工用水运输不便。

② 布线要点。

由分水线引导，山脊线基本走向明确。布线主要解决以下三个问题：

a. 控制垭口的选择——在山脊上，连绵布置着很多垭口，每一组控制垭口代表一个方案。因此，选择控制垭口是山脊线布线的关键。一般当分水岭顺直，起伏不大时，几乎每个垭口均可暂作控制点。如果地形复杂、山脊起伏较大且较频繁、各垭口高低悬殊时，低垭口即路线控制点，凸出的高垭口可以舍去。在有支脉的情况下，相距不远的并排垭口，选择前后与路线联系较好、路线较短的垭口为控制点。选择垭口时，还应与两侧布线条件结合起来考虑。

b. 试坡布线——山脊线有时因两个垭口控制点之间的高差较大，需要展线；有时为了避免路线过于迂回而采用起伏纵坡，以缩短路线里程。因此通常需要试坡布线，一般分为下面两种情况：

Ⅰ. 垭口间平均纵坡坡度不超过规定时，一般情况下如中间无太大的障碍，应以均匀坡度沿侧坡布线。若中间遇障碍，可以加设中间控制点，调整坡度，向两端垭口按均匀坡度布线。

Ⅱ. 垭口间平均纵坡坡度超过规定时，可利用山脊地形展线。由图5-15可知：山脊展线的布局是十分灵活的，选线时应根据地形、地质条件，采用填挖、旱桥、隧道等工程措施来提高低垭口，降低高垭口，也可以利用侧坡、山脊有利地形作回头展线或螺旋展线。

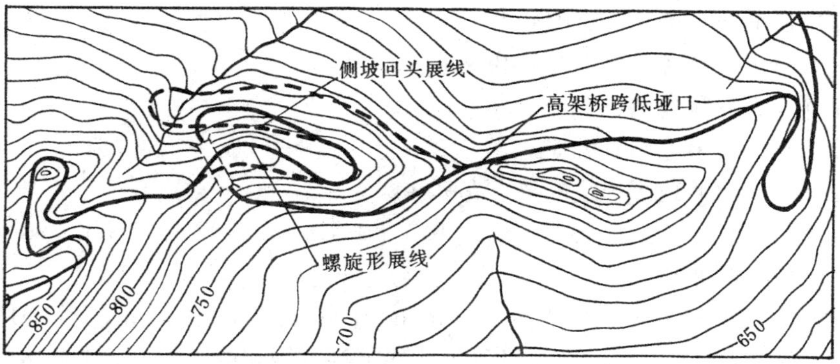

图5-15　利用山脊展线

5.4　丘陵地区选线要点

（1）丘陵地区的自然特征

丘陵地区是介于平原和山岭之间的地形，其地形特征是山丘连绵、岗坳交错、此起彼伏，山丘曲折迂回，岭低脊宽，山坡较缓，相对高差不大。丘陵地区包括微丘和重丘两类地形。

微丘地区起伏较小，地面自然坡度在20°以下，山丘、沟谷分布稀疏，坡形缓和，相对高差在100 m以内，而且有较宽的平地可以利用。

重丘地区起伏频繁，相对高差较大，地面自然坡度在20°以上，山丘、沟谷分布较密，而且具有较深的沟谷和较高的分水岭，路线平、纵面部分受地形的限制。

（2）路线特征

① 丘陵地区选线特点：

a. 局部方案多。由于丘陵地区的山冈、谷地较多，路线走向的灵活性大，可行的布线方案一般比较多，一条路线的最终确定往往需要经过多方案的比较。

b. 需要路线平、纵、横相互协调，密切配合。由于丘陵地区地形的迂回曲折和频繁起伏，平、纵、横之间的约束和影响较大，若三者组合合理，可以提高线形技术标准。

c. 路基以半填半挖为主。由于丘陵地区的地形特点决定了路线所经地面常有一定的横坡，但是横坡一般并不是太陡，路线与农林用地和水利设施之间的矛盾较大。为了节约耕地，应采用半填半挖为主的路基形式。

② 丘陵地区路线布设的方式：平坦地带——走直线，斜坡地带——走匀坡线，起伏地带——走中间。

思考与练习

1. 道路平面线形三要素是什么？在现代道路线形设计中如何运用？
2. 现代道路平面线形有哪些组合形式？应用如何？
3. 在现代道路设计中如何确定圆曲线的半径？
4. 什么是公路的超高与加宽？在什么情况下设置？
5. 道路纵断面设计的步骤有哪些？
6. 平纵线形组合有哪些基本原则和要求？
7. 道路横断面有哪些组成部分？
8. 道路选线的一般原则有哪些？
9. 平原地区与山岭地区选线的要点有哪些？
10. 某四级公路有一弯道，交点桩号为 K87＋441.41，$\alpha_{右}=26°52'$，$R=300$ m。试计算曲线要素和曲线主点桩号。
11. 在平原地区某二级公路（$V=80$ km/h）有一弯道 $R=250$ m，交点 JD 的桩号为 K17＋568.38，转角 $\alpha=38°30'00''$。试计算该曲线上设置缓和曲线后的 5 个基本桩号。
12. 某山岭地区一般二级公路，变坡点桩号为 K5＋030.00，高程 $H=427.68$ m，$i_1=+5\%$，$i_2=-4\%$，竖曲线半径 $R=2\ 000$ m。试计算竖曲线诸要素以及桩号为 K5＋000.00 和 K5＋100.00 处的设计高程。

第 6 章　一般路基设计

6.1　概述

一般路基是指在一般(正常)工程地质条件下修筑填挖高度不超过设计规范或技术手册所允许的范围,其设计可直接参照现行规范规定或标准图,结合当地实际条件进行,而不必个别论证和详细验算。而对于超过规定范围的高填路堤或深挖路堑,以及特殊地质和水文等条件(例如泥石流、岩溶、冻土、雪害、滑坡、软土及地震等地区)下的路基,为保证路基具有足够的强度和稳定性,以及合理、经济的横断面形式,需进行个别特殊设计。为保证路基的强度和稳定性,我国路基设计规范对一般路基设计作了如下规定:

① 设计路基之前,应进行全面调查研究,充分收集沿线地质、水文、地形、地貌、气象、地震等设计资料。改建公路还应收集历年路况资料及当地路基的翻浆、崩坍、水毁等病害的防治经验。

② 山岭、重丘地区的路基设计,应根据当地自然条件,特别是工程地质条件,选择合适的路基横断面形式和边坡坡度。在地形陡峻和不良地质地段,不宜破坏天然植被和山体平衡;在狭窄的河谷地段不宜侵占河床,视具体情况设置其他结构物和防护工程。

③ 陡坡上的半填半挖路基,可根据地形、地质条件,采用护肩、砌石或挡土墙;当山坡高而陡或稳定性差,不宜多挖时,可采用旱桥、悬出路台等构造物;在悬崖陡壁地段,若山体岩石整体性好,可采用半山洞。

④ 沿河及受水浸淹路段的路基边缘,应高出路基设计洪水频率的设计水位加壅水高、波浪侵袭高,再加安全高度 0.5 m。沿河路基废方应妥善处理,以免造成河床堵塞、河流改道或冲毁沿线构造物、农田、房屋等不良后果。

各级公路路基设计洪水频率见表 6-1。

表 6-1　路基设计洪水频率

公路等级	高速公路	一级公路	二级公路	三级公路	四级公路
路基设计洪水频率	1/100	1/100	1/50	1/25	按具体情况确定

⑤ 分离式路基应处理好与整体式路基的相互衔接和边坡的防护,设置完善的排水设施,并与自然景观相协调。

⑥ 季节性冰冻地区工程地质、水文地质不良地段,应采用水稳性好的材料填筑路堤或进行换填,高速公路、一级公路应结合防治冻害和翻浆的具体措施,进行路基、路面及排水等综合设计。

6.2 路基的类型

通常根据公路路线设计确定的路基高程与天然地面高程不相等，路基设计高程低于天然地面高程时，需进行挖掘；路基设计高程高于天然地面高程时，需进行填筑。由于填挖情况不同，路基横断面的典型形式可归纳为路堤、路堑和半填半挖路基。路堤是指全部用岩土填筑而成的路基；路堑是指全部在天然地面开挖而成的路基，两者是路基的基本类型。当天然地面横坡较大且路基较宽，需要一侧开挖而另一侧填筑时，为半填半挖路基，也称为填挖结合路基。在丘陵或山区公路上，填挖结合是路基横断面的主要形式。

6.2.1 路堤

路堤按填土高度不同，可分为矮路堤、高路堤和一般路堤。图 6-1 为路堤的几种常见横断面形式。填土高度小于 1.5 m 的路堤，属于矮路堤；填土高度大于 18 m(土质)或 20 m(石质)的路堤，属于高路堤；填土高度在 1.5～18 m 范围内的路堤为一般路堤。随其所处的条件和加固类型的不同，还有浸水路堤、护脚路堤及挖沟填筑路堤等形式。

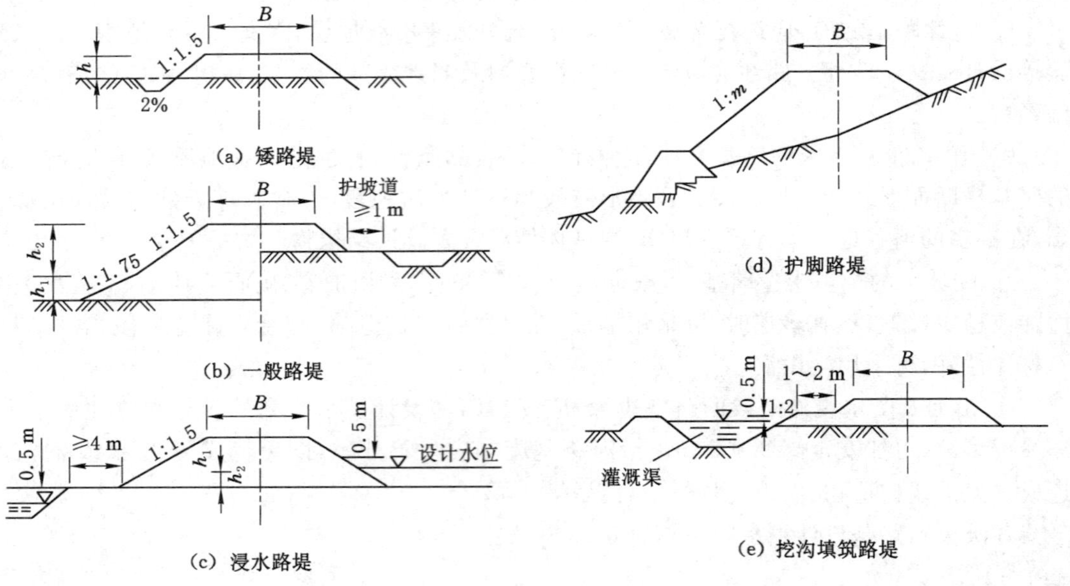

图 6-1　路堤的几种常见横断面形式

矮路堤常在平坦地区取土困难时选用。平坦地区地势低，水文条件较差，易受地表水和地下水的影响，设计时应注意满足最小填土高度的要求，力求不低于规定的临界高度，使路基处于干燥或中湿状态。路基两侧均应设置边沟。

矮路堤的高度通常接近或小于路基工作区的深度，除填方路堤本身要求满足规定的施工要求外，天然地面也应按规定进行压实，达到规定的压实度，必要时进行换土或加固处理，以保证路基、路面的强度和稳定性。

填方高度不大时，填方数量较小，全部或部分填方可以在路基两侧设置取土坑，使之与排水沟渠结合。为了保护填方坡脚不受流水侵害，保证边坡稳定，可在坡脚与沟渠之间预留

1～2 m 甚至大于 4 m 宽度的护坡道。地面横坡较陡时，为了防止填方路堤沿山坡向下滑动，应将天然地面挖成台阶，或设置石砌护脚。

高路堤的填方数量大、占地多，为了使路基稳定和经济合理，必须进行个别设计，高路堤和浸水路堤的边坡可采用上陡下缓的折线形式或台阶形式，也可以在边坡中部设置护坡道。为了防止水流侵蚀和冲刷坡面及高路堤或浸水路堤的边坡，必须采取适当的坡面防护和加固措施，如铺草皮、砌石等。

6.2.2 路堑

图 6-2 为路堑的几种常见横断面形式，有全挖路基、台口式路基和半山洞路基。挖方边坡可视高度和岩土层情况设置成直线或折线。挖方边坡的坡脚处设置边沟，以汇集和排除路基范围内的地表径流。路堑的上方应设置截水沟，以拦截和排除流向路基的地表径流，如图 6-2(a)所示。挖方弃土可堆放在路堑的下方。边坡坡面易风化时，在坡脚处设置 0.5～1.0 m 的碎落台，坡面可采用防护措施。

陡峻山坡上的半路堑，路中线宜向内侧移动，尽量采用台口式路基，如图 6-2(b)所示，避免路基外侧的少量填方。遇有整体性的坚硬岩层，为节省石方工程，可采用半山洞路基，如图 6-2(c)所示。挖方路基处地下水文状况不良时，可能会导致路面破坏，所以对路堑以下的天然地基，要人工压实至规定的压实度，必要时还应翻挖，重新分层填筑、换土或加固处理，加铺隔离层，设置必要的排水设施。

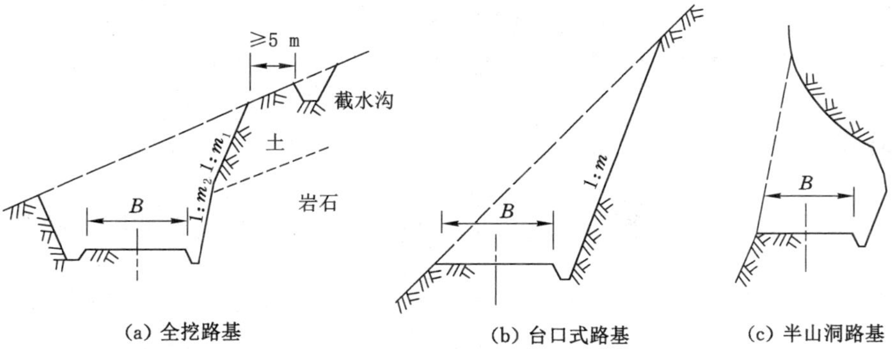

图 6-2　路堑的几种常见横断面形式

6.2.3 半填半挖路基

图 6-3 为半填半挖路基的几种常见横断面形式。位于山坡上的路基，通常取路中心的标高接近原地面的标高，以便减小土石方数量，保持土石方数量横向平衡，形成半填半挖路基。若处理得当，路基稳定可靠，是比较经济的断面形式，如图 6-3(a)和图 6-3(b)所示。半填半挖路基兼有路堤和路堑的特点，上述对路堤和路堑的要求均应满足。填方部分的局部路段，如遇原地面的短缺口，可砌石护肩。

如果填方量较大，也可以就近利用废石方，砌筑护坡或护墙，石砌护坡和护墙相当于简易式挡土墙，承受一定的侧向压力。有时填方部分需要设置路肩(或路堤)式挡土墙，以确保路基稳定，进一步减小用地宽度。石砌护肩、护坡与护墙，以及挡土墙等路基，如图 6-3(c)至图 6-3(f)所示。如果填方部分悬空，而纵向又有适当的基岩时，可以沿路基纵向建成半山桥路基，如图 6-3(g)所示。

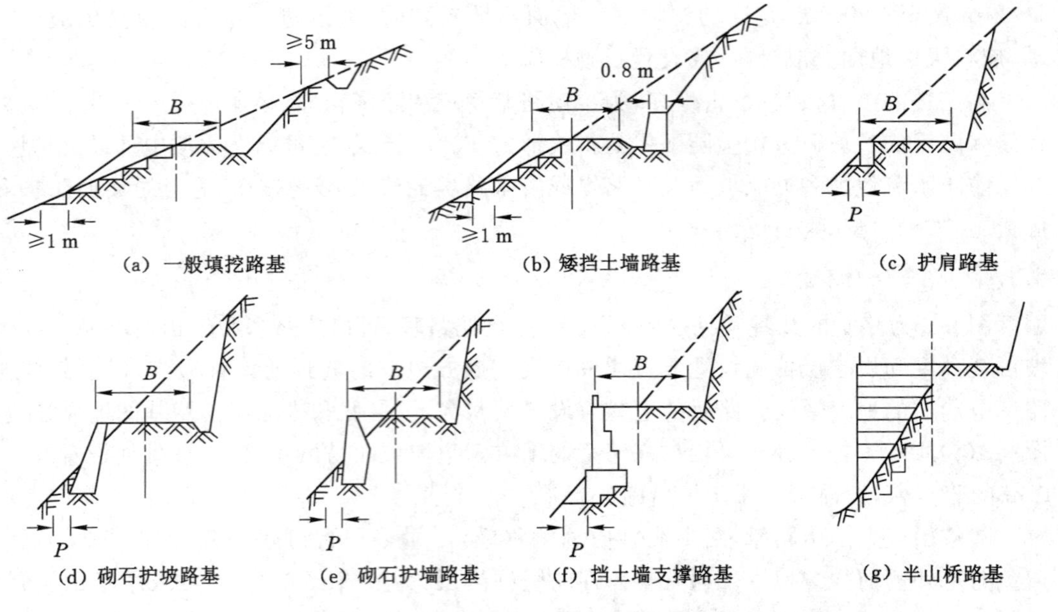

图 6-3 半填半挖路基的几种常用横断面形式

上述三类典型路基横断面形式各具特点，分别在一定条件下使用。由于地形、地质、水文等自然条件差异很大，且路基位置、横断面尺寸及要求等也应服从于路线、路面及沿线结构物的要求，所以路基横断面形式的选择必须因地制宜，综合设计。

6.3 路基设计

在工程地质和水文地质条件良好地段的一般路基设计包括以下内容：选择路基断面形式，确定路基宽度与路基高度；选择路堤填料与压实标准；确定边坡形状与坡度；路基排水系统布置和排水结构设计；坡面防护与加固设计；附属设施设计等。

路基尺寸由宽度、高度和边坡坡度三者构成。路基宽度取决于设计通行能力和交通量；路基高度取决于纵坡设计、地形、地质及水文等条件；路基的边坡坡度取决于地质条件、水文条件、填料性质等，并由边坡稳定性和横断面经济性分析比较后确定。

6.3.1 路基宽度

路基宽度为行车道路面及其两侧路肩宽度之和。技术等级高的公路，设有中间带、路缘带、变速车道、爬坡车道、紧急停车带等，这些均应包括在路基宽度范围内。路面宽度根据设计通行能力和交通量确定，一般每个车道宽度为 3.50～3.75 m，技术等级高的公路及城镇近郊的一般公路，路肩宽度尽可能增大，一般取 1～3 m，并铺筑硬质路肩，以保证路面行车不受干扰。各级公路路基宽度按《公路工程技术标准》(JTG B01—2014)的规定进行设计，如图 6-4 所示和表 6-2 所列。

路基占用土地是公路通过农田或用地受限制地区时的突出问题。建路占地必须综合规划，统筹兼顾，注重经济效益，农业与交通的发展相互促进。公路建设应尽可能利用非农业用地，少占农田。高速公路局部路段可选用高架，以桥代路。山坡路基应尽量使填挖平衡，扩大和改善林业用地，保护林区牧地，防止水土流失，维护生态平衡，减少高填深挖，利用植物防护，绿化与美化路基。所有这些在路基设计与施工过程中，应予以综合考虑。

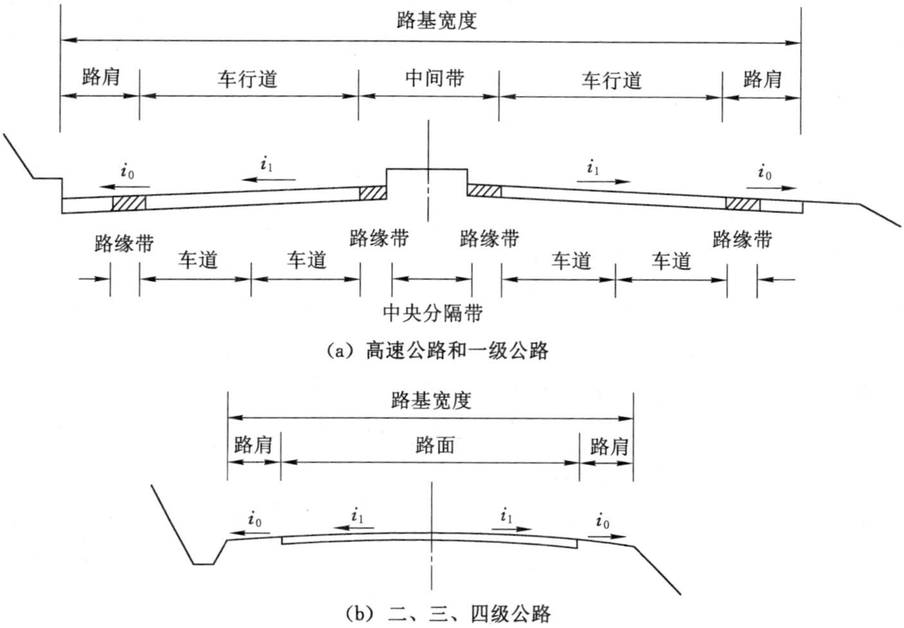

图 6-4　公路路基宽度

表 6-2　各级公路路基宽度

公路等级		高速公路、一级公路									二级公路、三级公路、四级公路					
设计车速/(km/h)		120			100			80		60	80	60	40	30	20	
车道数		8	6	4	8	6	4	6	4	4	2	2	2	2	2 或 1	
路基宽度/m	一般值	45.00	34.50	28.00	44.00	33.50	26.00	32.00	24.50	23.00	12.00	10.00	8.50	7.50	6.50（双车道）	4.50（单车道）
	最小值	42.00	—	26.00	41.00	—	24.50	—	21.50	20.00	10.00	8.50	—	—	—	

注：1. 一般值为正常情况下的采用值；最小值为条件受限制时可采用的值。

2. 八车道高速公路路基宽度一般值为设置左侧硬路肩、内侧车道为 3.50 m 时的宽度。八车道高速公路路基宽度最小值为不设置左侧硬路肩、内侧车道为 3.75 m 时的宽度。

6.3.2　路基高度

路基高度是指路堤的填筑高度和路堑的开挖深度，是路基设计高程和地面高程之差。由于原地面沿横断面方向往往是倾斜的，因此在路基宽度范围内两侧的高差通常不等。路基高度是指路基中心线处设计高程与原地面高程之差，而路基两侧边坡的高度是指填方坡脚或挖方坡顶与路基边缘的相对高差，所以路基高度有中心高度与边坡高度之分。

路基的填挖高度，是在路线纵断面设计时综合考虑路线纵坡要求、路基稳定性和工程经济性等因素确定的。从路基的强度和稳定性要求出发，路基上部土层应处于干燥或中湿状态，应根据临界高度并结合公路沿线具体条件和排水及防护措施确定路堤的最小填土高度。

路基填土高度和路堑挖方深度，可按照《公路路基设计规范》(JTG D30—2015)的规定，使用常规的边坡高度值作为划分高矮深浅的依据。通常将大于 18 m 的土质路堤和大于 20 m 的石质路堤视为高路堤，将大于 20 m 的路堑视为深路堑。

高路堤和深路堑的土石方数量大、占地多、施工困难、边坡稳定性差、行车不利，应尽量避免使用，不得已而一定要用时，应进行个别特殊设计。

为保证路基稳定，应尽量满足路基临界高度的要求。若路基高度低于按地下水位或地面水位计算的临界高度，可视为矮路堤。矮路堤通常处于行车荷载应力作用区范围内，同时经受地面和地下水不利水温状况的影响。有时为了增强路基路面的综合强度与稳定性，需要另外增加投资加强路面结构或增设地下排水设施。究竟如何合理确定路基的高度，需要进行综合比较后才可择优取用。

沿河及受水浸淹的路基，其高度应根据技术标准所规定的设计洪水频率(表 6-1)，求得设计水位，再增加 0.5 m 的余量。如果河道因设置路堤而压缩过水面积，致使上游有壅水，或河面宽阔而有风浪，就应增加壅水高度和波浪冲上路堤的高度(即波浪侵袭高度)。所以沿河浸水路堤的高度，应高出上述各值之和，以保证路基不致被淹没，并据此进行路基的防护与加固。

6.3.3 路基边坡坡度

路基边坡坡度对路基稳定性十分重要，确定路基边坡坡度是路基设计的重要任务。路基边坡坡度的大小，取决于边坡的土质、岩石的性质及水文地质条件等自然因素和边坡的高度。在陡坡或填挖方较大的路段，边坡稳定性不仅影响土石方工程量和施工的难易程度，还是路基整体稳定性的关键。因此，确定边坡坡度对于路基的稳定性和工程的经济合理性至关重要。一般路基的边坡坡度可根据多年工程实践经验和设计规范推荐的数值采用。

路基边坡坡度一般采用边坡坡率表示，有时也可以采用边坡坡脚表示。边坡坡率是指边坡高度 H 与边坡宽度 b 之比值，并取 $H=1$，如图 6-5 所示。

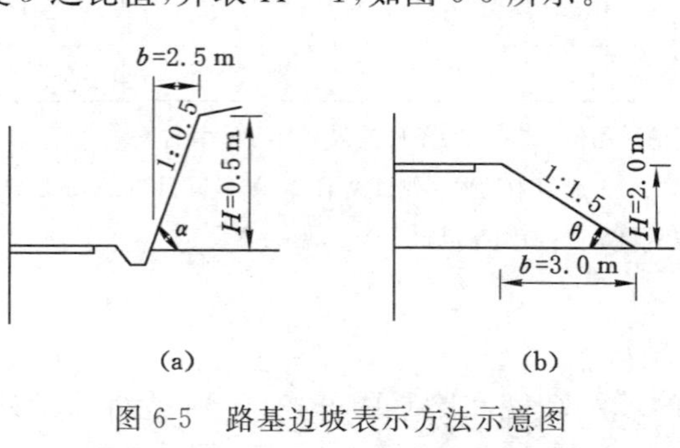

(a)　　　　(b)

图 6-5　路基边坡表示方法示意图

6.3.4 路堤边坡

路堤边坡形式和坡率应根据填料的物理力学性质、边坡高度和工程地质条件确定。当地质条件良好，边坡高度不大于 20 m 时，其边坡坡率不宜大于表 6-3 规定值。

表 6-3　路堤边坡坡率

填料类别	上部高度($H \leqslant 8$ m)	下部高度($H \leqslant 12$ m)
细粒土	1∶1.5	1∶1.75
粗粒土	1∶1.5	1∶1.75
巨粒土	1∶1.3	1∶1.5

边坡高度超过 20 m 的路堤，宜用阶梯形边坡，边坡坡率应由稳定性分析计算确定，并应进行个别设计。

浸水路堤在设计水位以下的边坡坡率不宜陡于 1∶1.75，在设计水位以下视填料情况可采用 1∶1.75～1∶2.0，在常水位以下部分可采用 1∶2.0～1∶3.0。

当公路沿线有大量天然石料或路堑开挖的废石方时，可用以填筑路堤。

填石路堤应由不易风化的较大(粒径大于 25 cm)石块砌筑，边坡坡度一般为 1∶1。

陡坡上的路基填方可采用砌石护坡，如图 6-6 所示，砌石应用当地不易风化的开山片石砌筑。砌石顶宽不小于 0.8 m，基底面以 1∶5 的坡率向路基内侧倾斜，砌石高度不宜超过 15 m。砌石内、外坡率不宜陡于表 6-4 中规定值。

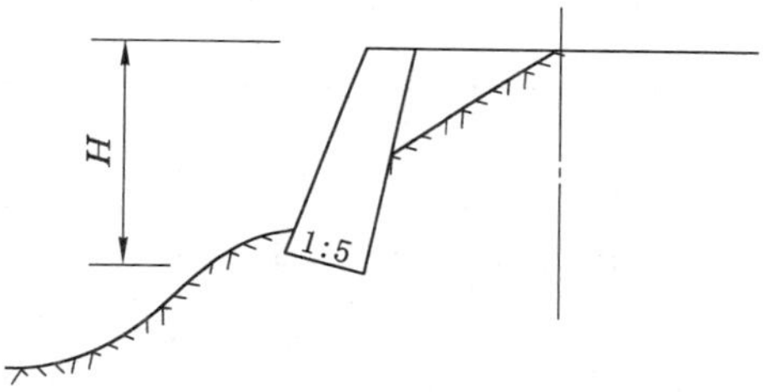

图 6-6　砌石护坡示意图

表 6-4　砌石边坡坡率

内坡坡率	外坡坡率
1∶0.3	1∶0.5
1∶0.5	1∶0.67
1∶0.6	1∶0.75

在地震地区，应参照《公路工程抗震规范》(JTG B02—2013)的有关规定。高速公路和一级公路的路堤，边坡高度大于表 6-5 的规定值时，应放缓边坡。

表 6-5　路堤边坡高度限值

填料	基本烈度	
	8	9
岩块和细粒土(粉性土和有机质土除外)	15	10
粗粒土(细砂、极细砂除外)	6	3

6.3.5 路堑边坡

路堑是从天然地层中开挖出来的路基结构物。设计路堑边坡时，首先从地貌和地质构造判断其整体稳定性。在遇到工程地质或水文地质条件不良的地层时，应尽量使路线避绕；对于稳定的地层，应考虑开挖后是否会由于减少支承和坡面风化加剧而导致失稳。

影响路堑边坡稳定性的因素较多，除了路堑深度和坡体土石的性质之外，还包括地质构造特征、岩石的风化和破碎程度、土层的成因类型、地表水和地下水的影响、坡面的朝向及当地的气候条件等，在边坡设计时必须综合考虑。

土质(包括粗粒土)路堑边坡，应根据边坡高度、土的密实程度、地下水和地面水的情况、土的成因及生成时代等，参照表 6-6 确定。

表 6-6　土质路堑边坡坡率

土的类别		边坡坡率
黏土、粉质黏土、塑性指数大于 3 的粉土		1∶1
中密以上的中砂、粗砂、砾砂		1∶1.5
卵石土、碎石土、圆砾土、角砾土	胶结和密实	1∶0.75
	中密	1∶1

岩石路堑边坡，一般根据地质构造与岩石特性，对照相似工程的成功经验确定边坡坡率。设计时可根据边坡岩体类型和边坡的高度参照表 6-7 确定坡率。由于地表岩层、自然条件以及路基构造要求与形式变化极大，岩石路堑边坡坡率难以定型，表列数值为一般条件下的经验数值，运用时应结合当地的工程地质和水文条件，参考各地现有自然稳定的山坡和人工成型稳定的山坡，加以对比选用。必要时应进行个别设计和稳定性验算，还必须采用排水、护坡与加固等技术措施。

表 6-7　岩质路堑边坡坡率

边坡岩体类型	风化程度	$H<15$ m	$15\text{ m}\leqslant H<30$ m
Ⅰ类	未风化、微风化	1∶0.1～1∶0.3	1∶0.1～1∶0.3
	弱风化	1∶0.1～1∶0.3	1∶0.3～1∶0.5
Ⅱ类	未风化、微风化	1∶0.1～1∶0.3	1∶0.3～1∶0.5
	弱风化	1∶0.3～1∶0.5	1∶0.5～1∶0.75
Ⅲ类	未风化、微风化	1∶0.3～1∶0.5	—
	弱风化	1∶0.5～1∶0.75	—
Ⅳ类	弱风化	1∶0.5～1∶1	—
	强风化	1∶0.75～1∶1	—

在地震地区的岩石路堑边坡坡率应参考《公路工程抗震规范》(JTG B02—2013)的有关规定。当岩石路堑边坡高度超过 10 m 时，边坡坡率应按表 6-8 采用。

表 6-8　高度超过 10 m 的岩石挖方边坡坡率

岩石种类	基本烈度	
	8	9
风化岩石	1∶0.5～1∶1.5	1∶0.75～1∶1.5
一般岩石	1∶0.1～1∶0.5	1∶0.2～1∶0.6
坚石	1∶0.1 至直立	1∶0.1 至直立

6.3.6　路基压实

路基压实是路基设计的重要方面，主要包括路基填料的选择和路基压实度的确定两个方面。

(1) 填料的选择

在设计路基填料时，要注意以下事项：

① 填方路基应优先选用级配较好的砾类土、砂类土等粗粒土作为填料，填料最大粒径应小于 150 mm。

② 泥炭、淤泥、冻土、强膨胀土、有机土及易溶盐含量超过允许值的土等，不得直接用于填筑路基。冰冻地区的路床和浸水部分的路堤不应直接采用粉质土填筑。

③ 当采用细粒土填筑时，路堤填料最小强度应符合表 6-9 的规定。

④ 液限大于 50%、塑性指数大于 26 的细粒土，不得直接作为路堤填料。

⑤ 浸水路堤应选用渗水性良好的材料填筑。当采用细砂、粉砂作为填料时，应考虑振动液化的影响。

⑥ 桥涵台背和挡土墙墙背应优先选用渗水性良好的填料。在渗水材料缺乏的地区，采用细粒土填筑时，宜用石灰、水泥、粉煤灰等无机结合料处理。

⑦ 细粒土填筑时的含水率应接近最佳含水率，当含水率过高时，应晾晒或掺入石灰、水泥、粉煤灰等材料。

表 6-9　路堤填料最小强度

	路面底面以下深度/m	填料最小强度(CBR)/%		
		高速公路、一级公路	二级公路	三、四级公路
上路堤	0.8～1.5	4	3	3
下路堤	＜1.5	3	2	2

注：1. 当路基填料 CBR 值达不到表列要求时，可掺石灰或其他稳定材料处理。

2. 当三、四级公路铺筑沥青混凝土和水泥混凝土路面时，应按照二级公路的规定。

(2) 压实度的确定

压实度是指工地上实际达到的干密度与室内标准击实试验所得最大干密度的比值，以百分率表示。压实度是路基路面施工质量的关键指标之一，表征现场压实后的密度状况，压实度越高，密度越大，材料整体性能越好。正确选定压实度标准，关系土路基受力状态、路基路面设计要求、施工条件，必须兼顾需求与可能，讲究实效与经济。路堤施工时应分层铺筑，均匀压实，压实度应符合表 6-10 的规定。

表 6-10　路堤压实度

	路面底面以下深度/m	压实度/%		
		高速公路、一级公路	二级公路	三、四级公路
上路堤	0.80～1.50	≥94	≥94	≥93
下路堤	＜1.50	≥93	≥92	≥90

注：1. 表列压实度系按《公路土工试验规程》(JTG 3430—2020)重型击实试验法求得的最大干密度时的压实度；
2. 当三、四级公路铺筑沥青混凝土和水泥混凝土路面时，应采用二级公路的规定值；
3. 路堤采用特殊填料或处于特殊气候地区时，压实度标准可根据试验路在保证路基强度要求的前提下适当降低。

6.4　路基附属设施

为了确保路基的强度、稳定性和行车安全，与一般路基工程有关的附属设施有取土坑、弃土堆、护坡道、碎落台、堆料坪及错车道等，是路基设计的组成部分，应正确、合理设置。

6.4.1　取土坑与弃土堆

路基土石方的挖填平衡是公路路线设计的基本原则，但往往难以做到完全平衡。土石方数量经过合理调配后，仍然会有部分借方和弃方(又称废方)，路基土石方的借弃，首先要合理选择地点，即确定取土坑或弃土堆的位置。选点时要兼顾土质、数量、用地及运输条件等因素，还必须结合沿线区域规划，因地制宜，综合考虑，维护自然平衡，防止水土流失，做到借之有利、弃之无害。借弃所形成的坑或堆，要求尽量结合当地地形，充分加以利用，并达到外形规整、弃堆稳固。对高等级公路或位于城郊附近的干线公路，尤其应注意。

平坦地区，如果用土量较少，可以沿路两侧设置取土坑，与路基排水和农田灌溉相结合。路旁取土坑，如图 6-7 所示，深度约 1 m 或稍大一些，宽度依用土数量和用地允许而定。为了防止坑内积水危害路基，当堤顶与坑底高差不足 2 m 时，在路基坡脚与坑之间需设置宽度不大于 1 m 的护坡平台，坑底设纵横排水坡及相应设施。

河水淹没地段的桥头引道近旁，一般不设取土坑，如果设取土坑，要距河流中水位边界 10 m 以外，并与导流结构物位置相适应。该类取土坑要求水流畅通，不得长期积水危及路基或构造物的稳定。

路基开挖的废方应尽量加以利用，如用以加宽路基或加固路堤，填补坑洞或路旁洼地，也可以兼顾农田水利或基建等所需，做到变废为用，弃而不乱。

废方一般应选择路旁低洼地，就近弃堆。原地面倾斜坡度小于 1∶5 时，路旁两侧均可设弃土堆，地面较陡时，宜设在路基下方。沿河路基爆破后的废石方，往往难以远运，条件许可时可以部分占用河道，但要注意河道压缩后不致壅水危及上游路基及附近农田等。

图 6-8 为路旁弃土堆一例，要求堆弃整平，顶面具有适当横坡，并设平台、三角土块及排水沟，宽度 d 与地面土质有关，最小值为 3 m，最大值可按路堑深度加 5 m，即 $H+5$ m。积砂或积雪地段的弃土堆，宜有利于防沙防雪，可设在迎面一侧，并具有足够的距离。

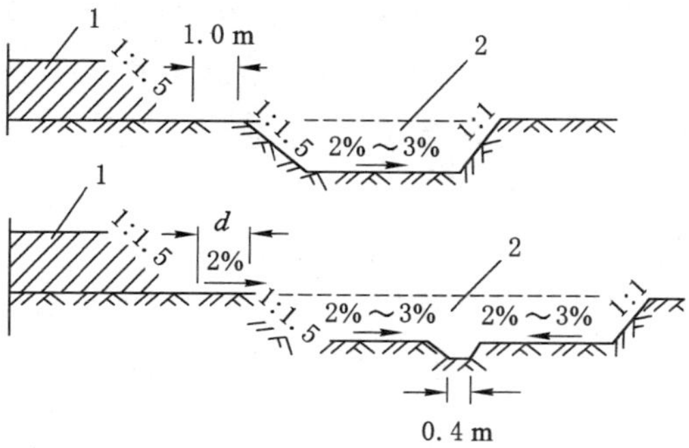

1—路堤；2—取土坑。

图 6-7　路旁取土坑示意图

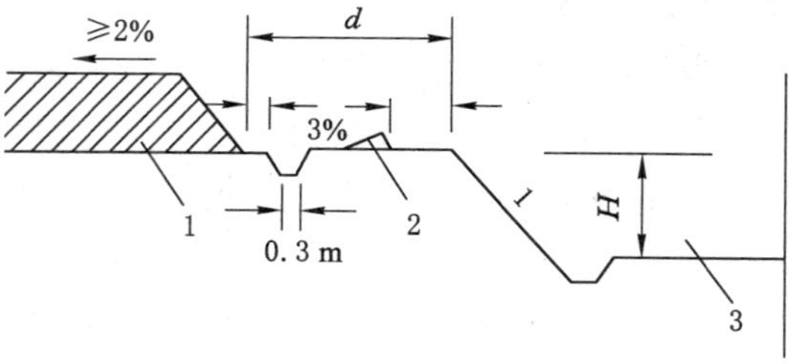

1—弃土堆；2—平台与三角土块；3—路堑。

图 6-8　路旁弃土堆示意图

6.4.2　护坡道与碎落台

护坡道是保护路基边坡稳定性的措施之一，设置的目的是加宽边坡横向距离，降低边坡平均坡度。护坡越宽，越有利于边坡稳定，但最小值为 1 m。宽度大，工程数量也随之增大，要兼顾边坡稳定性与经济合理性。通常护坡道宽度 d 视边坡高度 H 而定。$H\leqslant 3$ m 时，$d=1$ m；$H=3\sim6$ m 时，$d=2$ m；$H=6\sim12$ m 时，$d=2\sim4$ m。

护坡道一般设在挖方坡脚处，边坡较高时也可以设在边坡上方和挖方边坡的变坡处。浸水路基的护坡道，可设在浸水线以上的边坡上。

碎落台设于土质或石质土的挖方边坡坡脚处，主要供零星土石碎块下落时临时堆积，以保护边沟不致阻塞，也有护坡道的作用。碎落台宽度一般为 1～2 m，如兼有护坡作用，可适当放宽。碎落台上的堆积物应定期清理。

6.4.3　堆料坪与错车道

路面养护用矿质材料，可就近选择路旁合适地点堆置备用，也可以在路肩外缘设堆料坪，其面积可结合地形与材料数量而定。例如每隔 50～100 m 设一个堆料坪，长 5～8 m，宽 2 m。

高级路面或采用机械化养路的路段可以不设堆料坪，或另设集中备用料场，以维护公路外形的视觉平顺和景观优美。

单车道公路，由于双向行车会车和相互避让的需要，通常每隔 200～500 m 设置错车道一处。按规定错车道的长度不得短于 30 m，两端各有长度为 10 m 的出入过渡段，中间 10 m 供停车用。单车道的路基宽度为 4.5 m，而错车道地段的路基宽度为 6.5 m。错车道是单车道路基的组成部分，应与路基同时设计与施工。

6.5　路基病害及防治

6.5.1　概述

路基裸露在大气中经受土体自重、行车荷载和各种自然因素的作用，路基的各个部位将产生变形。路基的变形分为可恢复的变形和不可恢复的变形。路基的不可恢复变形将引起路基标高和边坡坡度、形状的改变。严重时，造成土体位移，危及路基的整体性和稳定性，导致路基各种破坏。

为了提高路基的稳定性，防止各种病害的产生，主要有以下措施：

① 正确设计路基横断面。

② 选择良好的路基用土填筑路基，必要时对路基上层填土进行稳定处理。

③ 采用正确的填筑方法，充分压实路基，保证达到规定的压实度。

④ 适当提高路基，防止水分从侧面渗入或从地下水位上升进入路基工作区范围。

⑤ 正确进行排水设计（包括地面排水、地下排水、路面结构排水以及地基的特殊排水）。

⑥ 必要时设计隔离层隔绝毛细水上升，设置隔温层降低路基冰冻深度和减少水分累积，设置砂垫层以疏干土基。

⑦ 采取边坡加固，修筑挡土结构物，采用土体加筋等防护技术措施，以提高其整体稳定性。

以上各项技术措施的宗旨是限制水分侵入路基，使已侵入路基的水分迅速排除，保持干燥，提高路基的整体强度与稳定性。

6.5.2 路基沉陷及其防治

(1) 路基沉陷的分类

根据成因和表现形式，路基沉陷可分为三种类型：路基沉陷、路基沉缩和地基沉陷。

① 路基沉陷——路基表面在垂直方向产生较大的沉落，如图 6-9(a)所示。路基的沉陷可以有两种情况：一是路基本身的压缩沉降；二是由于路基下部天然地面承载能力不足，在路基自重作用下沉陷或向两侧挤出而造成的。

② 路基沉缩——因路基填料选择不当，填筑方法不合理，压实度不足，在路基堤身内部形成过湿的夹层等，在荷载和水温综合作用下，引起路基沉缩，如图 6-9(b)所示。

③ 地基沉陷——原天然地面有软土、泥沼或不密实的松土，承载能力极低，路基修筑前未处理，在路基自重作用下地基下沉或向两侧挤出，引起路基下陷，如图 6-9(c)所示。

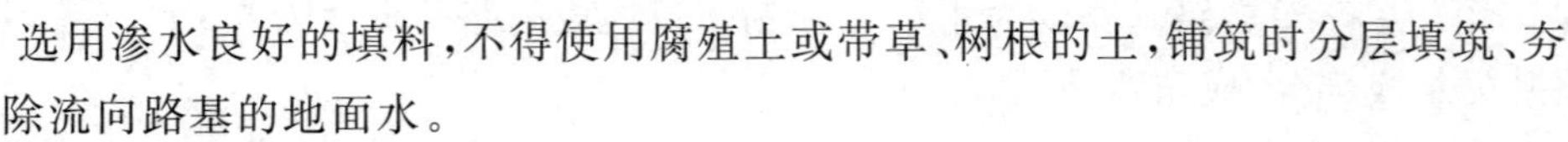

(a) 路基沉陷　(b) 路基沉缩　(c) 地基沉陷

图 6-9　路基沉陷

(2) 路基沉陷的防治

① 选用渗水良好的填料，不得使用腐殖土或带草、树根的土，铺筑时分层填筑、夯实，并及时排除流向路基的地面水。

② 因填料和铺筑方法不当而引起的沉落，应及时清除原有填料，按规定重新铺筑、压实，同时做好清沟沥水，降低地下水位。

③ 填石路堤应自下而上，用从大到小的石块填筑，并用石渣或石屑及天然砂砾石填满空隙。

④ 原地面为软弱土层，路堤高度较低时，应挖除软弱土层换成良好的填料，按原高度填平夯实；路基高度较高的，可采用打砂桩、木桩、石灰桩等处理。

6.5.3　边坡滑塌及其防治

路基边坡滑塌是最常见的路基病害，根据边坡土质类别、破坏原因和规模的不同，分为溜方与滑坡两种情况，如图 6-10 所示。其中，滑坡是公路路基的主要病害之一，一旦发生，对公路建设和行车安全危害很大。

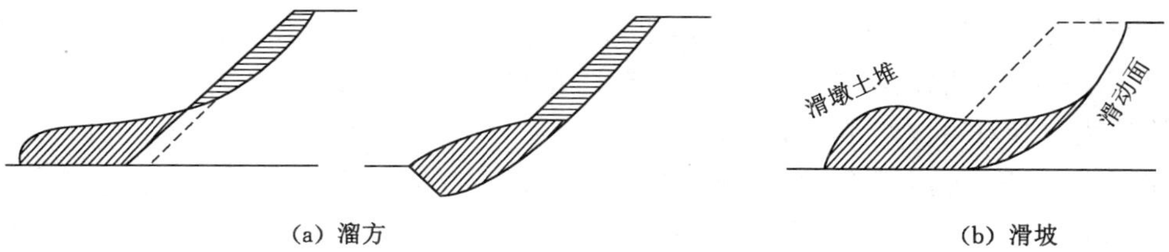

图 6-10　路基边坡的破坏

（1）溜方

少量土体沿土质边坡向下移动形成溜方。溜方通常指边坡上表面薄层土体下溜，主要是流动水冲刷边坡或施工不当引起的。

（2）滑坡

公路工程中的滑坡是指路基边坡的一部分土体在自重或行车荷载作用下沿某一滑动面滑动的现象。滑坡的根本原因是边坡承受的下滑荷载超过了边坡土体所能提供的最大抗剪能力。直接原因包括：边坡高度过高、坡度过大；土质强度不足或下降过多；坡体存在薄弱层面；边坡受到坡脚冲刷等。

（3）滑坡的分类

根据各种工程分类的目的和要求的不同，滑坡有多种分类方法：

① 按滑坡体的体积划分：小型滑坡，滑坡体积小于 $1\times10^5\ m^3$；中型滑坡，滑坡体积为 $1\times10^5\sim1\times10^6\ m^3$；大型滑坡，滑坡体积为 $1\times10^6\sim1\times10^7\ m^3$；特大型滑坡（巨型滑坡），滑坡体体积大于 $1\times10^7\ m^3$。

② 按滑坡的滑动速度划分：蠕动型滑坡，人们仅凭肉眼难以观察到其运动，只能通过仪器观测才能发现的滑坡；慢速滑坡，每天滑动数厘米至数十厘米，人们凭肉眼可直接观察到滑坡的活动；中速滑坡，每小时滑动数十厘米至数米的滑坡；高速滑坡，每秒滑动数米至数十米的滑坡。

③ 按滑坡体的物质组成和滑坡与地质构造关系划分：覆盖层滑坡，包括黏性土滑坡、黄土滑坡、碎石滑坡、风化壳滑坡；基岩滑坡，包括均质滑坡、顺层滑坡、切层滑坡，其中顺层滑坡又可分为沿层面滑动或沿基岩面滑动的滑坡；特殊滑坡，本类滑坡有融冻滑坡和陷落滑坡等。

④ 按滑坡体的厚度划分：浅层滑坡、中层滑坡、深层滑坡、超深层滑坡。

⑤ 按滑坡体的规模大小划分：小型滑坡、中型滑坡、大型滑坡、巨型滑坡。

⑥ 按形成的年代划分：新滑坡、古滑坡、老滑坡、正在发展中的滑坡。

⑦ 按力学条件划分：牵引式滑坡、推动式滑坡。

⑧ 按物质组成划分：土质滑坡、岩质滑坡。

⑨ 按滑动面与岩体结构面之间的关系划分：同类土滑坡、顺层滑坡、切层滑坡。

⑩ 按结构划分：层状结构滑坡、块状结构滑坡、块裂状结构滑坡。

(4) 滑坡的预防

滑坡的预防需要在以下几个方面做好相应的工作：

① 进行科学合理的边坡设计，包括合理设计边坡形式以及选择合适的边坡填土或加固方案，并进行稳定性分析，必要时设置挡土墙等支挡结构。重点是获得边坡土的力学性能及应力分布情况，尤其是路堑边坡。同时，应适当考虑土质强度可能发生的降低。

② 合理设计选取边坡防护和加固措施，防止雨水冲刷坡面及渗入坡体，同时控制温度、风化等环境因素对边坡产生的不利影响。

③ 采取合理的施工工艺，保证施工质量，确保土质性能并避免坡体内产生薄弱层面。

④ 高边坡、特殊岩土和存在不利结构面等容易产生滑坡的路段，应采取必要的预防措施，避免工程滑坡。

(5) 滑坡的治理

滑坡的治理是一个复杂的工程问题，应根据滑坡类型、规模、稳定性，并结合滑坡区工程地质条件、公路的重要程度、施工条件及其他要求，采取排水、减载、反压与支挡工程(如抗滑挡土墙、抗滑桩等)等综合治理措施。滑坡治理原则上应一次根治，不留后患。对规模大、性质复杂、变形缓慢以及短期内难以查明其性质的滑坡，可根据全面规划、分期整治的原则。滑坡发生后，可先修建有利于稳定滑坡的应急工程，建立必要的观测系统，以观测其效果，掌握滑坡的变化规律，同时做好坡体范围内的防水排水工作。治理时，首先综合勘察滑坡路段的地形地貌、水文地质和工程地质条件，进而查明滑坡的成因、类型、规模及特征等，分析评价滑坡稳定状况、发展趋势和对公路工程的危害程度，及时采取有效措施和治理方案，保证路基施工和运营安全。

在治理滑坡中采用的刚性抗滑建筑物类型较多，其中有各种圬工的抗滑挡墙、预应力锚杆抗滑挡墙、沉井抗滑挡墙、挖孔钢筋混凝土抗滑桩、刚架抗滑桩排和多种形式桩墙结合的建筑物等。在治理土质滑坡中可用焙烧法和化学浆液灌注法。不论采取什么防治措施，对已破坏变形的坡面都要修整和种栽植物，以稳定边坡。

6.5.4 碎落、崩塌、岩堆及防治

(1) 碎落

碎落是指路堑边坡风化岩层表面，在大气温度与湿度的交替作用以及雨水冲刷和动力作用之下，小块表层岩石从坡面上剥落下来向下滚落的现象。当边坡或自然坡面比较平整、岩石表面风化易形成小块岩石呈零星坠落时，宜进行坡面防护，以阻止风化发展，防止零星坠落。

(2) 崩塌

崩塌是指较陡斜坡上的大块岩土体在重力作用下突然脱离母体崩落、滚动、堆积在坡脚或沟谷的现象。产生在土体中者称为土崩，产生在岩体中者称为岩崩。规模巨大岩体的崩坍可称为山崩。崩塌的特点是：先兆不明，发生突然；每次崩塌都沿新裂面发生，且崩体多脱离崩床堆于坡脚；崩落后的岩体，其内部各岩块间的相对关系发生了变化。

在陡峻山岭地区修筑公路，斜坡上常遇到不同程度的崩坍现象。由于地质历史和地质背景的不同，以及受当地地形、气候、岩性、地层构造的特点，地震作用和人为因素的影响，崩坍对路基稳定的危害是不容忽视的。为了尽量避免边坡发生崩坍，在公路勘察中要充分调

查，对崩坍的发生作出预测和稳定评价，根据路段所处的工程地质条件采取有效的防治措施，主要包括：

① 山坡或边坡坡面崩坍岩块的体积及数量不大，岩石的破碎程度不严重，可采取遮蔽、拦截、清除、加固等措施进行综合治理，并与放缓边坡法进行比较。

② 在可能发生大型崩塌和中型崩塌的路段，在线路选线时应尽可能绕避，否则在修筑线路时应按工程地质比拟原理对山坡进行刷坡和减重。

③ 岩体严重破碎，经常发生落石路段宜采用柔性防护系统或拦石墙与落石槽等拦截构造物。拦石墙与落石槽宜配合使用，可根据地形合理布置。落石槽的槽深和底宽通过现场调查或试验确定。拦石墙墙背应设缓冲层，并按公路挡土墙设计，墙背压力应考虑崩坍冲击荷载的影响。

④ 对在边坡上局部悬空的岩石，但岩体仍较完整，有可能成为危岩石，可视具体情况采用钢筋混凝土立柱、浆砌片石支顶或柔性防护系统。

⑤ 易引起崩坍的高边坡，可采用锚杆或锚索对不稳定的岩体和岩块进行锚固。

⑥ 当崩坍体积较大、发生频繁且距离路线较近而设拦截构造物有困难时，可采用明洞、棚洞等遮挡构造物处理。遮挡构造物应有足够的长度，洞顶应有缓冲层，并应考虑堆积石块荷载和冲击荷载的影响。

（3）岩堆

岩堆是指在山坡坡脚或平缓山坡上呈锥状堆积的大小不等、零乱无序的岩土松散堆积体。为了保证路基的稳定性，在岩堆地段进行路基设计时，应调查该地段的地形、地貌、地质、水文、气象等，查明已有岩堆的类型、范围、成因及对公路的危害程度，作出公路建成后岩堆的发生或发展的预测与稳定评价，并采取合理的防治措施，主要包括：

① 岩堆地段路基应采用低路堤或浅路堑，并采取稳定加固措施。

② 处于发展中的岩堆地段路基，应尽量减少开挖，采取挡土墙、坡面封闭等防护措施，也可以采用拦石墙与落石槽或修建明洞、棚洞等遮挡构造物。

③ 活跃的岩堆补给区，应根据其面积、岩体类型和规模，采取拦截或加固工程措施。

④ 路基位于岩堆不同部位应采取不同的防治措施。位于岩堆上部时，宜采用台口式路基，并放缓边坡或沿基岩面清除路基上方的岩堆堆积物；路基位于岩堆中部时，挖方边坡应设置挡土墙；路基位于岩堆下部时，宜采用填方路基通过岩堆。

⑤ 岩堆地段路基稳定性不够时，宜设置抗滑挡土墙或抗滑桩。

6.5.5　路基沿山坡滑动

路基沿山坡滑动是指在路基自重和行车荷载作用下，整个路基沿倾斜的原地面向下滑动，路基整体失去稳定性的现象。路基沿山坡滑动的主要原因包括：路基下的地基为不稳定的天然滑动体；地基坡度过大；路基底部被水浸湿，黏聚力和内摩擦力降低而形成滑动面；坡脚未进行必要的支撑或被水冲刷。

防止路基沿山坡滑动的常见措施有：

① 采用截水沟等排水设施截断路基上方的山坡地表水流，防止渗入路基底部。

② 将地基顶面开挖成台阶形，降低整体倾斜坡度。

③ 对地基表面或一定深度内进行整平夯实，填筑积水坑，提高地基抗滑能力。

④ 在坡脚设置挡土墙、护坡等支挡防护结构物，支撑路基并防止冲刷。

6.5.6　不良地质和水文条件造成的路基破坏

公路通过不良地质条件(如泥石流、溶洞等)和较大自然灾害(如大暴雨)地区,均可能导致路基的大规模毁坏。

(1) 泥石流地区路基

泥石流地区路基设计,首先应查明泥石流的成因类型、规模、特征、活动规律、发展趋势及危害程度,然后全面考虑排导、拦截以及水土保持等各项措施,做好总体规划,结合公路等级,进行综合治理。对于高等级公路,在全流域泥石流活动频繁的地区,应采取治土、治水和排导等多种措施相结合的综合治理,以有效地控制泥石流。另外,泥石流的综合治理,非公路一个部门就能承担,应与当地其他部门的防治规划相协调,全面规划,共同治理。对泥石流的防治主要有跨越、排导和拦截三种方法,具体措施如下。

① 跨越措施——泥石流沟桥涵的跨越原则是:宁设桥勿设涵,宁用大跨度桥勿用小跨度桥或多孔涵,黏性泥石流及山区泥石流尤应如此。泥石流沟的桥梁孔径不能仅根据流量计算确定,应综合考虑地形条件、河槽宽度、泥石流性质及其变化规律等。与桥梁相比,涵洞有许多缺点,主要是跨度小、净空小、泄流纵坡较缓、流程较长、周边阻力较大、渲泄泥石流能力较弱、易堵淤、难抢险。在铁路上,几乎所有发生泥石流灾害的运营线的实践都证实涵洞的泥石流病害率远高于小桥;甘肃、西藏等地调查结果表明跨越泥石流的涵洞淤埋严重。因此,在泥石流地区采用涵洞应特别慎重。

桥梁适用于跨越流通区的泥石流沟或者洪积扇区的稳定自然沟槽。设计时应结合地形、地质、沟床冲淤情况、河槽宽度,泥石流的泛滥边界、泥浪高度、流量、发展趋势等,采用合理的跨度及形式。

隧道适用于路线穿过规模大、危害严重的大型或多条泥石流沟。隧道方案应与其他方案作技术、经济比较后确定。

泥石流地区不宜采用涵洞,在活跃的泥石流洪积扇上禁止使用涵洞。对于三、四级公路,当泥石流规模不大、固体物质含量低、不含较大石块并有顺直的沟槽时,方可采用涵洞。

过水路面适用于穿过小型坡面泥石流沟的三、四级公路。过水路面的路基横断面应为全封闭式,可与桥梁、涵洞等联合使用。路基坡脚设抑水墙以防止冲刷。

② 排导措施——排导沟适用于有排沙地形条件的路段。出口应与主河道衔接,出口标高应高出主河道 20 年一遇的洪水水位。排导沟纵坡宜与地面坡一致。排导沟的横断面应根据流量计算确定。排导沟应进行防护。排导措施包括排导沟、急流槽、导流堤。泥石流排导沟设计,要求通过洪峰流量时不淤积,也不出现冲刷;急流槽用以防止桥涵淤塞和堵塞;导流堤用以改变泥石流的流向和流速,使泥石流能顺利排走,确保路基安全。

渡槽适用于排泄流量小于 30 m^3/s 的泥石流,且地形条件应能满足渡槽设计纵坡及行车净空要求,路基下方有停淤场地。渡槽应与原沟顺直平滑衔接,纵坡坡度不小于原沟纵坡坡度,出口应满足排泄泥石流的需要。渡槽设计荷载按泥石流满载计算,并考虑冲击力,冲击系数可取 1.3。

当堆积扇某一区间内需要控制泥石流的走向或限制其影响范围时,可设置导流堤以防止泥石流直接冲击路堤或壅塞桥涵。导流堤的高度应为设计使用年限内的淤积厚度与泥石流的沟深度之和。在泥石流可能受阻的地方或弯道处,还应加上冲起高度和弯道高度。

③ 拦截措施——拦挡坝适用于沟谷的中上游或下游没有排沙或停淤的地形条件且必

须控制上游产沙的河道，以及流域来沙量大、沟内崩塌、滑坡较多的河段。拦挡坝坝体位置应根据设坝目的，结合沟谷地形及基础的地质条件综合考虑确定，并注意坝的两端与岸坡的衔接和基础埋置深度。坝体的最大高度不宜超过 5 m，坝顶宜采用平顶。当两端岸坡有冲刷可能时，宜采用凹形。

格栅坝适用于拦截流量较小、大石块含量少的小型泥石流。格栅坝的格栅间隔按拦截大石块、排除细颗粒的要求布置，其过水断面应满足下游安全泄洪的要求。坝的宽度应与沟槽相同。坝基应设在坚实的地基上。

(2) 岩溶地区路基

岩溶是指石灰岩等可溶性岩层，在流水的长期溶解和剥蚀作用下，产生特殊的地貌形态和水文地质现象。岩溶对路基的危害：溶洞顶板坍塌引起的路基下沉和破坏；岩溶地面坍塌对路基稳定性的破坏；反复泉与间歇泉浸泡路基基底，引起路基沉陷、坍塌或冒浆；突然性的地下涌水冲毁路基等。

首先，要弄清岩溶的发展规律和分布规律。应采用遥感、物探、钻探及其他有效方法进行勘察，取得岩溶地貌、岩溶发育程度、发展规律、溶洞围岩性质以及地面水、地下水活动规律等方面的资料。

其次，慎重确定路线的布局和位置。一般情况下，对局部严重的、大型的、不易搞清楚的岩溶地段，应尽量设法避绕；对不太严重的中、小型岩溶地段，选择最窄的、最易采取措施的地段通过。实践证明：如果不加处理或处理不当，不但会影响工程计划方案使之发生变更，延长施工期限，造成浪费，而且会产生各种病害，影响行车安全。

最后，对影响路基稳定性的岩溶和岩溶水进行预防和处理。应结合工程实际判别岩溶对路基工程的危害程度，选择合理的方法进行处治。防治措施如下：

① 跨越措施——路线通过溶洞或岩溶水时，如果跨越和施工条件较好，可采用跨越方法。桥梁适用于跨越流量较大的暗河、冒水洞或消水洞等。涵洞适用于跨越一般岩溶泉。在跨越季节性或经常性积水而不深的溶蚀洼地时，可采用填石透水路堤。

② 排水措施——对岩溶水宜以疏导为主，采用因地制宜、因势利导的方法，不宜堵塞。一般可采用排水沟、泄水洞等疏导岩溶水。路基上方的岩溶泉和冒水洞，宜采用排水沟将水截流至路基外。对于路基基底的岩溶泉和冒水洞，宜设置集水明沟或渗沟，将水排出路基。

③ 溶洞处治措施——根据我国公路建设中处理岩溶洞穴顶板的经验，评价洞顶稳定性必须分析两个因素，一是内在因素：包括顶板的厚度、跨度及形态，岩石性质，岩层产状，节理裂隙状况及岩石物理力学指标等；二是外在因素：包括受载状况、岩石含水量及温度变化影响，以及洞内水流搬运的机械破坏作用等。

通过溶洞围岩分级或计算判断下伏溶洞有坍塌可能时，宜采用以下方法进行加固：洞径大、洞内施工条件好的无充填溶洞，宜采用浆砌片石或钢筋混凝土支撑墙、支撑柱进行加固。深而小的溶洞不便洞内加固时，宜采用石盖板或钢筋混凝土盖板跨越可能的破坏区。对于顶板较薄的溶洞，当采取地表构造物跨越有困难或不经济时，可炸除顶板，按明洞的方式进行处理。对于有充填物的溶洞，宜优先采用注浆法、旋喷法进行加固，不能满足设计要求时宜采用构造物跨越。

位于路堑边坡上的干溶洞，洞内可采用片石填塞，洞口用干砌片石铺砌、砂浆勾缝或浆砌片石封闭。位于路基基底的开口干溶洞，当洞的体积不大、深度较浅时，宜予以回填夯实；

当洞的体积较大或深度较深时,宜采用构造物跨越。对于有顶板但顶板强度不足的干溶洞,可炸除顶板后进行回填,或采用构造物跨越。

路基范围内的土洞应先判明其是否仍在发展。对于已停止发展的土洞可按一般地基进行评价,需加固时宜采用注浆、复合地基等方法进行处理;对于还处于发展中的土洞,宜采用构造物跨越。

思考与练习

1. 什么是一般路基？一般路基设计有哪些主要规定？
2. 路基横断面有哪三种典型类型？
3. 一般路基设计包括哪些内容？路基的几何尺寸包括哪三项？
4. 路堤设计与路堑设计考虑的问题有什么不同？
5. 路基附属设施包括哪些？
6. 路基的病害类型及防治措施有哪些？

第7章 路面设计

7.1 概述

路面设计的目的是提供一种同所处环境相适应并能承受预期的交通荷载作用的路面结构。由于路面的结构特性会随着环境和交通荷载的反复作用而逐渐变坏以至完全丧失其工作能力,路面结构设计的具体目标是控制或限制其结构特性在预定的使用年限内不会恶化到某一规定的程度。为此,需要分析路面损坏的模式和产生的原因,并找到一些能预估各种损坏的出现和结构特性变坏的方法。鉴于损坏形态的多样性和肇因的复杂性,对于路面结构损坏的临界状态有不同的取舍标准,相应也就有许多采用不同设计思想和设计指标的设计方法。

7.2 沥青路面设计

7.2.1 沥青路面的分类

7.2.1.1 按强度构成分类

沥青路面按强度构成可分为密实型和嵌挤型两大类。

密实型沥青路面要求矿料的级配按最大密实度原则设计,其强度和稳定性主要取决于混合料的黏聚力和内摩阻力,按其空隙率的大小分为闭式和开式两种:闭式混合料中含有较多的粒径小于0.6 mm和0.075 mm的矿料颗粒,空隙率小于6%,混合料致密而耐久;开式混合料中粒径小于0.6 mm的矿料颗粒含量较少,空隙率大于6%。

嵌挤型沥青路面要求采用颗粒尺寸较为均匀的矿料,路面的强度和稳定性主要取决于集料颗粒之间相互嵌挤所产生的内摩阻力,而黏聚力起次要作用。按嵌挤原则修筑的沥青路面,其热稳定性较好,但因为空隙率较大,易渗水,因而耐久性较差。

(1) 密实悬浮结构

这种结构的沥青混合料,通常采用连续型密级配,集料的颗粒粒径由大到小连续存在。这种材料中含有大量细集料,而粗集料数量较少,且相互间没有接触,不能形成骨架,粗集料犹如“悬浮”于细集料之中。这种沥青混合料黏结力较高,而内摩阻力较小。用这种沥青混合料修筑的路面,受沥青材料性质的影响较大。

(2) 骨架空隙结构

采用连续开级配的沥青混合料属于这种结构。在这种沥青混合料中,粗集料较多,细集料较少,因此,虽然能够形成骨架,但是其残余空隙较大。这种材料的内摩阻力较大,而黏聚力较小。用这种沥青混合料修筑的路面,受沥青材料性质的影响较小。

(3) 密实骨架结构

这种结构是综合以上两种结构组成的结构。混合料中既有一定数量的粗集料形成的骨架,又根据残余空隙的多少加入细骨料,从而形成较高的密实度。这种沥青混合料同时具有较高的黏结力和内摩阻力。间断级配即按此原理构成。

7.2.1.2 按施工工艺分类

按施工工艺的不同,沥青路面可分为层铺法、路拌法和厂拌法三种。

① 层铺法沥青路面是用分层洒布沥青、分层铺撒矿料采用碾压的方法修筑的沥青路面。其主要优点是工艺和设备简单、功效较高、施工进度快、造价较低。其缺点是路面成型期较长,路面需要经过炎热季节行车碾压之后方能成型。用这种方法修筑的沥青路面有沥青表面处治和沥青贯入式两种。

② 路拌法沥青路面是在路上用机械将矿料和沥青材料就地拌和摊铺和碾压密实而成型的沥青面层。该类面层所用的矿料为碎(砾)石者称为路拌沥青碎(砾)石;所用的矿料为土者则称为路拌沥青稳定土。路拌沥青面层,通过就地拌和,沥青材料在矿料中分布比层铺法均匀,可以缩短路面的成型期。但是因所用矿料为冷料,需使用黏稠度较低的沥青材料,故混合料的强度较低。

③ 厂拌法沥青路面是将规定级配的矿料和沥青材料在工厂用专用设备加热拌和,然后送到施工现场摊铺碾压而成型的沥青路面。厂拌法按混合料铺筑温度的不同,可分为热拌摊铺和温拌摊铺两种。热拌摊铺是混合料在专用设备加热拌和后立即趁热运到路上摊铺压实,如果沥青混合料加热拌和时加入温拌剂(一般拌和温度降低 30～50 ℃)运到路上摊铺压实,即温拌摊铺。

7.2.1.3 根据沥青路面技术特性分类

根据沥青路面的技术特性,沥青面层可分为沥青混凝土、热拌沥青碎石、乳化沥青碎石、沥青贯入式、沥青表面处治五种类型。

沥青表面处治路面是指沥青和集料按层铺法或路拌法铺筑而成的沥青路面。沥青表面处治的厚度一般为1.5～3.0 cm。层铺法可分为单层、双层、三层。单层表面处治厚度为1.0～1.5 cm,双层表面处治厚度为 1.5～2.5 cm,三层表面处治厚度为 2.5～3.0 cm。沥青表面处治适用于三、四级公路的面层,旧沥青面层上加铺罩面或抗滑层、磨耗层等。

沥青贯入式路面是指用沥青贯入碎(砾)石做面层的路面。沥青贯入式路面的厚度一般为 4～8 cm。当沥青贯入式路面的上部加铺拌和的沥青混合料时,也称为上拌下贯,此时拌和层的厚度宜为 3～4 cm,其总厚度为 7～10 cm。沥青贯入式碎石路面适用于二级及以下公路的沥青面层。

沥青碎石路面是指沥青碎石作为面层的路面。

沥青混凝土路面是指用沥青混凝土作为面层的路面,其面层可由单层、双层、三层沥青混合料组成,各层混合料的组成设计应根据厚度和层位、气温和降雨量等气候条件、交通量和交通组成等确定,以满足对沥青面层使用性能的要求。

乳化沥青碎石适用于三、四级公路的沥青面层,二级公路养护罩面以及各级公路的调平层。

7.2.2 沥青路面结构组合设计

7.2.2.1 结构组合原则

沥青路面通常由沥青面层、基层、底基层、垫层等组成。路面结构组合设计根据道路的交通等级与气象、水文等自然因素,合理选择与安排路面结构各个层次,确保在设计使用期内承受行车荷载与自然因素的共同作用,充分发挥各结构层的最大效能,使整个路面结构满足技术经济合理的要求。沥青路面结构组合设计应遵循以下原则:

(1) 按交通特点和各结构层的功能选择结构层次。面层直接接受行车和自然因素的作用,要求高强、耐磨、温度稳定性好,通常选用黏结性强的结合料和高强耐磨的集料作为面层。保证路面表面使用品质长期稳定。在整个设计使用期内,表面抗滑安全性能、平整性、抗车辙性能等各项功能指标均稳定在允许范围之内。基层是主要承受垂直应力的承重层,要有足够的强度、一定的刚度和水稳定性。底基层可充分利用当地材料,选用强度和刚度略低的石灰土、低剂量水泥稳定碎石或碎砾石混合料等。如果路面有足够的整体强度和使用年限,还应保持路基的稳定性。

(2) 按应力和应变沿深度的分布同各结构层的刚度和强度相适应的规律组合。轮载作用于路面,其应力和应变随深度增加而递减,因此,对各层材料的强度和刚度的要求,也可以随深度增加而相应减小。

(3) 直接经受温度、湿度等自然因素变化作用而造成强度、稳定性下降的结构层应提高其抵御能力。

(4) 要顾及各结构层的结构特性。各结构层材料具有各自的特性,组合时应注意相邻层次的相互影响,采取措施消除所产生的不利影响。

(5) 充分利用当地材料,节约外运材料,做好优化选择,降低建设与养护费用。

7.2.2.2 沥青面层结构

沥青面层直接经受车轮荷载反复作用和各种自然因素影响,并将荷载传递到基层以下的结构层。因此,沥青面层应满足功能性和结构性的使用性能要求。沥青面层可为单层、双层、三层。双层结构分为表面层、下面层;三层结构分为表面层、中面层、下面层。

表面层应具有平整密实、抗滑耐磨、稳定耐久等服务功能,同时应具有高温抗车辙、低温抗开裂、抗老化等品质。中、下面层应具有一定的密水性、抗剥离性,高温或重载条件下,沥青混合料具有较高的抗剪强度;下面层应具有良好的抗疲劳裂缝的性能和兼顾其他性能要求。

高速公路、一级公路一般选用三层沥青面层结构。为了满足上述要求,应精心选择沥青面层混合料。通常认为密实型中粒式或细粒式沥青混凝土混合料(如 DAC-13、DAC-16)最适宜用作表面层,其孔隙率一般为 3%~5%。在这个最佳范围内,可以防止水害及冻害。又由于它保留一定的空隙率,热季不会泛油,表面层切忌使用空隙率大于 6%的半密实型混合料。此外密实型级配沥青混合料的抗裂性、疲劳强度和耐久性均较优越。对于重交通和特重交通等级,普通热拌和沥青混凝土混合料不能满足使用要求时,可以采用 SMA-10、SMA-13 沥青混合料,必要时可以采用改性沥青结合料。

沥青中面层和下面层经受与沥青上面层相同的不利工作环境,仅平整性和抗滑性方面的要求略低一些,因此对沥青混合料的选择同样有较高的要求,特别是在密实防水和抗剪切变形等方面的要求也很高,通常选用密实型中粒式和粗粒式混合料(如 DAC-20、DAC-25),

有时对于特重交通等级也有采用SMA-20沥青混合料修筑中面层并采用改性沥青结合料。

二、三级以下等级公路一般采用双层式沥青面层，即上面层与下面层。沥青混合料的选型，除了沥青混凝土之外，也可选用热拌沥青碎石(ATB)或沥青贯入式结构，再加上表面封层。三、四级公路一般可采用双层沥青表面处治结构。

沥青面层在路面结构层中价格最高，一般情况下对沥青面层厚度应有所控制，但是也不宜过薄，从压实效果来看，各种类型的沥青层最小压实厚度与其公称最大粒径相关，小于最小厚度，则压实效果不好。从技术经济合理的角度考虑，宜采用表7-1和表7-2所列适宜厚度。

表7-1　沥青混合料压实最小厚度与适宜厚度　　单位:mm

沥青混合料类型		最大粒径	公称最大粒径	符号	压实最小厚度	适宜厚度
密级配沥青混合料(AC)	砂粒式	9.5	4.75	AC-5	15	15～30
	细粒式	13.2	9.5	AC-10	20	25～40
		16	13.2	AC-13	35	40～60
	中粒式	9	16	AC-16	40	50～80
		26.5	19	AC-20	50	60～100
	粗粒式	31.5	26.5	AC-25	70	80～120
密级配沥青碎石(ATB)	粗粒式	31.5	26.5	ATB-25	70	80～120
		37.5	31.5	ATB-30	90	90～150
	特粗式	53	37.5	ATB-40	120	120～150
开级配沥青碎石(ATPB)	粗粒式	31.5	26.5	ATPB-25	80	80～120
		37.5	31.5	ATPB-30	90	90～50
	特粗式	53	37.5	ATPB-40	120	120～150
半开级配沥青碎石(AM)	细粒式	16	13.2	AM-13	35	40～60
	中粒式	19	16	AM-16	40	50～70
		26.5	19	AM-20	50	60～80
	粗粒式	31.5	26.5	AM-25	80	80～120
	特粗式	53	37.5	AM-40	120	120～150
沥青玛蹄脂碎石混合料(SMA)	细粒式	13.2	9.5	SMA-10	25	25～50
		16	13.2	SMA-13	30	35～60
	中粒式	19	16	SMA-16	40	40～70
		26.5	19	SMA-20	50	50～80
开级配沥青磨耗层(OGFC)	细粒式	13.2	9.5	OGFC-10	20	20～30
		16	13.2	OGFC-13	30	30～40

表7-2　贯入式沥青碎石、沥青表面处治压实最小厚度与适宜厚度　　单位:mm

结构层类型	压实最小厚度	适宜厚度
贯入式沥青碎石	40	40～80
上拌下贯沥青碎石	60	60～80
沥青表面处治	10	10～30

7.2.2.3　沥青路面基层结构

沥青路面的基层承担着沥青面层向下传递的全部荷载，支承着面层，确保面层发挥各项重要的路面性能。基层结构还承担着由于土基水温状况变化而发生的地基支承能力的变化，使之不致影响沥青面层的正常工作。基层结构是承上启下的保证路面结构耐久、稳定的承重结构层，因此要求具有较高的强度、稳定性和耐久性。与沥青面层相比，由于基层不直接与车轮和大气接触，相对于路面，与表面性能有关的材料性能指标（如抗滑性能、抗剪切变形等）可以略微降低。

沥青路面的基层按材料和力学特性可以分为柔性基层（有机结合料稳定碎石或无机结合料级配碎石）、半刚性基层（水泥、石灰、工业废渣等无机结合料稳定碎石）和刚性基层（低强度等级混凝土）三种。各种基层有不同的特点，各有其适用的场合。

(1) 柔性基层——柔性基层主要采用沥青处治的级配碎石和无结合料的级配碎石修筑基层。通常沥青碎石适用于中等交通及更高交通等级的柔性基层；而无结合料的级配碎石适用于中等交通等级以下的沥青路面基层。柔性基层由于其力学特性与沥青面层一样都属于柔性结构，因此在应力、应变传递的协调过渡方面比较顺利，同时由于结构材料均为有级配的颗粒状材料，所以结构排水畅通，路面结构不易受水损害。柔性基层的缺点是基层本身刚度较低，因此沥青面层将承受较多的荷载弯矩，在同样交通荷载作用下，沥青面层应采用较厚的结构层。

(2) 半刚性基层——半刚性基层主要采用水泥、石灰或工业废渣等无机结合料，对级配集料作稳定处理的基层结构。半刚性基层对集料的品质要求不是很高，且经过适当养护，结合料硬化之后，整个基层产生板体效应，大幅提高了路面结构的整体刚度。半刚性基层沥青路面整体刚度较大，因此沥青面层的厚度可以适当减薄。由于半刚性基层承受了荷载弯矩的主要部分，沥青面层因荷载引起的裂缝破坏较少。半刚性基层的主要缺点是其自身的收缩裂缝难以避免，如沥青面层没有足够的厚度（通常认为沥青面层厚度小于 20 cm），基层的横向收缩裂缝在使用初期即会反射至沥青面层，形成较多的横向开裂。此外，在多雨地区半刚性基层直接铺筑在沥青面层之下，雨水不易向下渗透，造成沥青路面水损害等病害，因此在选用时应全面权衡利弊。

(3) 刚性基层——刚性基层采用低强度等级混凝土修筑基层混凝土板，板上铺筑沥青面层。刚性基层沥青路面的基层混凝土板承受了绝大部分车轮荷载，沥青面层的弯拉应力很小，主要考虑表面的功能效应，即满足路面平整性、抗车辙、防水、抗渗等要求。刚性基层沥青路面同样存在基层收缩裂缝向上反射而形成沥青面层横向裂缝等病害的可能性。

基层结构一般较沥青面层厚，通常需要 20～40 cm，甚至更厚，为了节省原材料，降低造价，可将基层分为上基层、下基层（也称为底基层）。虽然都属于基层结构，下基层的工作环境没有上基层严峻，因此可以采用性能略低的结合料与集料。基层材料以集料为主，应尽量利用当地材料，以降低工程造价。

基层类型关系到路面结构的耐久性和长期使用性能，首先应根据路面结构所承受的交通等级进行比选，同时应考虑地基支承的可靠性、当地水温状况、路基排水与路基稳定的可靠程度而列出不同方案，比较后择优确定。

在交通环境各方面工作条件都十分恶劣的情况下，可以考虑各种基层组合使用。如地基承载力不佳，交通特别繁重，雨水集中，路基排水不良，可以考虑半刚性基层和柔性基层组合使用，用半刚性下基层、柔性上基层。一方面提高结构承载力，降低沥青面层荷载应力；另一方面发挥柔性基层变形协调利于渗水排水的优势，使路面始终保持良好的工作状态，还可以避免横向裂缝反射到面层。对于严重超载的沥青路面，除了采用组合基层之外，还可以采用配钢筋的混凝土板或连续配筋混凝土板作为沥青路面。

基层结构的厚度主要应满足强度与刚度的设计要求，在设计厚度时，应逐层验算。除此以外，还应考虑施工实施的可行性和视料规格对厚度的影响。一般情况下，基层的厚度应大于混合料最大粒径的 4 倍，同时还应考虑压实机具的功能，通常取能一次压密的最佳厚度。若基层厚度超过最佳厚度，可分为几层铺筑，每层厚度接近最佳厚度。各种基层的最小压实厚度和适宜的压实厚度见表 7-3。

表 7-3　沥青路面基层结构厚度推荐表　　单位：cm

结构类型		最小厚度	结构层适宜厚度
柔性基层	沥青稳定碎石	10	10～20
	无结合料级配碎石	15	15～25
半刚性基层	水泥稳定类	20	20～30
	石灰粉煤灰稳定类	20	20～30
	综合稳定类	20	20～30
刚性基层	不配筋混凝土	22	22～24
	配筋混凝土	22	22～24
	连续配筋混凝土	22	22～24

7.2.2.4　沥青路面功能层结构

沥青路面功能层主要有防冻层、隔水层、封层、黏层、应力吸收层等。

为了提高路基顶层回弹模量或改善路基潮湿状态而设置的粒料层或无机结合料稳定层，一般将其归类为路基，称为路基改善层。

地下水位高，排水不良，路基经常处于潮湿、过湿状态的路段及排水不良的土质路堑，有裂隙水、泉眼等水文不良的岩石挖方路段，应设置隔水层。

在季节性冰冻地区，当冻深较大，防冻层验算不能满足要求时，在这种路段应设置防冻垫层，以保护路面结构不受冻胀和翻浆的危害。防冻层应采用隔热性能良好、导热系数低的材料，如级配碎石等。防冻层厚度与路基干湿类型、路基土类、道路冻深以及路面结构材料的热物理性能相关。

沥青路面各结构层之间应紧密结合，不因层间滑动或松散而丧失结构的整体效应。

(1) 沥青面层与基层之间应设置透层沥青或黏层沥青。当采用半刚性基层时，为了防止粒料松散和雨水下渗，宜采用单层层铺法或稀浆封层进行封闭。当采用水泥混凝土刚性基层时，也应设黏层沥青。

(2) 沥青面层由 2 层或 3 层组成又不能连续摊铺时，则在铺上层之前彻底清扫下层表面的灰尘、泥土、油污等有可能破坏层间结合的有害物质，然后设黏层沥青。

(3) 透层沥青、黏层沥青，单层表处下封层，稀浆封层下封层的材料规格、用量，应根据地区气候特点、施工季节和结构类型按《公路沥青路面施工技术规范》(JTG F40—2004)的要求选定 20 cm 的低剂量水泥稳定碎石。

7.2.3 我国沥青路面设计指标与标准

根据《公路沥青路面设计规范》(JTG D50—2017),不同等级公路沥青路面结构的目标可靠度和目标可靠度指标不低于表 7-4 中的规定值,新建沥青路面结构的设计使用年限不应低于表 7-5 中的规定值。

表 7-4 目标可靠度和目标可靠度指标

公路等级	高速公路	一级公路	二级公路	三级公路	四级公路
目标可靠度/%	95	90	85	80	70
目标可靠度指标 β	1.65	1.28	1.04	0.84	0.52

表 7-5 路面结构的设计使用年限 单位:年

公路等级	使用年限	公路等级	使用年限
高速公路、一级公路	15	三级公路	10
二级公路	12	四级公路	8

沥青路面设计主要控制设计使用年限内的沥青混合料层永久变形和路基永久变形,对季节性冻土地区应增加沥青面层低温开裂验算和防冻厚度验算。由于汽车在沥青面层上启动、制动常常引起面层表面产生推挤和拥起等剪切破坏,《城市道路工程设计规范》(CJJ 37—2012)(2016 年版)针对面层表层还增加了剪应力指标。路面结构组合及各结构层厚度设计应使得路面结构的各项指标满足极限标准。

设计指标主要是从力学响应的角度提出的控制指标,应能涵盖路面结构的主要病害类型。设计控制指标是指路面结构根据设计指标的破坏过程和破坏机理所达到的极限状态。路面结构设计中结构厚度分布若满足了控制指标的极限标准,就能保证路面结构在设计使用期内正常工作,不致出现破坏的极限状态。

7.2.3.1 设计指标

沥青路面结构在车轮荷载作用下各结构层的应力分布十分复杂,理论计算和大量的试验验证表明:

(1) 层位较高的水泥混凝土基层和无机结合料稳定类基层,由于刚性板体结构效应,极限拉应力一般出现在水泥混凝土基层或无机结合料稳定类基层板的底部,产生初始裂缝并进一步发展形成断裂裂缝,从而诱发沥青面层应力重分布,裂缝向上反射引起面层破坏。

(2) 对于设置无机结合料稳定类下基层的路面结构,通常在下基层底部产生初始裂缝,然后向上逐渐扩展到基层和沥青面层。

(3) 对于柔性基层沥青路面,当柔性基层材料以沥青结合料为主时,沥青结合料基层底部会承受主要的拉应力;当柔性基层材料以粒状结构为主时,粒料基层不承受拉应力,沥青面层会承受较大的拉应力。因此,柔性基层沥青路面,整个路面结构的极限状态主要出现在沥青混合料层底部,形成初始裂缝并逐步扩展,最终沥青面层形成断裂裂缝。

(4) 对于沥青混合料层和路基，在轮迹荷载的竖向压应力和剪应力作用下，会产生不可恢复的永久变形；当使用水泥混凝土或者无机结合料稳定类基层时，永久变形主要发生在沥青混合料层；当使用柔性基层时，永久变形可能会在整个结构范围内累积。

设计指标的选取应与沥青路面结构层的主要力学响应相对应，并用于控制其主要病害的发生。经过国内外工程界长期观察和研究，路面结构在车轮荷载作用下结构层极限拉应力一般发生在层底，某一结构层的拉应力（一般为第一主应力）达到并超过该层材料的极限抗拉强度时，首先在轮载下方产生初始裂缝，随着车轮的反复多次作用，初始裂缝逐渐延伸，并在垂直方向扩展，导致路面表面产生各种裂缝，进一步发展则成为局部或大面积的损坏。与此同时，对于沥青路面结构，即使每一次行车荷载作用产生的残余变形量很小，但多次重复作用累积起来的残余变形总和也会很大，足以影响车辆的正常行驶。因此，我国沥青路面结构设计选用沥青混合料层层底拉应变、无机结合料稳定层层底拉应力、沥青混合料层永久变形量以及路基顶面竖向压应变作为结构设计的重要控制指标，以控制沥青混合料层的疲劳开裂、无机结合料稳定基层的疲劳开裂以及沥青层的永久变形。

季节性冻土地区，为了防止路面结构低温开裂和冻融病害，沥青面层的低温开裂指数以及路面结构的防冻厚度也是重要性能控制指标。低温开裂指数 CI 是指沥青路面竣工验收时 100 m 调查单元内横向裂缝的条数，贯穿全幅的裂缝按 1 条计，未贯穿且长度超过一个车道宽度。

《公路沥青路面设计规范》(JTG D50—2017)规定路面结构验算时应根据路面结构组合，按照表 7-6 选择设计指标。选择单轴-双轮 100 kN 作为标准轴载，基于双圆均布垂直荷载作用下的弹性层状连续体系理论，各设计指标应选用表 7-7 规定的竖向位置处的力学响应，并按图 7-1 所示计算点位置，选取 A、B、C 和 D4 个点位置计算的最大力学响应量。根据弹性层状体系理论，沥青混合料层层底拉应变、无机结合料稳定层层底拉应力、沥青混合料层竖向压应力和路基顶面竖向压应变的计算公式分别如式(7-1)至式(7-8)所示。

表 7-6　不同结构组合路面的设计指标

基层类型	底基层类型	设计指标
无机结合料稳定类	粒料类	无机结合料稳定层层底拉应力、沥青混合料层永久变形量
	无机结合料稳定类	
沥青结合料类	粒料类	沥青混合料层层底拉应变、沥青混合料层永久变形量、路基顶面竖向压应变
	无机结合料稳定类	沥青混合料层永久变形量、无机结合料稳定层层底拉应力
粒料类	粒料类	沥青混合料层层底拉应变、沥青混合料层永久变形量、路基顶面竖向压应变
	无机结合料稳定类	沥青混合料层层底拉应变、沥青混合料层永久变形量、无机结合料稳定层层底拉应力
水泥混凝土		沥青混合料层永久变形量

注：1. 季节性冻土地区应增加沥青面层低温开裂验算和防冻层验算。

2. 在沥青混合料层与无机结合料稳定层间设置粒料层时，应验算沥青混合料层疲劳开裂寿命。

3. 水泥混凝土基层应按《公路水泥混凝土路面设计规范》(JTG D40—2011)设计。

表 7-7 各设计指标对应的力学响应及竖向位置

设计指标	力学响应	竖向位置
沥青混合料层层底拉应变	沿行车方向的水平拉应变	沥青混合料层层底
无机结合料稳定层层底拉应力	沿行车方向的水平拉应力	无机结合料稳定层层底
沥青混合料层永久变形量	竖向压应力	沥青混合料层各分层顶面
路基顶面竖向压应变	竖向压应变	路基顶面

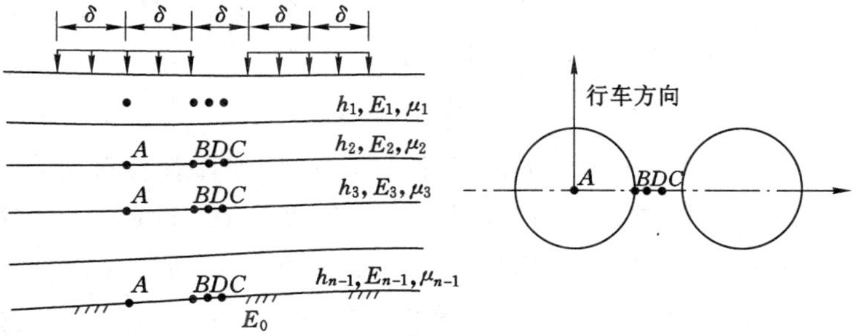

图 7-1 力学响应计算点位置图示

$$\varepsilon_a = p\bar{\varepsilon}_a \tag{7-1}$$

$$\bar{\varepsilon}_a = f\left(\frac{h_1}{\delta},\frac{h_2}{\delta},\cdots,\frac{h_{n-1}}{\delta},\frac{E_2}{E_1},\frac{E_3}{E_2},\cdots,\frac{E_0}{E_{n-1}}\right) \tag{7-2}$$

$$\sigma_t = p\bar{\sigma}_t \tag{7-3}$$

$$\bar{\sigma}_t = f\left(\frac{h_1}{\delta},\frac{h_2}{\delta},\cdots,\frac{h_{n-1}}{\delta},\frac{E_2}{E_1},\frac{E_3}{E_2},\cdots,\frac{E_0}{E_{n-1}}\right) \tag{7-4}$$

$$p_i = p\bar{p}_i \tag{7-5}$$

$$\bar{p}_i = f\left(\frac{h_1}{\delta},\frac{h_2}{\delta},\cdots,\frac{h_{n-1}}{\delta},\frac{E_2}{E_1},\frac{E_3}{E_2},\cdots,\frac{E_0}{E_{n-1}}\right) \tag{7-6}$$

$$\varepsilon_z = p\bar{\varepsilon}_z \tag{7-7}$$

$$\bar{\varepsilon}_z = f\left(\frac{h_1}{\delta},\frac{h_2}{\delta},\cdots,\frac{h_{n-1}}{\delta},\frac{E_2}{E_1},\frac{E_3}{E_2},\cdots,\frac{E_0}{E_{n-1}}\right) \tag{7-8}$$

式中 ε_a——沥青混合料层底拉应变，$\times10^{-6}$；

$\bar{\varepsilon}_a$——理论拉应变系数；

σ_t——无机结合料稳定层层底拉应力，MPa；

$\bar{\sigma}_t$——理论拉应力系数；

p_i——沥青混合料第 i 分层顶面竖向压应力，MPa；

$\bar{p}_i$——理论压应力系数；

ε_z——路基顶面竖向压应变，$\times10^{-6}$；

$\bar{\varepsilon}_z$——理论竖向压应变系数；

p，δ——标准轴载的轮胎接地压强（MPa）和当量圆半径（mm）；

E_0——路基顶面回弹模量，MPa；

$h_1,h_2,\cdots,h_{n-1}$——各结构层厚度,mm;

$E_1,E_2,\cdots,E_{n-1}$——各结构层弹性模量,MPa。

我国早期的规范一直以路表弯沉值作为主要设计指标。在早期交通荷载小、交通量小、路面薄且结构单一的背景下,路表弯沉能够较好地反映路面承载能力,控制路基永久变形,作为设计指标是合适的。但是随着路面结构层厚度增加和结构组合多样化,路表弯沉作为设计指标的不足逐渐显现。不同类型路面结构,弯沉值大的路面结构并不一定比弯沉值小的使用寿命短或性能差,因而弯沉值无法作为评判不同路面结构性能优劣的依据。但是,弯沉测试方法已经被广为熟知,测试设备较为普及,因此,我国当前的沥青路面结构设计中,弯沉不再作为设计指标,但是仍然作为路基和路面的交工验收指标。

7.2.3.2 设计标准

沥青路面在车轮反复多次作用之下,沥青面层和刚性、半刚性材料层的层底拉应力超过极限值,形成初始裂缝并逐渐扩展至断裂,属于疲劳断裂损伤。因此,针对我国主要的沥青路面结构,《公路沥青路面设计规范》(JTG D50—2017)规定以沥青混合料层层底拉应变和无机结合料层层底拉应力为设计指标,以沥青混合料层和无机结合料层的疲劳开裂寿命为设计标准。基于沥青混合料层层底拉应变计算的沥青混合料层疲劳开裂寿命应大于基于沥青混合料层层底拉应变换算得到的设计年限内当量设计轴载累计作用次数。基于无机结合料稳定层层底拉应力计算的无机结合料稳定层疲劳开裂寿命应大于基于无机结合料稳定层层底拉应力换算得到的设计年限内当量设计轴载累计作用次数。对于沥青路面结构,即使每一次行车荷载作用产生的残余变形量很小,但是多次重复作用累积的残余变形总和也很大,足以影响车辆的正常行驶。因此,从控制沥青路面结构永久变形角度,《公路沥青路面设计规范》(JTG D50—2017)要求基于设计年限内当量设计轴载累计作用次数计算的沥青混合料永久变形量应不大于表 7-8 所列容许永久变形量。同时,路基顶面竖向压应变不应大于基于设计年限内当量设计轴载累计作用次数计算获得的容许竖向压应变。

表 7-8 沥青混合料层容许永久变形量 单位:mm

基层类型	沥青混合料层容许永久变形量	
	高速、一级公路	二级、三级公路
无机结合料稳定类基层、水泥混凝土基层和底基层为无机结合料稳定类的沥青混合料	15	20
其他基层	10	15

对于季节性冻土地区的沥青路面结构,沥青面层低温开裂指数不宜大于表 7-9 所列数值。

表 7-9 低温开裂指数要求

公路等级	高速、一级公路	二级公路	三级、四级公路
低温开裂指数 CI	≤3	≤5	≤7

除了对上述路面使用性能设计指标的要求，高速公路、一级公路以及山岭重丘地区二级和三级公路的路面在交工验收时，其抗滑技术指标应满足表7-10所列技术要求，路基顶面和路表的实测代表弯沉值应不超过其各自的验收弯沉值。

表7-10　抗滑技术要求

年平均降雨量/mm	交工检测指标值	
	横向力系数 SFC C_{60}	构造深度 TD
>1 000	≥54	≥0.55
500～1 000	≥50	≥0.50
250～500	≥45	≥0.45

注：横向力系数 SFC C_{60}用横向力系数测试车，在(60±1) km/h 车速下测定；构造深度 TD 用铺砂法测定。

7.3　水泥混凝土路面设计

7.3.1　混凝土路面的设计内容

(1) 普通混凝土路面结构设计内容

① 路面结构层组合设计。水泥混凝土路面结构层的组合设计，应根据该路的交通繁重程度，结合当地环境条件和材料供应情况，选择安排混凝土路面的结构层层次，包括土基、垫层、基层和面层的结构组合设计，各层的路面结构类型、弹性模量和厚度。作出技术先进、工程经济合理的路面结构组合设计方案，应是能给混凝土面层以均匀支承、承受预期交通的作用、提供良好使用性能的混凝土路面结构，其设计过程与柔性路面结构组合设计相仿。有关基层、垫层的设置和抗冻的要求均应符合现行有关规范的规定。

水泥混凝土面板要求具有较高的弯拉强度，表面平整、抗滑、耐磨。

基层和垫层有粒料类(碎石、砂砾)、稳定类(水泥、石灰、工业废渣)和贫混凝土三大类，分别具有不同的刚度、冲刷能力和透水性。在重交通道路上，选用水泥稳定类或贫混凝土作为基层具有良好的使用性能。

② 混凝土面板的平面尺寸与接缝设计。根据混凝土面层板内产生的荷载应力和温度应力作出板的平面尺寸设计，确定接缝的位置，设计接缝的构造，并采取有效措施提高接缝的传荷能力。

③ 混凝土面板厚度设计。混凝土面层板厚度设计应按照设计标准的要求，确定满足设计年限内使用要求所需的混凝土面层的厚度。

④ 普通混凝土路面配筋设计。当混凝土路面板较长或交通量较大，地基有不均匀沉降或板的形状不规则时，可沿板的自由边缘加设补强钢筋，在角隅处加设发针形钢筋或钢筋网，以阻止可能出现的裂缝。

⑤ 路肩及排水设计。高速公路和一级公路的中间带和路肩路缘带的结构应与行车道的混凝土路面相同，并与行车道部分的混凝土面板浇筑成整体。路肩可采用水泥混凝土面层或沥青混合料面层，其基(垫)层结构应满足行车道路面结构和排水的要求。一般公路的混凝土路面应设置路缘石或加固路肩，路肩加固可采用沥青混合料或其他材料。

混凝土路面的排水应根据公路等级、地形、地质、气候、年降水量、地下水等条件,结合路基排水进行设计,使之形成良好的排水系统,确保排水畅通、路基路面稳定和行车安全。高速公路和一级公路的路面排水一般由路肩排水、中央分隔带排水和路面表面渗入水的排除等组成。现代水泥混凝土路面的使用经验表明:路肩必须设置边坡与板底连通的排水盲沟,以利于将路面板接缝处的渗水排出路肩。

(2) 混凝土路面的设计原则

① 路面结构设计应根据使用要求及气候、水文、土质等自然因素,密切结合本地区实践经验,将混凝土路面板按重要工程结构的要求完成设计,首先应保证工程的质量与耐久性。基层、底基层、垫层设计在满足设计要求的前提下尽可能使用当地材料修建。

② 在满足交通量与使用要求的前提下,应遵循因地制宜、合理选材、方便施工、利于养护、节约投资的原则进行混凝土路面设计方案的比较,选择技术先进、经济合理、安全可靠的方案。

③ 应结合当地实践基础,积极推广成熟的科研成果,积极、慎重地运用行之有效的新材料、新工艺、新技术,以达到确保工程质量与耐久性的目的。

④ 路面设计方案应充分考虑沿线环境的保护,自然生态的平衡,有利于施工、养护工作人员的健康与安全。

⑤ 为了确保工程质量,应尽可能选择有利于机械化、工厂化施工的设计方案。

⑥ 对于地处不良地基的路段,应采取有效措施加快稳定路基沉降,路基沉降速率达不到限定要求时,绝不能仓促施工,提前铺筑路面板。对于确实在短期内达不到限定沉降速率要求的路段,可以先铺简易沥青路面,通车数年后,待路基沉降速率满足稳定要求之后再正式铺筑混凝土路面。总之,按设计使用年限标准设计的混凝土路面,施工时必须创造条件,严格执行,一次完成。

(3) 混凝土路面的设计方法

水泥混凝土路面从工程结构分类来看属于岩土工程的地基结构物,因此混凝土路面结构设计理论与方法是随着结构工程设计理论与岩土结构设计理论的发展而不断发展并完善的。20 世纪 20 年代至 50 年代,维斯特卡德、霍格、舍赫捷尔、波米斯特及柯岗等人在混凝土路面应力分析和设计方法方面的研究为当代混凝土路面设计方法奠定了基础。总体来讲,目前世界各国的混凝土路面设计方法都是以弹性地基板的荷载应力、温度应力分析方法为基础理论,以混凝土路面板的弯拉应力作为极限状态和设计控制指标。但是其设计理论与方法的各个主要组成部分,数十年来被不断改进与完善,设计方法也更符合工程实际。

在荷载图式方面,最早采用静力作用点荷载,后来提出了静力作用均布面荷载(如圆形、椭圆形、圆头矩形荷载等)。美国波兰特水泥协会最早提出了混凝土疲劳断裂的概念,设计方法改用多次重复作用静荷载,混凝土的极限控制指标用疲劳极限应力表示。20 世纪 60 年代之后又提出了荷载动力影响问题,考虑荷载的振动与移动效应,在设计方法中加入了动力响应系数。

在地基模型方面,一般采用文克勒地基模型和弹性半空间均质地基模型,至今仍然是世界各国设计方法的基础。在研究探索中也有提出采用黏弹性地基、双参数地基、多层地基、非线性弹性地基等模型,但是由于数学概念复杂且参数测定困难,至今在设计方法中均未采用。

在路面板的形态方面，维斯特卡德最早提出了文克勒地基模型上矩形板在特定加载位置下荷载应力的求解方法。后来提出了半空间弹性地基上无限大圆板的求解方法。20 世纪 70 年代随着计算机应用和有限元分析法的推广，提出了有限尺寸板在各种模型地基支承下，任意荷载位置的荷载应力求解方法，以及各种不同边界传力条件下的解析方法。

20 世纪 80 年代工程结构设计提出以概率法替代定值法，引入可靠度概念，对于混凝土路面设计，引入可靠度后的设计方法仍然以路面板的极限疲劳弯拉应力作为极限状态指标。结构分析的理论基础与分析方法依然没有本质的变化。

20 世纪 50 年代至今，我国水泥混凝土路面设计理论与方法不断改进，自 1958 年至今先后颁布了 6 个版本的设计规范。2011 年由中华人民共和国交通部颁布的中华人民共和国行业标准《公路水泥混凝土路面设计规范》(JTG D40—2011)是现行的最新的混凝土路面设计规范。该规范以混凝土面层板在设计基准期内，在行车荷载和温度梯度综合作用下不产生疲劳断裂作为设计标准，并以最重轴载和最大温度梯度综合作用下不产生极限断裂作为验算标准。该方法综合了多年来我国道路界科研工作者在科学研究和工程实践中积累的成果和经验，可用于指导当前混凝土路面工程设计。

(4) 混凝土路面结构的可靠度设计

路面结构可靠度是指在规定的时间内，在规定的条件下，路面结构使用性能满足预定水平要求的概率。目标可靠度是指设计结构物需要达到的可靠度。因而，混凝土路面结构可靠度也可以定义为：在规定的设计基准期内，在规定的交通和环境条件下，行车荷载疲劳应力和温度梯度疲劳应力的总和不超过混凝土弯拉强度的概率，或者最重轴载应力和最大温度翘曲应力的总和不超过混凝土弯拉强度的概率。设计基准期是指在计算路面结构可靠度时考虑各项基本度量与时间关系所取用的基准时间段。

各级公路水泥混凝土路面结构的设计安全等级及相应的设计基准期、目标可靠度指标与目标可靠度，应符合表 7-11 规定。二级及以下公路路面结构破坏可能产生很严重后果时，安全等级可提高一级。

表 7-11　可靠度设计标准

公路等级	高速	一级	二级	三级	四级
安全等级	一级		二级	三级	
设计基准期/年	30		20	15	10
目标可靠度/%	95	90	85	80	70
目标可靠度指标	1.64	1.28	1.04	0.84	0.52

各安全等级路面的材料性能和结构尺寸参数的变异水平可以分为低、中和高三级，应按公路等级以及所采用的施工技术和所能达到的施工质量控制和管理水平，通过调研确定变异水平等级和相应的变异系数。高速公路、一级公路的变异水平等级宜为低级，二级公路的变异水平等级应不大于中级。确有困难时可按表 7-12 规定的主要设计参数变异系数范围选择相应的变异系数。

表 7-12　变异系数 c_v 的范围

变异水平等级	低	中	高
水泥混凝土弯拉强度	$0.05 \leqslant c_v \leqslant 0.10$	$0.10 \leqslant c_v \leqslant 0.15$	$0.15 \leqslant c_v \leqslant 0.20$
板底地基当量回弹模量	$0.15 \leqslant c_v \leqslant 0.25$	$0.25 \leqslant c_v \leqslant 0.35$	$0.35 \leqslant c_v \leqslant 0.55$
水泥混凝土面层厚度	$0.02 \leqslant c_v \leqslant 0.04$	$0.04 \leqslant c_v \leqslant 0.06$	$0.06 \leqslant c_v \leqslant 0.08$

可靠度系数是指为保证所设计的结构具有规定的可靠度，在极限状态设计表达式中采用的单一综合系数。可靠度系数是目标可靠度和设计参数变异系数的函数。表 7-13 所列可靠度系数是按照各变异水平等级的变异系数变化范围(表)，应用可靠度计算式推算得到的。设计时，可根据各设计参数变异系数值在各变异水平等级变化范围内的情况选择可靠度系数。

表 7-13　可靠度系数

变异水平等级	目标可靠度			
	95%	90%	85%	80%～70%
低	1.20～1.33	1.20～1.33	1.20～1.33	1.20～1.33
中	1.20～1.33	1.20～1.33	1.20～1.33	1.20～1.33
高	1.20～1.33	1.20～1.33	1.20～1.33	1.20～1.33

注：变异系数接近表 7-12 下限时，可靠度系数取低值，接近上限时取高值。

7.3.2　路面结构组合原则和要求

水泥混凝土路面的使用性能要求包括结构性要求和功能性要求。混凝土路面结构设计主要考虑满足结构性使用性能方面的要求，同时通过采用结构性措施(如接缝设置传力杆等)兼顾对平整度的要求。结构性要求主要体现在对结构承载能力和结构完好程度(损坏)的要求，而水泥混凝土路面的结构损坏主要有混凝土板块断裂和接缝错台两种。

路面结构层由面层、基层和底基层、垫层等结构层组成，对各个结构层有不同的功能要求。各个结构层可以由不同类型和性质的材料组成，各具不同的力学特性。结构设计首先要选择层次、各层的类型、材料性质要求以及各层的厚度，组合成预期能满足使用性能要求的路面结构。为各个结构层所选择的组成材料，其性质要满足各结构层的功能要求。选择和组合结构层时，应考虑结构层上、下层的相互作用以及层间结合条件和要求。路面结构层是个多层体系，整个结构的性能和寿命受制于系统内最薄弱的环节(层次)。因而，在考虑并合理处理上、下层相互作用的同时，还要顾及整个路面结构体系中各组成部分(层)性能的协调，以能提供平衡的路面结构组合。选择和组合时注意考虑：

① 公路等级和交通荷载。公路等级高或交通荷载等级高的路面结构需选用较多的结构层次及较强和较厚的结构层；反之，低等级公路或轻交通荷载的路面结构可选用较少的结构层次及较弱和较薄的结构层。

② 路基条件。对于较弱的路基，应首先采取改善路基的措施，在满足规定的最低支承

要求后再考虑路面结构；对于较强的路基，可以相应减小路面结构层的强度和厚度。

③ 当地温度和湿度状况。在季节性冰冻地区，需考虑防冻层最小厚度的要求；在多雨潮湿地区，需考虑采用路面结构内部排水措施等。

④ 已有公路路面的使用经验。

(1) 混凝土路面路基设计

理论分析表明：通过刚性面层和基层传到土基上的压力很小，一般不超过 0.05 MPa。因此，混凝土板下是不需要有坚强的土基支承。然而，如果土基的稳定性不够，在水温变化的影响下出现较大的变形，特别是不均匀沉陷，仍将给混凝土面板带来很不利的影响。实践证明：由于土基不均匀支承，使面板在受荷时底部产生过大的弯拉应力，导致混凝土路面产生破坏。因此，混凝土路面下的路基必须密实、稳定和均匀，对路面结构提供均匀的支承。路床顶面综合回弹模量应满足表 7-14 的要求。

表 7-14 路床顶面综合回弹模量 单位：MPa

交通荷载等级	极重、特重	重、中等	轻
路床顶面综合回弹模量	≥80	≥60	≥40

路基填料应满足下列要求：① 高液限黏土及含有机质细粒土，不能用作高速公路和一级公路的路床填料或二级及以下等级公路的上路床填料；② 高液限粉土及塑性指数大于 16 或膨胀率大于 3%的低液限黏土，不能用作高速公路和一级公路的上路床填料；③ 因条件限制而必须采用上述土作为填料时，应掺加石灰或水泥等结合料以改善。

路基一般要求处于干燥或中湿状态，过湿状态或强度与稳定性不符合要求的潮湿状态的路基必须经过处理。地下水位高时，宜提高路堤设计标高。在设计标高受限制而未能达到中湿状态的路基临界高度时，应选用粗粒土或低剂量石灰、水泥稳定细粒土作为路床或上路床填料；未能达到潮湿状态的路基临界高度时，除采取上述填料措施外，还应采取在边沟下设置排水渗沟等降低地下水位的措施。

路基压实度应符合《公路路基设计规范》(JTG D30—2015)的相关规定。多雨潮湿地区，对于高液限土及塑性指数大于 16 或膨胀率大于 3%的低液限黏土，宜采用由轻型压实标准确定的压实度，并在含水量大于其最佳含水量时压实。

岩石或填石路床顶面应铺设整平层。整平层可采用未筛分碎石和石屑或低剂量水泥稳定粒料，其厚度视路床顶面不平整程度而定，一般为 100～150 mm。

(2) 混凝土路面垫层设计

垫层的宽度应与路基同宽，厚度不得小于 150 mm。防冻垫层和排水垫层宜采用砂、砂砾等颗粒材料。半刚性垫层可采用低剂量无机结合料稳定粒料或土。当遇到下述情况时，需在基层下设置垫层：

① 季节性冰冻地区，路面总厚度小于最小防冻厚度要求(表 7-15)时，其差值应以垫层厚度补足；

表 7-15　水泥混凝土路面最小防冻厚度　　单位：m

路基干湿类型	路基土质	当地最大冰冻深度			
		0.50～1.00	1.00～1.50	1.50～2.00	>2.00
中湿路基	易冻胀土	0.30～0.50	0.40～0.60	0.50～0.70	0.60～0.95
	很易冻胀土	0.40～0.60	0.50～0.70	0.60～0.85	0.70～1.10
潮湿路基	易冻胀土	0.40～0.60	0.50～0.70	0.60～0.90	0.75～1.20
	很易冻胀土	0.45～0.70	0.55～0.80	0.70～1.00	0.80～1.30

注：1. 易冻胀土：细粒土质(GM、GC)、除极细粉土质砂外的细粒土质砂(SM、SC)、塑性指数小于 12 的黏质土(CL、CH)。
2. 很易冻胀土：粉质土(ML、MH)、极细粉土质砂(SM)、塑性指数在 12～22 之间的黏质土(CL)。
3. 冻深小或填方路段，或者基、垫层为隔温性能良好的材料，可采用低值；冻深大或挖方及地下水位高的路段，或者基、垫层为隔温性能稍差的材料，应用高值。
4. 冻深小于 0.50 m 的地区，一般不考虑结构层防冻厚度。

② 水文地质条件不良的土质路堑，路床土湿度较大时，宜设置排水垫层；

③ 路基可能产生不均匀沉降或变形时，可加设半刚性垫层。

(3) 混凝土路面基层及底基层设计

基层应具有足够的刚度、强度和稳定性、抗冲刷能力，且断面正确，表面平整。理论计算和实践都已证明：采用整体性好的材料修筑基层，可以确保混凝土路面良好的使用特性和延长路面的使用寿命。因为如果基层出现较大的塑性变形累积，面层板将与之脱空，支承条件恶化，从而增大板的应力；同时，若基层材料中含有过多的细料，还将促使唧泥和错台等病害产生。混凝土面层下设置基层的目的是：

① 防唧泥——混凝土面层如果直接放在路基上，会由于路基土塑性变形量大、细料含量多和抗冲刷能力低而极易产生唧泥现象。铺设基层后可减轻以至消除唧泥的产生。但是未经处治的砂砾基层，其细料含量和塑性指数不能太高，否则仍会产生唧泥。

② 防冰冻——在季节性冰冻地区，用对冰冻不敏感的粒状多孔材料铺筑基层，可以减小路基的冰冻深度，从而减轻冰冻的危害作用。

③ 减小路基顶面的压应力，并缓和路基不均匀变形对面层的影响。

④ 防水——在湿软土基上铺筑开级配粒料基层，可以排除从路表面渗入面层板下的水分以及隔断地下毛细水上升。

⑤ 为面层施工(如立侧模，运送混凝土混合料等)提供方便。

⑥ 提高路面结构的承载能力，延长路面的使用寿命。

除非土基本身就是级配良好的砂砾类土，而且是良好排水条件的轻交通道路之外，都应设置基层。当基层下未设垫层，上路床为细粒土、黏土质砂或级配不良砂(承受特重或重交通时)，或者为细粒土(承受中等交通时)，应在基层下设置底基层。

基层、底基层的适宜材料可根据交通等级分别按表 7-16 和表 7-17 选用。混凝土预制块面层应采用水泥稳定粒料基层。

表 7-16 各交通荷载等级的基层材料类型

交通荷载等级	基层材料类型
极重、特重	贫混凝土、碾压混凝土或沥青混凝土
重	密级配沥青稳定碎石或水泥稳定碎石
中等、轻	级配碎石、水泥稳定碎石、石灰粉煤灰稳定碎石

表 7-17 各交通荷载等级的底基层材料类型

交通荷载等级	底基层材料类型
极重、特重、重	级配碎石、水泥稳定碎石、石灰粉煤灰稳定碎石
中等、轻	未筛分碎石、级配碎石，或不设

研究资料表明：用厚基层来提高土基的支承力，或者说籍以降低面层应力或减薄面层厚度一般是不经济的。但是随着稳定类基层厚度的减小，基层底面的弯拉应力随之增大，因此基层不宜太薄。各类基层和底基层的厚度范围应根据结构层成型、施工方便（单层摊铺碾压）或排水要求等选择，一般适宜压实厚度见表 7-18。如果基层或底基层的设计厚度超过适宜厚度，可以按所提供施工条件决定是否需要分层铺筑和压实。

表 7-18 各种材料基层和底基层的结构层适宜施工层厚度

<table>
<tr><th colspan="2">材料种类</th><th>适宜施工层厚度/mm</th></tr>
<tr><td colspan="2">贫混凝土或碾压混凝土</td><td>120～200</td></tr>
<tr><td colspan="2">无机结合料稳定粒料</td><td>150～200</td></tr>
<tr><td rowspan="4">沥青混凝土基层</td><td>集料公称最大粒径为 9.5 mm</td><td>25～40</td></tr>
<tr><td>集料公称最大粒径为 13.2 mm</td><td>35～65</td></tr>
<tr><td>集料公称最大粒径为 16 mm</td><td>40～70</td></tr>
<tr><td>集料公称最大粒径为 19 mm</td><td rowspan="2">50～75</td></tr>
<tr><td rowspan="2">沥青稳定碎石基层</td><td>集料公称最大粒径为 19 mm</td></tr>
<tr><td>集料公称最大粒径为 26.5 mm</td><td>75～100</td></tr>
<tr><td colspan="2">多孔隙水泥稳定碎石</td><td>100～150</td></tr>
<tr><td colspan="2">级配碎石、未筛分碎石、级配砾石或碎砾石</td><td>100～200</td></tr>
</table>

硬路肩采用混凝土面层时，基层的结构与厚度应与行车道相同。基层的宽度应比混凝土路面层每侧宽 300 mm（小型机具施工时）或 650 mm（滑模摊铺机施工时），以供施工时安装模板，并防止路面边缘渗水至土基而导致路面破坏。

多雨地区，路基由低透水性细粒土组成的高速公路和一级公路或者承受极重或特重交通的二级公路，宜设置排水基层。排水基层可选用开级配沥青稳定碎石或开级配水泥稳定碎石。排水基层下应设置由水泥稳定碎石或者密级配粒料组成的不透水底基层。底基层顶面宜铺设沥青类封层或防水土工织物。

碾压混凝土基层应设置与混凝土面层相对应的接缝。贫混凝土基层弯拉强度大于 1.5 MPa 时，应设置与面层相对应的横向缩缝；一次摊铺宽度大于 7.5 m 时，应设置纵向缩缝。

(4) 混凝土面板设计

水泥混凝土面层应具有足够的强度、耐久性，表面抗滑、耐磨、平整。面层一般采用设接缝的普通混凝土。面层板的平面尺寸较大或形状不规则，路面结构下埋有地下设施，高填方、软土地基、填挖交界段的路基等有可能产生不均匀沉降时，应采用设置接缝的钢筋混凝土面层。其他类型面层可根据适用条件按表 7-19 选用。

表 7-19　其他类型面层选择

<table>
<tr><th colspan="2">面层类型</th><th>适用条件</th></tr>
<tr><td colspan="2">连续配筋混凝土面层</td><td>高速公路</td></tr>
<tr><td rowspan="2">复合式面层</td><td>密级配沥青混合料上面层</td><td rowspan="2">极重、特重交通荷载的高速公路</td></tr>
<tr><td>连续配筋混凝土下面层设传力杆普通混凝土下面层</td></tr>
<tr><td colspan="2">碾压混凝土面层</td><td>二级及以下公路</td></tr>
<tr><td colspan="2">钢纤维混凝土面层</td><td>高程受限制路段、混凝土加铺层</td></tr>
<tr><td colspan="2">混凝土预制块面层</td><td>二级及以下公路桥头引道沉降未稳定段、服务区停车场</td></tr>
</table>

普通混凝土、钢筋混凝土、碾压混凝土或钢纤维混凝土面层板一般采用矩形。其纵向和横向接缝应垂直相交，纵缝两侧的横缝不得相互错位。

普通混凝土、钢筋混凝土、碾压混凝土或连续配筋混凝土面层所需的厚度可参照表7-20所示范围，并按规范相关规定计算确定。

表 7-20　水泥混凝土面层厚度的参考范围　　单位：mm

<table>
<tr><td>交通等级</td><td>极重</td><td colspan="4">特重</td><td colspan="4">重</td></tr>
<tr><td>公路等级</td><td>—</td><td>高速</td><td colspan="2">一级</td><td>二级</td><td>高速</td><td colspan="2">一级</td><td>二级</td></tr>
<tr><td>变异水平等级</td><td>低</td><td>低</td><td>中</td><td>低</td><td>中</td><td>低</td><td>中</td><td>低</td><td>中</td></tr>
<tr><td>面层厚度</td><td>≥320</td><td>320～280</td><td>300～260</td><td colspan="3">280～240</td><td>270～230</td><td colspan="2">260～220</td></tr>
</table>

<table>
<tr><td>交通等级</td><td colspan="4">中等</td><td colspan="2">轻</td></tr>
<tr><td>公路等级</td><td colspan="2">二级</td><td colspan="2">三、四级</td><td colspan="2">三、四级</td></tr>
<tr><td>变异水平等级</td><td>高</td><td>中</td><td>高</td><td>中</td><td>高</td><td>中</td></tr>
<tr><td>面层厚度</td><td>250～220</td><td colspan="2">240～210</td><td>230～200</td><td>220～190</td><td>210～180</td></tr>
</table>

路面表面构造应采用刻槽、压槽、拉槽或拉毛等方法制作。构造深度在使用初期应满足表 7-21 的要求。

表 7-21 各级公路水泥混凝土面层的表面构造深度要求 单位:mm

公路等级	高速公路、一级公路	二、三、四级公路
一般路段	0.70～1.10	0.50～1.00
特殊路段	0.80～1.20	0.60～1.10

注:1. 特殊路段:对于高速公路和一级公路是指立交、平交或变速车道等处,对于其他等级公路是指急弯、陡坡、交叉口或集镇附近。
2. 年降水量 600 mm 以下的地区,表列数值可适当降低。

7.3.3 水泥混凝土面板的平面设计

(1) 混凝土面板平面布局

普通混凝土、钢筋混凝土、碾压混凝土和钢纤维混凝土面层板的平面布局宜采用矩形分块,其纵向和横向接缝应垂直相交,纵缝两侧的横缝一般呈一条直线,不得相互错位。实践证明:如果横缝在纵缝两侧错开,将导致板产生从横缝延伸出来的裂缝。为了使接缝具有一定的传荷能力,需要对混凝土面板的平面尺寸、各类接缝的位置和结构进行设计。

纵缝间距(即板宽)应根据车道宽度确定,一般在 3.0～4.5 m 范围内选用。带有路缘带的高速公路和一级公路,板宽可按车道和路缘带的宽度确定。

横缝间距(即板长)直接影响板内温度应力、接缝缝隙宽度和接缝的传荷能力,应根据面层类型和厚度确定。普通混凝土面层横缝间距宜为 4～6 m,在昼夜气温变化较大的地区,或地基水文情况不良路段,应取低限值,反之取高限值。面层板的长宽比不宜超过 1.35,平面面积不宜大于 25 m^2。碾压混凝土或钢纤维混凝土面层横缝间距宜为 6～10 m。钢筋混凝土面层横缝间距宜为 6～15 m,面层板的长宽比不宜超过 2.5,平面面积不宜大于 45 m^2。

(2) 纵向接缝

纵向接缝应与路线中线平行。在路面等宽的路段内或路面变宽路段的等宽部分,纵向接缝的间距和形式应保持一致。路面变宽段的加宽部分与等宽部分之间,应用纵向施工缝隔开。加宽板在变宽段起、终点处的宽度不应小于 1 m。

纵向接缝的布设应根据路面总宽度,行车道、硬路肩宽度,施工铺筑宽度而定。一次铺筑宽度小于路面宽度时,应设置纵向施工缝。纵向施工缝应采用设拉杆平缝形式,上部锯切槽口,深度宜为 30～40 mm,宽度宜为 3～8 mm,槽内应灌塞填缝料。其构造如图 7-2(a)所示。

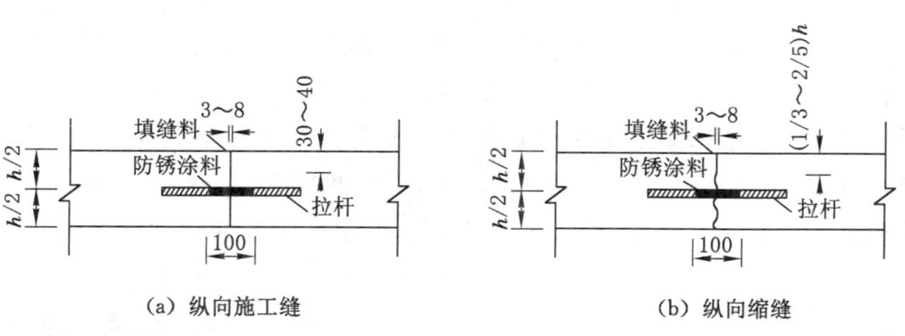

图 7-2 纵缝构造(单位:mm)

当普通混凝土路面一次铺筑宽度大于 4.5 m,以及碾压混凝土面层一次摊铺宽度大于

7.5 m时，应设置纵向缩缝，如图7-2(b)所示。纵向缩缝应采用设拉杆假缝形式，锯切的槽口深度应大于施工缝的槽口深度。采用粒料基层时，槽口深度应为板厚的1/3；采用半刚性基层时，槽口深度应为板厚的2/5。

拉杆应采用螺纹钢筋，设在板厚中央，并应对拉杆中部100 mm范围内进行防锈处理。拉杆的直径、长度和间距可参照表7-22。施工布设时，拉杆间距应根据横向接缝的实际位置予以调整，最外侧的拉杆距横向接缝的距离不得小于100 mm。连续配筋混凝土面层的纵缝拉杆可由板内横向钢筋延伸穿过接缝代替。

表7-22 拉杆直径、长度和间距 单位：mm

面层厚度	到自由边或未设拉杆纵缝的距离					
	3.00 m	3.50 m	3.75 m	4.50 m	6.00 m	7.50 m
200～250	14×700×900	14×700×800	14×700×700	14×700×600	14×700×500	14×700×400
≥260	16×800×800	16×800×700	16×800×600	16×800×500	16×800×400	16×800×300

注：拉杆尺寸表示方法为直径×长度×间距。

(3) 横向接缝

① 施工缝。每日施工结束或因临时原因中断施工时，必须设置横向施工缝，其位置宜选在缩缝或胀缝处。设在缩缝处的施工缝，应采用加传力杆的平缝形式，其构造如图7-3所示。设在胀缝处的施工缝，其构造应与胀缝相同。

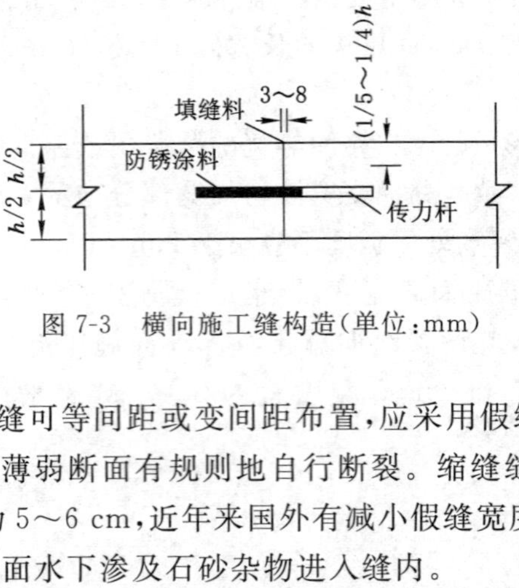

图7-3 横向施工缝构造(单位：mm)

② 横向缩缝。横向缩缝可等间距或变间距布置，应采用假缝形式，即只在板的上部设缝隙，当板收缩时将沿此最薄弱断面有规则地自行断裂。缩缝缝隙宽度为3～8 mm，深度为板厚的1/5～1/4，一般为5～6 cm，近年来国外有减小假缝宽度与深度的趋势。假缝缝隙内也需浇灌填缝料，以防地面水下渗及石砂杂物进入缝内。

极重、特重和重交通荷载公路的横向缩缝，中等和轻交通荷载公路邻近胀缝或自由端部的3条横向缩缝，应采用设传力杆假缝形式，其构造如图7-4(a)所示。传力杆采用光圆钢筋，尺寸、间距和要求按表7-23选用。最外侧传力杆距纵向接缝或自由边的距离宜为150～250 mm。传力杆的设置不应妨碍相邻混凝土板的自由伸缩，钢筋表面应作防锈处理。其他情况时可采用不设传力杆假缝形式，其构造如图7-4(b)所示。由于缩缝缝隙下面板断裂面凹凸不平，能起到一定的传荷作用。

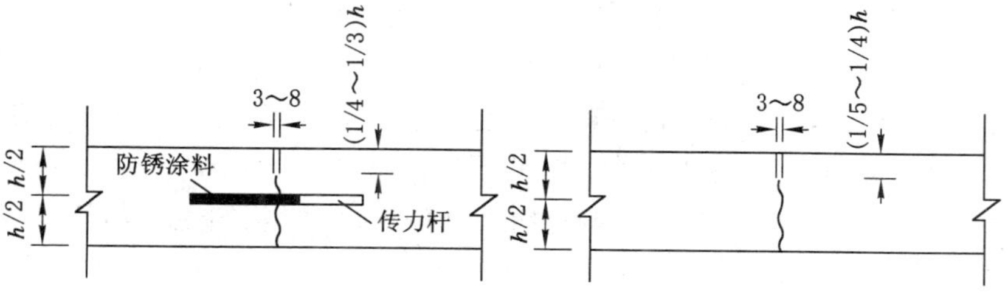

(a) 设传力杆假缝形式　　(b) 不设传力杆假缝形式

图 7-4　横向缩缝构造(单位:mm)

表 7-23　传力杆尺寸和间距

单位:mm

面层厚度	传力杆直径	传力杆最小长度	传力杆最大间距
220	28	400	300
240	30	400	300
260	32	450	300
280	32~34	450	300
≥300	34~36	500	300

横向缩缝顶部应锯切槽口,设置传力杆时槽口深度宜为面层厚度的 1/4~1/3,不设置传力杆时槽口深度宜为面层厚度的 1/5~1/4。槽口宽度应根据施工条件、填缝料性能等确定,宽度宜为 3~8 mm,槽内应填塞填缝料。二级及以下公路的槽口可一次锯切成型。高速和一级公路槽口宜二次锯切成型,以保证接缝填封效果和行驶质量。在第一次锯切缝的上部宜增设宽度为 7~10 mm 的浅槽口,槽口下部应设置背衬垫条,上部应用填缝料灌填,其构造如图 7-5 所示。

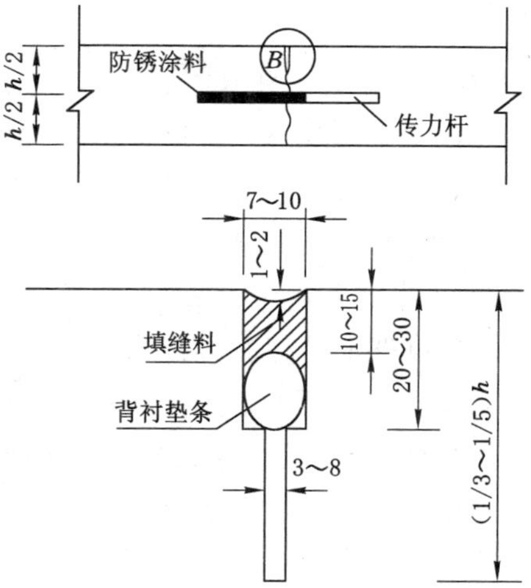

B 点大样图

图 7-5　二次锯切槽口构造示意图(单位:mm)

应当指出：目前国外流行一种新的混凝土路面接缝布置形式，缩缝间距不等，按 4 m、4.5 m、5 m、5.5 m 和 6 m 的顺序设置，而且横缝与纵缝成 80°左右的斜角相交，如设传力杆，则传力杆与路中线平行，其目的是使一辆车只有一个后轮横越接缝，减小由于共振作用所引起的行车跳动的幅度，同时可减弱板伸张时的顶推作用。

③ 胀缝。在邻近桥梁或其他固定构造物处，或者与其他道路相交处，应设置横向胀缝。在其他位置，当板厚等于或大于 20 cm 并在夏季施工时，可不设胀缝。胀缝条数应根据膨胀量大小设置。胀缝的构造如图 7-6 所示。胀缝宽度宜为 20～25 mm，如施工时气温较高，或胀缝间距较短，应采用低限值；反之用高限值。缝隙上部 3～4 cm 深度内浇灌填缝料，下部设置富有弹性的嵌缝板，可由油浸或沥青浸制的软木板制成。缝内应设置填缝板和可滑动的传力杆。

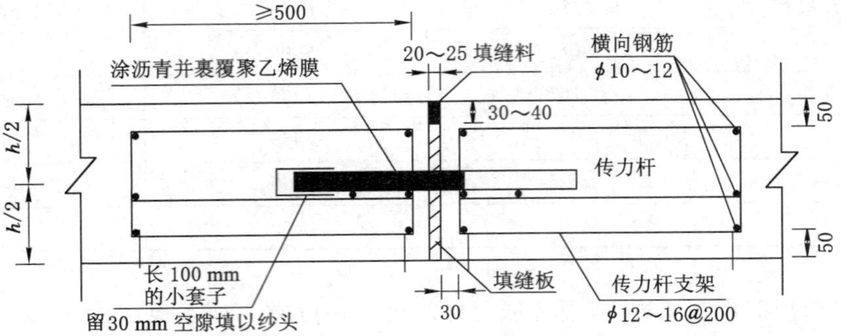

图 7-6　胀缝构造示意图(单位：mm)

胀缝传力杆的设置与横向缩缝基本相同。杆的半段固定在混凝土内，另一半段涂以沥青，套上长约 10 cm 的铁皮或塑料套筒，筒底与杆端之间留出宽 3～4 cm 的空隙，并用木屑与弹性材料填充，以利于板的自由伸缩。在同一条胀缝上的传力杆，设有套筒的活动端最好在缝的两侧交错布置。

胀缝是混凝土路面的薄弱环节，不仅给施工带来不便，还由于施工时传力杆设置不当(未能正确定位)，使胀缝处的混凝土常出现碎裂等病害；当雨水通过胀缝渗入地基后，易使地基软化，引起唧泥、错台等破坏；当砂石进入胀缝后，易造成胀缝处板边挤碎、拱胀等破坏。另外，胀缩容易引起行车跳动，其中的填缝料要经常补充或更换，增加了养护麻烦。因此，近年来国内外修筑的混凝土路面均有减少胀缝的趋势。

但是，采用长间距胀缝或无胀缝路面结构时，需注意采取一些相应的措施，如增大基层表面的摩阻力，以约束板在高温或潮湿时伸长的趋势；在气温较高时施工，以尽量减小水泥混凝土板的胀缩幅度；相对缩短缩缝间距，以便降低板的温度翘曲应力，缩小缩缝缝隙的受拉宽度以提高传荷能力，并提高板对地基变形的适应能力。

(4) 交叉口接缝布设

两条道路正交时，各条道路宜保持自身纵缝的连贯，而相交路段内各条道路的横缝位置应按相对道路的纵缝间距作相应变动，保证两条道路的纵横缝垂直相交，互不错位。两条道路斜交时，主要道路宜保持纵缝的连贯，相交路段内的横缝位置应按次要道路的纵缝间距作相应变动，保证与次要道路的纵缝连接。相交道路弯道加宽部分的接缝布置，应不出现或少出现错缝和锐角板；当出现错缝、锐角板时，宜加设防裂钢筋和角隅补强钢筋。

在次要道路弯道加宽段起、终点断面处的横向接缝，应采用胀缝形式。膨胀量大时，应在直线段连续布置2～3条胀缝。

(5) 端部处理

混凝土路面与桥涵、通道及隧道等固定构造物相衔接的胀缝无法设置传力杆时，可在邻近构造物的板端部内配置双层钢筋网，或在长度为6～10倍板厚的范围内逐渐将板厚增大20%，如图7-7所示。

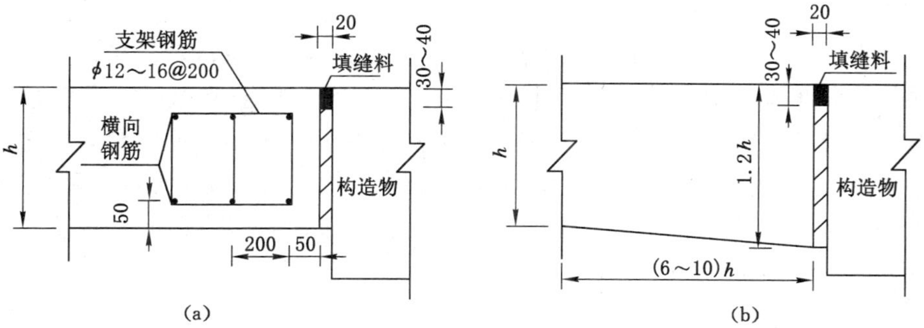

图7-7 邻近构造物胀缝构造示意图(单位:mm)

混凝土路面与桥梁相接时，分为两种情形。当桥头设有搭板时，应在搭板与混凝土面层板之间设置长度为6～10 m的钢筋混凝土面层过渡板。过渡板与搭板间的横缝采用设拉杆平缝形式，过渡板与混凝土面层板间的横缝采用设传力杆胀缝形式。膨胀量大时，应连续设置2～3条设传力杆胀缝。当桥梁斜交时，钢筋混凝土板的锐角部分应采用钢筋网补强。当桥头未设搭板时，宜在混凝土面层与桥台之间设置长度为10～15 m的钢筋混凝土面层板，或设置由混凝土预制块面层或沥青面层铺筑的过渡段，其长度不小于8 m。

混凝土路面与沥青路面相接时，应设置不短于3 m的过渡段。过渡段的路面应采用两种路面呈阶梯状叠合布置，其下面铺设的变厚度混凝土过渡板的厚度不得小于200 mm，如图7-8所示。过渡板顶面应设横向拉槽，沥青层与过渡板之间黏结良好。过渡板与混凝土面层板相接处的接缝内宜设置直径25 mm、长700 mm、间距400 mm的拉杆。混凝土面层邻近该接缝的1～2条横向接缝应采用胀缝形式。

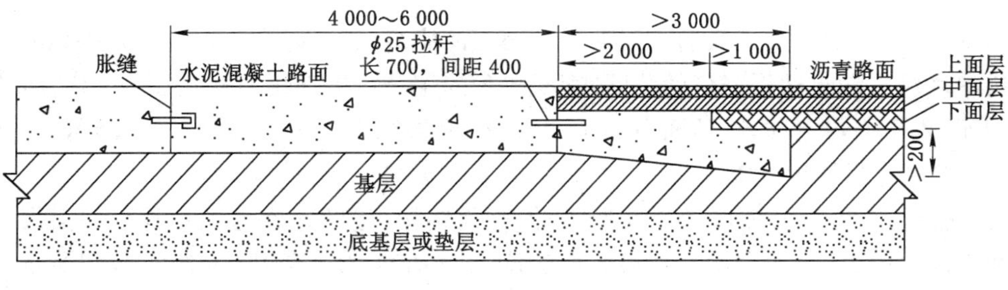

图7-8 混凝土路面与沥青路面相接段的构造示意图(单位:mm)

(6) 接缝材料

接缝材料按使用性能分为接缝板和填缝料两类。接缝板要求能适应混凝土面板的膨胀与收缩，且施工时不变形，耐久性良好。胀缝接缝板应选用能适应混凝土板膨胀收缩、施工时不易变形、复原率高和耐久性好的材料。高速公路和一级公路宜选用泡沫橡胶板、沥青纤维板，其他等级公路也可以选用木材类或纤维类板。

填缝材料的质量和发挥效果对水泥混凝土路面的正常使用和结构寿命至关重要。水泥混凝土路面的填缝材料应选用与混凝土接缝槽壁黏结力强、回弹性好、适应混凝土板收缩、不溶于水、不渗水、高温时不流淌、低温时不脆裂、耐老化、有一定抵抗砂石嵌入的能力、便于施工操作的材料。

水泥混凝土路面的填缝材料主要有三种类型：加热施工类、常温施工类及预制密封条。加热施工类包括沥青类、橡胶沥青类；常温施工类包括聚氨酯类、硅酮类、聚硫类。国内外使用经验和研究结果都表明：无论是低温抗裂性，还是抗老化性能，常温施工类填缝材料的性能一般优于加热施工类填缝材料，而预制密封条仅适用于停车场(带)、站台等低速路段。高速公路、一级公路宜选用硅酮类、聚氨酯类填缝材料；二级及以下公路可选用聚氨酯类、橡胶沥青类或改性沥青类填缝材料。各类填缝材料的技术要求参见《公路水泥混凝土路面施工技术规则》(JTG/T F30—2014)。

(7) 普通混凝土面层配筋

普通混凝土面层基层薄弱的自由边缘、接缝为未设传力杆的平缝、主线与匝道相接处或与其他类型路面相接处，可在面层边缘的下部配置钢筋。可选用 2 根直径为 12～16 mm 的螺纹钢筋，置于面层底面之上 1/4 厚度处并不小于 50 mm，间距为 100 mm，钢筋两端向上弯起，如图 7-9 所示。

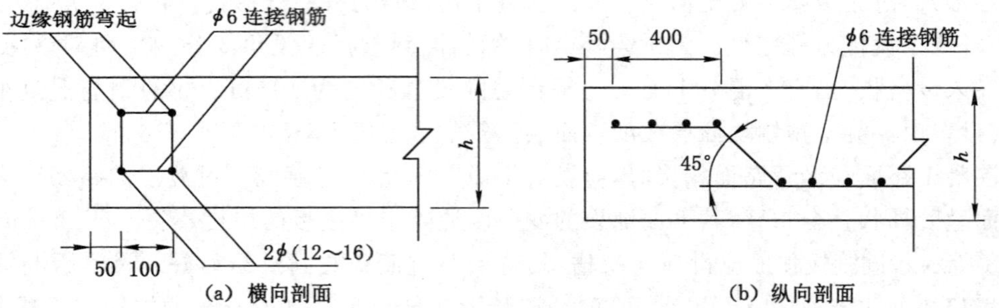

图 7-9　边缘钢筋布置示意图(单位：mm)

承受极重、特重或重交通的水泥混凝土面层的胀缝、施工缝和自由边的角隅以及承受极重交通的水泥混凝土面层缩缝的角隅，宜配置角隅钢筋。可选用 2 根直径为 12～16 mm 的螺纹钢筋，置于面层上部，距顶面不小于 50 mm，距边缘 100 mm，如图 7-10 所示。

(8) 混凝土板厚度计算流程

① 进行行车道路面结构组合设计，初拟路面结构，包括路床、垫层、基层和面层的材料类型和厚度，并根据水泥混凝土面层厚度建议范围，依据交通等级、公路等级和所选变异水平等级初选混凝土板厚度。

② 按照初拟路面结构的组合情况，选择相应的结构分析模型。

③ 分别计算混凝土面层板(单层板或双层板的面层板)的最重轴载产生的最大荷载应力、设计轴载产生的荷载疲劳应力、最大温度梯度产生的最大温度应力(即温度疲劳应力)。

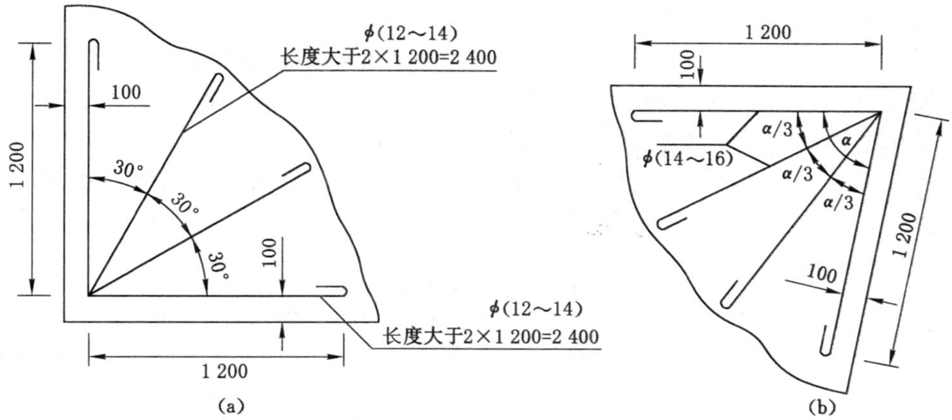

图 7-10 角隅钢筋布置示意图(单位:mm)

④ 当荷载疲劳应力与温度疲劳应力之和与可靠度系数的乘积小于且接近混凝土弯拉强度标准值,同时,最大荷载应力与最大温度应力之和与可靠度系数的乘积小于混凝土弯拉强度标准值,初选厚度可作为混凝土板的计算厚度。

⑤ 贫混凝土或碾压混凝土基层或者双层板的下面层板,需计算其荷载疲劳应力,并验算荷载疲劳应力与可靠度系数的乘积是否小于其材料的弯拉强度标准值。

⑥ 若不能同时满足时,应改选混凝土面层板厚度或(和)调整基层类型或(和)厚度,重新计算,直到满足为止。

⑦ 计算厚度加 6 mm 磨损厚度之后,应按 10 mm 向上取整,作为混凝土面层的设计厚度。

7.3.4 旧混凝土路面加铺层设计

旧混凝土路面加铺层应根据使用要求及旧混凝土路面的状况,选用分离式或结合式水泥混凝土加铺结构,或沥青混凝土加铺结构,经技术经济比较后选定。加铺层设计应包括施工期间维持通车的设计方案。当旧混凝土面层损坏状况等级为差时,宜将混凝土板破碎成小于 400 mm 的小块,用作新建路面的底基层或垫层,并按新建水泥混凝土路面或沥青路面进行设计。

另外,在地表或地下排水不良路段,应采取措施改善或增设地表或地下排水设施;旧混凝土路面结构排水不良路段,应增设路面边缘排水系统。

为了确定旧水泥混凝土路面对预期交通荷载的承载能力,并分析确定其剩余使用寿命,必须对旧混凝土路面进行技术调查和评定,才能为旧混凝土路面的改建或加铺层设计提供依据。调查内容主要包括:① 公路修建和养护技术资料——路面结构和材料组成、接缝构造及养护历史等;② 路面损坏状况——损坏类型、轻重程度、范围及修补措施等;③ 路面结构强度——路表弯沉、接缝传荷能力、板底脱空状况、面层厚度和混凝土强度等;④ 已承受的交通荷载及预计的交通需求——交通量、轴载组成及增长率等;⑤ 环境条件——沿线气候条件、地下水位以及路基和路面的排水状况等。

(1) 路面损坏状况调查评定

调查原有路面结构、宽度、厚度及路拱坡度,以及板块断裂和路面破损状况,并分析引起面板断裂的原因。

旧混凝土路面的损坏状况采用断板率和平均错台量两项指标评定。断板率的调查和计算可按照《公路水泥混凝土路面养护技术规范》(JTJ 073.1—2001)的相关规定进行。错台调查可采用错台仪或其他方法测量接缝两侧板边的高程差,测量点的位置在错台严重车道右侧边缘内 300 mm 处,以调查路段内各条接缝高程差的平均值来表示该路段的平均错台量。路面损坏状况分为 4 个等级,各个等级的断板率和平均错台量的分级标准见表 7-24。

表 7-24 路面损坏状况分级标准

路面损坏状况分级	优良	中	次	差
断板率/%	≤5	5~10	10~20	>20
平均错台量/mm	≤3	3~7	7~12	>12

(2) 接缝传荷能力和板底脱空状况调查评定

旧混凝土面板的接缝传荷能力和板底脱空状况采用弯沉测试法调查评定。弯沉测试宜采用落锤式弯沉仪,也可以采用梁氏弯沉仪,其支点不得落在弯沉盆内。

测定接缝传荷能力的试验荷载应接近于设计轴载的一侧轮载(50 kN)。将荷载施加在临近接缝的路面表面,实测接缝两侧边缘的弯沉值。接缝传荷系数按式(7-9)进行计算,旧混凝土面层的接缝传荷能力分为 4 个等级,分级标准见表 7-25。

$$k_j = \frac{w_u}{w_l} \times 100\% \tag{7-9}$$

式中 k_j——接缝传荷系数;

w_u——未受荷板接缝边缘处的弯沉值;

w_l——受荷板接缝边缘处的弯沉值。

表 7-25 接缝传荷能力分级标准

等级	优良	中	次	差
接缝传荷系数 k_j/%	>80	60~80	40~60	<40

(3) 旧混凝土路面结构参数调查

① 旧混凝土面层厚度的标准值。

旧混凝土面层厚度的标准值,可根据钻孔芯样的测量高度按式(7-10)计算。

$$h_e = \overline{h}_e - 1.04 s_h \tag{7-10}$$

式中 h_e——旧混凝土面层测量厚度的标准值,mm;

$\overline{h}_e$——旧混凝土面层测量厚度的平均值,mm;

s_h——旧混凝土面层厚度测量值的标准差,mm。

② 旧混凝土面层弯拉强度的标准值。

旧混凝土面层弯拉强度的标准值可采用钻孔芯样的劈裂试验测定结果按式(7-11)计算。

$$\begin{cases} f_r = 1.87 f_{sp}^{0.87} \\ f_{sp} = \overline{f}_{sp} - 1.04 s_{sp} \end{cases} \tag{7-11}$$

式中　f_r——旧混凝土面层的弯拉强度标准值，MPa；

f_{sp}——旧混凝土面层的劈裂强度标准值，MPa；

$\overline{f}_{sp}$——旧混凝土面层的劈裂强度测定值的平均值，MPa；

s_{sp}——旧混凝土面层的劈裂强度测定值的标准差，MPa。

③ 旧混凝土弯拉弹性模量的标准值。

旧混凝土弯拉弹性模量的标准值可按式(7-12)计算。

$$E_c = \frac{10^4}{0.09 + \dfrac{0.96}{f_r}} \tag{7-12}$$

式中　E_c——旧混凝土的弯拉弹性模量标准值，MPa；

f_r——旧混凝土的弯拉强度标准值，MPa。

④ 旧混凝土路面板底地基当量回弹模量的标准值。

旧混凝土路面板底地基当量回弹模量的标准值，宜采用落锤式弯沉仪（标准荷载为100 kN、承载板半径为150 mm）测量板中荷载作用下的弯沉曲线，按式(7-13)计算。

$$\begin{cases} E_t = 100\exp(3.60 + 24.03\,w_0^{-0.057} - 15.63\mathrm{SI}^{0.222}) \\ \mathrm{SI} = (w_0 + w_{300} + w_{600} + w_{900})/\,w_0 \end{cases} \tag{7-13}$$

式中　E_t——板底地基当量回弹模量的标准值，MPa；

SI——路面结构的荷载扩散系数，MPa；

w_0、w_{300}、w_{600}、w_{900}——荷载中心处及距离荷载中心300 mm、600 mm和900 mm处的弯沉值，μm。

当采用落锤式弯沉仪的条件受到限制时，也可以选择在清除断裂混凝土板后的板底地基进行梁式弯沉测量后按式(7-13)反算或根据基层钻芯的材料组成及性能情况依经验确定。

(4) 加铺方案选择

根据使用要求和旧混凝土路面的综合评定结果，可选用分离式或结合式水泥混凝土加铺及沥青混凝土加铺方案，并经技术经济比较后确定。

当旧混凝土路面的损坏状况和接缝传荷能力评定等级为优良，面层板的平面尺寸和接缝布置合理，路拱横坡符合要求时，可采用结合式混凝土加铺方案、分离式混凝土加铺方案或沥青混凝土加铺方案。当旧混凝土路面的损坏状况和接缝传荷能力评定等级为中等以上时，或者新旧混凝土板的平面尺寸不同、接缝形式及位置不对应及路拱横坡不一致时，可采用分离式混凝土加铺方案或沥青混凝土加铺方案。当旧混凝土路面的损坏状况和接缝传荷能力评定等级为次等以上时，可采用沥青混凝土加铺方案。

加铺时，必须对旧水泥混凝土路面进行处治，应更换破碎板，修补和填充裂缝，压浆填封板底脱空，磨平错台，清除旧混凝土面层表面的松散碎屑、油迹或轮胎擦痕，剔除接缝中失效的填缝料和杂物，并重新封缝。对于检测有明显板底脱空的路段，应采用压浆材料填封板底脱空，浆体材料应具有流动性好、早期强度高、无离析、无泌水、无收缩等特性。

当旧水泥混凝土面层损坏严重时，宜选用打裂压稳方案或碎石化方案处理旧混凝土路面，根据公路等级和交通状况，将处理后的旧路面用作改建路面的基层或底基层。打裂压稳改建方案：打裂后应使75%以上的旧混凝土板产生不规则开裂，相邻裂缝形成的块状面积为 0.4～0.6 m^2;碎石化改建方案:破碎后应使 75%以上的旧混凝土板破碎成最大粒径小于 400 mm 的颗粒。

(5) 加铺层结构设计

① 沥青加铺层结构设计——沥青加铺层可设单层或双层沥青面层,至少有一层采用密级配沥青混合料,可根据需要设置调平层,在路面边缘宜设置内部排水系统。沥青加铺层与原水泥混凝土面板之间宜洒布改性沥青,加强层间结合,避免层间滑移。

应根据气温、荷载、旧混凝土路面承载能力、接缝传荷能力等合理选用下述减缓反射裂缝的措施:a. 增大沥青加铺层的厚度。b. 在加铺层沥青混合料中掺加纤维、橡胶等改性剂。c. 在旧混凝土板顶面或加铺层内设置应力吸收层、聚酯玻纤布或者土工织物夹层。d. 沥青加铺层下层采用大粒径沥青碎石。

沥青加铺层厚度应兼顾混合料的公称最大粒径相匹配和减缓反射裂缝的要求确定。高速公路和一级公路的最小厚度宜为 100 mm,其他等级公路的最小厚度宜为 80 mm。

② 分离式混凝土加铺层结构设计——在旧混凝土面层与加铺层之间应设置隔离层。隔离层材料宜选用沥青混凝土,厚度不宜小于 40 mm。分离式混凝土加铺层的接缝形式和位置,应按新建混凝土面层的要求确定。

加铺层可采用普通混凝土、钢纤维混凝土、钢筋混凝土和连续配筋混凝土。普通混凝土、钢筋混凝土和连续配筋混凝土加铺层的厚度不宜小于 180 mm;钢纤维混凝土加铺层的厚度不宜小于 140 mm。

③ 结合式混凝土加铺层结构设计——首先采用铣刨、喷射高压水或酸蚀等方法,打毛清理旧混凝土面层表面,并在清理后的表面涂敷黏结剂,使加铺层与旧混凝土面层结合成整体。

结合式加铺层厚度不宜小于 80 mm。加铺层的接缝形式和位置应与旧混凝土面层的接缝完全对应和对齐,加铺层内可不设拉杆或传力杆。

④ 旧沥青路面加铺水泥混凝土路面结构设计——旧沥青路面可采用水泥混凝土加铺层。加铺层铺筑前应对较严重的车辙、壅包进行铣刨,对坑槽和网裂较严重的路段应进行结构补强。

在旧沥青面层与水泥混凝土加铺层之间应设置调平层。调平层材料可选用沥青混凝土等。

加铺层可采用普通混凝土、钢纤维混凝土、钢筋混凝土和连续配筋混凝土。普通混凝土、钢筋混凝土和连续配筋混凝土加铺层的厚度不宜小于 180 mm;钢纤维混凝土加铺层的厚度不宜小于 140 mm。

超薄水泥混凝土加铺层的厚度宜为 80～130 mm,面板平面尺寸宜为 2.5 m×1.0 m,切缝深度宜为面层板厚的 1/4～1/3,缝宽宜为 3～5 mm,无须封缝。

7.4 路面病害及防治

7.4.1 路面病害类型及原因

在行车荷载的反复作用下和自然因素的不断影响下路面发生由轻微逐渐演变为严重的损坏。

路面的损坏可以分为两类:一类是结构性损坏,即路面结构整体或其某一或几个组成部分的损坏，严重时不能承受车辆荷载；另一类是功能性损坏，如由于路面不平整而使其不再具有预期的功能。这两类破坏不一定同时发生，但都是逐渐累积起来的。对于功能性损坏，可以通过修整、养护来恢复路面平整性，以满足行车实用的要求。但是对于结构性损坏，一般均彻底翻修。

由于荷载、环境、材料组成、结构层组合、施工和养护等的变异，路面损坏的形态是多种多样的。表象上有各式各样的裂缝，如横向裂缝或纵向裂缝、块状裂缝、网状裂缝（龟裂）、断板等；也有各种类型的变形，如沉陷、车辙、搓板、推移、壅包、唧泥、错台、拱起等；表层有时可能还有各种露骨、松散、剥落、坑槽、泛油、起皮等现象出现。

上述各种损坏现象或单独发生，或同时出现，错综复杂。然而透过现象看本质，它们有着一定的规律性。

（1）沥青路面病害类型及其产生原因

根据沥青路面损坏现象的肇因、其危害性以及对路面使用性能的影响，沥青路面的损坏划分见表7-26。

表7-26　沥青路面损坏类型

损坏类型	病害名称
裂缝类	纵向裂缝、横向裂缝、块裂、龟裂
松散类	坑槽、松散
变形类	沉陷、车辙、波浪壅包
其他	泛油、修补

① 纵向裂缝。纵向裂缝是与道路中线大致平行的裂缝，有时伴随有少量的支缝。半填半挖路基或路面加宽处经常因为压实不好，路基或基层出现不均匀沉降而产生纵向裂缝。混合料摊铺时纵向施工搭接质量不好，或者由于旧水泥混凝土面层纵向接缝的反射作用，也会在路中线处出现纵向裂缝。沿轮迹带出现的由于荷载重复作用而产生的纵向裂缝是龟裂的初期。

② 横向裂缝。横向裂缝通常不是由荷载作用引起的，表现为与道路中线近于垂直，有时伴随有少量支缝。沥青面层的低温收缩或者因半刚性基层收缩裂缝的反射是产生横向裂缝的两个主要原因。温缩裂缝最初大多数出现于路面两侧，逐渐发展至贯通全路幅。贯通的横向裂缝呈沿间距波动范围不等的规则分布。半刚性基层裂缝或旧路面裂缝的反射裂缝，也是沥青路面产生横向裂缝的重要原因。由于反射裂缝产生的横向裂缝是自下向上发展的裂缝，因此反映到路表面时已经贯穿整个路面结构。沥青路面与构造物连接处填土压实不够、固结沉陷也易在相应的位置处产生横向裂缝。

③ 块状裂缝。块状裂缝是指纵向裂缝和横向裂缝交错而使路面分裂成多边形大块的裂隙，块的尺寸大于50 cm。块状裂缝的产生同荷载作用的关系不大，主要由面层材料的低温收缩、沥青的老化以及砂砾基层的不均匀性所引起的。与龟裂主要出现在荷载作用的轮迹处不同，块裂可能出现在整个路面宽度范围内。

块状裂缝深度一般仅限于路面表面，对路面承载能力和功能都没有太大影响。

④ 龟裂。龟裂是沥青路面最重要的裂缝形式，在路面表现为相互交错的小网格状裂缝，形如鳄鱼皮。

疲劳损坏是产生龟裂的主要原因。在行车荷载的反复作用下，沥青面层和其下的半刚性基层等整体性材料逐渐失去承载能力，疲劳损坏就会产生。对于渠化交通比较明显的道路，一开始是在沿轮迹带出现单条或多条平行的纵缝，之后在平行的纵缝间出现横向和斜向连接缝，形成裂缝网。因路面结构弯沉较大或结构层压密变形出现龟裂的路面，伴随有沉陷变形、路面平整度恶化；因沥青疲劳强度不足引起的龟裂，路面平整度衰减不是很显著。龟裂是沥青路面的一种主要结构损坏类型，反映了沥青路面结构的强度不足以承受行车荷载的作用。基层排水不良，沥青混合料因老化或低温变硬、变脆，均为龟裂的加快创造了条件。

⑤ 坑槽。坑槽是局部集料丧失而在路表面形成的坑洞，可伸及不同路面层次。坑槽通常是其他病害，如龟裂、松散等病害，未及时处理而进一步发展的结果。当车轮驶过龟裂、松散等病害区域时，有时会带走其中已经破碎的小块面层材料，坑槽就会出现。单独发生的坑槽可能是路面施工质量不好(如压实不足、上面层厚度不够)引起的，也可能是路面进水导致的损坏引起的。这种类型的坑槽多发生在面层较厚的高等级沥青公路上。

⑥ 松散。松散是一种从路面表面向下不断发展的集料颗粒流失和沥青结合料流失而造成的路面损坏。松散主要是沥青与集料之间失去黏结力而造成的。沥青混合料中沥青偏少，沥青与集料间黏结差，或者由于沥青老化而变硬、压实不足或局部集料不均匀，都有可能在沥青表面形成松散。

沥青路面的松散不但造成面层的磨耗和厚度降低，而且松散路面的积水、散落的集料对路面存在潜在威胁。

⑦ 沉陷。沉陷是路面表面产生的深度大于 10 mm 的局部凹陷变形，是沥青路面主要结构性破坏形式之一。沉陷产生的主要原因是路基不均匀沉降、路面局部开挖回填压实不足或桥涵台背填土不实。路面基层结构损坏或不稳定也会产生路面局部沉陷变形。

⑧ 车辙。车辙是沥青路面表面形成的沿轮迹方向深度大于 10 mm 的纵向凹陷。车辙可分为结构性车辙、压实性车辙和磨损性车辙。结构性车辙指的是路面结构层及土基在行车荷载重复作用下，材料压缩产生的永久累计变形。车辙断面一般呈现两边高中间低的 V 形，同时常伴有龟裂和坑槽的发生。压实性车辙是指由于路面施工缺陷，如混合料温度过低、压实次数过少等，造成沥青层压实度不够，而在行车荷载作用下进一步压密产生的车辙，该类车辙断面一般也呈 V 形。磨耗性车辙是指由于重载渠化交通对路面的磨耗作用形成的车辙。

车辙也是沥青路面的结构性损坏形式之一，多见于分道行驶、路面结构层较厚的高等级公路，在普通公路上较少见。车辙会导致行车舒适性降低，雨天车辙积水对行车安全性也有很大威胁。

⑨ 波浪壅包。由于局部沥青面层材料移动而在路表面形成的有规律的纵向起伏，波峰和波谷间隔很近。波浪壅包是一种对路面行驶质量影响较大的病害形式。

产生波浪壅包的首要原因是路面材料及设计与施工缺陷。材料组成设计差，如油石比过大、细集料过多、施工质量差，使面层材料不足以抵抗车轮水平力的作用；或者面层与基层之间存在不稳定夹层，面层在行车荷载作用下推移变形就会形成波浪壅包。有的路基冻胀也会在路面局部形成壅包。

⑩ 泛油。路面混合料中的沥青向上迁移到路表面，形成一层有光泽的沥青膜。泛油主要是沥青材料或设计缺陷造成的。沥青含量过多，混合料中空隙率过小，拌和控制不严，沥青的高温稳定性差，是产生泛油的主要原因。施工时黏层油用量不当，或雨水渗入使下层沥青与石料剥离，在动水作用下，沥青膜剥落上浮也会使路面表面泛油。

泛油一般发生在天气炎热时，而在天冷时不存在逆过程，因而沥青积聚在路表面，造成路面抗滑能力降低。

⑪ 修补。因龟裂、沉陷、车辙、坑槽、松散等损坏处理后在路面表面形成的修补部分。

(2) 水泥混凝土路面病害类型及其产生原因

水泥混凝土路面的使用性能在行车荷载作用下和自然因素影响下逐渐降低，出现各种类型损坏。根据公路技术状况评定标准的分法，水泥混凝土路面损坏划分见表7-27。

表7-27　水泥混凝土路面损坏类型

损坏类型	病害名称
裂缝类	破碎板、裂缝、板角断裂
变形类	错台、唧泥、拱起
松散类	坑洞、露骨
接缝类	边角剥落、接缝损坏
其他	修补

① 破碎板。破碎板是指混凝土板被多条裂缝分为3个以上板块的损坏。破碎板是一种较为严重的损坏形式，通常是在重载作用下裂缝进一步扩展的结果。在荷载作用下，裂缝板会进一步破碎直至完全失去整体性。

② 裂缝。板块上只有一条横向、纵向或不规则的斜裂缝。裂缝通常是由于收缩应力、重载反复作用、温度或湿度翘曲应力、丧失地基支承等因素单独或联合作用产生的。施工时切缝不及时也会导致水泥混凝土裂缝的出现。

③ 板角断裂。板角断裂是指水泥混凝土的板角被与纵横接缝相交且交点距离等于或小于板连长度一半的裂缝从板体断开的损坏。板角裂缝与斜向裂缝的主要区别是裂缝与纵横缝交点的距离是否小于板边长度的一半。板角是水泥路面较薄弱的部位，由于施工原因，板角相对其他部位来说强度稍低，但却处于不利的受力位置，因此在重载反复作用及温度和湿度翘曲应力作用下，再加上地基软弱、唧泥和传荷能力差等因素，就会出现板角断裂损坏。

④ 错台。错台是指水泥混凝土路面板的纵向接缝和横向接缝两侧板体出现大于5 mm的高差。在唧泥发生和发展过程中，带有基层被冲蚀材料的高压水将这些材料冲击在近面板的脱空区域内，使该板升高，由于板下基层材料被冲蚀而下沉，由此产生错台。此外，施工时胀缝的接缝板未予以牢固固定，在捣实时被振歪或使缝壁倾斜，或接缝的上部填缝料同下部接缝板未对齐，两板在伸胀挤压过程中也会导致错台。

错台是水泥混凝土路面最常见的损坏之一，也是造成水泥混凝土路面行车舒适性下降的主要原因之一。

⑤ 唧泥。唧泥是指水泥混凝土板块在车辆行驶过后，接缝处有基层泥浆涌出。唧泥通常是由于板下基层材料受到有压水冲蚀，泥浆在荷载作用下随之从接缝中挤出，或由于接缝填缝

的失效而引起的水的下渗，板底面与基层顶面的脱空，基层材料不耐冲刷和重载的反复作用引起的。唧泥会使板边缘的基础部分失去支承能力，在轮载重复作用下最终导致板断裂。

⑥ 边角剥落。边角剥落是指沿接缝方向的板边出现裂缝、破碎或脱落的现象，裂缝面一般不垂直于贯穿板厚，而是与板面形成一定的角度。边角剥落是接缝内进入坚硬材料而妨碍了板的膨胀变形、接缝处混凝土强度不足、传载设施设计或设置不当、接缝施工质量差、重载反复作用等造成的。

⑦ 接缝损坏。接缝损坏是指由于接缝的老化、剥落等，接缝内已无填料，接缝被砂、石、土等堵塞而损坏。接缝料被挤出、老化、腐蚀及杂草生长是产生填缝料损坏的主要原因。填缝料损坏可能使水或坚硬材料进入而导致路面唧泥、碎裂和拱起等破坏。

⑧ 坑洞。板面出现有效直径大于 30 mm、深度大于 10 mm 的局部坑洞。施工质量差或浇筑的混凝土砂石材料含泥量过大，夹带朽木、纸张、泥块等杂物，以及行驶的某些车辆、机械的金属硬轮对路面产生撞击都有可能造成坑洞。

⑨ 拱起。拱起是指横缝两侧的板体发生明显的抬高，高度大于 10 mm 的破坏。在春季或炎热夏季，横缝处板块出现突发性的向上隆起，有时往往伴随着板块横向裂缝。裂缝内落入坚硬材料，板块受阻而产生很大的压应力，促使板块失稳，就会出现拱起现象。

⑩ 露骨。露骨是指板块表面出现细集料散失、粗集料暴露或表层疏松剥落等现象。露骨主要是混凝土表面灰浆不足，洒水提浆造成混凝土路面表层强度不足引起的。

⑪ 修补。裂缝、板角断裂、边角剥落、坑洞和层状剥落等损坏的修补部分。

7.4.2 路面病害预防措施与治理方法

根据上述对路面病害原因的分析和对路面使用性能的认识，从设计、施工和养护三个方面对路面常见病害采取相应的预防措施与治理方法。

7.4.2.1 *沥青路面病害预防措施与治理方法*

(1) 纵向裂缝

预防措施：

① 采用全路幅一次摊铺；无条件全幅摊铺时，上下层施工缝应错开 15 cm 以上。

② 沟槽回填土应分层填筑、压实，压实度必须满足要求。

③ 拓宽路段的基层厚度和材料须与旧路面一致，或稍厚。

治理方法：

① 细裂缝(宽度为 2～5 mm)用乳化沥青灌注。

② 宽度大于 5 mm 的裂缝可用改性沥青灌注。灌缝前清缝，灌缝后表面撒粗砂或粒径为 3～5 mm 的石屑。

(2) 横向裂缝

预防措施：

① 合理组织施工，摊铺作业连续进行，尽量减少冷接缝。

② 充分压实横向接缝，选取优质的适用于本地区气候条件的沥青。

③ 桥涵两侧填土充分压实。

治理方法：

① 细裂缝(宽度为 2～5 mm)用乳化沥青灌注。

② 宽度大于 5 mm 的裂缝，可用改性沥青灌注。灌缝前清缝，灌缝后表面撒粗砂或粒径为 3～5 mm 的石屑。

(3) 龟裂

预防措施：

① 沥青面层摊铺前，对下卧层认真检查，及时清除泥灰，处理好软弱层，保证下卧层稳定，并喷洒黏层沥青。

② 原材料质量和混合料质量严格按照规范要求选定、拌制和施工。

③ 沥青面层各层应满足最小施工厚度的要求，保证上下层良好黏结；路面结构设计应做好交通量调查和预测。

治理方法：

① 如果夹有软弱层或不稳定结构层，应将其铲除；结构层积水引起龟裂，铲除面层后加设排水设施，再铺筑新的沥青混合料。

② 若沥青层厚度不足引起龟裂，则铣刨龟裂的面层后加铺新料。

③ 路基不稳定造成的龟裂，可采用石灰或水泥处理路基，或注浆加固处理。

④ 由于基层软弱或厚度不足引起路面龟裂时，可分别采取加厚、调换或综合稳定的措施进行加强。

(4) 坑槽

预防措施：

① 沥青面层应具有足够的设计厚度。

② 沥青混合料配合比设计宜选用具有较高黏结力的较密实的级配。

③ 混合料拌制过程中，严格掌握拌制时间、沥青用量及拌和温度，保证混合料的均匀性。

④ 摊铺面层前，下层应清扫干净，并均匀喷洒黏层沥青。

⑤ 当路面出现松散、脱皮、轻微网裂等可能使雨水下渗的病害，或路面被机械刮铲受损时，应及时修补以免病害扩展。

治理方法：

① 路基完好时，坑槽深度仅涉及下面层的确定所需修补的坑槽范围，一般可根据路面的情况略大于坑槽的面积，修补范围应方正并与行车方向平行或垂直。

② 若小面积的坑槽较多或较密时，应将多个小坑槽合并后确定修补范围。

③ 采用人工或机械的方法将修补范围内的面层削去，槽壁与槽底应垂直。槽底面应坚实无松动，并使周围好的路面不受影响或松动损害。

④ 将槽壁和槽底的松动部分、损坏的碎块及杂物清扫干净，然后在槽壁和槽底表面均匀涂刷一层黏层沥青，用量为 0.3～0.6 kg/m^2。

⑤ 将与原面层材料级配基本相同的沥青混合料填入槽内，摊铺平整，并按槽深 1.2 倍掌握好松铺系数。摊铺时要特别注意将槽壁四周的原沥青面层边缘压实铺平，用压实机具在摊铺好的沥青混合料上反复来回碾压至与原路面平齐。

⑥ 如果基层已损坏，必须先将基层补强或重新铺筑。

(5) 松散

预防措施：

① 酸性石料,掺入抗剥落剂或生石灰粉、干净消石灰、水泥。

② 混合料生产过程中,选用符合要求的沥青和集料;控制各个环节的温度。

③ 沥青混合料送到工地后应及时摊铺、碾压,达到规定的压实度。

④ 路面出现脱皮等轻微病害时应及时修补。

治理方法:

① 将松散的面层清除,重铺沥青混凝土面层。

② 如涉及基层,应先对基层进行处理。

(6) 沉陷

预防措施与治理方法:

① 路面略有下沉,无破损或仅有少量轻微裂缝,可在沉陷处喷洒或涂刷黏层沥青,再用沥青混合料将沉陷部分填补,并压实平整。

② 因土基或基层结构遭到破坏引起路面沉陷,应先处治好基层后再重做面层。

③ 对于桥台台背填土密实度不达标的,应重新压实。台背死角处的压实宜采用夯实机械。

④ 对含水率和孔隙比均较大的软基或含有有机物质的黏性土层,宜换土处理。

(7) 车辙

预防措施:

① 粗集料应粗糙且具有较多的破碎裂面。

② 根据气候条件选择优质沥青,优化配合比设计。

③ 施工时按照规范碾压,保证压实度;特殊路段要采用改性沥青或高性能沥青。

④ 道路结构设计时,每层厚度不超过集料最大粒径的 4 倍。

治理方法:

① 仅轮迹处凹陷,两侧无隆起,凿去面层,凿毛凹槽,涂刷黏层沥青,修补。

② 若轮迹两侧同时隆起,应先将隆起部位凿去,波谷处原面层凿毛,涂黏层油,铺筑与面层相同的混合料。

③ 因基层强度不足、水稳性差引起,则对基层补强,或挖除损害的基层并重新铺筑。

(8) 波浪壅包

预防措施:

① 配合比设计时,控制沥青含量和细集料用量。

② 面层摊铺前下层清扫干净并喷洒黏层油。

③ 人工摊铺时,做到粗细均匀分布。

治理方法:

① 气温较高时,用加热器烘烤发软后铲除,夯实后用烙铁烙平,之后找补平顺。

② 对已趋于稳定(其底部沥青混合料油分挥发或老化)不再发展的壅包,可用铣刨机铣刨平整后加铺稳定性较好的沥青混合料。

(9) 泛油

预防措施:

① 施工前必须根据本地区气候条件选定合适的沥青标号。

② 优化沥青混合料配合比设计。

治理方法：

① 在气温较高时进行处理最为有效。如轻微泛油，可撒布粒径为3～5(8) mm的石屑或粗黄沙，撒布量以车轮不粘沥青为度；如泛油较严重，可先撒布粒径为5～10(15) mm的集料，经行车碾压稳定后再撒布粒径为3～5(8) mm的石屑或粗黄沙嵌缝。使用过程中，散失的集料必须及时回扫，或补撒集料。

② 情节严重时进行铣刨加罩。

7.4.2.2 水泥混凝土路面病害预防措施与治理方法

(1) 裂缝

对于宽度小于3 mm的裂缝，可以扩缝灌浆，即顺着裂缝扩宽成15～20 mm的沟，清除石屑、灰尘等，然后填入粒径为3～6 mm的清洁石屑，选用适当的灌缝材料灌缝，待灌缝材料固化后，达到通车强度方可开放交通。

对贯穿全板厚的宽度为3～15 mm的中等裂缝，可采取条带罩面进行补缝，即在裂缝两侧平行于缩缝进行切缝，且距裂缝距离不小于15 cm，凿除两切缝之间的混凝土，深度以7 cm为宜。切割的缝内应凿毛，并消除松动的混凝土碎块及表面尘土、裸石，浇筑混凝土，及时振捣密实、抹平，并喷洒养护剂。修补块面板两侧灌注填缝料。

对宽度大于15 mm的严重裂缝可采用全深度补块。全深度补块分集料嵌锁法、刨挖法、设置传力杆法。

(2) 板块边角剥落、板角断裂

若水泥混凝土板边轻度剥落，应将剥落的表面清理干净，用沥青混合料或接缝材料修补平整；当板边严重剥落时，可采用条带罩面进行修补；当板边全深度破碎，可采用全深度补块法进行修补。

板角断裂修补应按破碎面的大小确定切割范围。切缝并凿除成规则的垂直面，不应切断原有钢筋，原有传力杆有缺陷时应予以更换，基层不良时可采用C15混凝土浇筑基层。与原有路面板的接缝面应涂刷沥青，如为胀缝，应设胀缝板。浇筑新混凝土，待混凝土达到强度后方可开放交通。

(3) 错台

错台的处置方法有磨平法和填补法，可按错台程度选定。高差小于或等于10 mm的错台，可采用磨平机抹平，或人工凿平。处理时应从错台最高点开始向四周扩展，边磨边用3 m直尺找平，直至相邻两块板齐平为止。磨平后将接缝内杂物清除干净，并吹净灰尘，及时将嵌缝料填入。

高差大于10 mm的严重错台，可采取沥青砂或水泥混凝土进行处治。用沥青砂处治时，先消除路面杂物和灰尘，并喷洒一层热沥青或乳化沥青，再用沥青砂填补，修补面纵坡变化应控制在1%以内，填补后用轮胎压路机碾压。用水泥混凝土修补时，应将错台下沉板凿2～3 cm深，修补长度按错台高度除以坡度1%计算，清除杂物、灰尘，浇筑聚合物细石混凝土，混凝土达到通车强度后方可开放交通。

(4) 板块脱空

判断水泥混凝土面板脱空可采用弯沉测定法，凡弯沉超过0.2 mm的，应确定为面板脱空。可采用沥青灌注法和水泥砂浆灌注法进行板下封堵。

沥青灌注法是按照一定的间距布置灌浆孔，利用压缩空气将孔中的混凝土碎屑、杂物清除干净,然后将加热熔化的建筑沥青,用沥青撒布车或专用设备将沥青灌注压满后约 0.5 min,拔出喷嘴,用木楔堵塞。待沥青温度下降后,拔出木楔,填进水泥砂浆,即可开放交通。

水泥砂浆灌注法是采用压力灌浆机或压力泵从灌注孔灌注水泥砂浆,灌浆作业应先从沉陷量大的地方开始,逐渐由大到小,当相邻孔或接缝中冒浆,即停止泵送水泥浆,每灌完一孔应用木楔堵孔。待砂浆抗压强度达到 3 MPa 时,用水泥浆堵孔,即可开放交通。

(5) 坑洞

对个别坑洞的修补,应清除洞内的杂物,用水泥砂浆等材料填充,达到平整密实;对于较多洞连成一片的,可采用薄层修补方法进行修补,即沿与路中心线平行或垂直的方向切割深 6 cm 以上的矩形槽,将槽壁凿毛,清除槽内的混凝土碎屑,将新拌混凝土拌合物填入槽内,振捣密实,并保持与原混凝土面板齐平,喷洒养护剂养生,待混凝土强度达到通车强度后方可开放交通。

低等级公路对面积较大、深度 3 cm 以内且成片的坑洞,可用沥青混凝土修补。即用风镐凿出一个处治区,在区域内槽底面和槽壁洒黏层沥青,然后铺筑沥青混凝土并碾压密实,待沥青混凝土冷却后控制车速通车。

(6) 拱起

拱起时应根据具体情况采取不同的方法进行处治。板端拱起但路面完好时,应根据板块拱起高低程度,计算要切除部分板块的长度。先将拱起板块两侧附近 1～2 条横缝切宽,待应力充分释放后切除拱起端,逐渐将板块恢复原位,在缝隙和其他接缝内应清缝,并灌填缝材料。

板两端间因硬物夹入发生拱起,应将硬物清除干净,使板块恢复到原位,应清理接缝内杂物和灰尘,灌填缝料。胀缝间因传力杆的部分或全部在施工时设置不当,使板受热时不能自由伸长而发生拱起,应重新设置胀缝。

(7) 接缝

对于接缝的维修,当相邻车道面板发生横向位移,使得纵缝张开宽度小于 10 mm 时,宜采用聚氯乙烯胶泥、焦油类填缝料和橡胶沥青等加热施工式填缝类进行维修;当纵缝张开宽度大于 10 mm 时,先清除缝内杂物和灰尘,采用挤压枪注入聚氨酯类常温施工式填缝料,填缝料固化后可开放交通;当纵缝张开宽度大于 15 mm 时,采用沥青砂填缝。

若接缝出现碎裂,先将破碎部位外缘切割成规则图形,其周围切割面应垂直于面板,底面宜为平面,清除混凝土碎块,吹净灰尘、杂物,并保持干燥状态,用经过改性的环氧树脂类材料或乳化反应过的环氧树脂乳液等高强材料进行填充维修,待修补材料强度达到通车要求后方可通车。

(8) 起皮(剥落、露骨)

表面起皮(剥落、露骨)的处治,应根据公路等级和表面破损程度,采用不同的材料和施工方法进行,对局部板块的表面起皮应进行罩面。

一般公路水泥混凝土板表面起皮(剥落、露骨)宜采用稀浆封层加以处治,采用改性沥青稀浆封层时,必须使用改性稀浆封层机,并采用慢裂快凝型乳化沥青。水泥混凝土路面局部路段出现磨光,应采取机械刻槽的方法,以恢复路面的平整度和粗糙度;对较大范围的剥落和露骨,可铺设沥青类磨耗层。

思考与练习

1. 简述沥青路面的分类。
2. 沥青路面结构组合设计的原则是什么？
3. 简述水泥混凝土路面的主要设计内容。
4. 沥青路面的主要病害有哪些？主要防治措施有哪些？
5. 水泥混凝土路面的主要破坏类型有哪些？主要防治措施有哪些？

第8章 道路施工

8.1 路基施工

8.1.1 路基施工特点

路基是支撑路面的土工构筑物,在挖方地段,路基是开挖天然地层形成的路堑;在填方地段,则是用压实的土石填筑而成的路堤。由于路基在使用过程中要承受路面传递过来的行车荷载作用,并抵御各种环境因素的影响,因此要求路基必须具有足够的强度,良好的水温稳定性和耐久性。

虽然路基施工主要是开挖、运输、填筑、压实等比较简单的工序,但是由于路基施工存在着条件变化大、工程数量大、施工难度大、施工方法多样等特点,因此要保证路基工程质量也有相当大的难度,特别是地质不良的特殊路段及隐蔽工程较多的路基工程。

路基一般为土石方工程。路基施工的基本方法,按其技术特点大致可分为:人工及简易机械化、综合机械化、水力机械化和爆破方法等。施工时应根据工程性质、岩土类别、工程量、施工期限、施工条件等选择一种或几种。

路基施工分为准备、施工、检验三部分,其中施工前的准备工作是保证工程顺利实施的基础,务必认真做好。施工前的准备工作内容广泛,主要包括一般准备、施工测量、场地清理和复查试验等。

8.1.2 土质路基施工

(1) 施工准备

土质路基的挖填,首先必须做好施工排水,如开挖地表临时排水沟槽,设法降低地下水位,以便始终保持施工场地的干燥。路基挖填范围内的地表障碍物应事先予以拆除,包括原有房屋的拆迁,树木和丛林根茎的清除,以及表层种植土、过湿土与设计文件或规范所规定杂物等的清除。

路堑开挖应在全横断面进行,自上而下一次成型,注意按设计要求准确放样,不断检查校正,边坡表面削齐拍平。

(2) 填料的选择

填料以强度高、水稳性好、压缩性小、施工方便以及运距短的岩土材料为宜。路基填料应具有一定的强度,经野外取土试验,符合表 8-1 的规定时才能使用。

(3) 填挖方案

① 路堤填筑。土质路堤(包括石质土),按填土顺序可分为分层平铺和竖向填筑两种方案。分层平铺是基本方案。分层平铺有利于压实,可以保证不同用土按规定层次填筑,有条件时应尽量采用。竖向填筑是在特定条件下局部路堤采用的方案。

表 8-1 路基填料最小强度和最大粒径要求

项目分类	路床顶面以下深度/m	填料最小强度(CBR)/%			填料最大粒径/mm
		高速公路一级公路	二级公路	三、四级公路	
填方路基	0～0.3	8	6	5	100
	0.3～0.8	5	4	3	100
	0.8～1.5	4	3	3	150
	>1.5	3	2	2	150
零填及挖方路基	0～0.3	8	6	5	100
	0.3～0.8	5	4	3	100

注:1. 表列强度按《公路土工试验规程》(JTG 3430—2020)规定的浸水 96 h 的 CBR 试验方法测定。

2. 当路基填料 CBR 值达不到表列要求时,可掺石灰或其他稳定材料。

3. 当三、四级公路铺筑沥青混凝土和水泥混凝土路面时,应按照二级公路的规定。

② 路堑开挖。土质路堑开挖根据挖方数量和施工方法,按掘进方向可分为纵向全宽掘进和横向通道掘进,同时又可以在高度上分单层或双层和纵横掘进混合等。

纵向全宽掘进是在路线一端或两端,沿路线纵向向前开挖。单层掘进的高度等于路堑设计深度。掘进时逐段成型向前推进,运土由相反方向送出。单层纵向掘进的高度,受到人工操作安全和机械操作有效因素的限制,如果施工紧迫,对于较深路堑,可采用双层掘进法,上层在前,下层随后,下层施工面上留有上层操作的出土和排水通道。

横向通道掘进,是先在路堑纵向挖出通道,后分段同时向横向掘出。该方法可以扩大施工面,加速施工,在开挖长而深的路堑时采用。施工时可以分层和分段,层高和段长视施工方法而定。该方法工作面多,但是运土通道有限制,施工的干扰性增大,必须周密安排,以防在混乱中出现质量或安全事故。

③ 路基压实。根据路基工作区的原理可知:附加应力分布规律显示的路基上部路基应力,随深度逐渐减小。为适应这种规律,路基不同深度应有不同的压实度要求。

路基土的压实度随着含水率的变换而变化。当含水率太小时,土颗粒松散而使压实度降低;当含水率太大时,土颗粒间呈润滑状态,因土颗粒无法靠近而致使压实度低。只有在某一个含水率(即最佳含水率)时土质路基才能达到最佳压实效果,即达到理想的压实度。

土体密实度不仅与含水率有关,还与压实机械的压实功有关。这是因为土是三相体,在压实机具的短时间荷载作用下,土体颗粒重新排列组合,孔隙率减小,形成密实整体,最终导致强度增大,稳定性提高。压实功能(指压实机具的重力、碾压次数、锤落高度、作用时间等)对压实效果的影响,是除含水率之外的另一个重要因素。压实功能是由碾压(或锤压)的次数及其单位压力(或荷重)所决定的,若在一定限度内增大压实功能,则可以降低最佳含水率数值,提高最佳密实度。当压实功能增大到一定程度后,压实效果提高非常缓慢,压实功过大,会破坏路基结构,效果适得其反。施工时应选择合适的压实设备和碾压次数。压实厚度对压实效果具有明显影响。压实厚度过大时,不但下部的压实度达不到要求,而且上部的压实度也会受到不利影响。实际施工时应通过现场试验确定合适的摊铺厚度或压实厚度。因此,路基压实施工中,控制最佳含水率是关键,在此前提下分层填土,控制有效土层厚度,必要时适当增大压实功能,这是路基压实工作的基本要领。

④ 土基压实标准。土基野外施工，受各种条件限制，不能达到室内标准击实试验所得的最大干重度 γ_0，应予以适当降低。令工地实测干重度为 γ，其与 γ_0 值之比的相对值称为压实度 K，已知 γ_0 值，规定压实度 K，则工地实测干重度 γ 值可按式(8-1)计算。

$$\gamma = K\gamma_0 \tag{8-1}$$

路基压实度应符合表 8-2 的要求。

表 8-2 路基压实度标准

填挖类型		从路面底面算起深度范围/cm	压实度/%	
			高速、一级公路	其他等级公路
路堤	上路床	0～30	≥96	≥94
	下路床	30～80	≥96	≥94
	上路堤	80～150	≥94	≥93
	下路堤	>150	≥93	≥90
零填及路堑路床		0～30	≥96	≥94
		30～80	≥96	—

8.1.3 石质路基施工

石质路基施工，常采用爆破方法进行石质路堑的开挖。在山岭或丘陵地区开挖石质路堑时，如果遇到坚硬的岩层，利用机械开挖不能进行施工时，通常采用爆破方法来进行施工，这是石质路基施工最有效的方法。在土石方大量集中的地段以及挖除冻土和大孤石时，也常用爆破的方法进行施工。爆破的目的是将坚石、孤石或冻土进行破碎或松动，然后利用推土机将其堆集，装载机装车运走。被破碎的石料经试验测得其技术性能符合路用要求时，可用作填筑路堤，或被用作砌石工程及破碎成碎石料使用。

为了充分发挥各种爆破方法的优点，利用不同的地形和地质条件，在路基石工程中采用综合爆破方法，选用各种爆破方法，有计划、有步骤地爆破拟开挖石方是十分重要的。

(1) 进行全面规划和重点设计

应根据石方集中程度、中心开挖深度来确定所采用的炮型，中心挖深大于 6 m 时可采用洞室炮；3～5 m 时采用葫芦炮；3 m 以下采用钢钎炮。葫芦炮与钢钎炮等中小炮型的联合开炸，可适用于任何高度和地形，尤以阶梯高度为 4～5 m 的半路堑的开挖最为适宜。

(2) 利用有利地形来打开工作面

由路基面开挖，形成高阶梯，可选有利地形，先用小炮炸开工作面，造成高阶梯，为深孔炮、药壶炮或猫洞炮创造有利条件。

(3) 综合利用小炮群实行分段分批爆破

① 在半填半挖的斜坡地形，采用一字排炮；在自然坡度较缓的地段，先用钢钎炮切脚改造后再采用一字排炮。

② 路线横切小山包时，采用钢钎炮三面切脚，改造地形后，再在中间用葫芦炮爆破。

③ 遇路基加宽、阶梯较高的地形，采用上下互相配合的小炮群，如图 8-1 所示。

④ 遇拉沟路堑，采用两头开挖时，可用立眼揭盖、平眼扫底的梅花炮，如图 8-2 所示。

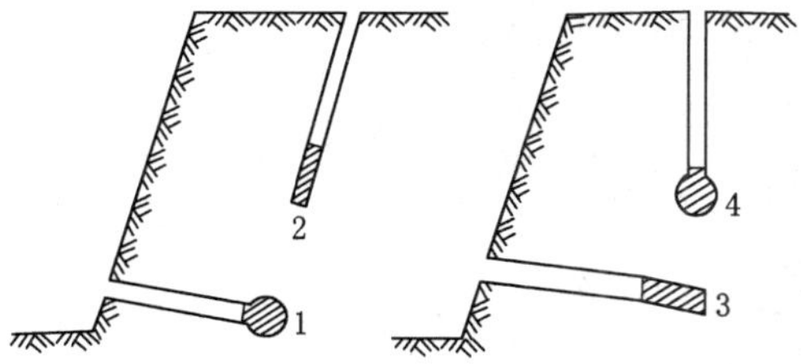

1,4—葫芦炮;2—钢钎炮;3—猫洞炮混合炮群。

图 8-1 小炮群的配合

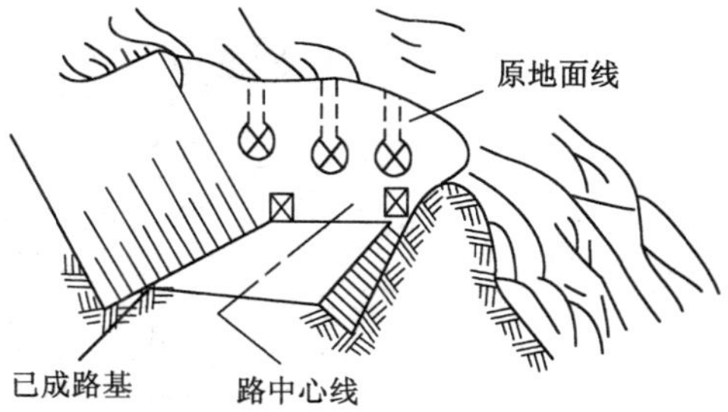

图 8-2 拉沟路堑使用的梅花形立眼和平眼

⑤ 机械化清方时,如遇坚石,可用眼深 2 m 以上的钢钎炮,组合成 30～40 个的多排多层炮群,或采用深孔炮。在坚硬岩石中,为了使岩石破碎程度满足清方要求,可以采用微差爆破或间隔药包。遇软石或节理发育的次坚石,可采用松动爆破。

(4) 根据地质条件合理选择爆破方式

不宜进行大型爆破的工程地质条件如下:

① 岩堆、滑坡体、坡顶上部堆积的覆盖层较厚而倾向路基的不良地区。

② 断层破碎带、侵入体与围岩的接触带、节理破碎带以及存在可能引起坍方的地质软弱面地段。

③ 当软弱面通过路基的后方或下方时,爆破不易形成路基的地段。

④ 层理面、错动面以及其他构造软弱面,倾向路基,层面胶结不良的地段。

⑤ 山脊较薄,山后有良好临空面,不逸出半径可使整个山头破坏,引起坍方的地段。

此外,也需要考虑周围环境,如有良田、果树、重要建筑物等,在无法确保其安全时,不宜采用大型爆破。

8.1.4 施工机械设备

土质路堑开挖应根据工程的具体情况,选用适宜的挖掘、装运和平整机械,最大限度地发挥机械的效能。下面介绍几种常用土方机械的作业方法。

8.1.4.1 挖掘机施工作业

挖掘机是用来进行土方开挖的施工机械。其作业过程是用铲斗的切削刃开挖土体并将土装入斗内,装满土后提升铲斗并回转到卸土地点卸土,然后再使转台回转,铲斗下降到挖掘面,进行下一次挖掘。挖掘机按工作装置的不同分为正铲挖掘机、反铲挖掘机、拉铲挖掘机和抓斗挖掘机。各种单斗挖掘机都是循环作业式机械,每个工作循环包括挖掘、回转、卸料和返回四个过程。

(1) 机械操纵式挖掘机

① 正铲挖掘机。机械操纵式正铲挖掘机的工作过程如图 8-3 所示。

a. 挖掘过程。先将铲斗下放到工作位置底部(Ⅰ),然后将铲斗向上提升,与此同时,斗柄也向前推压。于是就在工作面上挖出一层弧形的土层(称为弧形挖掘带),斗内装满土(Ⅱ→Ⅲ)。

b. 回转过程。这是从挖土处转向卸土处的过程,先将铲斗退出工作面(Ⅳ),然后回转

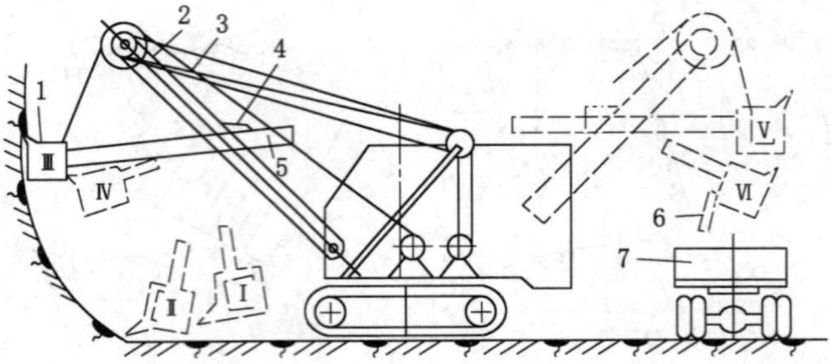

1—铲斗；2—动臂；3—铲斗提升钢索；4—斗柄座；5—斗柄；6—斗底；7—运土车辆。
Ⅰ～Ⅳ—挖掘过程；Ⅴ～Ⅵ—卸料过程。
图 8-3　机械操纵式正铲挖掘机工作过程

转台使动臂带着铲斗转到卸料处的上空（Ⅴ）。在此过程中可适当调整斗的伸出长度和高度，以满足卸料要求（可节省循环时间）。

c. 卸料过程。打开斗底卸料（Ⅵ）。

d. 返回过程。反向（也可正向）回转转台，使动臂带着空斗返回挖掘面，在此过程中放下铲斗，斗底在惯性力作用下自动关闭（Ⅵ→1）。

在上述过程中动臂调整好伸幅后，就不便再动。

② 反铲挖掘机。机械操纵式反铲挖掘机工作过程如图 8-4 所示。反铲挖掘机的工作特点是：先将铲斗向前伸出，并让动臂带着铲斗落在工作面上（Ⅰ），然后将铲斗向内拉转（Ⅱ），于是在动臂连同铲斗的重力及牵引钢索的拉力作用下，在工作面上挖出一条弧形的挖掘带。待挖出的土层装满铲斗后，将铲斗保持在装满状态下连同动臂一起升起（Ⅲ），再回转到卸料处上空。卸料是将斗底打开（斗底可以打开，Ⅳ），或将斗向前伸出，使斗口朝下卸料（斗底不能打开，Ⅴ）。

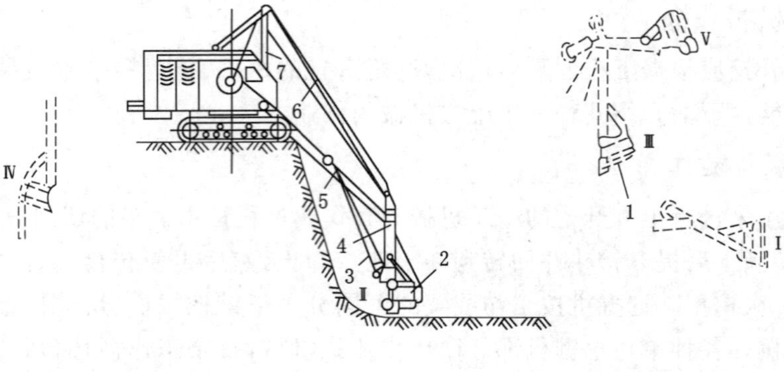

1—斗底；2—铲斗；3—牵引钢索；4—斗柄；5—动臂；6—提升钢索；7—前支架。
图 8-4　机械操纵式反铲挖掘机工作过程

(2) 液压操纵式挖掘机

液压操纵的正、反铲挖掘机的铲斗都是以其斗柄铰装在动臂顶端转动，其斗底也由另一个双作用液压缸来执行启闭作用，动臂是由另一个双作用液压缸来控制其升降（改变伸幅）。在有的挖掘机上，铲斗还可以由一个液压缸来控制其相对于斗柄转动；有的动臂还可以分成上、下两节。图 8-5(a)、图 8-5(b)分别为液压操纵式挖掘机的正、反铲工作装置。

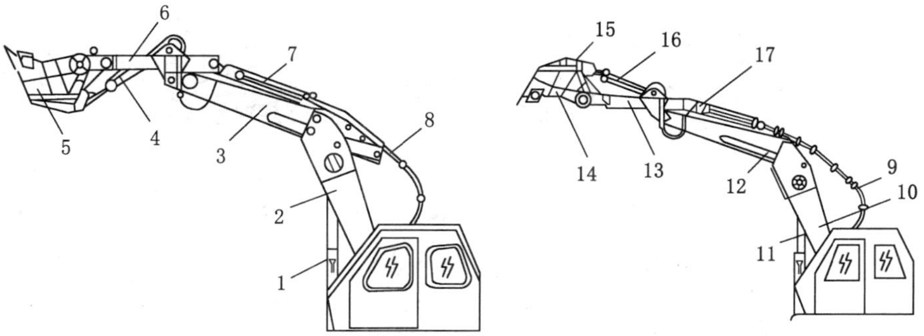

(a) 液压操纵式挖掘机正铲工作装置　　(b) 液压操纵式挖掘机反铲工作装置

1,11—动臂液压缸;2,10—动臂;3,12—加长臂;4,16—斗底启闭液压缸;5,14—铲斗;6,13—斗柄;7,17—斗柄液压缸;8,9—软管;15—斗底。

图 8-5　液压操纵式挖掘机正、反铲工作装置

液压操纵式挖掘机由于具有上述特点,铲斗与动臂既可以单独工作,又可以相互配合共同工作,所以工作能力比同级的机械操纵式高,而且正、反铲斗都能挖掘位于停机面上、下的工作面,因此其应用范围大幅增大。

(3) 机械操纵式抓斗挖掘机

机械操纵式抓斗挖掘机在工作中首先固定提升钢索而放松闭合钢索,斗瓣即张开,然后共同放松两索,让张开的抓斗垂直落在工作面上,于是在自重作用下切入土中。此后收紧闭合钢索,抓斗在逐渐闭合的过程中抓满土料,从而完成挖掘过程。当抓斗完全闭合以后,使提升钢索与闭合钢索以同一速度将闭合的抓斗提起。当斗提升到一定高度后,就将斗转到卸料处上空。卸料时只要固定提升钢索,放松闭合钢索,斗瓣即可张开,卸出土。

8.1.4.2　推土机施工作业

推土机由拖拉机与推土工作装置两部分组成,如图 8-6 所示。其行走方式有履带式和轮胎式两种;传动系统主要采用机械和液压传动;操纵方式分为液压与机械两种。其特点是操纵灵活、转移速度快、所需作业面小、能在一般干湿或倾斜地面上独立工作。在公路工程施工中,主要用于填筑路堤、开挖路堑、平整场地、回填管道沟渠以及其他辅助作业等。土壤为Ⅰ、Ⅱ类时的生产效率较高,经济效果也较好;土壤为Ⅲ、Ⅳ类时需事先翻松。推土机还可以用于开伐小树木,清除树根、树墩,以及在辅助作业中推顶铲运机作助铲之用。

推土机属于循环作业式机械,执行铲土、运土和卸土,加上空驶回程共四个过程,构成一个工作循环。

推土机常用于两种场合:第一种是高度 3 m 以内的路堤和路堑上方;运距 10～100 m 以内的土方挖运、填铺与压实;傍山坡修筑半挖、半填路基土方。第二种是顺地面斜坡下行,将挖方土推至填方处,其运距可达 100～150 m。

由于推土机作业方式通常由切土、推土、堆卸、空返四个环节组成,而影响作业效率的是切土和推土两个环节,在操作中如能以最快的速度、最短的距离切满土,而在推土过程中使切满刀片中的土散失最少,推运速度最快,则推土机作业效率最高。具体的推土方法有以下几种作业方式。

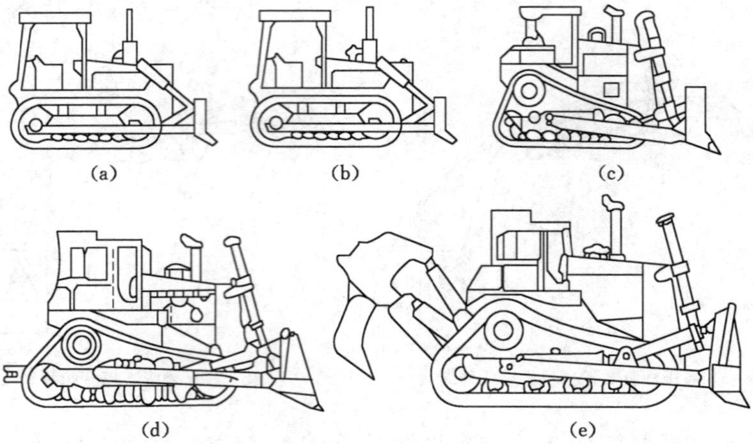

图 8-6　几种不同类型的推土机

(1) 下坡推土法

如图 8-7(a)所示,推土机铲挖土宜在下坡时进行,以利用推土机下坡时重力分量增大铲土深度和运土量,一般可提高生产效率 30%～40%,但坡度不宜过陡,否则回空时爬坡困难,对普通土下坡坡度宜为 10%～18%,不得大于 30%;对于松土,下坡坡度不宜小于 10%,不得大于 15%。

(2) 槽形推土法

如图 8-7(b)所示,当推土运距较远,土层较厚时,可采用槽形推土法,即推土机连续多次同一路线推土,形成一条线槽,再在槽内推土,以减少土的漏失,增加每次推土量,提高工效。槽的宽度略大于铲刀宽,以不夹铲且能挡住铲刀两侧土漏失为度,槽的最终深度一般不大于铲刀高度,以防槽壁塌方造成事故。采用多机槽形作业时,两槽隔墙厚度以 0.5 m 为宜。

(3) 并列推土法

如图 8-7(c)所示,当路堑较宽时,可采用 2～3 台推土机并列同速推土,以减少土的散失。相邻两铲间距宜为 15～30 cm,平均运距不宜超过 50 m,也不宜短于 20 m,这样可提高生产效率 15%～50%。

(4) 接力推土法

如图 8-7(d)所示,当推土运距较远,土质较坚硬,一次切土深度不大时,可由近及远分段将土推送成土堆,然后由远及近将土堆一次推送至卸土点,这样不但可以提高运土效率,而且可减少运土时间。

(5) 波浪式推土法

推土机开始切土时,应将铲刀最大可能地切入土中,当发动机稍有超载声响时慢慢提起铲刀,如此往复即波浪式推土法。

(6) 斜铲推土法

推土机进行傍山铲土和单侧弃土作业时,通常采用斜铲推土法。铲土时,刀片与路中线斜交角在松土上为 60°,在硬土上为 45°,并用刀片前端切入土中,将土向下推到路基上,或向路基外侧弃土,刀片的最有利位置应视具体情况和工作经验确定。斜铲作业时应注意保持直线行驶,防止车身因受力不均而移动。

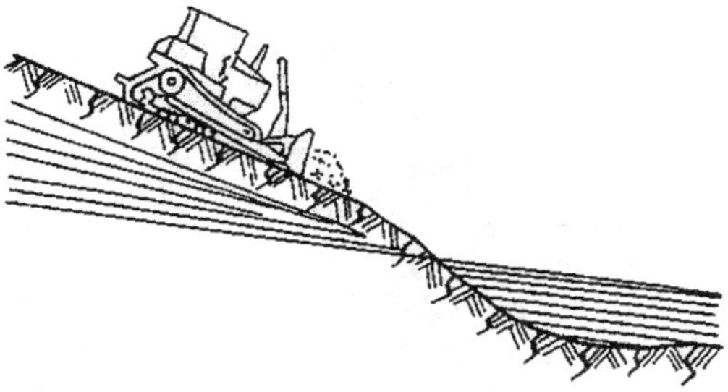

(a) 下坡推土法

(b) 槽形推土法

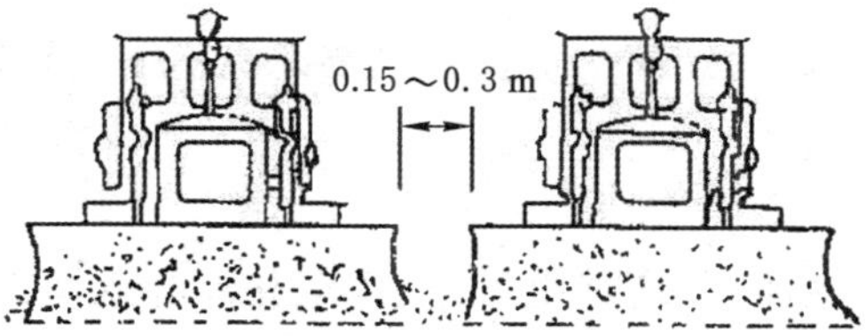

(c) 并列推土法

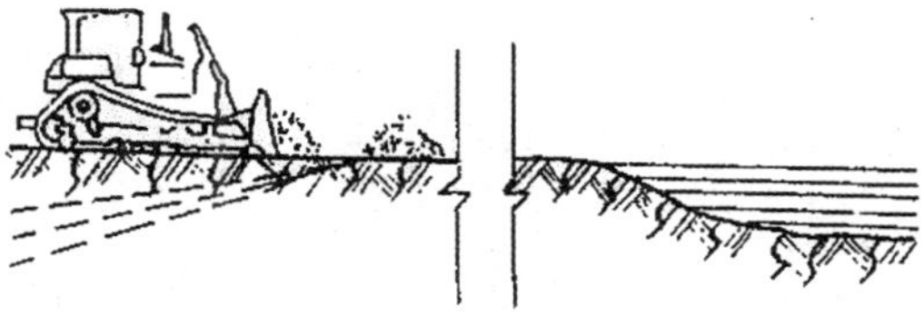

(d) 接力推土法

图 8-7 推土机施工示意图

(7) 侧铲推土法

推土机在坡度不大的斜坡上削土或挖沟时,宜采用侧铲作业法,即铲刀在竖直平面内转动 9°左右。这种作业的工作场地以纵坡不大于 30°、横向坡度不大于 25°为宜。

8.1.4.3 平地机路堤施工作业

平地机又称为平土机或平路机,是土方工程中进行修刮和平整路基、路面及场地作业的主要机械,主要用于平整和铺平其他机械(如推土机、铲运机等)所铺填的土料;修整路基横断面和修刮边坡;开挖路槽、边沟以及平整大面积场地(如机场、广场)等土方作业。此外,在路基上拌和路面材料、养护土路、清除杂草和积雪等作业也可采用。平地机是一种铲土、移土和卸土同时进行的连续作业式机械,其主要工作装置为刮刀。刮刀有四种调整动作:水平回转、左右端升降、左右侧伸和机外倾斜,因此,可调整刮刀处于不同位置来完成上述多种作业。当平地机所附的齿耙下放时,还可以进行松土作业。也可以在平地机上加装推土机装置,用以代替推土机进行各种作业。

平地机按其行走方式分为拖式和自行式两种。拖式由履带式拖拉机牵引,自行式依靠自身动力装置驱动。控制操纵有液力传动(及操纵)和机械传动(及操纵)两种方法。其作业路段长度一般宜为 800～1 500 m。自行式平地机如图 8-8 所示。

8.1.4.4 装载机开挖土质路堑作业

装载机是一种工作效率较高的铲土、装载、运输机械,兼有推土机和挖掘机二者的工作能力,可以进行铲掘、推运、装卸和牵引等多种作业,其优点是适应性强、作业效率高、操作简便、机动性强,是路堑横挖中常用的机械之一。

装载机与运输车辆配合,通常采用如下作业方法。

(1) "Ⅰ"形作业

运输车辆平行于开挖面,装载机垂直于开挖面,前进铲土后,直线后退一定距离,并提升

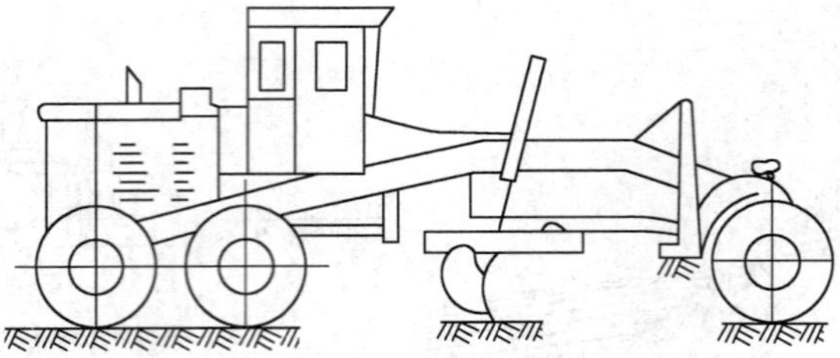

图 8-8　自行式平地机

铲斗，此时运输车辆退到装载机铲斗卸土位置，装满后驶离。这种方式装载机不需调头，但运输车辆需要多次倒驶。

(2)“V”形作业

运输车辆与开挖面呈 60°，装载机垂直于开挖面，前进铲土后，在倒车驶离开挖面过程中调头 60°与运输车辆垂直，然后驶向运输车辆卸土。这种方式循环时间较短。

(3)“L”形作业

运输车辆垂直于开挖面，装载机前进铲土后倒退并调转 90°，然后驶向运输车辆卸土。这种方式需要较宽的工作场地。

8.1.4.5　压路机施工作业

压路机在工程机械中属于道路设备范畴，广泛用于高等级公路、铁路、机场跑道、大坝、体育场等大型工程项目的填方压实作业，可以碾压砂性土、半黏性及黏性土壤，路基稳定土及沥青混凝土路面层。压路机主要有静压式压路机、钢轮式压路机、轮胎式压路机、拖式压路机、羊足碾压路机、冲击式压路机。在碾压过程中应注意以下几点：

① 无论是上坡还是下坡，沥青混合料底下一层必须清洁干燥，而且一定要喷洒沥青结合层，以避免混合料在碾压时滑移。

② 无论是上坡碾压还是下坡碾压，压路机的驱动轮均应在后面。

③ 上坡碾压时，压路机起步、停止和加速都要平稳，避免速度过高或过低。

④ 上坡碾压前，应使混合料冷却到规定的低限温度，之后进行静力预压，待混合料温度降到下限(120 ℃)时才采用振动压实。

⑤ 下坡碾压应避免突然变速和制动。

8.2　路面施工

8.2.1　沥青混凝土路面面层施工工艺

8.2.1.1　施工准备

沥青面层施工是一种机械化、规模化的连续生产过程，因此，在施工前必须做好充分的准备工作，保证在施工时有充足且质量合格的材料储备，性能良好、满足规模生产的机械设备仪器及熟练的技术人员。因此，在施工准备阶段作如下要求。

(1) 场地要求

一般要求拌和厂和储料场占地面积符合合同文件及施工进度、质量要求。料场应进行硬化，硬化方案可采用垫层＋基层＋10 cm C20 混凝土面层等方式。拌和厂应设置完善的排水设施。场内道路(包括拌和厂至主线之间的道路)必须硬化，并确保清洁、平整，防止泥土污染集料，或因颠簸而造成混合料离析。细集料必须搭建牢固的防雨棚储存，外加剂及矿粉等材料采用仓库存放；拌和厂内应具备完善的排水设施并做好绿化、环保工作。各料堆之间采用 50 cm 以上宽度隔墙分隔，隔墙前后必须设置醒目的标志牌，标明材料规格及产地、材料负责人。隔离墙高度大于 1.8 m，且必须满足使用要求，避免发生串料现象；靠近运输道路一侧的料堆必须采取防尘措施以避免污染材料。拌和楼处宜设置密封式的废粉收集处集中转运回收粉，避免对环境产生污染。在高压、高温设备处应设置安全警告标示和设备操作规程，有专人巡视安全，做好安全工作。

(2) 施工机械要求

必须配备齐全合同中承诺的及经监理工程师审核认为满足施工要求的施工机械和配件。做好设备保养、调试运转工作，保证在施工期间一般不发生有碍施工进度和质量的故障。按照每个作业面实行至少两台同型号摊铺机梯队作业以保证摊铺面质量的施工要求，一个施工点必须配备以下主要施工机械和仪器。

间歇式沥青混合料拌和机：对于新建高速公路，单台不宜低于 3 000 型，产量额定值大于 240 t/h，由计算机系统控制全部生产过程，在生产过程中应能随时打印每盘混合料的详细参数。冷料仓不少于 5 个，并与配合比中集料种类相匹配。同时具有添加矿粉、消石灰等外加剂的两套提升设备。矿粉仓必须配备振动装置，防止矿粉起拱。宜安装 400 t 以上沥青储存罐和 80 t 以上热贮料仓。通到拌和楼拌和锅的粉尘回收管应焊牢封闭或拆除，将除尘器内的回收粉输出管道通到废粉收集处内，集中转运。

摊铺机：同型号沥青混合料摊铺机 3 台，其中 1 台备用。摊铺机中螺旋送料器上应安装反向叶片，减少摊铺时摊铺机中间部位的离析。配备非接触式平衡梁(安装长度大于 6 m)。

压路机：每个工作面宜配备不少于 5 台压路机(轮胎压路机及双钢轮压路机)，并根据试验段确定以上机械具体数量及组合方式。

运输车辆：载重量 28～40 t 之间的自卸汽车不少于 20 辆。运输车车厢内板应平滑，配备能覆盖到车厢板上口以下 20 cm 宽度面积的篷布(或采用棉被覆盖)。

试验仪器：为保证能及时检测控制施工质量，必须配备性能良好，精度符合合同规定及试验规程需要的质量检测仪器，并配备足够的易损部件。

(3) 配合比设计

沥青面层的配合比设计的成功与否将直接影响面层的质量，配合比应采用质量优良的材料进行严谨的设计优化和现场检验，以确定是否成功。

沥青混合料面层所用的集料、矿粉、抗剥落剂等由承包人选定料源或供应厂商，承包人进行材料质量初检，监理工程师进行检测及质量认可批准后，可以进行原材料采购。重要材料的质量应从源头抓起，派专人到厂家蹲点，不合格的材料不得装车、装船。承包人项目部负责对进场的沥青质量进行检测，监理组按一定频率抽检。原材料技术指标应符合相关施工技术规范的要求。

根据《公路沥青路面施工技术规范》(JTG F40—2004)的规定，密级配沥青混合料宜根据公路等级、气候及交通条件按表 8-3 选择采用粗型(C 型)或细型(F 型)混合料，并在

表 8-4范围内确定工程设计级配范围。

表 8-3　粗型和细型密级配沥青混凝土的关键性筛孔通过率

混合料类型	公称最大粒径/mm	用以分类的关键性筛孔/mm	粗型密级配		细型密级配	
			名称	关键性筛孔通过率/%	名称	关键性筛孔通过率/%
AC-25	26.5	4.75	AC-25C	<40	AC-25F	>40
AC-20	19	4.75	AC-20C	<45	AC-20F	>45
AC-16	16	2.36	AC-16C	<38	AC-16F	>38
AC-13	13.2	2.36	AC-13C	<40	AC-13F	>40
AC-10	9.5	2.36	AC-10C	<45	AC-10F	>45

表 8-4　密级配沥青混凝土混合料矿料级配范围

级配类型		通过下列筛孔(mm)的质量百分率/%												
		31.5	26.5	19	16	13.2	9.5	4.75	2.36	1.18	0.6	0.3	0.15	0.075
粗粒式	AC-25	100	90~100	75~90	65~83	57~76	45~65	24~52	16~42	12~33	8~24	5~17	4~13	3~7
中粒式	AC-20		100	90~100	78~92	62~80	50~72	26~56	16~44	12~33	8~24	5~17	4~13	3~7
	AC-16			100	90~100	76~92	60~80	34~62	20~48	13~36	9~26	7~18	5~14	4~8
细粒式	AC-13				100	90~100	68~85	38~68	24~50	15~38	10~28	7~20	5~15	4~8
	AC-10					100	90~100	45~75	30~58	20~44	13~32	9~23	6~16	4~8
砂粒式							100	90~100	55~75	35~55	20~40	12~28	7~18	5~10

面层沥青混合料的配合比设计过程，必须严格按照《公路沥青路面施工技术规范》(JTG F40—2004)中附录 B 的要求，各种类型的混合料设计结果必须满足表 8-5 中相应的混合料设计技术要求。

表 8-5　沥青稳定碎石混合料马歇尔试验配合比设计技术标准

试验指标	单位	密级配基层(ATB)		半开级配面层(AM)	排水式开级配磨耗层(OGFC)	排水式开级配基层(ATPB)
公称最大粒径	mm	26.5	≥31.5	≤26.5	≤26.5	所有尺寸
马歇尔试件尺寸	mm	ϕ101.6×63.5	ϕ152.4×95.3	ϕ101.6×63.5	ϕ101.6×63.5	ϕ152.4×95.3
击实次数(双面)	次	75	112	50	50	75
空隙率(VV)	%	3~6		6~10	≥18	≥18
稳定度	kN	≥7.5	≥15	≥3.5	≥3.5	—
流值	mm	1.5~4	实测	—	—	—
沥青饱和度(VFA)	%	55~70		40~70	—	—
密级配基层 ATB 的矿料间隙率(VMA)最小值/%	设计空隙率/%		ATB-40	ATB-30		ATB-25
	4		11	11.5		12
	5		12	12.5		13
	6		13	13.5		14

（4）试验段铺筑

在生产配合比设计成功及其他技术准备工作完成后，应马上进行试验段的铺筑。施工单位根据批复的沥青混合料配合比设计，组织熟练技术人员，配备合理机械，以施工规范和施工组织设计为基础拟定完善的试验段施工方案，特别是针对出现意外事件的应急方案应详细周全，施工前召开技术安全交底会。试验段宜选在主线直线段，长度不小于 300 m。施工前已对下承层进行了清理并经监理工程师验收合格。

试验路段施工分为试拌和试铺两个阶段，按照规模施工的要求确定以下内容：根据与各种机械施工能力相匹配的原则，确定适宜的施工机械，根据生产能力确定机械数量与组合方式；通过试拌确定拌和时间、拌和温度、除尘风门开度等；通过试铺确定摊铺速度、松铺系数、压实机具的组合方式、碾压速度、碾压次数及施工缝处理方法等。试铺结束后，施工单位提交试验段总结报告。试验段总结报告经总监办批准后即可作为申报正式开工的依据。

（5）规模施工前的准备检查工作

施工单位在试验段铺筑成功，试验段总结批复后即可进行规模施工。在规模施工前应完成以下工作：检查透、封层的完整性与基层表面的黏结性；将透层表面浮动矿料扫至路面以外，表面杂物也应清扫干净；面层施工前宜完成路肩、中央分隔带回填土和草皮的覆盖，杜绝二次污染；为防止黏层沥青发生粘车轮现象并产生污染，黏层沥青宜在施工前 1～2 d 撒布，撒布 24 h 后方可摊铺，在此期间必须封闭交通，做好交通管制。

8.2.1.2　施工工序及要求

（1）沥青混合料的拌制

每日施工前应对料堆中的拟用断面取样，检测集料含水率和级配，根据检测结果调整冷料仓比例以满足目标配合比中设计级配要求。沥青混合料拌和时间根据具体情况经试拌确定，以沥青均匀裹覆集料为度。间歇式拌和机每盘的生产周期不少于 45 s(其中干拌时间不少于 5～10 s)。改性沥青混合料的拌和时间适当延长(5～10 s)。拌和料各种材料的加热温度和混合料要求温度，按表 8-6 设置。在满足现场碾压条件下，不宜追求高温，以减轻沥青老化。

表 8-6　沥青混合料拌和时的材料加热温度　　单位：℃

	普通沥青	改性沥青
沥青加热温度	155～165	160～165
矿料温度	比沥青温度高 10～30	190～220

要注意目测检查混合料的均匀性，及时分析异常现象，如混合料有无花白、冒青烟和离析等现象。如果确认是质量问题，应作为废料处理并及时予以纠正。在生产开始以前，有关人员要细致观察室内试拌的混合料以熟悉本项目所用各种混合料的外观特征。

（2）沥青混合料的运输

现场应采用经过标定后的测温仪器，逐车检测混合料温度。测温孔应随机布置，但不得低于车厢底 30 cm，测温仪器应插入混合料内 15～20 cm，到温度不再上升为止，记录读数。混合料出场温度和到场温度应符合表 8-7 的要求。

表 8-7　沥青混合料的出厂温度和到场温度　　　单位：℃

	普通沥青	改性沥青
混合料出厂温度	正常范围为 155～170，超过 190 者废弃	正常范围为 165～185，超过 195 者废弃
混合料运输到现场温度	不低于 150	不低于 165

运料车每次使用后必须清扫干净，在车厢板上涂一层隔离剂(不得含有对沥青有溶解作用的柴油等有机溶剂)，但不得有余液积聚在车厢底部。沥青混合料运输车的运量应较拌和能力和摊铺速度有所富余，摊铺机前方宜有五辆运料车等候卸料。运料车必须进行篷布或棉被覆盖，篷布覆盖起到保温或避免新拌沥青混合料被污染的作用。

（3）沥青混合料的摊铺

连续稳定地摊铺是提高路面平整度的最主要措施。摊铺机的摊铺速度应根据拌和机的产量、施工机械配套情况、摊铺厚度、摊铺宽度，按 2～4 m/min 调整选择，做到缓慢、均匀、不间断地摊铺。不得随意变更速度，更不能任意快速摊铺几分钟再停机待料。也不得午间休息，停机候铺，必须做到交替作业、稳定连续摊铺，保证每天收工停机一次。用机械摊铺的混合料未压实前，非必要施工人员不得进入铺面，减少踩踏。摊铺机料斗宜一车一收，减少离析。安排专人检测松铺厚度是否符合规定，每 10 m 检测一断面。摊铺机熨平板必须拼接紧密，不允许存有缝隙，防止卡入粒料将铺面拉出条痕。

下面层摊铺厚度采用钢丝引导的高程控制方式。钢丝为扭绕式，直径不小于 6 mm，钢丝拉力大于 800 N，每 10 m 设一钢丝支架。中、上面层摊铺采用非接触式浮动基准梁控制。两台摊铺机前后错开 10～20 m，呈梯队方式同步摊铺，两幅之间应有 30～60 cm 的搭接，接缝位置应避开车道轮迹带，同时上下层的纵向搭接宜错开 200 mm 以上，热接缝形式必须做跨缝碾压以消除接缝。

摊铺机应调整到最佳工作状态，调好螺旋布料器两端的自动料位器，并使料门开度、链板送料器的速度和螺旋布料器的转速相匹配。螺旋布料器内混合料表面以略高于螺旋布料器 2/3 为度，使熨平板的挡板前混合料的高度在全宽范围内保持一致，避免摊铺层出现离析现象。

（4）沥青混合料的碾压成型

沥青混合料在摊铺后的碾压是极为重要的一道工序，必须安排专人管理，该技术人员应了解各阶段碾压温度，碾压段长度，初压、复压、终压的压路机安排，随时检查收光情况，避免轮迹和粘轮现象出现。保证按照规范要求压实后的路面满足压实度和平整度要求。在不产生严重推移和裂缝的前提下，在尽可能高的温度下进行碾压，但不得形成过压现象。在碾压过程中采用钢轮与胶轮相结合的方式，宜先用钢轮后用胶轮。碾压各阶段时的温度见表 8-8。

碾压轮在碾压过程中应保持清洁，有混合料粘轮时应立即清除。压路机不得在未碾压成型路段上转向、调头、加水或停留。在当天成型的路面上，不得停放各种机械设备或车辆，不得散落矿料、油料等杂物。

表 8-8　沥青混合料的碾压温度　　　　单位：℃

		普通沥青	改性沥青
摊铺温度	正常施工	≥135	≥160
	低温施工	≥150	—
碾压温度	正常施工	≥130	≥150
	低温施工	≥145	—
碾压终了温度	钢轮压路机	≥70	≥90
	轮胎压路机	≥80	
	振动压路机	≥70	
开放交通的路表温度		≤50	≤50

(5) 施工接缝的处理

沥青混凝土的施工接缝处理对于面层施工质量控制来说一直是个薄弱点，所以对施工缝处的压实度控制和平整度控制应重点关注。在按照规范要求进行施工缝处理的同时，应做好以下几点：横向施工缝全部采用平接缝。切除后的接缝处应保证压实度和高程，严格禁止采用在下层洒水以形成隔离层的方式来降低切除多余材料难度的方法；新旧接缝施工时应安排专人操作，按横向左右 2 m 间距用 3 m 直尺以纵向 1 m 间隔前后连续 2 次测量其最大间隙，技术人员记录检查直至平整度合格；对于桥梁构造物较多的标段，每日的施工结束端头尽可能放在桥梁伸缩缝位置，位置超出缝中线不少于 80 cm，切缝时应在伸缩缝范围内，宜靠近后侧。

(6) 质量控制

质量管理分为施工过程中的质量控制和交工验收时的验收标准，交工验收的质量验收标准按照国家相关标准进行，施工过程中的质量控制指标、检查方法、检查频率和质量要求见表 8-9。

8.2.2　水泥混凝土面层滑模铺筑技术

8.2.2.1　滑模摊铺机选型与工艺流程

高速公路、一级公路施工，宜选配能一次摊铺 2～3 个车道宽度(7.5～12.5 m)的滑模摊铺机；二级及以下等级公路路面的最小摊铺宽度应小于单车道设计宽度；硬路肩的摊铺宜选配中、小型多功能滑模摊铺机，并宜连体一次摊铺路缘石。

滑模摊铺机的特点是不需轨模，用由 4 个液压缸支承腿控制的履带行走机构行走。整个摊铺机的架支承在 4 个液压缸上，可以通过控制机构上下移动，调整摊铺层厚度。在摊铺机的两侧置有随机移动的固定滑模板，因此不需另设轨模。这种摊铺机一次通过就可以完成摊铺、捣实、整平等多道工序。

滑模摊铺机可按特大、大、中、小 4 个级别进行基本技术参数选择。无论是哪种设备，首先必须满足施工路面、路肩、路缘石和护栏等基本施工要求；其次摊铺机本身的工作配件要齐全，应配备螺旋或刮板布料器、松方高度控制板、振动排气仓、夯实杆或振动搓平梁、自动抹平板、打入拉杆装置。

表 8-9　沥青混凝土面层施工阶段的质量检查标准

<table>
<tr><th colspan="2">项目</th><th>检查频度</th><th colspan="3">质量要求或允许差</th><th>试验方法</th></tr>
<tr><td rowspan="4">施工温度</td><td>沥青混合料出厂温度</td><td rowspan="4">每车料一次</td><td colspan="3" rowspan="4">应符合规定</td><td rowspan="4">水银温度计或数显式热电偶温度计测定（摊铺、碾压时也可以采用红外温度计）</td></tr>
<tr><td>运输到现场温度</td></tr>
<tr><td>初压温度</td></tr>
<tr><td>碾压终了温度</td></tr>
<tr><td rowspan="4">矿料级配：与生产设计标准级配的差/%</td><td rowspan="2">0.075 mm</td><td rowspan="4">上、下午各 1 次</td><td>下面层</td><td>中面层</td><td>上面层</td><td rowspan="4">拌和厂取样，用抽提后的矿料筛分</td></tr>
<tr><td>±2</td><td>±2</td><td>±2</td></tr>
<tr><td>≤2.36 mm</td><td>±3</td><td>±3</td><td>±3</td></tr>
<tr><td>≥4.75 mm</td><td>±4</td><td>±4</td><td>±4</td></tr>
<tr><td colspan="2">沥青含量（油石比）</td><td>上、下午各 1 次</td><td colspan="3">±0.1%</td><td>拌和厂取样抽提</td></tr>
<tr><td rowspan="4">马歇尔试验</td><td>稳定度/kN</td><td rowspan="3">上、下午各 1 次</td><td colspan="3" rowspan="2">符合指导书要求</td><td rowspan="3">拌和厂取样，室内成型试验</td></tr>
<tr><td>流值（0.1 mm）</td></tr>
<tr><td>孔隙率/%</td><td colspan="3">生产配合比±1%</td></tr>
<tr><td>压实度/%</td><td>每 2 000 m² 检查 1 组，逐个试件评定并计算平均值</td><td colspan="3">不小于 98%（马歇尔密度），现场孔隙率为 3%～6%</td><td>现场钻孔试验</td></tr>
<tr><td rowspan="4">厚度</td><td>每一层次</td><td>随时</td><td colspan="3">厚度 50 mm 以下：设计值的 5%
厚度 50 mm 以上：设计值的 8%</td><td>铺筑时随时插入量取</td></tr>
<tr><td>每一层次</td><td>每个施工段</td><td colspan="3">厚度 50 mm 以下：−3 mm
厚度 50 mm 以上：−5 mm</td><td>每日用混合料数量校核</td></tr>
<tr><td>总厚度</td><td>每 2 000 m² 一点单点评定</td><td colspan="3">设计值的−5%</td><td rowspan="2">钻孔检查</td></tr>
<tr><td>上面层</td><td>每 2 000 m² 一点单点评定</td><td colspan="3">设计值的−10%</td></tr>
<tr><td rowspan="2">平整度（最大间隙）</td><td>上面层</td><td>随时，接缝处单杆评定</td><td colspan="3">3 mm</td><td>《三米直尺测试平整度方法》（T 0931—2008）</td></tr>
<tr><td>中、下面层</td><td>随时，接缝处单杆评定</td><td colspan="3">5 mm</td><td>《三米直尺测试平整度方法》（T 0931—2008）</td></tr>
<tr><td rowspan="3">平整度（标准差）</td><td>上面层</td><td>连续测定</td><td colspan="3">1.2 mm</td><td rowspan="3">《连续式平整度仪测试平整度方法》（T 0932—2008）</td></tr>
<tr><td>中面层</td><td>连续测定</td><td colspan="3">1.5 mm</td></tr>
<tr><td>下面层</td><td>连续测定</td><td colspan="3">1.8 mm</td></tr>
<tr><td rowspan="2">宽度</td><td>有侧石</td><td>检测每个断面</td><td colspan="3">±20 mm</td><td rowspan="2">《路基路面几何尺寸检测方法》（T 0911—2008）</td></tr>
<tr><td>无侧石</td><td>检测每个断面</td><td colspan="3">不小于设计宽度</td></tr>
<tr><td colspan="2">纵断面高程</td><td>检测每个断面</td><td colspan="3">±10 mm</td><td>《路基路面几何尺寸检测方法》（T 0911—2008）</td></tr>
<tr><td colspan="2">横坡度</td><td>检测每个断面</td><td colspan="3">±0.3%</td><td>《路基路面几何尺寸检测方法》（T 0911—2008）</td></tr>
<tr><td colspan="2">渗水系数</td><td>每 1 km 不少于 5 点，每点取 3 处，求平均值</td><td colspan="3">中、下面层的小于等于 70 mL/min，上面层的小于等于 50 mL/min</td><td>渗水仪</td></tr>
</table>

(1) 滑模摊铺机械选配

选配机械设备的关键:一是按工艺要求配齐全,缺一不可;二是生产稳定可靠,故障率低。

滑模摊铺设备配套有重型和轻型之分,重型有布料机、摊铺机和拉毛机,重型设备的优点是施工钢筋混凝土路面和桥面很便捷,缺点是设备越多,出故障的概率越高。国内大部分轻型配置中都有一台摊铺机,其特点是人工工作量大,且需要其他设备辅助施工钢筋混凝土桥面,但实践证明:轻型设备也可用于施工优质混凝土路面,国内滑模施工最快日进度,最高平整度均是在轻型装备上实现的。

① 布料设备选择——滑模摊铺路面时,可配备1台挖掘机或装载机配合布料。采用前置钢筋支架法设置缩缝传力杆的路面、钢筋混凝土路面、桥面和桥头拱板时,应选配下列适宜的布料机械:侧向卸料的布料机、侧向上料的供料机、带侧向上料机构的滑模摊铺机、挖掘机(加料斗侧向供料)、吊车(加料斗起吊布料)。

② 抗滑构造机械——可采用拉毛机或人工软拉槽制作抗滑沟槽。工程规模大、日摊铺进度快时,宜采用拉毛机。高速公路、一级公路宜采用刻槽机进行硬刻槽,其刻槽作业宽度不宜小于500 mm,所配备的硬刻槽机数量及槽与滑模进度相匹配。

(2) 滑模摊铺工艺流程

滑模摊铺工艺流程如图8-9所示。

8.2.2.2 摊铺作业技术

摊铺机在进行混凝土试摊铺时,应制定消除误差的方法、程序和保证措施,必须对所摊出的路面标高、厚度、宽度、冲线、横坡度等技术参数进行测量。机器操作人员应根据测量结果及时微调摊铺机上传感器、挤压板、拉杆打入夯力、抹平板的压力及侧模边缘位置。从摊铺机起步+调整+正常摊铺,应在10 m内完成。摊铺效果达到要求的摊铺机参数并固定保护起来,不允许非操作手更改。

(1) 铺筑机作业技术要领

摊铺过程中的操作要领来源于振动黏度理论和摊铺机工艺设计原理。滑模摊铺机与其他工艺的区别是不能倒车重铺,必须一遍铺成,达到振动密实、排气充分、挤压平整、外观规整的目的。每台摊铺机都有其最佳参数设定位置,需要摸索出初始设定位置和最优参数。

① 摊铺速度——操作滑模摊铺机应缓慢、匀速、连续地作业。停机次数越多,摊铺机挤压底板的静止压力造成影响平整度的横向槽越多。严禁料多追赶,然后随意停机等待造成间歇摊铺。摊铺速度应根据混凝土的稠度、供料多少和设备性能控制在0.5~3.0 m/min,一般宜控制在1 m/min左右。

混凝土稠度发生变化时,应先调振捣频率,之后改变摊铺速度。

② 混凝土的振捣——正常摊铺时,振捣频率可在6 000~11 000转/min之间调整,宜采用约9 000转/min的频率。防止混凝土过振、欠振或漏振时,应根据混凝土的稠度随时调整摊铺的振捣速度。摊铺机起步时,先开启振捣棒振捣2~3 min,再缓慢平移推进。摊铺机脱离混凝土后,应立即关闭振捣棒组。

摊铺过程中应经常检查振捣棒的工作情况和位置。路面出现麻面或拉裂现象时,必须停机检查或更换振捣棒。为防止路面出现麻面或开裂,摊铺后路面上出现发亮的砂浆条带时,必须调高振捣棒位置,使其底缘在挤压底板的后缘高度以上。

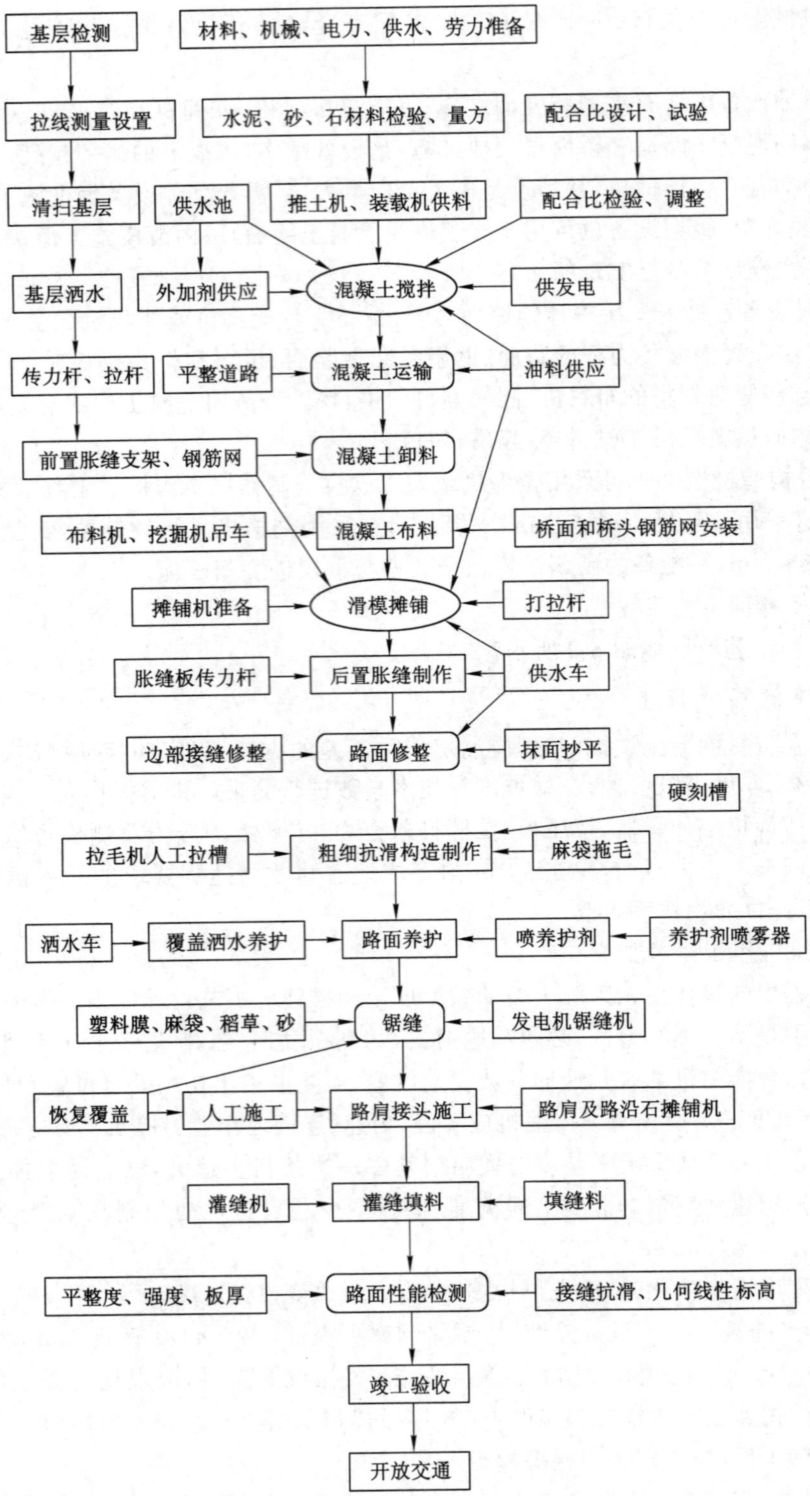

图 8-9　滑模摊铺水泥混凝土路面施工工艺流程

③ 故障排除——当混凝土供应不上或拌和楼出现机械故障等情况时，停机等待时间不得超过平均气温下混凝土初凝时间的4/5，超过此时间时应将滑模摊铺机开出摊铺工作面，并做施工缝。当滑模摊铺机出现机械故障时，应紧急通知后方搅拌楼停止生产，在故障停机时间内，若摊铺机内混凝土尚未初凝，则允许继续摊铺。否则将滑模摊铺机拖出摊铺工作面，清洗、调试和检查，并确认正常后重新起步摊铺。

(2) 摊铺现场作业技术要领

① 布料作业——a.布料高度：无论采用哪一种布料方式，滑模摊铺机前的料线高度应控制在螺旋布料片最高点以下，并不得缺料。卸料、布料应与摊铺速度协调。混凝土运到路面铺筑处卸下时，可以采用直接卸在基层上和用卸料机械卸到摊铺机内两种方法。b.松铺控制：滑模摊铺机摊铺过程中要随时调整松方高度板控制进料位置，开始时宜设得高些，正常摊铺时应保持振捣仓内料位高于振捣棒100 mm左右，料位高低上下波动宜控制在±30 mm之内。为了防止挤压力忽大忽小而影响平整度，挤压底板的料与振动仓内的混凝土之间始终应维持相互间压力的均衡。

② 拉杆插入——摊铺单车道路面应视路面的设计要求配置一侧或双侧打入纵缝拉杆的机械装置。侧向拉杆打入装置的正确插入位置应在挤压底板的下中间或偏后部。拉杆打入方式有手推、液压、气压等，应力应满足一次打(推)到位的要求，不允许多次打入或人工后打。滑模摊铺是没有固定模板的快速施工方式，在毫无支撑的软混凝土路面侧面或中间打拉杆，容易造成塌边和破坏，要采取措施补救。

同时摊铺两个以上车道时，除侧向打拉杆的装置外，还应在假纵缝位置中间配置1个以上中间拉杆自动插入装置，该装置有前插和后插两种配置。前插时，应保证拉杆的设置位置；后插时要消除插入上部混凝土的破损缺陷，应有振动搓平梁或局部振动板来保证修复插入缺陷，保证其插入部位混凝土的密实度。带振动搓平梁和振动修复板的滑模摊铺机应选择机后插入方式，其他滑模摊铺机可使用机前插入方式。打入的拉杆必须处于路面板厚中间。中间和侧向拉杆打入的高低均不得大于2 cm，前后误差不得大于3 cm。

③ 拉裂控制——路面一旦出现横向拉裂现象，应从以下几方面进行检查：首先，检查混凝土拌合物是否出现局部或整体过于干硬、离析、骨料粒径过大现象，如发生上述现象，则不适宜滑模摊铺。其次，检查在该部位是否出现因摊铺速度过快、振捣频率不够、混凝土未振动液化而出现拉裂现象，若有拉裂现象，要降低摊铺速度，提高振捣频率。再次，如果压底板的位置和前仰角设置不当，前倒角时必定拉裂，前仰角过大也可能拉裂，应在行进中调整前两个水平传感器，即改变挤压底板为适宜的前仰角，以消除拉裂现象。拌合物较干硬、等料停机时间较长以及起步摊铺速度过快，都可能拉裂路面。等料停机时间较长时，应间隔15 min开启振动棒振动2～3 min。起步摊铺时，宜先振捣2～3 min，再缓慢推进。

应通过调整拌合物稠度、停机时间、挤压底板前仰角、起步及摊铺速度等来消除拉裂现象。从料的稠度、操作、前仰角和起始速度几个方面来防止拉裂现象，最重要的是料不得过干，坍落度较小的混凝土会产生拉裂现象，因此要注意控制坍落度。

8.2.2.3 水泥混凝土路面轨道机铺筑技术

(1) 机械选型与配套设备

① 机械选型——轨道摊铺机的选型，应根据路面车道数或设计宽度按表8-10所列技术参数选择，最小摊铺宽度不得小于单车道3.75 m。

② 轨模架设——轨道摊铺应采用长度为 3 m 的专用钢制轨模,轨模底面宽度宜为高度的 80%,轨道用螺栓、垫片固定在模板支座上,模板应用钢纤与基层固定。轨道顶面应高于模板 20～40 mm,轨道中心至模板内侧边缘距离为 125 mm。轨道摊铺机使用的是轨道与模板合一的专用轨模,其尺寸一般由厂家提供。

表 8-10 轨道摊铺机的基本技术参数

项目	发动机功率/kW	最大摊铺宽度/m	摊铺厚度/mm	摊铺速度/(m/min)	整机质量/t
三车道轨道摊铺机	33～45	11.75～18.3	250～600	1～3	13～38
双车道轨道摊铺机	15～33	7.5～9.0	250～600	1～3	7～13
单车道轨道摊铺机	8～22	3.5～4.5	250～450	1～4	≤7

(2) 摊铺方式

轨道摊铺机按布料方式有刮板式、箱式和螺旋式三种。

① 刮板式摊铺——摊铺机本身能在模板上自由前后移动,在前面的导管上左右移动。并且由于刮板本身也旋转,所以可以将卸在基层上的混凝土堆向任意方向自由摊铺。这种摊铺机比其他类型摊铺机的质量小,容易操作,易掌握,故使用较普遍,但是其摊铺能力较小。德国弗格勒 J 型、美国格马可型和我国南京建筑机械厂仿制的 C-460X 型等摊铺机都采用了这种形式。

② 箱式摊铺——混凝土通过卸料机(纵向或横向)卸在钢制的箱子内。箱子在机械向前行驶时横向移动,同时箱子的下端按松铺高度刮平混凝土。

③ 螺旋式摊铺——由可以正反方向旋转的螺旋杆(直径约为 50 cm)将混凝土摊开。螺旋后面有刮板,可以准确调整高度。这种摊铺机的摊铺能力大,其松铺系数一般在1.15～1.30 之间。松铺系数与混凝土的配合比、集料粒径和坍落度等因素有关,但是施工阶段主要取决于坍落度。松铺系数根据各工程的配合比情况由试验确定。

8.2.3 铺筑作业

(1) 布料作业

使用轨道摊铺机前部配备的螺旋布料器或可上下左右移动的刮板布料,料堆不得过高过大,也不得缺料,可使用挖掘机、装载机或人工辅助布料。螺旋布料器前的拌合物应保持在面板以上 100 mm 左右,布料器后宜配备松铺高度控制刮板,也可使用有布料箱的轨道摊铺机精确布料,箱式轨道摊铺机的料斗出料口关闭时,装进拌合物并运到布料位置后,轻轻打开料斗出料口,待拌合物堆成“堤状”,左右移动料斗布料。

轨道摊铺时的适宜坍落度按振捣密实情况宜控制在 20～40 mm 之间,不同坍落度时的松铺系数 K 可参考表 3-47,并可按此计算松铺高度。布料按坍落度不同,按表 8-11 的要求控制松铺系数。

表 8-11 松铺系数 K 与坍落度 SL 的关系

坍落度 SL/mm	5	10	20	30	40	50	60
松铺系数 K	1.30	1.25	1.22	1.19	1.17	1.15	1.12

当施工钢筋路面时，宜选用(两台)箱式轨道摊铺机分两层布料，可在第一层布料完成后将钢筋网片安装好，再进行表面第二层布料，然后一次振实；也可以两次布料两次振实，中间安装钢筋网。采用双层两遍摊铺钢筋混凝土路面时，下部混凝土的布料与摊铺长度应根据钢筋网片长度和第一层混凝土凝结情况确定，且不宜超过 20 m。

(2) 振实作业

① 振捣设备。

混凝土的振捣可采用振捣机或内部振动式振捣机。

混凝土振捣机是跟在摊铺机后面对混凝土进行再一次整平和捣实的机械。在振捣梁前方设置一道与铺筑宽度同宽的复平刮梁，其作用是弥补摊铺机初平的缺陷，并使松铺混凝土在全宽范围内达到正确宽度，与振捣密实度和路面平整度直接相关。其后是一道全宽的弧面振捣梁，以表面平板式振动将振动力传至全厚度。振动频率在 50～100 Hz 之间，属于低频振捣。按混凝土工艺学的振动机理，低频是以集料接触传递振动能量的。振捣梁的弹性支撑使施振时同时具有弹压力。布料的均匀和松铺厚度要严格控制复平梁前沿堆有确保充满模板的少量余料，余料堆积高度不应超过 15 cm，过多会增大复平梁推进阻力。弹性振捣梁通过后混凝土已全部振实，其后部混凝土应控制有 2～5 mm 回弹高度，提出的砂浆，使整平工序能正常进行。靠近模板处的混凝土，用插入式振捣器补充振捣。

内部振动式振捣机主要用并排安装的振捣棒插入混凝土中，对混凝土内部进行振实。振捣器一般安装在有转子的架子上，可在轨道上自行或用其他机械牵引。振捣棒有斜插入式和垂直插入式两种。

② 振捣要求。

轨道摊铺机振捣棒组应配备超高频振捣棒，最高频率为 11 000 次/min，工作频率为 6 000～10 000 次/min。如果配备的是手持式振捣棒，其振捣频率仅为 1 500～3 000 次/min，优越性不大，若不能用超高频振捣棒来激发水泥的活性，就只有小型机具施工的弯拉强度。

振捣方式有斜插连续拖行振捣和间歇垂直振捣插入两种，当面板厚度超过 150 mm、坍落度小于 30 mm 时，必须插入振捣；连续拖行振捣时，宜将作业速度控制在 0.5～1.0 m/min 之间，并随着坍落度的大小而增减；间歇垂直振捣时，当一处混凝土振捣密实后，将振捣棒组缓慢拔出，再移到下一处振实，移动距离不宜大于 500 mm。

轨道摊铺机应配备振动板或振动梁对混凝土表面进行振捣和修整，振动梁的振捣频率宜控制在 3 000～6 000 次/min(50～100 Hz)之间，偏心轴转速调节到 2 500～3 500 转/min。经振捣棒组振实的混凝土，宜使用振动板振动提浆，并密实饰面，提浆厚度宜控制在4±1 mm。

(3) 整平饰面

轨道摊铺机上宜配备纵向或斜向抹平板。纵向抹平板随轨道摊铺机作业行进可左右贴表面滑动并完成表面修整；斜向修整抹平板作业时，抹平板沿斜向左右滑动，同时随机身前进，完成表面修整。

往复式整平滚筒前的混凝土堆积物应涌向横坡高的一侧，保证路面横坡高端有足够的料找平。及时清理因整平而推挤到路面边缘的余料，以保证整平精度和整平机械在轨道上的作业行驶。

(4) 精平饰面

应采用3～5 m刮尺，在纵横两个方向进行饰面，每个方向不少于2遍，也可以采用抹面机密实精平饰面两遍，刮尺、刮板、抹面机、抹刀精平饰面的最迟时间不得迟于规定的铺筑完毕允许时间。精平饰面的允许误差可控制在3 mm以内。

8.2.4 路面基层施工工艺

在粉碎的土和原状松散的土(包括各种粗、中、细粒土)中掺入适量的石灰和水，按照一定技术要求，经拌和，在最佳含水率下摊铺、压实及养生，其抗压强度符合规定要求的路面基层称为石灰稳定类基层。用石灰稳定细粒土得到的混合料简称石灰稳定土，所做成的基层(或底基层)称为石灰稳定土基层(底基层)。石灰稳定类材料适用于各级公路路面的底基层和二级以下公路的基层，石灰稳定土不得用作二级及以上公路高级路面的基层。在冰冻地区的潮湿路段和其他地区的过湿路段不宜采用石灰稳定土作基层和底基层。

8.2.4.1 施工准备

(1) 材料要求

土应符合下列要求：

① 宜采用塑性指数为10～15的亚黏土、黏土。

② 土中的有机物含量宜小于10%。

③ 使用旧路的级配砾石、砂石或杂填土等时应先进行试验。级配砾石、砂石等材料的最大粒径不宜超过分层厚度的60%，且不应大于10 cm。土中欲掺入碎砖等粒料时，粒料掺入含量应经试验确定。

石灰应符合下列要求：

① 宜用1～3级的新灰，石灰的技术指标应符合表8-12中规定。

② 磨细生石灰可不经消解直接使用；块灰应在使用前2～3 d完成消解，未能消解的生石灰块应筛除，消解石灰的粒径不得大于10 mm。

③ 对贮存较久或经过雨期的消解石灰应先经过试验，根据活性氧化物的含量决定能否使用和使用办法。

水应符合国家现行标准《混凝土用水标准》(JGJ 63—2006)的规定，宜使用饮用水及不含油类等杂质的清洁中性水，pH值宜为6～8。

(2) 施工机具与设备

① 石灰土施工主要机械：推土机、平地机、振动压路机、轮胎压路机、装载机、水车。厂拌时选用强制式拌和机。

② 小型机具及检测设备：蛙夯或冲击夯、四齿耙、双轮手推车、水准仪、全站仪、3 m直尺、平整度仪、灌砂筒等。

(3) 作业条件

① 技术人员和操作工人全部到位。

② 质量合格的石灰(水泥)和土料准备充足，不同粒径的土料应分别堆放。

③ 拌和系统机械设备安装调试正常，计量器具符合要求。

④ 现场实验室已经验收合格。

⑤ 集中拌和场地已清理整平，道路畅通，水电供应能满足生产要求。

⑥ 下承层各项指标已通过验收，其表面平整、坚实，压实度、平整度、纵断高程、中线偏差、宽度、横向坡度等各项指标必须符合有关规定。

⑦ 施工前对下承层进行清扫，并适当洒水润湿。

⑧ 恢复施工段的中线，直线段每 20 m 设 1 根中桩，平曲线每 10 m 设 1 根中桩。

⑨ 相关地下管线的预埋和回填已完成并经验收合格。

表 8-12 石灰技术指标

类型项目	钙质生石灰			镁质生石灰			钙质消石灰			镁质消石灰		
	等级											
	Ⅰ	Ⅱ	Ⅲ	Ⅰ	Ⅱ	Ⅲ	Ⅰ	Ⅱ	Ⅲ	Ⅰ	Ⅱ	Ⅲ
有效钙加氧化镁含量/%	≥85	≥80	≥70	≥80	≥75	≥65	≥65	≥60	≥55	≥60	≥55	≥50
未消化残渣含量 5 mm 圆孔筛的筛余/%	≤7	≤11	≤17	≤10	≤14	≤20	—	—	—	—	—	—
含水率/%							≤4	≤4	≤4	≤4	≤4	≤4
细度 0.71 mm 方孔筛的筛余/%							0	≤1	≤1	0	≤1	≤1
细度 0.125 mm 方孔筛的筛余/%							≤13	≤20	—	≤13	≤20	—
钙镁石灰的分类界限，氧化镁含量/%	≤5	>5	≤4	>4								

注：硅、铝、镁氧化物含量之和大于5%的生石灰，有效钙加氧化镁含量指标，Ⅰ等≥75%，Ⅱ等≥70%，Ⅲ等≥60%，未消化残渣含量指标均与镁质生石灰指标相同。

（4）技术准备

原材料试验：① 应取所定料场中有代表性的土样进行下列试验：颗粒分析、液限和塑性指数、CBR 值、击实、碎石或砾石的压碎值、有机质含量(必要时)、硫酸盐含量(必要时)。② 如果使用碎石、碎石土、砂砾、砂砾土等级配不良的材料，宜先改善其级配。③ 检验石灰的有效钙和氧化镁含量。

根据设计文件的要求，按土壤种类和石灰质量确定配合比，确定石灰土的最佳含水量、最大干容重。

施工前进行 100～200 m 试验段施工，确定机械设备组合效果、压实虚铺系数和施工方法。

8.2.4.2 操作工艺

工艺流程：石灰土拌和＋石灰土运输＋施工放样＋石灰土摊铺＋粗平整形＋稳压＋精平整形＋碾压成活＋养护。

（1）路拌法施工

① 准备下承层。下承层表面应平整、坚实，具有规定的路拱，下承层的平整度和压实度应符合《规范》的规定。对土基不论是路堤还是路堑，必须用 12～15 t 的压路机进行 3～4 遍碾压检验。在碾压过程中，如果发现土过干、表层松散，应适当洒水；如果土过湿、发生"弹簧"现象，应采用挖开晾晒、换土、掺石灰或水泥等措施进行处理。凡不符合设计要求的路段，必须根据具体情况采取措施，使之达到规范规定的标准。对于旧路面，应检查其材料是

否符合底基层材料的技术要求，如不符合要求，应翻松旧路面并采取必要的处理措施。下承层的低洼和坑洞，应仔细填补和压实；搓板和辙槽应刮除；松散处应耙松、洒水并重新碾压，使之平整密实。对新完成的下承层应进行验收。凡验收不合格的路段，必须采取措施使之达到标准，之后方可铺筑基层。在槽式断面的路段，两侧路肩上每隔一定距离（5～10 m）交错开挖泄水沟（或做盲沟）。

② 施工放样。在下承层上恢复中线，并在两侧路肩边缘外设指示桩，在指示桩上明显标记基层边缘的设计高程。中线、边线、标高，标记应明显。

③ 备料。

a. 利用旧路面或土基上部材料：必须首先清除干净表面的石块等杂物。每隔 10～20 m 挖一小洞，使洞底标高与预定的石灰土基层的底面标高相同，并在洞底做一标记，以控制翻松及粉碎的深度。用犁、松土机或装有强固齿的平地机或推土机将旧路面或土基的上部翻松到预定的深度，土块应粉碎符合要求。应经常用犁将土向路中心翻拌，使结构层的边部呈一垂直面，防止过宽。用专用机械粉碎黏性土，在无专用机械的情况下，也可用旋转耕作机、圆盘耙粉碎塑性指数不大的土。

b. 利用料场的土：采集土前，应先将树木、草皮和杂土清除干净。土中的超尺寸颗粒应予以筛除。应在预定的深度范围内采集土，不应分层采集，不应采集不合格的土。计算材料用量，应根据各路段基层的宽度、厚度及预定的干密度，计算各路段需要的干燥土数量。根据料场土的含水率和运料车辆的载重量，计算每车料的堆放距离。根据基层的厚度和预定的干密度及稳定剂剂量，计算每立方米需要的石灰用量，并确定石灰摆放的纵、横间距。土装车时应控制每车的运载数量基本相等。在同一料场供料的路段内，由远到近将料按上述计算距离卸置于下承层表面的中间或上侧。卸料距离应严格掌握，避免有的路段堆料不够或过多。堆料每隔一定距离还应留一缺口。土在下承层上的堆置时间不应过长，运送土只宜比摊铺土工序提前 1～2 d。当需分层采集土时，应将土先分层堆放在一场地上，然后从前到后将上、下层土一起装车运送到现场。人工拌和时，应筛除 15 mm 以上的土块。

c. 稳定剂应选择在两侧宽敞、邻近水源且地势较高的场地集中堆放。当堆放时间较长时，应覆盖封存，稳定剂堆放在集中拌和场地时间较长时，也应覆盖封存。

消解后的石灰应保持一定的湿度，不得产生扬尘，也不可过湿成团。消石灰宜过筛孔为 10 mm 的筛，并尽快使用。

d. 如果路肩用料与基层用料不同，应采取培肩措施，先将两侧路肩培好，路肩料层的压实厚度应与稳定土层的压实厚度相同。在路肩上每隔 5～10 m 交错开挖临时泄水沟。

e. 在预定堆料的下承层上，在堆料前应先洒水，使表面湿润。

④ 摊铺土。

a. 应事先通过试验确定土的松铺系数，松铺系数一般为 1.53～1.58。

b. 摊铺土应在摊铺稳定剂前一天进行。摊铺长度按日进度的需要量控制，满足次日掺和稳定剂、拌和、碾压成型即可。雨期施工如果第二天有雨，不宜提前摊铺土。

c. 应将土均匀地摊铺在预定的宽度上，表面应力求平整，并有规定的路拱。

d. 摊铺过程中应将土块、超尺寸颗粒及其他杂物拣除。如果土中有较多土块，应进行粉碎。

e. 检验松铺土层的厚度，应符合预计要求。

f. 除洒水车外，严禁其他车辆在土层上通行。

⑤ 洒水闷料。

a. 如已整平的土(含粉碎的旧路面)含水率过小，应在土层上洒水闷料，洒水应均匀，防止局部水分过多。

b. 严禁洒水车在洒水路段内停留和调头。

c. 细料土应经一夜闷料。

⑥ 整平和轻压。对人工摊铺的土层整平后，用 6～8 t 双轮压路机碾压 1～2 遍，使其表面平整，并有一定的压实度。

⑦ 卸置和摊铺稳定剂。

a. 按计算所得的每车稳定剂的纵横间距，用石灰在土层上做标记，同时画出摊铺稳定剂的边线。

b. 用刮板将稳定剂均匀摊开，摊铺完成后表面应没有空白位置。量测稳定剂的松铺厚度，根据含水率和松铺密度，校核稳定剂用量是否合适。

⑧ 拌和与洒水。

a. 宜采用专用稳定土拌和设备进行拌和，并设专人跟随拌和机，随时检查拌和深度并配合拌和机操作员调整拌和深度。拌和深度应达到基层底并宜侵入下承层 5～10 mm，以利于上下层黏结。严禁在拌和层底部留有素土夹层。通常应拌和两遍以上，在最后一遍拌和之前，必要时可先用多铧犁贴底面翻拌 1 遍，直接铺在土基上的拌和层也应避免素土夹层。

b. 在没有专用拌和机械的情况下，可用农用旋转耕作机与多铧犁或平地机相配合拌 4 遍。先用旋转耕作机拌和 2 遍，后用多铧犁或平地机将底部料再翻起，并随时检查调整翻犁的深度，使土层全部翻透。严禁在基层与下承层之间残留一层素土。但也应防止翻犁过深，过多破坏下承层的表面。也可以用圆盘耙与多铧犁或平地机相配合，应注意拌和效果，拌和时间不可过长。

c. 在拌和过程结束时，如果混合料的含水率不同，应用喷管式洒水车补充洒水。水车起洒处和另一端调头处都应超出拌和段 2 m 以上。洒水车不应在正进行拌和以及当天计划拌和的路段上调头和停留，以防局部水量过大。

d. 洒水后，应再次拌和，使水分在混合料中分布均匀。拌和机械应紧跟在洒水车后面进行拌和，减少水分流失。

e. 洒水及拌和过程中，应及时检查混合料的含水率：含水率宜略大于最佳值，对于细粒土宜比最佳含水率值大 1%～2%。

f. 在洒水拌和过程中，应配合人工拣出超尺寸颗粒，消除粗细颗粒“窝”以及局部过分潮湿或过分干燥之处。

g. 混合料拌和均匀后应色泽一致，没有灰条、灰团和花面，即无明显细集料离析现象，且水分合适、均匀。

h. 采用塑性指数大的黏土时，应两次拌和。第一次加 70%～100%预定剂量的稳定剂进行拌和，闷放 1～2 d，之后补足需用的稳定剂，再进行第二次拌和。

⑨ 整形。

a. 混合料拌和均匀后，应立即用平地机初步整形。在直线段，平地机由两侧向路中心刮平;在曲线段,平地机由内侧向外侧刮平;必要时,再返回刮一遍。

b. 用拖拉机、平地机或轮胎压路机立即在初平的路段上快速碾压一遍。

c. 再用平地机整形,整形前用齿耙将轮迹低洼处表层 5 cm 以上土耙松,并按以上步骤再碾压一遍。

d. 对于局部低洼处,应用齿耙将其表层 5 cm 以上土耙松,并用新拌的混合料找平。

e. 再用平地机整形一次。应将高出料直接刮出路外,不应形成薄层贴补现象。

f. 每次整形都应达到规定的坡度和路拱,并应特别注意接缝顺直平整。

g. 当用人工整形时应用铁锹和耙先将混合料摊平,用路拱板进行初步整形,用拖拉机初压 1~2 遍之后,根据实测的松铺系数,确定纵横断面的标高,并设置标记和挂线,利用锹、耙按线整形,再用路拱板校正成型。

h. 在整形过程中,严禁任何车辆通行,并保持无明显的粗细集料离析现象。

⑩ 碾压。

a. 根据路宽、压路机轮宽和轮距的不同,制定碾压方案应使各部分碾压到的次数尽量相同,路面的两侧应多压 2~3 遍。

b. 整形后,当混合料的含水率为(最佳含水率+1%)~(最佳含水率+2%)时,应立即用轻型压路机并配合 12 t 以上压路机在结构层全宽内进行碾压。直线和不设超高的平曲线段,由两侧向中心碾压;设超高的平曲线段,由内侧向外侧碾压。碾压时应重叠 1/2 轮宽,后轮必须超过两段落的接缝处,后轮压完路面全宽时,即 1 遍。一般需碾压 6~8 遍。前 2 遍碾速以 1.5~1.7 km/h 为宜,之后以 2.0~2.5 km/h 为宜。采用人工摊铺和整形的,宜先用拖拉机或 6~8 t 双轮压路机或轮胎压路机碾压 1~2 遍,然后再用重型压路机碾压。

c. 严禁压路机在已完成的或正在碾压的路段上调头或急刹车,应保证基层表面不受破坏。

d. 碾压过程中,表面应始终保持湿润,如果水分蒸发过快,应及时补洒少量的水碾压。

e. 碾压过程中,如有“弹簧”“松散”“起皮”等现象,应及时翻松重新拌和或采用其他方法处理。

f. 经拌和、整形碾压的石灰土基层,应达到设计要求的密实度,无明显轮迹。

g. 在碾压结束之前,用平地机再终平一次,使其纵向顺适,路拱和超高符合设计要求。

h. 在检查井、雨水口等难以使用压路机碾压的部位,应采用小型压实机具或人力夯加强压实。

⑪ 接缝和调头处的处理。

a. 同日施工的两工作段的衔接处应采用搭接的形式。前一段拌和整形后留 5~8 m 不进行碾压,后一段施工时应与前一段留下未压部分一起再进行拌和。

b. 拌和机械及其他机械不宜在已压成的基层上调头。如果必须调头,则应采取措施保证基层表层不被破坏。

c. 纵缝的处理。基层施工应避免纵向接缝,在必须分两幅施工时,纵缝必须垂直相接,不应斜接。纵缝应按下述方法处理:在前一幅施工时,在靠中央一侧用方木或钢模板作为支撑,方木或钢模板的高度与基层的压实厚度相同;拌和结束后,靠近支撑木(或板)的一部分,应人工进行补充拌和,然后整形和碾压;养护结束后在铺筑另一幅之前拆除支撑木(板);第二幅拌和结束后,靠近第一幅的部分应人工补充拌和,然后整形和碾压。

(2) 厂拌法施工

① 石灰土拌和。原材料进场检验合格后，按照生产配合比生产石灰土，当原材料发生变化时，应重新调整石灰土配合比。出厂石灰土的含水率应根据天气情况，综合考虑，晴天、有风天气一般稍大 1%～2%。应对石灰土的含水率、灰剂量及时监控，检验合格后方能出厂。

② 石灰土运输。采用有覆盖装置的车辆进行运输，按照需求量、运距和生产能力合理配置运输车辆的数量，运输车按既定的路线进出现场，禁止在作业面上急刹车、急转弯、掉头和超速行驶。

③ 施工放样。在下承层上恢复中线，并在两侧路肩边缘外设指示桩，指示桩上应明显标记基层边缘的设计高程。

④ 石灰土摊铺。在湿润的下承层上按照设计厚度计算出每延米需要灰土的虚方数量，松铺系数一般取 1.65～1.70，设专人按固定间隔、既定车型、既定的车数指挥卸料。卸料堆宜按梅花形布置，以便于摊铺作业。摊铺前人工按虚铺厚度用白灰撒出高程点，用推土机、平地机进行摊铺作业，必要时用装载机配合。

⑤ 粗平整形。先用推土机进行粗平 1～2 遍，粗平后宜用推土机在路基全宽范围内排压 1～2 遍，以暴露潜在的不平整，之后用人工拉线法用白灰再次撒出高程点（预留松铺厚度），根据大面的平整情况，对局部高程相差较大（一般指超出设计高程 50 mm 时）的面继续用推土机整平，推土机整平过程中本着“宁高勿低”的原则，大面基本平整高程相差不大时（一般指±30 mm 以内时），再用平地机整型。

⑥ 稳压。先用平地机初平一次，质检人员及时检测其含水率，必要时通过洒水或晾晒来调整其含水率，含水率合适后，用轮胎压路机快速全宽静压一遍，为精平创造条件。

⑦ 精平整平。再次人工拉线，用白灰撒出高程点，用平地机精平 1～2 次，并及时检测高程、横向坡度、平整度。对局部出现粗细集料集中的现象，人工及时进行处理。对局部高程稍低的灰土面严禁直接采取贴薄层找补，应先人工或机械耕松 100 mm 左右后再进行找补。

⑧ 碾压。石灰土摊铺长度约 50 m 时宜进行试碾压，在含水率调整为（最佳含水率+1%）～（最佳含水率+2%）时进行碾压，试压后及时进行高程复核。碾压原则上以“先慢后快”“先轻后重”“先低后高”进行。

直线和不设超高的平曲线段，由两侧路肩向路中心碾压，设超高的平曲线段，由内侧路肩向外侧路肩进行碾压。压路机应逐次倒轴碾压，两轮压路机每次重叠 1/3 轮宽，三轮压路机每次重叠后轮宽度的 1/2。

压路机的碾压速度头两遍以 1.5～1.7 km/h 为宜，之后宜采用 2～2.5 km/h。

首先压路机静压一遍，再进行振动压实 3～5 遍，根据试验段的经验总结，结合现场自检压实的结果，确定振动压实的遍数，最后用钢轮压路机和轮胎压路机静压 1～2 遍，最终消除轮迹，使表面坚实、平整，无不起皮、无波浪等不良现象，压实度符合质量要求。

在涵洞、桥台背后等难以使用压路机碾压的部位，用蛙夯或冲击夯压实。由于检查井、雨水口周围不易压实，可采取先埋后挖的逆做法施工，先在井口上覆盖板材，石灰土基层施工完成后，再挖开，进行长井圈、安井盖，必要时对井室周围浇筑混凝土。

⑨ 接茬的处理。工作间断或分段施工时，应在石灰土接茬处预留 300～500 mm 不予

压实，与新铺石灰土衔接，碾压时应洒水润湿；宜避免纵向接茬缝，当需要纵向接茬时，接茬缝宜设在路中线附近；接茬宜做成阶梯形，梯级宽约 500 mm。

⑩ 施工完成后应立即洒水养护，养护期不得短于 7 d。养护期间应封闭交通，分层则连续施工应在 24 h 内完成。

8.2.4.3　冬、雨期施工

(1) 冬期施工

① 石灰土基层不应在冬期施工，施工期的日最低气温应在 5 ℃以上。

② 石灰土基层应在第一次重冰冻(−3～−5 ℃)到来年前一至一个半月完成。

③ 石灰土基层养护期进入冬期，应在石灰土内掺加防冻剂。

(2) 雨期施工

① 应避免在雨季进行石灰土结构的施工。

② 缩短摊铺长度，已摊铺的石灰土应当天成活。

8.2.5　水泥稳定土类基层施工工艺

8.2.5.1　施工准备

(1) 材料要求

① 水泥应符合下列要求：

a. 应选用初凝时间大于 3 h、终凝时间不小于 6 h 的普通硅酸盐水泥、矿渣硅酸盐水泥、火山灰硅酸盐水泥。水泥应有出厂合格证与生产日期，复验合格后方可使用。

b. 水泥贮存期超过 3 个月或受潮时，应进行性能试验，合格后方可使用。

② 土应符合下列要求：

a. 土的不均匀系数不得小于 5，宜大于 10。

b. 土中粒径小于 0.6 mm 的颗粒的含量应小于 30%。

c. 宜选用粗粒土、中粒土。

d. 稳定土的颗粒范围和技术指标宜符合表 8-13 规定。

③ 砂砾、级配碎石、未筛分碎石、碎石土、砾石和煤矸石、钢渣等粒料作为原材料应符合下列要求：

a. 当铺基层时，粒料最大粒径不宜超过 37.5 mm。

b. 当铺底基层时粒料最大粒径：城市快速路、主干路不得超过 37.5 mm；次干路及以下道路不得超过 53 mm。

(2) 施工机具与设备

① 主要机械：a.采用沥青混凝土摊铺机或稳定土摊铺机施工时：摊铺机、振动压路机、装载机、水车、运输卡车等。b.采用平地机施工时：犁、松土机、推土机、平地机、振动压路机、装载机、水车、运输卡车等。

② 小型机具及检测设备：蛙夯或冲击夯、手推车；水准仪、全站仪、3 m 直尺、平整度仪、灌砂筒等。

(3) 作业条件

① 下承层已通过各项指标验收，其表面平整、坚实，压实度、平整度、纵断高程、中线偏差、宽度、横向坡度、边坡等各项指标必须符合有关规定。

② 当下承层为新施工的水稳或石灰土层时，应确保其养护期在 7 d 以上。路肩填土、中央分隔带填土已完成。

③ 施工前对下承层进行清扫，并适当洒水润湿。

④ 相关地下管线的预埋及回填已完成并验收合格。

表 8-13 水泥稳定土类的粒料范围及技术指标

项目		通过质量百分率/%				
		底基层		基层		
		次干路	城市快速路、主干路	次干路		城市快速路、主干路
筛孔尺寸/mm	53	100	—	—	—	—
	37.5	—	100	100	90	—
	31.5	—	90～100	90～100	—	100
	26.5	—	—	—	66～100	90～100
	19	—	67～90	67～90	54～100	72～89
	9.5	—	—	45～68	39～100	47～67
	4.75	50～100	50～100	29～50	28～84	29～49
	2.36	—	—	18～38	20～70	17～35
	1.18	—	—	—	14～57	—
	0.60	17～100	17～100	8～22	8～47	8～22
	0.075	0～50	0～30	0～7	0～30	0～7
	0.002	0～30	—	—	—	
液限/%		—	—	—		<28
塑性指数		—	—	—		<9

注：1. 集料中 0.5 mm 以下细料土有塑性指数时，小于 0.075 mm 颗粒含量不得超过 5%；细粒土无塑性指数时，小于 0.075 mm 的颗粒含量不得超过 7%。

2. 当用中粒土、粗粒土做城市快速路、主干路底基层时，颗粒组成范围宜采用作次干路基层的组成。

(4) 技术准备

① 原材料试验：检验水泥、土、粒料。

a. 各种粒料，应按其自然级配状况，经人工调整使其符合规定。

b. 碎石、砾石、煤矸石等的压碎值：城市快速路、主干路和高速公路、一级公路基层与底基层不得大于 30%；其他等级道路、公路基层不得大于 30%，底基层不得大于 35%。

c. 集料中有机质含量不得超过 2%。

d. 集料中硫酸盐含量不得超过 0.25%。

e. 钢渣尚应符合表 8-14 的规定。

表 8-14 钢渣混合料中颗粒组成

筛孔(方)/mm	37.5	26.5	16	9.5	4.75	2.36	1.18	0.60	0.075
通过质量百分比/%	100	95～100	60～85	50～70	40～60	27～47	20～40	10～30	0～15

② 根据设计文件的要求，确定配合比，并确定最佳含水率、最大干容重。

③ 施工前进行 100～200 m 试验段施工，确定机械设备组合效果、虚铺系数和施工方法。

8.2.5.2 操作工艺

(1) 工艺流程

工艺流程为：施工放样→水泥稳定土类材料拌和→摊铺→碾压→接缝→养护。

(2) 操作方法

① 施工放样。在下承层上恢复中线，并在两侧路肩边缘外设指示桩，在指示桩上明显标记基层边缘的设计高程。中线、边线，标高标记应明显。

② 水泥稳定土类材料拌和。a. 土块应粉碎。b. 配料应准确，拌和应均匀。c. 含水量宜略大于最佳值，使混合料运到现场摊铺后碾压的含水率不小于最佳值。d. 在正式拌和前，应先调试所用设备，使混合料的颗粒组成和含水率都达到规定要求。当发生变化时，应重新调试设备。e. 在潮湿多雨地区或其他地区的雨季施工时，应采取措施覆盖保护集料，防止雨淋。f. 应根据集料含水率及时调整加水量。

③ 摊铺。a. 应尽快将拌成的混合料运到铺筑现场。运输途中应对混合料进行覆盖，减少水分损失。b. 宜采用沥青混凝土摊铺机或稳定土摊铺机进行摊铺，松铺系数一般取1.3～1.5。c. 拌和机和摊铺机的生产能力应互相匹配。如果拌和机生产能力较小，摊铺机应采用较低速度的摊铺，减少摊铺机停机待料的情况。d. 在摊铺机后设专人消除粗细集料离析现象。e. 水泥稳定土类材料自搅拌至摊铺完成不应超过 3 h。应按当班施工长度计算用料量。

④ 碾压。宜先用轻型压路机跟在摊铺机后及时进行碾压，后用重型压路机继续碾压密实。经拌和、整形的水泥稳定土应在试验确定的延迟时间内完成碾压。a. 根据路宽、压路机轮宽和轮距的不同，制定碾压方案，应使各部分碾压到的次数尽量相同，路面的两侧应多压 2～3 遍。b. 当混合料的含水率为(最佳含水率＋1%)～(最佳含水率＋2%)时，应立即用轻型压路机并配合 12 t 以上压路机在结构层全宽内碾压。直线和不设超高的平曲线段，由两侧向中央碾压；设超高的平曲线段，由内侧向外侧碾压。压路机应逐次倒轴碾压，两轮压路机每次重叠 1/3 轮宽，三轮压路机每次重叠后轮宽度的 1/2，使每层整个厚度和宽度完全均匀地压实到规定的密实度为止。碾压速度前两遍以 1.5～1.7 km/h 为宜，之后以2.0～2.5 km/h 为宜。采用人工摊铺和整形的，宜先用拖拉机或 6～8 t 双轮压路机或轮胎压路机碾压 1～2 遍，然后再用重型压路机碾压。c. 严禁压路机在已完成的或正在碾压的路段上调头或急刹车，应保证基层表面不被破坏。d. 碾压过程中，表面应始终保持湿润，如果水分蒸发过快，应及时补洒少量的水碾压。e. 碾压过程中，如有“弹簧”“松散”“起皮”等现象，应及时翻松重新拌和或采用其他方法处理。f. 在检查井、雨水口等难以使用压路机碾压的部位，应采用小型压实机具或人力夯加强压实。

⑤ 接缝。a. 摊铺机摊铺混合料不宜中断，如因故中断，时间过长，应设置横向接缝，摊铺机应驶离混合料床端。b. 人工将末端含水率合适的混合料整齐，紧靠混合料放置方木，方木应与混合料压实厚度相同；整平紧靠方木的混合料。c. 方木的另一侧用砂砾或碎石回填约 3 m 长，其高度应高出方木几厘米。d. 将混合料碾压密实。e. 在重新开始摊铺之前，将砂砾或碎石和方木除去，并将下承层顶面清扫干净。f. 摊铺机返回到已压实层的末端，重

新开始摊铺。g. 应尽量避免纵向接缝。城镇快速路和城镇主干道的基层宜整幅摊铺，宜采用两台摊铺机一前一后，步距 5～8 m 同步向前摊铺，并一起碾压。h. 同日施工的两工段的衔接处应采用搭接。前一段拌和整形后留 5～8 m 不进行碾压，后一段施工时，前段留下未压部分，应再掺加部分水泥重新拌和，并与后一段一起碾压。i. 应注意每天最后一段末端缝（即工作缝）的处理。工作缝可按下述方法处理：在已碾压完成的水泥稳定土层末端，沿稳定土挖一条横贯铺筑层全宽约 30 cm 的槽，直挖到下承层顶面。该槽应与路中心垂直，靠稳定土的一面切成垂直面，并放置与压实厚度相等的方木紧贴其垂直面。用原挖出的素土回填槽内其余部分。第二天，邻接作业段拌和后，除去方木，用混合料回填。靠近方木未能拌和的一小段，应人工进行补充拌和。整平时，接缝处的水泥稳定土应较已完成断面高出约 5 cm，以利形成平顺的接缝。在新混合料碾压过程中，应将接缝修整平顺。

⑥ 养护。a. 水泥稳定土底基层分层施工时，下层水泥稳定土碾压完成后，在采用重型振动压路机碾压时，宜养护 7 d 后铺筑上层水泥稳定土。在铺筑上层稳定土之前，应始终保持下层表面湿润。铺筑上层稳定土时，宜在下层表面撒少量水泥或水泥浆。底基层养护 7 d 后，方可铺筑基层。b. 每一段碾压完成并经压实度检验合格后立即开始养护。c. 应保湿养护，养护结束后必须将覆盖物清除干净。d. 基层也可以采用沥青乳液养护。沥青乳液的用量按 0.8～1.0 kg/m^2 选用，宜分两次喷洒。第一次喷洒沥青含量为 35% 的慢裂沥青乳液，第二次喷洒浓度较大的沥青乳液。养护期间应断绝交通。

(3) 冬、雨期施工

① 冬期施工。水泥稳定土（粒料）类基层，宜在进入冬期前 15～30 d 停止施工。当养护期进入冬季时，应在基层施工时向基层材料中掺入防冻剂。

② 雨期施工。a. 各地区的防汛期，宜作为雨期施工的控制期。b. 雨期施工应充分利用地形与既有排水设施，做好防雨和排水工作。c. 施工中应采取集中人力、设备，分段流水、快速施工，不宜全线展开。d. 雨中、雨后应及时检查工程主体及现场环境，发现雨患、水毁必须及时采取处理措施。e. 雨后摊铺基层时，应先对路基状况进行检查，符合要求后方可摊铺。f. 水泥稳定土类基层施工宜避开主汛期。g. 搅拌厂应对原材料与搅拌成品采取防雨淋措施，并按计划向现场供料。h. 施工现场应计划用料，随到随摊铺。i. 摊铺段不宜过长，并应当日摊铺当日碾压成活。j. 未碾压的料层受雨淋后，应进行测试分析，按配合比要求重新搅拌。

8.2.6　级配碎石(碎砾石)基层施工工艺

8.2.6.1　施工准备

(1) 材料准备

① 轧制级配碎石的材料可为各种类型的岩石（软质岩石除外）、砾石。轧制碎石的砾石粒径应为碎石最大粒径的 3 倍以上，碎石中不应有黏土块、植物根叶、腐殖质等有害物质。

② 碎石中针片状颗粒的总含量应不超过 20%。

③ 级配碎石及级配碎砾石的颗粒组成和技术指标应满足表 8-15 的规定。同时，级配曲线宜为圆滑曲线。

⑤ 碎石或碎砾石应为多棱角块体，软弱颗粒含量应小于 5%；扁平细长碎石含量应小于 20%。

(2) 施工机具与设备

① 主要机械——装载机、推土机、摊铺机、平地机、压路机、水车、运输卡车等。

② 小型机具及检测设备——蛙夯或冲击夯、手推车;水准仪、全站仪、3 m 直尺、平整度仪、灌砂筒等。

③ 一般机具——测墩、3 mm 或 5 mm 直径钢丝绳、倒链、铝合金导梁等。

表 8-15　级配碎石及级配碎砾石的颗粒范围及技术指标

项目		通过质量百分率/%			
		基层		底基层	
		次干路及以下道路	城市快速路、主干路	次干路及以下道路	城市快速路、主干路
筛孔尺寸/mm	53	—	—	100	
	37.5	100	—	85～100	100
	31.5	90～100	100	69～88	83～100
	19	73～88	85～100	40～65	54～84
	9.5	49～69	52～74	19～43	29～59
	4.75	29～54	29～54	10～30	17～45
	2.36	17～37	17～37	8～25	11～35
	0.60	8～20	8～20	6～18	6～21
	0.075	0～7	0～7	0～10	0～10
液限/%		<28	<28	<28	<28
塑性指数		<6(或 9)	<6(或 9)	<6(或 9)	<6(或 9)

注:1. 潮湿多雨地区塑性指数小于 6,其他地区塑性指数宜小于 9。
2. 对于无塑性的混合料,小于 0.075 mm 的颗粒含量接近高限。

(3) 作业条件

① 级配碎石(碎砾石)的下承层通过各项指标验收,其表面平整、坚实,压实度、平整度、纵断高程、中线偏差、宽度、横向坡度、边坡等各项指标必须符合有关规定。

② 级配碎石及级配碎砾石的压碎值应满足表 8-16 的规定。

表 8-16　级配碎石及级配碎砾石压碎值

	压碎值	
	基层	底基层
城市快速路、主干路	<26%	<30%
次干路	<30%	<35%
次干路以下等级道路	<35%	<40%

③ 运输、摊铺、碾压等设备及施工人员已经就位;拌和及摊铺设备已调试运转良好。

④ 施工现场运输道路畅通。

(4) 技术准备

① 级配碎石(碎砾石)已检验并试验合格。

② 施工方案编制、审核、审批已完成。

③ 施工前进行 100～200 m 试验段施工，采用计划用于主体工程的材料、配合比、压实设备和施工工艺进行实地铺筑试验，确定在不同压实条件下达到设计压实度时的松铺厚度、压实系数、压实机械设备组合、最少压实遍数和施工工艺流程等。

8.2.6.2 操作工艺

(1) 工艺流程

工艺流程为：准备下承层→施工放样→级配碎石(碎砾石)材料拌和→运输→摊铺(平地机布料、整平或摊铺机摊铺)→碾压→接缝处理＋养护。

(2) 操作方法

① 准备下承层。下承层应平整、坚实，具有路拱。新建下承层应通过验收；对于旧路面，应检查其材料是否符合底基层材料的技术要求，如不符合要求，应翻松旧路面并采取必要的处理措施。下承层不宜做成槽式路面。

② 施工放样。在下承层上恢复中线，并在两侧路肩边缘外设指示桩，指示桩上明显标记出基层边缘的设计高程。中线、边线、标高标记应明显。

③ 级配碎石(碎砾石)材料拌和。可在拌和厂用多种机械进行集中拌和，如采用强制式拌和机、卧式双转轴桨叶式拌和机、普通水泥混凝土拌和机等。a. 对用于快速路和主干路的级配碎石基层和中间层，宜采用不同粒级的单一尺寸碎石和石屑，按预定配合比在拌和机内拌制级配碎石(碎砾石)。b. 不同粒级的碎石和石屑等细集料应隔离，分别堆放。c. 细集料应有覆盖，防止雨淋。d. 在正式拌制级配碎石(碎砾石)之前，必须先调试所有的厂拌设备，使级配碎石(碎砾石)的颗粒组成和含水率都能达到规定的要求。e.在采用未筛分碎石和石屑时，如未筛分碎石或石屑的颗粒组成发生明显变化，应重新调试设备。

④ 运输。a. 级配碎石(碎砾石)装车时，应控制每车料的数量基本相等。b. 在同一料场供料的路段内，宜由远到近卸置集料。卸料距离应严格掌握，避免料不够或过多。c. 料堆每隔一定距离应留一缺口。d. 级配碎石(碎砾石)在下承层上的堆置时间不应过长。运送级配碎石(碎砾石)较摊铺工序只提前数天。e. 用平地机或其他合适的机具将料均匀地摊铺在预定的宽度上，表面应力求平整，并具有规定的路拱。f. 检查松铺材料层的厚度，必要时，应进行减料或补料工作。

⑤ 摊铺。a. 级配碎石(碎砾石)用于城镇快速路和主干路时，应用沥青混凝土摊铺机或其他碎石摊铺机摊铺。应事先通过试验确定级配碎石(碎砾石)的松铺系数和松铺厚度。Ⅰ. 摊铺时级配碎石(碎砾石)的含水量宜高于最佳含水量约 1%，以补偿摊铺及碾压过程中的水分损失。在摊铺机后面应设专人消除粗细集料离析现象，特别是粗集料窝或粗集料带应铲除，用新级配碎石(碎砾石)填补或补充细级配碎石(碎砾石)，并拌和均匀。Ⅱ. 路宽大于 8 m 时宜采用双机作业，两台摊铺机组成摊铺作业梯队，前后间距为 5～8 m。摊铺机内、外侧用铝合金导梁控制高程。摊铺机起步后，测量、质检人员要立即检测高程、横坡和厚度，并及时进行调试。施工过程中摊铺机不得随意变速、停机，应保持摊铺的连续性和匀速性。b. 级配碎石用于次干路及次干路以下等级道路时，如没有摊铺机，也可用自动平地机摊铺级配碎石(碎砾石)。平地机摊铺级配碎石(碎砾石)，其松铺系数为 1.25～1.35。Ⅰ. 根据摊铺层的厚度和要求达到的压实度，计算每车级配碎石(碎砾石)的摊铺面积。Ⅱ. 级配碎石(碎砾石)均匀地卸在路幅中央，路幅宽时，也可将级配碎石(碎砾石)卸成两行。Ⅲ. 用平地

机将级配碎石(碎砾石)按松铺厚度摊铺均匀。Ⅳ. 设一个3人小组跟在平地机后,及时消除粗细集料离析现象。对于粗集料集中(梅花)的"窝"和粗集料"带",应添加细集料,并拌和均匀于细集料"砂窝",应添加粗集料,并拌和均匀。

⑥ 碾压。a. 摊铺后,当级配碎石(碎砾石)的含水率等于或略大于最佳含水率时,立即用12 t以上压路机进行碾压。直线和不设超高的平曲线段,由两侧路肩开始向路中心碾压;碾压时压路机应逐次倒轴碾压,两轮压路机每次重叠1/3轮宽,三轮压路机每次重叠后轮宽度的1/2,后轮必须超过两段的接缝处。后轮压完路面全宽时,即为一遍。碾压一直进行到要求的密实度为止。一般需碾压6～8遍,碾压后应使轮迹深度不得大于5 mm。压路机的碾压速度,前两遍以1.5～1.7 km/h为宜,之后以2.0～2.5 km/h为宜。b.路面的两侧应多压2～3遍。c. 严禁压路机在已完成的或正在碾压的路段上调头或急刹车。d. 碾压过程中应注意观察,随时适当补水,保持湿润,不得积水。凡含土的级配碎石(碎砾石)层,都应进行滚浆碾压,一直压到碎石层中无多余细土泛到表面为止。滚到表面的浆(或事后变干的薄土层)应清除干净。e. 碾压完成后,发现粗细骨料集中的部位,应挖出,换填合格材料重新碾压。f. 碎石压实后及施工中应适量洒水,并视压实碎石的缝隙情况撒布嵌缝料。宜采用12 t以上压路机碾压,碾压至缝隙嵌挤密实、稳定,表面平整,轮迹小于5 mm。

⑦ 接缝处理。a. 用摊铺机摊铺级配碎石(碎砾石)时,靠近摊铺机当天未压实的级配碎石(碎砾石),可与第二天摊铺的级配碎石(碎砾石)一起碾压,但应注意该部分级配碎石(碎砾石)的含水率。必要时可人工补充洒水,使其含水率达到规定的要求。b. 用平地机摊铺级配碎石(碎砾石)时,两作业段的衔接处应搭接拌和。第一段拌和后,留5～8 m不进行碾压,第二段施工时,前段留下未压部分与第二段一起拌和整平后进行碾压。c. 应避免纵向接缝。如果摊铺机的摊铺宽度不够,必须分两幅摊铺时,宜采用两台摊铺机一前一后相隔5～8 m同步向前摊铺级配碎石(碎砾石)。在仅有一台摊铺机的情况下,可先在一条摊铺带上摊铺一定长度后再开到另一条摊铺带上摊铺,然后一起进行碾压。d. 在不能避免纵向接缝的情况下,纵缝必须垂直相接,不应斜接,并按下述方法处理:Ⅰ. 在前一幅摊铺时,在靠后一幅的一侧应用方木或钢模板做支撑,方木或钢模板的高度与级配碎石层的压实厚度相同。Ⅱ. 摊铺后一幅之前,将方木或钢模板除去。Ⅲ. 如在摊铺前一幅时未用方木或钢模板支撑,靠边缘约30 cm难于压实,而且形成一个斜坡,在摊铺后一幅时,应先将未完全压实部分和不符合路拱要求部分挖松并补充洒水,待后一幅级配碎石(碎砾石)摊铺后一起进行整平和碾压。

⑧ 养护——级配碎石(碎砾石)基层未洒透层沥青或未铺封层时,禁止开放交通,以保护表层不被破坏。

8.2.6.3 冬、雨期施工

(1) 冬期施工

级配碎石(碎砾石)冬季不宜施工。当不能避免在冬季施工时,应根据施工环境最低温度,泼洒防冻剂,其掺量与浓度应经试验确定。随泼洒随碾压,当泼洒盐水时,其浓度和冰点的关系见表8-17。

表 8-17　不同浓度氯盐水溶液的冰点

溶液密度(15 ℃时)/(g/cm³)	氯盐含量/g		冰点/℃
	在 100 g 溶液中	在 100 g 水内	
1.04	5.6	5.9	−3.5
1.06	8.3	9.0	−5.0
1.09	12.2	14.0	−8.5
1.10	13.6	15.7	−10.0
1.14	18.8	23.1	−15.0
1.17	22.4	29.0	−20.0

(2) 雨期施工

① 雨期施工时注意及时收听天气预报，并采取相应的排水措施，以防止雨水进入路面基层，冲走路基表面的细粒土，降低路基强度。

② 雨期施工期间应随铺随碾压，当天碾压完成。

思考与练习

1. 路基路面工程的特点有哪些？
2. 路基通常由哪些部分组成？
3. 路基的典型横断面类型有哪些？各有哪些特点？
4. 试分析路基沉陷及沉缩的成因，并提出相应的预防措施。
5. 柔性基层、半刚性基层和刚性基层的概念及其主要结构类型有哪些？
6. 简述沥青路面结构的组合原则、沥青路面设计指标及选择的依据。
7. 水泥混凝土路面的荷载疲劳应力是如何确定的？温度疲劳应力又是如何确定的？
8. 试分析沥青路面的主要病害及产生原因，并简述沥青路面常见病害的治理方法和预防措施。
9. 试分析水泥混凝土路面的主要病害及产生原因，并简述水泥混凝土路面常见病害的治理方法和预防措施。
10. 简述路基施工的特点。
11. 常用的施工机械设备有哪些？简述其工作用途。
12. 简述沥青混凝土路面面层施工的施工工序。

第9章 平面交叉口设计

9.1 概述

交叉口是道路网的节点，是车辆与行人汇集、穿行和转向的位置。据统计，35%～59%的交通事故发生在交叉口。此外，车辆在通过交叉口时的延误时间约占全程行车时间的31%。其中，因信号引起的延误时间约占全部交叉口延误时间的60%。因此，良好的交叉口设计可以改善交叉口行车条件，保证车辆和行人的安全，同时可以节省车辆和行人通过交叉口的时间，具有极大的经济效益和社会效益。

9.1.1 交叉口的作用和分类

交叉口是道路网非常关键的部分，各向道路在交叉口相互连接构成路网，以满足沟通各向交通的需要。相交道路上的各种车辆和行人在交叉口汇集、转向和穿行，互相干扰或发生冲突，不但造成车速减慢、交通拥挤阻塞，而且还容易发生事故。据统计，发生在交叉口的交通事故占道路事故总数的35%～59%。道路的行车安全、交通流量、运营费用和通行能力很大程度上取决于交叉口的正确规划和设计。交叉口的正确设计有利于提高交叉口乃至整个路网的行车安全和通行能力。

根据相交道路及相交构筑物的性质、等级，公路(道路)交叉可分为公路(道路)与公路(道路)交叉、公路(道路)与铁路交叉、公路(道路)与乡村道路交叉、公路(道路)与管线交叉等，如图9-1所示。

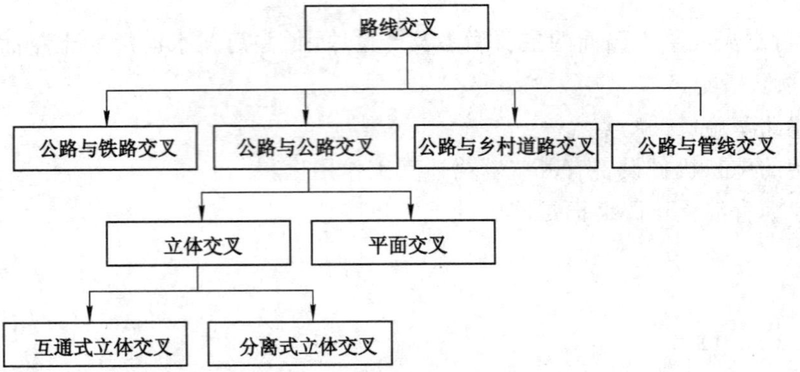

图9-1 路线交叉的分类

9.1.2 交叉口的交通特征

汽车行驶时的轨迹称为交通流线(也称为行车路线)。在十字交叉口入口处，每一条交通流线都将分成直行、左转、右转三个方向的交通流线，这一分一合，形成了交通流线间非常复杂的关系。

交错点是交通流线相互发生交错的连接点。行车路线在交错点发生交错，给行车安全带来影响。按交通流线交错的不同，又分为分流点、合流点、冲突点以及交织段等。同一行驶方向的车辆向不同方向分开行驶的地点称为分流点（或称为分叉点）；来自不同行驶方向的车辆以较小角度向同一方向汇合行驶的地点称为合流点（或称为汇合点）；来自不同行驶方向的车辆以较大角度相互交叉的地点称为冲突点（或称为交叉点）。交织段是分流和合流的组合情况，当两个方向的交通流线合流后，交换车道又分流。此三类交错点都存在相互尾撞、挤撞或碰撞的可能性，是影响交叉口行车速度、通行能力和发生交通事故的主要原因。其中，以直行与直行、左转与左转以及直行与左转车辆产生的冲突点，对交通干扰和行车安全影响最大，其次是合流点，再次是分流点，因此，在设计交叉口时应尽量采取措施减少冲突点和合流点，尤其要减少或消灭冲突点。

在无交通信号控制的情况下，三条、四条、五条道路（均为双车道）相交时的交错点如图 9-2所示。在有信号控制下的交错点数应相应减少，见表 9-1。

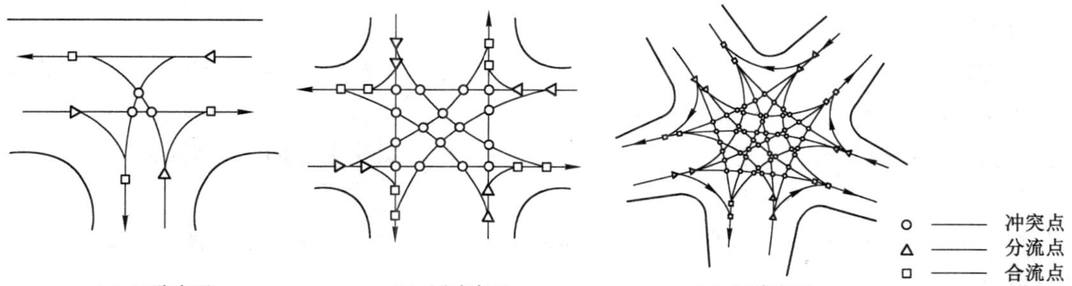

(a) 三路交叉　(b) 四路交叉　(c) 五路交叉

图 9-2　平面交叉口交错点

表 9-1　平面交叉口的交错点数量表

交错点类型	无信号控制			有信号控制		
	相交道路条数			相交道路条数		
	3 条	4 条	5 条	3 条	4 条	5 条
分流点	3	8	15	2 或 1	4	4
合流点	3	8	15	2 或 1	4	6
左转车流冲突点	3	12	45	1 或 0	2	4
直行车流冲突点	0	4	5	0	0	0
总数	9	32	80	5 或 2	10	14

由以上图和表可得到以下三点结论：

① 在无信号控制的交叉口上都存在各种交错点，并随着相交道路条数的增加而显著增加，其中增加最快的是冲突点。相交道路为双车道时，交错点按式(9-1)计算：

$$\begin{cases} \text{分流点} = \text{合流点} = n(n-2) \\ \text{冲突点} = \dfrac{n^2(n-1)(n-2)}{6} \end{cases} \tag{9-1}$$

例如：无信号控制时，三路交叉的冲突点只有3个，合流点3个；四路交叉的冲突点增加到16个，合流点8个；五路交叉的冲突点猛增到50个，合流点15个。因此，在规划和设计交叉口时，应力求减少相交道路的条数，避免五条以上的道路相交，以减少碰撞点，使交通简化。

② 产生冲突点最多的是左转弯车辆。因此，在交叉口设计中应正确处理和组织左转弯车辆以保证交叉口的交通顺畅和安全很关键。

③ 为了控制和减少交叉口上的冲突点，以保证行车安全，就必须设置信号灯，按顺序开放各条道路的交通，因此增加了交叉口的延误时间，影响了交叉口的通行能力。在设有信号灯控制的交叉口，其通行能力比路段上的通行能力减少：三条道路交叉的约为30%，四条道路交叉的约为50%，五条道路交叉的约为70%。

所以在交叉口设计中必须力求减少或消除冲突点，保障交通安全，同时要努力提高交叉口的通行能力，保证行车畅通，行人安全。

9.1.3 改善交叉口的基本途径

(1) 使交通流线在时间上分离

用交通组织和管理的办法对交叉口的交通进行限制，在同一时间内只允许某一方向的车流通过，这样在交叉口的危险点就大幅减少。通常在交叉口装置自动交通信号灯，或由交警指挥，或设置让行交叉口，或定时不准左转车通行等，都属于在时间上分离的措施。

(2) 使交通流线在平面上分离

在交叉口采用各种交通设施或进行交通组织，使交通流线在平面上分离，这也是减少交叉口危险点的重要途径。通常采用的措施和方法有：

① 在交叉口进口处设置专用车道，将不同方向车辆在过交叉口前分离到各专用车道上，减少行车干扰。

② 合理组织交通路线，变左转车为右转车。如设置中央岛，组织环形交通，规定交通路线，绕街坊组织大环形交通，设置远引交叉，都属于这一类型。

③ 组织渠化交通。它是在交叉口用画线、绿带、交通岛和各种交通标志灯方法，限制交通流线，使交通流线在平面上分离的交通组织方法。

(3) 使交通流线在空间上分离

设置立体交叉，从根本上分离交通流线，解决交叉口交通问题。

9.2 平面交叉口通行空间设计

9.2.1 平面交叉口分类及适用范围

(1) 按几何形状分类

① 十字形交叉口——十字形交叉的相交道路是夹角在90°或90°±15°范围内的四路交叉，如图9-3(a)所示。这种路口形式简单，交通组织方便，街角建筑易处理，适用范围广，是常见的最基本的交叉口形式。

② T形交叉口——T形交叉口应少建。T形交叉口的相交道路是夹角在90°或90°±15°范围内的三路交叉，如图9-3(b)所示。这种形式交叉口与十字形交叉口相同，视线良好，

行车安全，也是常见的交叉口形式，如北京市 T 形交叉口约占 30%，十字形占 70%。在路网中除因地形（如河流、铁路）需要外，不宜有过多的三岔路口，易使道路不畅。

③ X 形交叉口——X 形交叉口宜少建。X 形交叉口是相交道路交角小于 75°或大于 105°的四路交叉，如图 9-3(c)所示。当相交的锐角较小时，将形成狭长的交叉口，对交通不利（特别是对于左转弯车辆），锐角街口的建筑也难处理。所以，当两条道路相交时，如果不能采用十字形交叉口，应尽量使相交的锐角大些。

④ Y 形交叉口——Y 形交叉口宜少建。Y 形交叉口是相交道路交角小于 75°或大于 105°的三路交叉，如图 9-3(d)所示。处于钝角的车行道缘石转弯半径应大于锐角对应的缘石转弯半径，以使线形协调，行车通畅。Y 形与 X 形交叉口均为斜交路口，其交叉口夹角不宜过小，角度小于 45°时视线受到限制，行车不安全，交叉口需要的面积增大，所以一般斜交角度宜大于 70°。

⑤ 错位交叉口——错位交叉口不提倡，应予以改造。两条道路从相反方向终止于一条贯通道路而形成两个距离很近的 T 形交叉口所组成的交叉即错位交叉口。规划阶段应尽量避免为追求街景而形成的近距离错位交叉口（长距离错位视为两组 T 形交叉口），如图 9-3(e)所示。由于其距离短，交织长度不足，而使进出错位交叉口的车辆不能顺利行驶，从而阻碍贯通道路上的直行交通。由两个 Y 形连续组成的斜交错位交叉口的交通组织将比 T 形的错位交叉口更为复杂。因此规划与设计时，应尽量避免双 Y 形和双 T 形错位交叉口。我国不少旧城由于历史原因而造成了道路斜交错位，宜在设计交叉口时逐步予以改建。

⑥ 多路交叉口——多路交叉口不提倡，应予以改造。多路交叉口是由 5 条以上道路相交而成的道路路口，又称复合型交叉口，如图 9-3(f)所示。道路网规划中，应避免形成多路交叉口，以免交通组织复杂化。已形成的多路交叉口，可以设置中心岛改为环形交叉（图 9-4），或封路改道，或调整交通，将某些道路的双向交通改为单向交通。

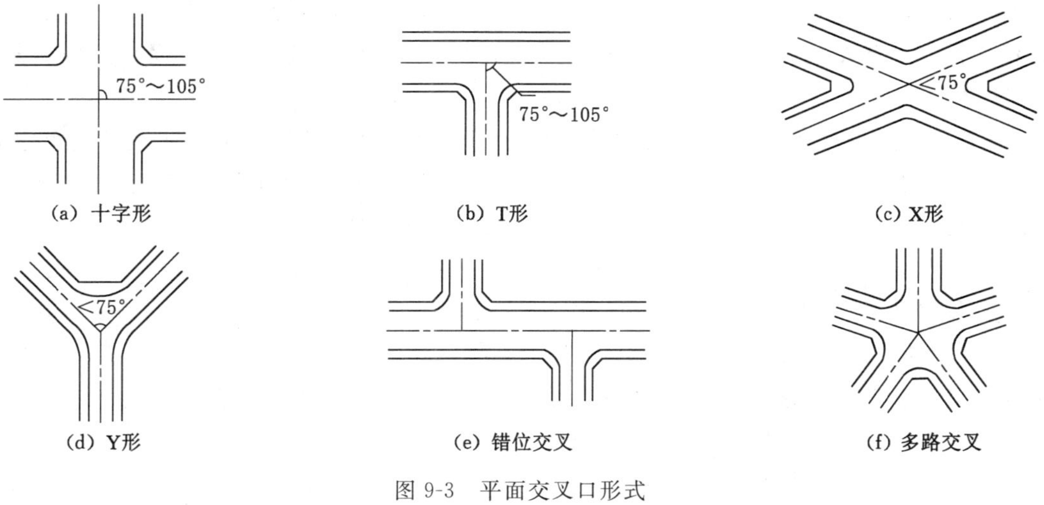

图 9-3　平面交叉口形式

(2) 按有无信号灯管制交通组织分类

平面交叉根据有无信号灯管制，可分为信号管制交叉口（A_1，A_2）、无信号管制交叉口（B_1，B_2，B_3）和环形平面交叉口（C）三种。

A_1类：交通信号控制，进口道拓宽交叉口。为了使左右转弯车辆不影响直行车辆的正

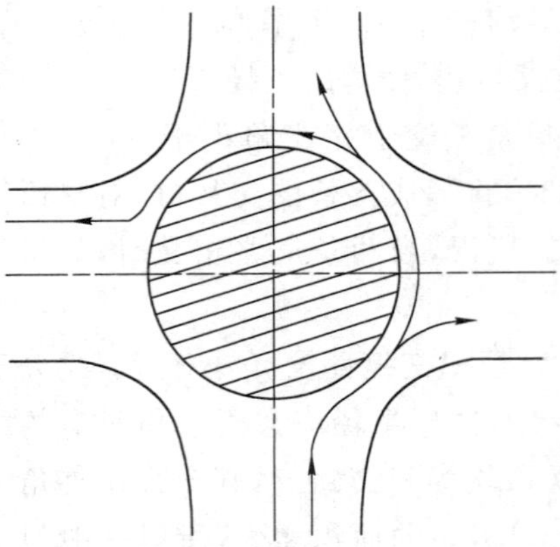

图 9-4　环形交叉口

常行驶，在交叉口拓宽进出口车道。该类型交叉口可以单独增设右转或左转车道，也可以同时增设左、右转弯车道。可减少转弯交通对直行交通的干扰。适用于交通量较大、转弯车辆较多的城市主次干路间和二级公路间交叉口。

A_2类：交通信号控制，进口道不拓宽交叉口。交叉口形式简单、进口道不拓宽，采用交通信号控制车辆通行，适用于交通量不大，转弯车辆较少的次干路-支路或支路-支路和三、四级公路交叉口。设计时，主要解决合适的转角曲线半径和足够视距问题。

B_1类：干路中心隔离封闭、支路只准右转通行的交叉口（简称右转交叉口）。交叉口形式简单，主干路中心隔离封闭，支路没有直行车辆，支路只准右转车辆通行。通常适用于主干路-支路交叉口。

B_2类：减速让行、停车让行标志管制交叉口（简称让行交叉口）。该交叉口形式简单，采用减速让行或停车让行标志管制交通，适用于次干路-支路、支路-支路或三、四级公路交叉口。

B_3类：全无管制交叉口。交叉口形式简单，无交通管制措施，适用于支路-支路或低等级公路交叉口。

C 类：环形交叉口。在交叉口中央设置中心岛，用环岛组织渠化交通，使进入环道的所有车辆一律按逆时针方向绕道单向行驶，直至所要去的路口，离岛驶出的平面交叉，俗称转盘，如图 9-4所示。环形交叉口的优点：驶入交叉口的各种车辆可连续不断地单向运行，没有停滞，减少了车辆在交叉口的延误时间；环道上行车只有分流与合流，消灭了冲突点，提高了行车的安全性；交通组织简便，不需信号管制；对多路交叉和畸形交叉，用环道组织渠化交通更有效；中心岛绿化可以美化环境。缺点：占地较大，城区改建困难，增加了车辆绕行距离，特别是左转弯车辆；一般造价高于其他平面交叉。不宜用于城市主干道交叉口和坡度大于 3%的平面交叉口。

交叉口形式的选择，涉及的因素较多，如交叉口现状、交通量及交通组成、地形地物和道路用地等，应根据具体情况进行具体分析，做出不同设计方案加以比较，择优选用。选择交叉口的形式有利于减少或消除冲突点以及提高交叉口通行能力。

一般情况下，平面交叉口的形式选择可按以下要求进行：

① 形式要简单，相交道路的条数要少；

② 尽量使相邻交叉口道路直通；

③ 交叉道路应避免锐角相交，尽量以近于 90°相交；

④ 主流交通的道路线形应尽量顺直；

⑤ 应尽量避免近距离错位交叉。

9.2.2　交叉口的交通组织设计

9.2.2.1　车辆交通组织

车辆交通组织设计的目的是保证交叉口处车辆行驶安全、畅通，提高交叉口的通行能力。常用的交通组织方法有：限定车流行驶方向、设置专用车道、渠化交叉口、实行信号管制等。由前述交通分析可知，影响交叉口通行能力和行车安全的主要因素是冲突点，而冲突点的产生源自左转及直行车辆，其中又以左转车辆所产生的冲突点最多。因此，交叉口车辆交通组织设计的关键是解决左转车辆和直行车辆的交通组织问题。

交叉口交通组织设计应遵循人车分离、机非分隔、各行其道；以人为本、公交先行；安全通畅、减少延误的原则。

交叉口车辆交通组织的方法如下：

(1) 设置专用车道

组织不同行驶方向的车辆在各自的车道上分道行驶，互不干扰。根据行车道宽度和左、直、右行车辆的交通量进行多种组合的车道划分，如图 9-5 所示。

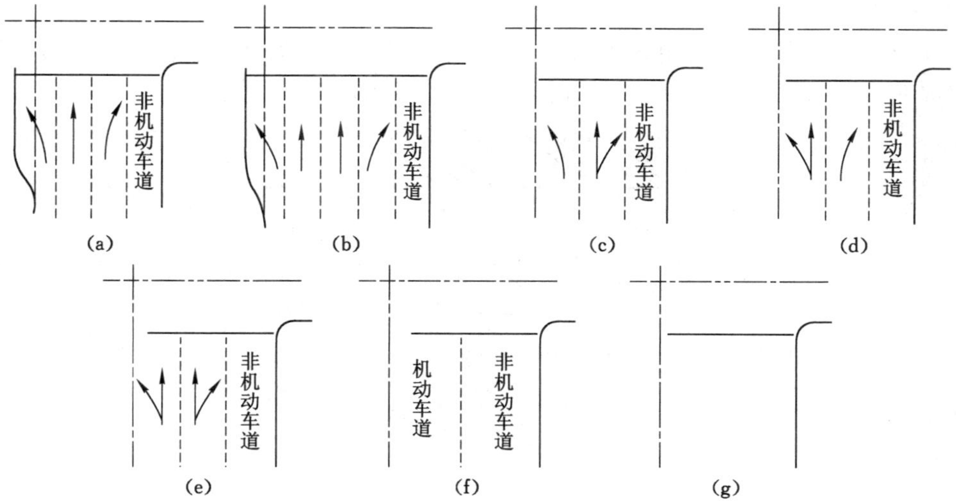

图 9-5　交叉口车道划分

① 左、直、右方向车辆组成均匀，可各设一条专用车道，如图 9-5(a)所示。

② 如果直行车辆特别多，左、右转车辆也有一定数量，可分设两条直行车道和左、右转各一条车道，如图 9-5(b)所示。

③ 如果左转车多而右转车少，可设一条左转车道，右转与直行车辆合用一条车道，如图 9-5(c)所示。

④ 如果左转车少而右转车多，可设一条右转车道，左转与直行车辆合用一条车道，如图 9-5(d)所示。

⑤ 如果左、右转车辆较少，可分别与直行车道合用，如图 9-5(e)所示。

⑥ 如果行车道较窄，无法划分左、直、右行车道，可仅划分快、慢车道线，如图 9-5(f)所示。

⑦ 如果行车道宽度很窄，无法划分快、慢车道线，或划分了反而对车道的相互调剂使用不利，则可不划分，如图 9-5(g)所示。

(2) 左转车辆的交通组织

如前所述，左转弯车辆是引起交叉口车流冲突的主要原因，合理组织左转弯车辆的交通，是保证交通安全和提高交叉口通行能力的有效方法。左转弯车辆交通组织方法可采用以下几种形式：

① 设置专用左转车道。

高峰 15 min 内每个信号周期进入交叉口某进口道的左转车辆多于 2 辆/周期时，应增设 1 条左转专用车道；左转车辆达 10 辆/周期时，左转专用车道长度达 90 m 时，宜设 2 条左转专用车道；交通量特别大且进口道上游路段车道为 4 条或 4 条以上时，可设 3 条左转专用车道。

② 实行交通管制。

通过信号灯控制或交通警察手势指挥，在规定时间内不准左转。

③ 左转超前候驶道。

左转车道越过人行横道或停车线停放候驶，以便在绿灯亮时赶在对向直行车到达左直冲突点前通过。

④ 变左转为右转。

a. 环形交通。利用环道组织逆时针单向交通，变左转为右转，使冲突车流变为分流或合流，如图 9-6 所示。

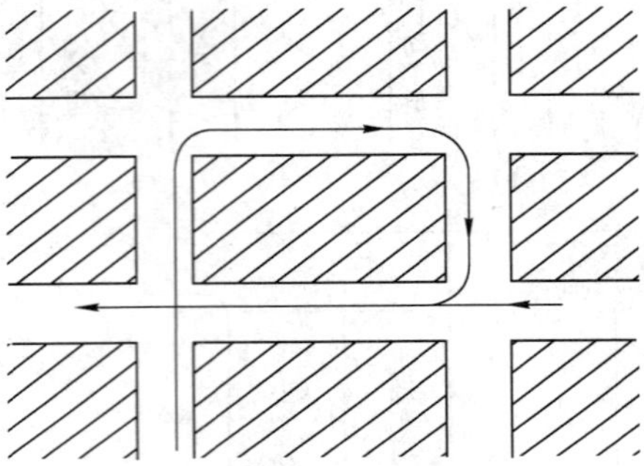

图 9-6 街坊绕行

b. 街坊绕行。使左转车辆环绕邻近街坊道路右转行驶实现左转，如图 9-6 所示。这种方法绕街坊行程增加很多，通常仅在左转车辆所占比例不大，旧城道路扩宽困难，或桥头引道坡度大的十字形交叉口，为防止车辆高速下坡时直角转弯发生事故的情况下采用。

（3）组织渠化交通

渠化交通是指人、车分离，各种车辆各行其道，互不干扰，顺序行驶。在道路上画线，或用绿带和交通岛来分隔车流，使各种不同类型和速度的车辆能像渠道里的水流那样，沿规定的方向互不干扰地行驶，从而减少车辆相互碰撞的机会，提高行车安全程度。

渠化交通的设计原则如下：

① 交叉路口供分流使用的车道数应根据路口流量、流向确定。进口道与出口道的直行车道数应相等。

② 交叉路口交通岛的位置应按车流顺畅的位置设置。

③ 进、出口道分隔带或交通标线应根据渠化要求布置，并应与路段上的分隔设施衔接协调。

渠化交通的主要作用是保证行车安全，具体体现在：

① 利用标线或分隔带、交通岛等，把不同方向和速度的车辆划分车道行驶，使行人和司机很容易看清互相行驶方向，避免车辆相互侵占车道和干扰行车路线，因而可减少相互碰撞的机会，提高行车安全性，如图 9-7(a)所示。

② 利用交通岛的布置,限制车辆行驶方向,使斜交对冲的车流为直角交叉或锐角交叉,如图 9-7(b)和图 9-7(c)所示。

③ 利用交通岛的布置,限制车道宽度,控制车速,防止超车,如图 9-7(d)和图 9-7(e)所示。

④ 可利用渠化交通设置的交通岛或分隔带,设置各种交通标志,并可作为行人过街时避让车辆的安全岛。

在交通量较大、车速较高的交叉口利用交通岛组织渠化交通时,还需考虑设置变速车道和候驶车道,如图 9-7(f)所示,以利于左转弯车辆转向行驶和变速行驶。

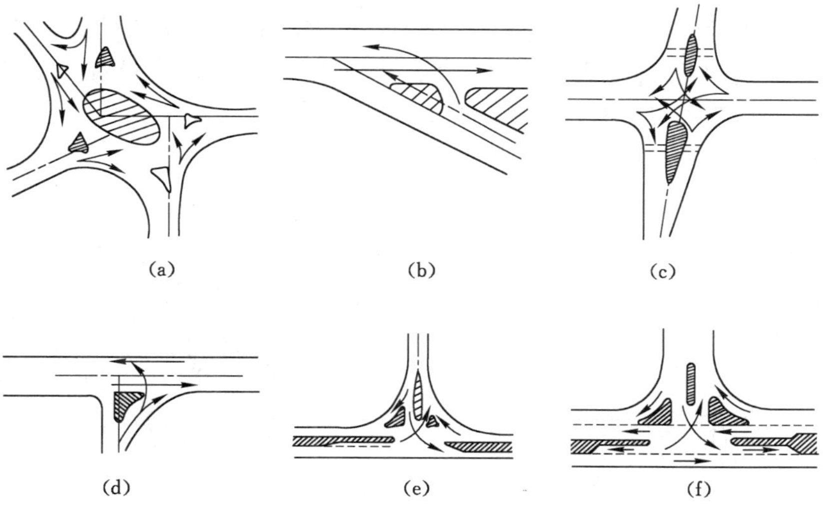

图 9-7　渠化交通

(4) 调整交通组织

当旧城道路改建困难时,可对城市道路网综合考虑,采取改变交通路线、限制车辆行驶、控制行驶方向、组织单向交通,以及适当封闭一些主要道路上的支路等措施,简化交叉口交通和提高整个道路网的通行能力。

9.2.2.2　行人交通组织

公路设计中往往不考虑行人和非机动车交通。但是城市道路因大量行人和非机动车的存在,合理组织行人和非机动车交通,是消除交叉口交通阻塞和保证交通安全最有效的方法。

行人交通组织的主要任务是组织行人在人行道上行走,在人行横道线内安全过街,使人、车分离,各行其道,互不干扰。

交叉口是人流和车流汇集的地方。当通过交叉口的人流量很大时,经常会在交叉口转角的人行道上拥挤,不能走动,以致行人不得不从车行道上通行,容易产生交通阻塞现象。

人行道通常对称布置在车行道两侧。交叉口内相邻道路的人行道互相连通,并将转角处人行道加宽,以适应人流集中转向的需要。为了使行人安全、有序地横穿车行道,应在交叉路口设置人行横道。交叉范围的人行道和人行横道相互连接,共同组成可达任意方向的步行网道。尽量不将具有大量人流的公共建筑出入口设在交叉口上。

人行横道应设在驾驶员容易看清的位置,标线应醒目。若人、车流量较大且车行道较宽,应在人行横道中间设置安全岛;必要时在转角处设置栏杆将人、车分离,人行横道两端设置信号灯。当交叉口宽阔、人流多、车流量大且车速较高时,可考虑设置人行天桥或人行地道。这是行人交通组织最彻底最有效的办法。交叉口处的人行道除满足行人通过外,还应为行人提供等待场地,其宽度原则上不小于路段人行道的宽度。因设置附加车道而不得已压缩人行道时,应根据人流量决定最小宽度。拟设人行天桥或地道时,人行道还应考虑梯道或坡道出入口的宽度。在人行道上除了必要的道路标志、交通信号、照明及栏杆等以外,不允许布置其他设施,以保证人行道的有效宽度。

人行横道一般可布置在交叉口人行道的延续方向后退 4～5 m 的地方,如图 9-8(a)所示。当转角半径较大时可将人行横道设在圆弧段内,如图 9-8(b)所示。原则上人行横道应垂直于道路设置,可使行人过街距离最短;但是道路斜交时,为了避免行人不拐直角弯及扩大交叉口交通面积,人行横道可与相交道路平行,如图 9-8(c)所示。T 形和 Y 形交叉口人行横道可按图 9-8(d)和图 9-8(e)所示形式设置。

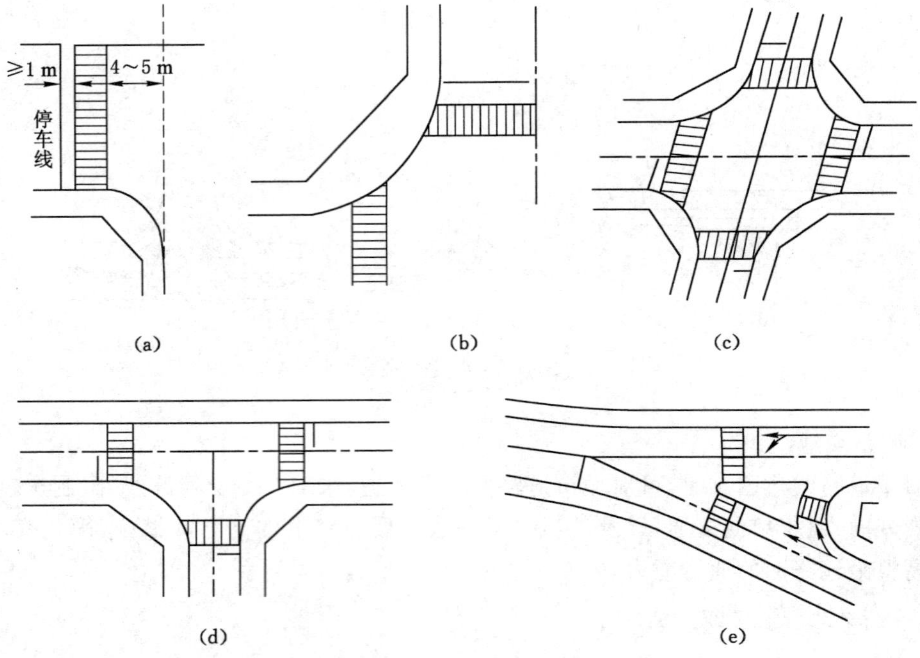

图 9-8　人行横道的布置

人行横道的宽度主要取决于过街人流量,一般应比路段人行道宽一些。其最小宽度为 4 m,当过街人流量较大时,可适当加宽,但不宜超过 8 m。

人行横道的长度与路口信号显示时间有关。一次横穿过很长的距离会使行人的心理紧张,尤其是行动迟缓的人,会感到很不安全。当人行横道长度大于 16 m 时,应在道路中央设置二次过街安全岛,宽度不小于 2 m,困难情况下不得小于 1.5 m。

在设置信号灯控制或设置停车标志的交叉口,应在路面上标绘停车线,指明停车位置。对无人行横道的交叉口,在不影响相交道路交通的条件下,停车线应尽量靠近交叉口,以减小交叉口的范围,提高通行能力。当有人行横道时,停车线应布置在人行横道后至少 1 m

处，并应与人行横道平行，如图 9-8 所示。

全无管制及让行交叉口进口道必须设人行横道，并设让行标志。

9.2.3　环形交叉口设计

9.2.3.1　中心岛的形状

环形交叉是在交叉口中央设置一个中心岛，用环道组织渠化交通，驶入交叉口的车辆，一律绕岛逆时针(也有部分国家按顺时针)单向行驶，至所要去的路口离岛驶出。环形交叉口的组成如图 9-9 所示。

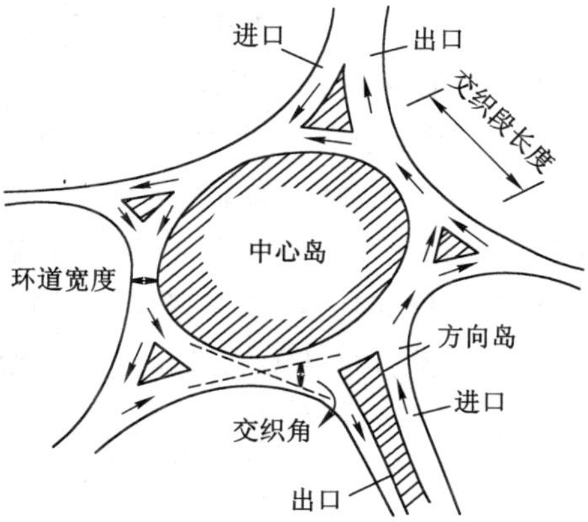

图 9-9　环形交叉口的组成

中心岛的形状应根据交通流的特性、相交道路的等级和地形地物等确定。原则上应保证车辆能以一定速度顺利完成交织运行，有利于主要道路方向车辆行驶，应满足交叉所在地的地形、地物和用地条件的限制。

中心岛的形状有圆形、椭圆形、卵形、方形圆角等，主要取决于相交道路的等级和角度及交通量，一般用圆形。

9.2.3.2　中心岛的尺寸

中心岛的最小半径(或当量半径)应同时满足环道设计速度和最小交织长度的要求。以圆形中心岛为例，介绍中心岛参数的计算方法。

(1) 按计算行车速度的要求计算中心岛半径

圆形中心岛半径 R_d 按圆曲线半径计算，即

$$R_d = \frac{v^2}{127(\mu \pm i)} - \frac{B}{2} \tag{9-2}$$

式中　v——环道计算行车速度，km/h。环道设计速度应按相交道路路段计算车速的0.5～0.7 倍计取，车速大的主车道可取 0.5 倍。

B——靠中心岛内侧车道宽度，m，考虑加宽值在内可采用 5.5 m。

μ——横向力系数，取 0.14～0.18。

i——环道横坡，取 1.5%～2%。

环岛最小半径见表 9-2。

表 9-2　环形交叉最小交织长度和中心岛最小半径

环道计算行车速度/(km/h)	40	35	30	25	20
横向力系数 μ	0.18	0.18	0.18	0.16	0.14
最小交织长度 l_w/m	45	40	35	30	25
中心岛最小半径/m	65	50	35	25	20

(2) 按交织段长度要求计算中心岛半径

交织就是两条车流汇合交换位置后又分离的过程。进环和出环的两辆车，在环道行驶时相互交织，交换一次车道位置所行驶的距离，称为交织长度。交织长度主要取决于车辆在环道上行驶的速度。若相邻路口之间有足够的距离，使进环和出环的车辆在环道上均可在合适的机会相互交织连续行驶，则该段距离称为交织段长度。通常可有两种方法确定：一是按进交叉口道路的机动车道边线的延长线和环道中心线相交的两个交点之间的车道中心线来标定。该方法有利于计算，并适用于无导向岛的环形交叉口。二是按导流岛端部的延长线与环道中心线交点之间的距离来标定。该方法适用于机、非混行的环形交叉口。

中心岛的半径必须满足两个路口之间的最小交织段长度的要求。否则，行驶中需互相交织的车辆就要在环道上停车等让，不符合环形交叉口连续交通的原则。环形交叉最小交织长度见表 9-2。

按交织段长度所要求的中心岛半径 R_d，近似按交织段长度所围成圆周大小来计算，即

$$R_d = \frac{n\,l_w + \sum b}{2\pi} - \frac{B}{2} \tag{9-3}$$

式中 l_w——两相邻进口道之间的交织长度，m；

n——交道路数；

$\sum b$——各进口道导流岛底两端部延长线上环道中心线交点距离之和，或相交道路宽度之和。

(3) 环道的宽度

环道即环绕中心岛的单向行车带，其宽度取决于相交道路的交通量和交通组织。

一般靠近中心岛的一条车道作绕行之用，最靠外侧的一条车道供右转弯之用，中间的一到两条供交织之用，这样环道上一般设计 3 到 4 条车道。实践证明：车道过多，不仅难以利用，反而易使行车混乱，导致不安全。据观测，当环道车道数从 2 条提高 3 条时，通行能力提高最为显著；而当车道数增加到 4 条以上时，通行能力提高很少。因为车辆在绕岛行驶时需要交织，在交织段长度小于 2 倍的最小交织段长度时，车辆只能顺序行驶，不可能同时出现大于 2 辆车交织。所以，不论车道数设计多少条，在交织断面上只能起到一条车道的作用。因此，环道的车道数一般以 2～3 条为宜，对现有大型环形交叉的改建或具有特殊要求的可放宽要求。

环道上每条车道宽度为正常车道宽度加上车道加宽的宽度。环道上车道加宽值应符合表 9-3的规定。

非机动车交通可与机动车交通混行或分行布置。一般为保证交通安全，减少相互干扰，以分行布置为宜，可用分隔带（或墩）或标线等分隔。非机动车道宽度应视具体情况而定，一般不小于相交道路中的最大非机动车行车道宽度，也不宜超过 6 m。

表 9-3　环道上车道加宽值

单位：m

中心岛半径		$10\leqslant R\leqslant 15$	$15\leqslant R\leqslant 20$	$20\leqslant R\leqslant 30$	$30\leqslant R\leqslant 40$	$40\leqslant R\leqslant 50$	$50\leqslant R\leqslant 60$
车型	小型车	0.80	0.70	0.60	0.50	0.40	0.40
	大型车	3.00	2.40	1.80	1.30	1.00	0.90

（4）交织角

交织角是进环车辆轨迹与出环车辆轨迹的平均相交角度。它以距右转机动车道的外缘 1.5 m 和中心岛边缘 1.5 m 的两条切线交角来表示，如图 9-10 所示。

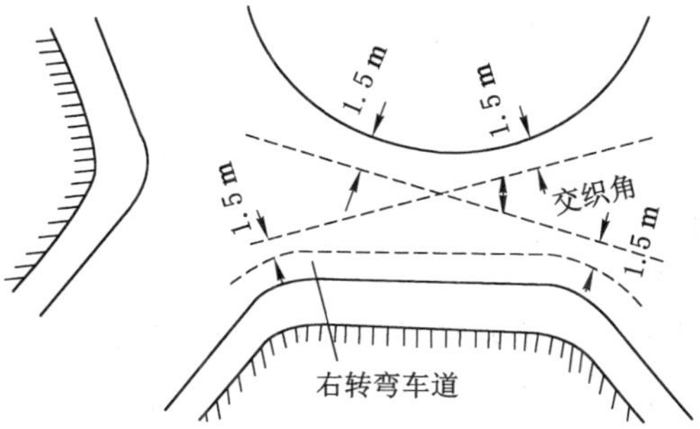

图 9-10　交织角

交织角的大小取决于环道的宽度和交织段长度。环道宽度越窄，交织段长度越大，则交织角越小，行车越安全。但交织段要长，中心岛半径就要增大，占地也要增加。根据经验，交织角控制在 20°～30°为宜。通常在交织段长度已有保证的条件下，交织角多数能满足要求。

（5）环道进出口的转弯半径

环道进出口的转弯半径取决于环道的设计车速。为了使环道上的车速比较一致，对入环车辆的车速应加以限制，因此，环道进口的曲线半径应接近于或小于中心岛半径。环道出口的曲线半径，不应相差过大，以免造成与入环车速的很大差别，影响环道的行车安全。

（6）环道横断面

环道的横断面形状与行车的平稳和路面的排水关系密切，而横断面的形状又取决于路脊线的选择。通常环道横断面的路脊线设在交织道的中间，若机动车与非机动车之间设有分隔带时，其路脊线也可设在分隔带上。环道路脊线通过设于进、出口之间的三角形导向岛或直接与交汇道路的路脊线相连，如图 9-11 所示，图中虚线为路脊线，箭头指向为排水方向。环道横断面宜设计成环道中心线为路拱脊线的两面坡，中心岛的周围低洼处设置雨水口，以保证环道内不产生积水。环道纵坡不宜大于 2%。

（7）环岛视距

为了保证行车安全，在环道上应满足绕行车辆的停车视距要求（图 9-12），同时沿靠岛绕行车道绘制停车视距线，并得出包络图。图中内切线范围内可设置岛内不妨碍视线的高瘦构筑物（雕塑）。

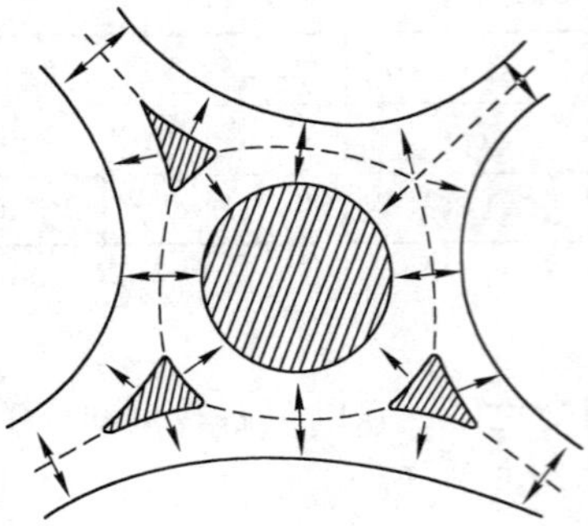

图 9-11　环道的路脊线

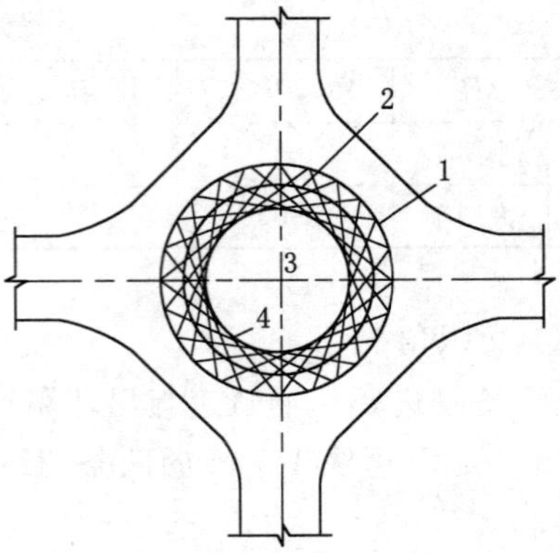

1—左转车行驶轨迹线；2—中心岛缘石线；
3—设置构筑物的容许范围；4—视距线的包络线图。

图 9-12　环岛视距包络线图

环岛周边应设相应交通反光标志，以免夜间外来车撞入环岛。环岛上不可设置庞大的妨碍视线的雕塑，必须限制其内径。中心岛的绿化不得遮挡交通的视线。

综上所述，环形交叉环道设计时一般应满足以下要求：

① 环道的车行道可根据交通流的情况，采用机动车与非机动车混行或分行布置。分行时分隔带宽度可采用 1 m 左右。

② 机动车道数一般采用 3 条。车道宽度应考虑弯道加宽，非机动车道宽度不应小于交汇道路中的最大非机动车道宽度，也不宜超过 6 m。

③ 环岛上不应布置人行道，以免行人穿过环道。如有特殊要求允许行人到环岛上时，应建造人行地道。环道外侧的人行道宽度，不宜小于各交汇道路中的最大人行道宽度。

④ 环道外缘的平面线形不宜设计成反向曲线，进口路缘石半径应满足路口右转车速要求。出口路缘石半径应大于或等于进口路缘石半径。

⑤ 环道纵坡不宜大于 2%，横坡宜采用两面坡。

⑥ 环道上应满足绕行车辆的停车视距要求。

9.3　交叉口立面设计

9.3.1　交叉口立面设计的目的和要求

交叉口立面设计的目的是统一解决相交道路之间以及交叉口和周围建筑物之间在立面位置上的行车、排水和建筑艺术三方面的要求，使相交的道路在交叉口内能有一个平顺的共同面，便利车辆和行人交通。使交叉口范围内的地面水能迅速排除，使车行道和人行道的标高与建筑物的地面标高相协调而具有良好的观感。

交叉口立面设计又称为交叉口的竖向设计，主要取决于相交道路的等级、交通量、横断面形状、纵坡的方向和大小，以及周围地物地形状况。设计时，首先应照顾主要道路上的行车方便，在不影响主要道路行车方便的前提下，也可以适当改动主要道路的纵、横坡，以照顾次要道路和行车方便。

9.3.2　立面设计原则

立面设计一般遵循如下原则：

① 主、次道路相交，主要道路的纵、横坡坡度一般均保持不变，次要道路的纵、横坡坡度可适当改变。

② 同级道路相交，纵坡一般不变，横坡可变。

③ 路口设计纵坡不宜太大，一般不大于 2%，困难情况下不大于 3%。交叉口四角路缘石边沟纵坡不小于 0.3%。

④ 交叉口立面设计标高应与四周建筑物地坪标高相协调。道路标高低于建筑物地坪标高，并为日后路面补强留有余地。

⑤ 为了保证交叉口排水流畅，设计时至少应有一条道路的纵坡离开交叉口。如遇困难地形，例如交叉口设在盆形地形处，所有道路纵坡都向着交叉口时，必须预先考虑修筑地下排水管道和设置进水口。

⑥ 合理布置雨水口。在交叉口布置雨水口时，应不使地面水流经交叉口的行人横道，也不应使地面水在交叉口内积水或流入另一条道路。为此，进水口应设在交叉口行人横道处地面水流方向的上游和设计等高线的低洼处。

9.3.3　交叉口立面设计基本形式

交叉口立面设计的形式主要取决于规划阶段的地形，以及相交道路的纵坡和横断面。以十字形交叉口为例，根据相交道路纵坡方向的不同，立面设计有以下 6 种基本形式。

(1) 凸形地形交叉口

相交道路的纵坡全由交叉口中心向外倾斜(图 9-13)。设计时把交叉口上的坡度做成与相交道路同样的坡度，往往只需调整一下接近交叉口时的道路横坡即可。地面水由交叉口 4 个街角的边沟排出，不需设置进水口。这种交叉口形式使用最普遍。

(2) 凹形地形交叉口(盆地形交叉口)

相交道路的纵坡全向交叉口中心倾斜(图 9-14)。在这种情况下，地面水都向交叉口集中，因此，必须设置地下排水管排泄地面水。为了避免雨水积聚在交叉口，还应将交叉口中心做得高一些，在交叉口 4 个角上的低洼处设置进水口。此时街道纵坡必然有所改变，对行车和排水都不利。这种形式应尽量避免，竖向规划路网时宜避免。

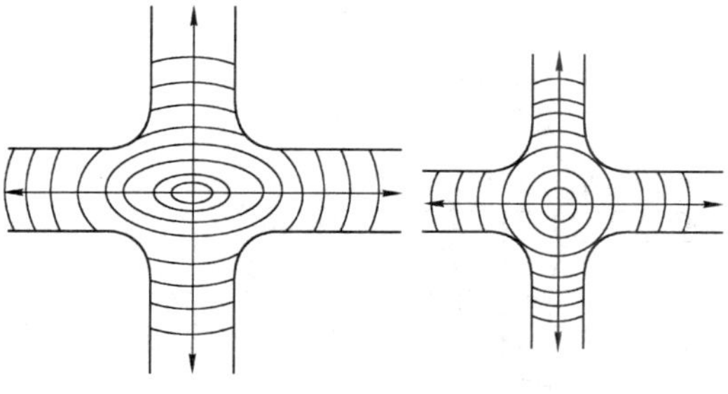

(a)　　(b)

图 9-13　凸形地形处交叉口竖向设计

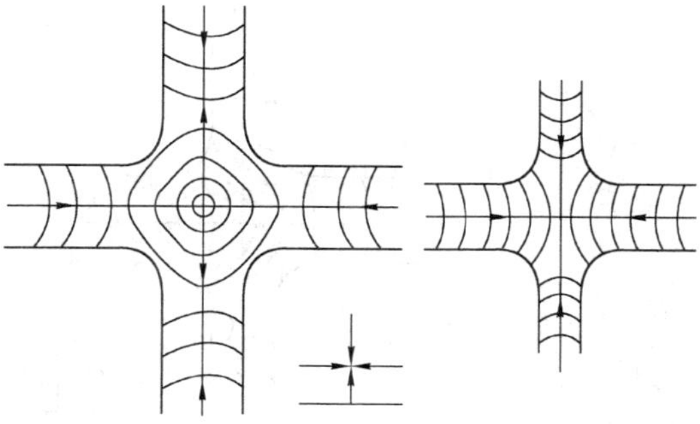

(a)　　(b)

图 9-14　凹形地形处交叉口竖向设计

(3) 分水线地形上的交叉口(脊形交叉口)

三条道路的纵坡由交叉口向外倾斜,而另一条道路的纵坡向交叉口倾斜。图 9-15(a)所示为主-主交叉;图 9-15(b)、图 9-15(c)所示为主-次交叉。交叉口中有一条道路位于地形分水线上就形成这种形式。设计时应将纵坡向着交叉口的道路的路脊线在交叉口处分三个方向,相交道路的横断面均不变。在纵坡向着交叉口的路口上的行人横道上侧设置进水口,使街沟的地面水不流过行人横道,以免影响行人和车辆交通。

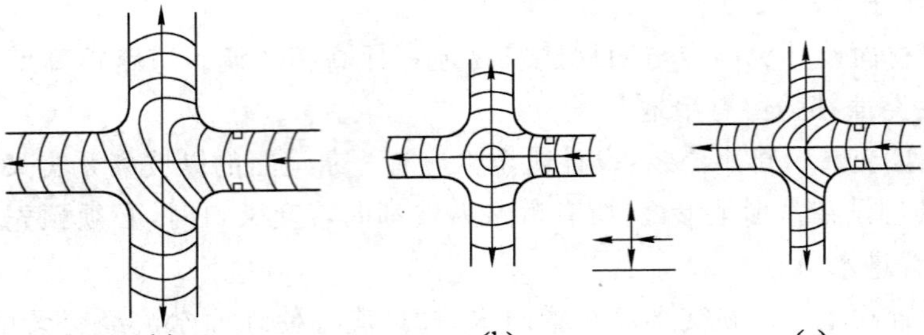

(a) (b) (c)

图 9-15 分水线地形上的交叉口立面设计

(4) 谷线地形上的交叉口

三条道路的纵坡向交叉口倾斜,而另一道路的纵坡由交叉口向外倾斜形成谷线地形上的交叉(图 9-16)。这种纵坡向交叉口倾斜的路面,应设雨水口,以免交叉口积水。图 9-16(a)所示为主-主交叉;图 9-16(b)、图 9-16(c)、图 9-16(d)所示为主-次交叉。

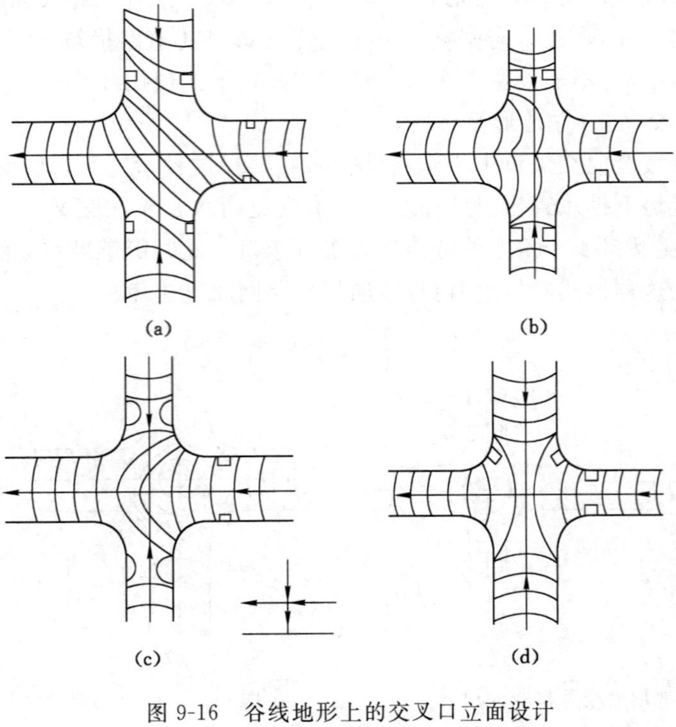

(a) (b)

(c) (d)

图 9-16 谷线地形上的交叉口立面设计

(5) 斜坡地形上的交叉口

相邻两条道路的纵坡向交叉口倾斜，而另外两条道路的纵坡由交叉口外倾斜，形成斜坡地形上的交叉。设计时相交道路的纵坡均不变，按照天然地形，将两条道路的横坡在进入交叉口前逐渐向相交道路的纵坡方向倾斜，而在交叉口上形成一个单向倾斜的斜面。在进入交叉口的行人横道上侧设置进水口。

图 9-17(a)所示为主-主交叉；图 9-17 (b)、图 9-17(c)所示为主-次交叉。

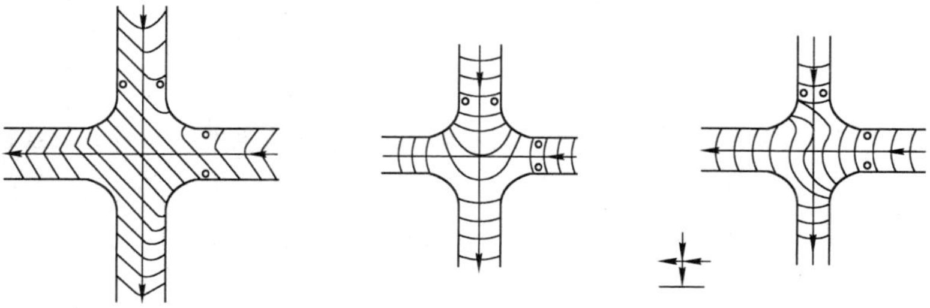

(a)　(b)　(c)

图 9-17　斜坡地形上的交叉口立面设计

(6) 马鞍形地形上的交叉口

相对两条道路的纵坡向交叉口倾斜，而另外两条道路的纵坡由交叉口向外倾斜形成马鞍形地形上的交叉。图 9-18(a)、图 9-18(b)所示为主-主交叉；图 9-18(c)、图 9-18(d)所示为主-次交叉。

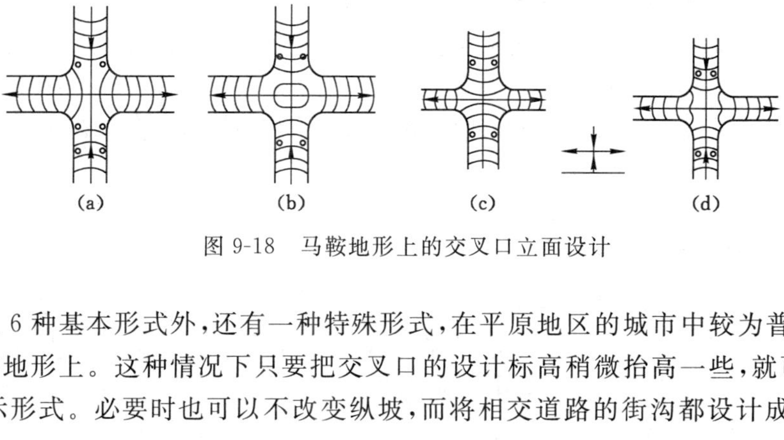

(a)　(b)　(c)　(d)

图 9-18　马鞍地形上的交叉口立面设计

除以上 6 种基本形式外，还有一种特殊形式，在平原地区的城市中较为普遍，即交叉口位于水平的地形上。这种情况下只要把交叉口的设计标高稍微抬高一些，就可以设计成图 9-13(a)所示形式。必要时也可以不改变纵坡，而将相交道路的街沟都设计成锯齿型，用以排除地面水。

9.3.4　交叉口立面设计的方法与步骤

交叉口的立面设计有三种方法：方格网法、设计等高线法和方格网设计等高线法。方格网法是在交叉口的设计范围内，以相交道路的中心线为坐标基线打方格网，方格网线的尺寸一般为 5 m×5 m 或 10 m×10 m，并平行于路中线；斜交道路应选便于施工放线测量的方向，测出方格点上的地面标高，并求出其设计标高，从而算出施工高度。设计等高线法是在交叉口的设计范围内选定路脊线和划分标高计算线网，算出路脊线和标高计算线上各点的设计标高，最后勾画出设计等高线，并算出各点的施工高度。设计等高线法的主要优点是比方格网法能更加清晰地反映交叉口的设计地形，其缺点是设计等高线上的各点标高位置不易放样。故通常是两种方法结合使用(方格网设计等高线法)，取长补短——采用设计等高线法设计，为了便于施工测量放样，用方格网标出各点的地面标高、设计标高和施工高度。方格网设计等高线法，主要用于大型的主要交叉口和广场的立面设计。对于一般交叉口的立面设计，通常都采用设计等高线法或方格网法。

现将方格网设计等高线法立面设计的步骤和方法介绍如下(注：如采用方格网法，则不需勾画设计等高线；如采用设计等高线法，可不画方格网，只要加注一些特征点的设计标高即可)。

(1) 收集资料

① 测量资料：交叉口的控制标高和控制坐标。收集或实测 1∶500 或 1∶200 的地形图，在图上以相交道路的中心线为坐标基线打方格网，方格的大小视相交道路的等级(主要的或次要的)、地形和设计精度的要求而定，一般采用 5 m×5 m 或 10 m×10 m，特别情况可酌情增减。方格网线与路中线平行，如道路斜交，则应沿便于施工测量放样的方向，并测出方格点上的地面标高，详细标注附近的地坪和建筑物标高。

② 交通资料：交通量和交通组织(直行、左转弯、右转弯的比例)。

③ 排水资料：已建或拟建的排水管道位置。

④ 道路资料：道路等级、宽度、纵坡、横坡等平纵横设计或规划资料，道路的交叉角。

(2) 绘制交叉口平面图

包括路中心线、车行道和行人道的宽度、缘石半径。

(3) 确定交叉口的设计范围

设计范围一般为缘石半径的切点以外 5～10 m(相当于一个方格)，这是考虑到自双向横坡逐渐过渡到单向横坡需要一定的距离，并应与相交道路的路面标高完全衔接。

(4) 确定立面设计图式和等高距

根据相交道路的等级、纵坡方向和地形，确定采用的立面设计等高线形式，并选定相邻等高线的高差 h(一般为 0.02～0.10 m)。

(5) 交叉口设计等高线的绘制计算

① 路段设计等高线的计算。

a. 选定交叉口范围内合适的路脊线和控制标高。

路脊线为路拱顶点(分水点)的连线。路脊线位置的选定合理与否，将直接影响交叉口的排水、行车和立面美观。所以要做好立面设计，首先要选好路脊线位置。

在交叉口上，相交道路的路中心线交汇于一点时，一般来说，路中心线即路脊线，路脊线的交点即其控制标高点。

当主要干道与次要道路相交时，一般情况下对主、次道路的行车方便尽可能都照顾到。在特殊情况下，如果主要道路的交通量和车速占压倒性优势，要求主要干道上的横坡不变，此时次要道路呈过街横沟，对行车、排水都不利，应尽量避免。

选定路脊线的基本原则：既要考虑行车的平顺，又要考虑整个交叉口的均衡美观。一般来说，路脊线是对向车辆行驶轨迹的分界线。

交叉口的控制标高，应根据相交道路的纵坡、交叉口四周地形、路面厚度和建筑物布置等综合考虑确定。在确定相交道路中心线交点的控制标高时，不宜使相交道路的纵坡值相差过大，其差值一般要求不大于0.5%，可能的话，应尽量使交叉口处相交道路的纵坡大致相等，这有利于立面设计的处理。

b. 计算中心线上相邻等高线的水平间距 l_1。

$$l_1 = \frac{h}{i_1} \tag{9-4}$$

式中　h——相邻设计等高线的间距即高差，可以根据纵坡大小和图纸比例自行选择；

i_1——路段中心线设计纵坡，各路段相应纵坡值应从纵断面图中取得。

c. 计算街沟至拱顶同名等高线的水平距离 l_2。

定出等高线在街沟上的位置。由于车行道横坡坡度的影响，等高线在街沟上的位置向纵坡的上方偏移了一水平距离 l_2：

$$l_2 = h_{拱} \cdot \frac{1}{i_1} = \frac{B}{2} \cdot i_2 \cdot \frac{1}{i_1} = \frac{B\,i_2}{2\,i_1} \tag{9-5}$$

式中　$h_{拱}$——路拱高度，m；

B——车行道宽度或路面宽度，m；

i_2——车行道横坡。

计算出 l_1和 l_2位置后，定出中心线上其余等高线的位置，最后连接相应高程点，既得用设计等高线表示的路段设计等高线图。实际上如果路拱形式为抛物线，等高线应经曲线勾绘，只有直线型路拱可用折线连成等高线，为简化起见，见图 9-19 用折线表示。

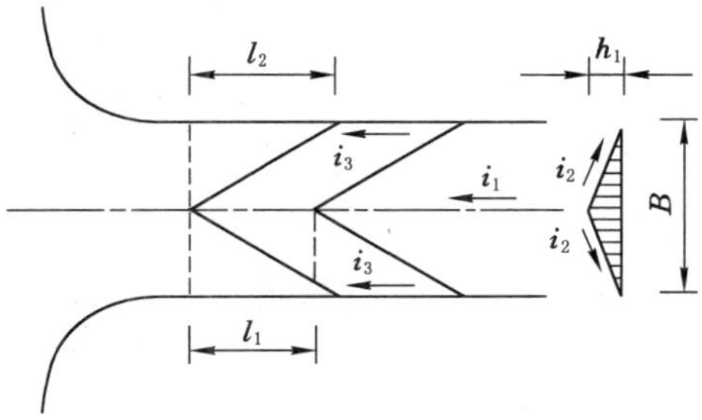

图 9-19　路段设计等高线绘制

② 交叉口上设计等高线的计算。

只有路脊线上的设计标高还不足以反映交叉口的竖向形状，依靠它来绘制交叉口的等高线比较困难，必须增加一些辅助线，即标高计算网线。实践证明：交叉口竖向设计的关键是正确选择路脊线和标高计算网线，如果妥善解决这两个问题，则各点的标高计算也就迎刃而解了。标高计算线网主要有方格网法、圆心法、等分法和平行线法等。

a. 方格网法——如图 9-20 所示。在交叉口平面图上，平行于道路中心线画出 5 m×5 m或 10 m×10 m 的方格网线，遇特殊情况，方格网的大小也可以酌情增减，如道路斜交，方格网线应选在便于施工测量放线的方向。方格网法适宜用在道路正交的交叉口上。

根据路脊线交点 A 的控制标高 h_A，可逐一求出以下各点的设计标高。转角曲线切点

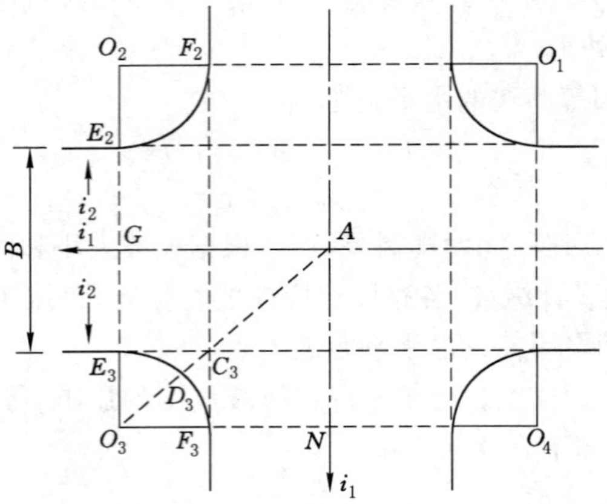

图 9-20　方格网法

横断面上的三点标高为：

$$h_G = h_A - l_{AG} \cdot i_1 \tag{9-6}$$

$$h_{E_3}(\text{或} h_{E_2}) = h_G - \frac{B}{2} \cdot i_2 \tag{9-7}$$

同理可求得其余 3 个切点横断面上的 3 点标高。

由 E_3 或 F_3 的标高可推算出行车道边线延长线交叉点 C_3 的标高，如不相等取平均值，即

$$h_{C_3} = \frac{(h_{E_3} + R \cdot i_1) + (h_{F_3} + R \cdot i_1)}{2} \tag{9-8}$$

过 C_3 的 A、O_3 连线与转角曲线相交于 D_3，则 D_3 点的标高为：

$$h_{D_3} = h_A - \frac{h_A - h_{C_3}}{l_{AC_3}} \cdot l_{AD_3} \tag{9-9}$$

转角曲线 E_3F_3 和路脊线 AG、AN 上所需其他各点标高，可根据已算出的特征点标高，用补插法求得。

b. 圆心法（图 9-21）——在路脊线上根据施工的需要每隔一定的距离（或等分）定出若干点，把这些点分别与相应的缘石转弯半径的圆心连接成直线，即得圆心法标高计算线网。

c. 等分法（图 9-22）——把交叉口范围内的路脊线等分为若干份，然后将相应的缘石曲

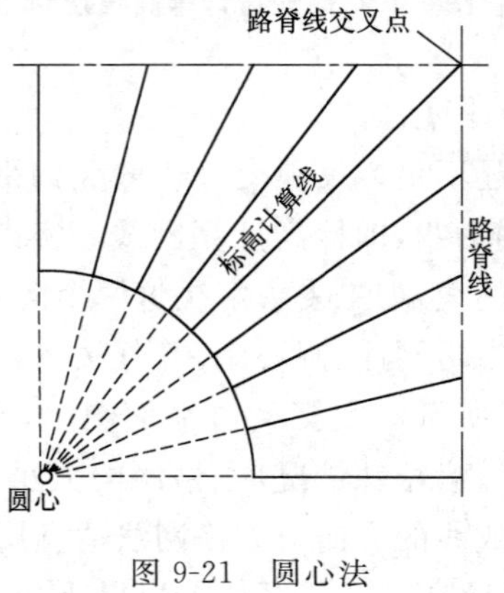

图 9-21　圆心法

线也分成同样数量的等份，顺序连接这些等分点，即得交叉口的标高计算线网。

d. 平行线法(图 9-23)——先把路脊线交点与各转角的圆心连成直线，然后根据施工需要把路脊线分成若干点，通过这些点作平行线交于缘石曲线，即得标高计算线网。

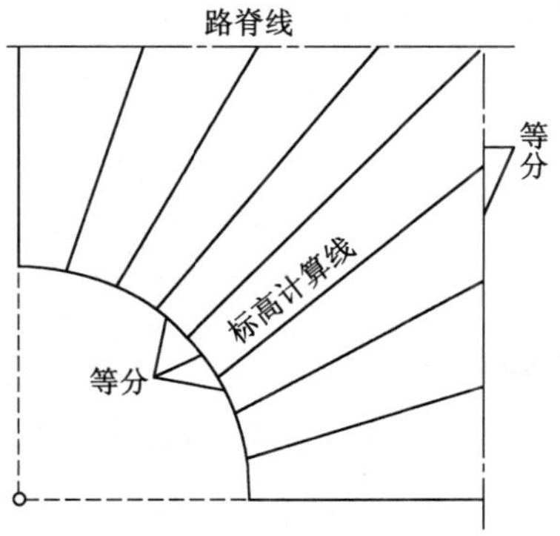

图 9-22　等分法

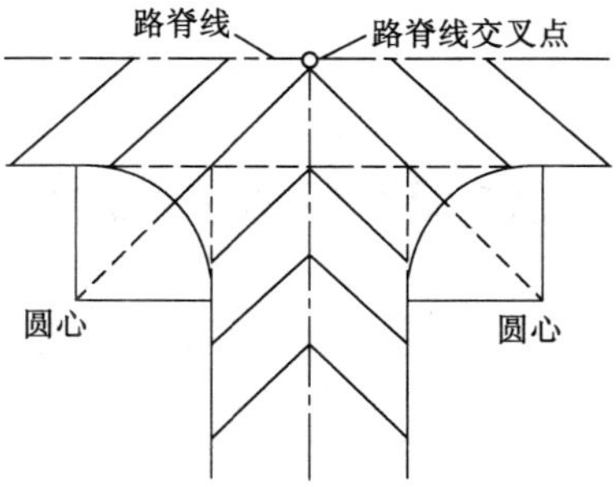

图 9-23　平行线法

思考与练习

1. 平面交叉口的基本分类是什么？
2. 道路平面交叉设计的主要内容是什么？
3. 简述道路平面交叉的类型、适用范围。
4. 道路交叉口有何交通特征？如何减少或消灭交叉口冲突点？

第10章　立体交叉规划设计

10.1　立体交叉的设置与类型

立体交叉(简称立交)系指道路与道路、道路与铁路相互交叉时,用跨线桥或地道使两条路线在不同的水平面上通过的交叉形式。立交是高速公路和城市快速路必不可少的组成部分。

采用立交可使各方向车流在不同标高的平面上行驶,消除或减少了冲突点,从而提高了行车速度、通行能力,减少了交叉口的延误和油耗。由于控制相交道路车辆的出入,减少了外界因素对高速路行车的影响,提高了交通安全度,因此常用于行车速度高和交通量大的道路主干线上。

由于立交占地面积大、施工复杂、造价高、不易改造,因此应根据规划,经过技术、经济及环境效益的比较和分析确定。

10.1.1　立体交叉的设置条件

① 根据相交道路的等级确定。高速公路上所有交叉口均应设置立体交叉;一级公路与其他公路交叉应尽量采用立体交叉;城市快速路与快速路、主干路、铁路交叉时,须采用立体交叉;大城市机场路与一般道路相交可采用立体交叉。

② 根据交通量的需要确定。《城市道路工程设计规范》(CJJ 37—2012)(2016年版)规定:主干路与主干路相交的口,当进入路口的现况交通量超过4 000～6 000辆/h(当量小客车),相交道路为四车道以上,且对平面交叉口采取改善措施和调整交通组织均难收效时,可设置立体交叉。

③ 考虑地形条件确定。当交叉所在地形条件适宜,并结合兴建跨河桥或跨铁路立交,增建桥梁边孔,改善交通,且有明显经济效益时,可设置立体交叉。

④ 道路与铁路的交叉符合下列条件时采用立体交叉:

a. 当地形条件困难,采用平面交叉危及行车安全时;

b. 城市主干路、次干路与铁路交叉,在道路交通高峰时期经常发生一次封闭时间超过15 min;

c. 中小城市被铁路分割时,道口交通量虽不大,但考虑城市的整体需要,可选择合适位置设置一两处立体交叉。

10.1.2　立体交叉的组成

立体交叉一般由跨线构造物、正线(或称为主线)、匝道、出入口及变速车道等部分组成,如图10-1所示。

跨线构造物是指立交实现车流空间分离的主体构造物,包括设于地面以上的跨线桥(上

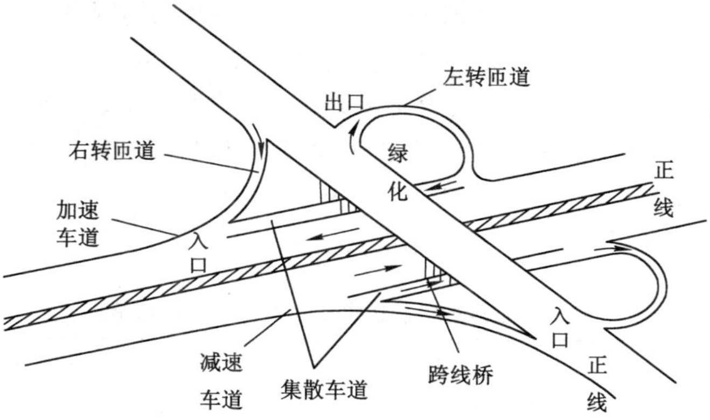

图 10-1　立体交叉的组成

跨式）和设于地面以下的地道或隧道（下穿式）。

正线也称为主线。它是组成立交的主体，指相交道路的直行车行道，主要包括连线跨线构造物两端到地坪标高的引道和交叉范围内引道以外的直行路段。

匝道是立交的重要组成部分，是指供上、下相交道路转弯车辆行驶的连接道路，有时包括匝道与正线以及匝道与匝道之间的跨线桥（或地道）。匝道使空间分离的两条主线连接，形成互通式结构。按其作用可分为右转匝道和左转匝道。

出、入口是匝道与主线的结合部位。由正线驶出进入匝道的道口为出口；由匝道驶入正线的道口为入口。

变速车道为满足车辆变速行驶的需要，在正线右侧的出入口附近设置的附车道。出口端为减速车道，入口端为加速车道。

10.1.3　公路立交与城市立交的主要区别

公路上的立体交叉和城市道路上的立体交叉，在作用、主要组成部分和设计方法等方面是基本相同的。但由于受地形、地物、用地以及收费制等条件的影响，两者之间又有一些区别，设计的主导思想也各具特色。

公路立交一般地物障碍少，用地宽松，计算行车速度较高，线形指标也较高，交通组织较为简单，占地也较多，多采用地上明沟排水系统。一般设收费站，两立体交叉间距较大，施工时维持原有交通的要求较低，立交形式较简单。

城市立交一般不收费，相邻立交间距较小，需要合理解决庞大的自行车流和行人交通，且用地较紧张，受地上和地下各种管线及建筑物的影响大，多采用地下暗管排水并与城市排水系统连接；同时，要考虑施工时便于维持原交通和快速施工等问题，比公路立交更多地重视美观的要求，常作为一种城市景观来设计。城市立交形式复杂、多样，往往做成多层式。

10.1.4　立体交叉的类型和使用条件

立交形式有很多，目前世界各国已建成的共有 180 余种，其中应用最广泛的有 10 余种。

10.1.4.1　按结构物形式分类

立体交叉按相交道路结构物形式划分为上跨式和下穿式两类。

上跨式立交：用跨线桥从相交道路上方跨过的交叉方式。这种立交施工方便，造价较低，排水易处理，但占面积地大，引道较长，跨线桥影响视线和周围景观，不利于非机动车辆的行驶，宜用于乡村及城郊用地较充裕、地面建筑物干扰较小的地区。

下穿式立交：用地道或隧道从相交道路下方穿过的交叉方式。这种立交占地面积较小，立面易处理，对视线和周围景观影响小，但施工期较长且对地下管线干扰大，造价较高，排水困难，养护和管理费用大，多用于城市市区。

上跨式与下穿式立交的特点及适用情况见表10-1。

表10-1　上跨式与下穿式立交的特点及适用情况

序号	分析的出发点	上跨式（跨线桥）	下穿式（地道桥）
1	地形	适用于凹形地形	适用于凸形地形
2	城市街道的艺术处理	因高出地面，对艺术处理要求较高	不会破坏原街道美观、无高出地面的结构物
3	周围环境与街道宽度	适用于宽街道及原为简单房屋可以拆迁的情况	适用于窄街道及原有房屋较好的情况，能保留景观
4	原有地下管线	不需要改建	需要改建
5	排水	容易解决	要添设排水泵站，终年日夜有人值班。保证排水，对墙体的防水要求高
6	防空	一旦破坏容易修复	浅埋对防辐射有利，但抗爆效果并不好，一旦破坏较难修复，深埋时防空效果好
7	经济	工程费用及养护费用均较低，钢材用量较少，圬工体积大	浅埋地道桥费用较大，深埋隧道造价更高，养护要求高，钢材用量大，圬工体积较小
8	噪音	噪音较大，有时必须采用隔音措施	对地面居民影响较小，隧道内影响较大
9	施工过程中对原有交通的影响	工期较短，影响小，甚至可以在不封锁交通的情况下施工	工期较长，箱涵顶进法影响稍小，大开挖施工影响很大
10	通风与采光	自然通风、采光，不需特别考虑	空气污染严重，必须考虑通风，改善气体污染隧道的条件。隧道要考虑照明问题
11	空间利用及道路与地下建筑的连接	桥下可作一般机动车与非机动车道、停车场、地下商场等用途	可以与地铁、地下道路网、地下停车场等地下结构在地下连接
12	铁路与道路交叉	机车通过桥下，对高架桥的净空有要求	汽车穿过地道桥，净空要求较低，但大型平板车对净空要求特别高
13	非机动车及人行交通	非机动车跨铁路时因坡度大，需特别处理；如不跨铁路，则在桥下行驶，比较方便	非机动车道的坡度小，容易处理

10.1.4.2　按交通功能分类

按交通功能可划分为分离式立交和互通式立交两类。

(1) 分离式立交

它是仅设跨线构造物一座，使相交道路在空间上分离，上、下道路无匝道连接的交叉方式，如图 10-2 所示。该类型立交结构简单，占地少，造价低，但是相交道路的车辆不能转弯行驶，只适用于高速公路与铁路或次要道路之间的交叉。

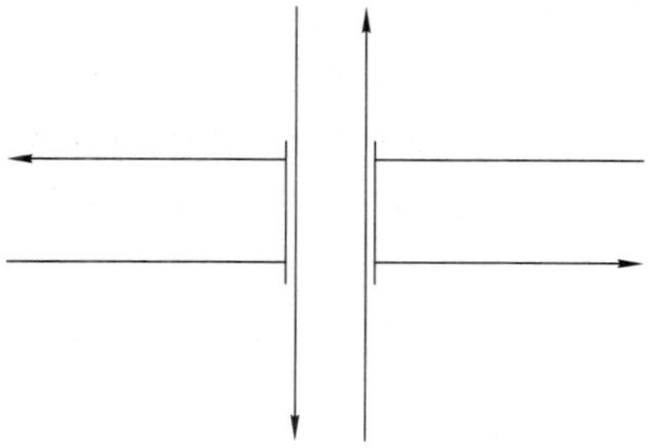

图 10-2　分离式立交

（2）互通式立交

它是不仅设跨线构造物使相交道路在空间上分离，而且上、下道路有匝道连接，以供转弯车辆行驶的交叉方式。这种立交车辆可转弯行驶，全部或部分消灭了冲突点，各方向行车干扰较小，交通功能强大，但立交结构复杂，占地多，造价高。

10.1.4.3　按相交道路等级划分

（1）公路互通式立体交叉

公路互通式立体交叉分为枢纽互通式立体交叉和一般互通式立体交叉两大类。

① 枢纽互通式立体交叉一般为高速公路与高速公路之间的交叉，其匝道无收费站等设施，且应保证所有交通流无交叉冲突。

② 一般互通式立体交叉为除枢纽互通式立体交叉之外的其他互通式立体交叉，一般用于高速公路或一级公路与双车道公路之间的交叉，允许合并设置收费站和在被交叉公路的车道端部采用平面交叉。

（2）城市道路交叉分级

城市道路立体交叉根据相交道路等级及其直行车流、转向车流（主要是左转车流）行驶特征要求及非机动车对机动车交通干扰程度划分为枢纽立交、一般互通式立交和分离式立交 3 个等级。城市道路新规范规定的分类方法见表 10-2。

表 10-2　立体交叉口类型及交通流行驶特征

立交类型	主线直行车流运行特征	转向（主要指左转）车流行驶特征	非机动车及行人干扰情况
立 A 类（枢纽立交）	连续快速行驶	较少交织、无平面交叉	机非分行，无干扰
立 B 类（一般立交）	主要道路连续快速行驶，次要道路存在交织或平面交叉	部分转向交通存在交织或平面交叉	主要道路机非分行，无干扰；次要道路非混行，有干扰
立 C 类（分离式立交）	连续行驶	不提供转向功能	—

立 A_1 立交为机非分行全互通式立交，主要指位于城市重要交通枢纽节点的快速路与同级道路或高速公路的交叉，以及部分位于交通枢纽节点的特大城市主干路与快速路及以上等级道路的交叉。该类立交既要保证相交主线直行车流连续快速行驶，又要使转向车流以

较高车速畅行。如上海外环与沪杭高速公路交汇处的莘庄大型互通式组合立交。

立 A_2 立交主要为机非分行互通式立交。它主要用于城市主干路之间的交叉，容许转向车流减速交织行驶。当相交道路个别方向转向车流量少，可以限制转向时形成的部分互通式立交以及准许少量非机动车与机动车混行的互通式立交，多用于交通量稍小些的城市主干路间的交叉及快速路与次干路间的交叉，其运行特征是匝道转向车流车速较前者低一些，对次要的主干路或次干路容许有少量非机动车的干扰。如北京建国门扁平苜蓿叶三层式立交。

立 B 立交为一般立交。其运行特征为主线直行车流连续行驶，次要相交线车流及转向车流在地面平交路口交织或间断行驶，如菱形立交。

立 C 立交为分离式立交。

10.2 互通式立体交叉

10.2.1 互通式立交分类

互通式立体交叉依据交通组织是否在次要道路保留平面交叉分为部分互通式立体交叉和完全互通(全立交)式立体交叉。

10.2.1.1 部分互通式立交

它是相交道路的车流轨迹线之间至少有一个平面冲突点的交叉，代表形式主要有菱形立交和部分苜蓿叶式立交等，属于一般互通式立体交叉。

(1) 菱形立交

菱形立交，如图 10-3 所示，图 10-3(a)所示为三路立交，图 10-3(b)所示为四路立交。

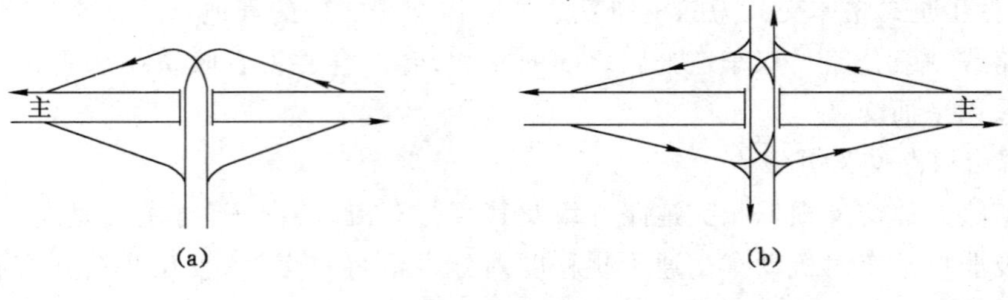

图 10-3 菱形立交

这种立交能保证主线直行车辆快速畅通；转弯车辆绕行距离较短；主线上具有高标准的单一进出口，交通标志简单；主线下穿时匝道坡度便于驶出车辆的减速和驶入车辆的加速。菱形立交形式简单，仅需一座桥，用地和工程费用小。但次线与匝道连接处为平面交叉，影响了通行能力和行车安全。适用于出入交通量较少、匝道上无收费站的一般互通式立交。

布设时应将平面交叉设在次线上，主线上跨或下穿应视地形和排水条件而定，一般以下穿为宜。次线上可通过渠化或设置信号等措施组织交通。

(2) 部分苜蓿叶式立交

如图 10-4 所示，可根据转弯交通量的大小或场地的限制，采用其中任何一种形式或其他变形形式。

这三种形式立交的主线直行车快速通畅；仅需一座桥，用地和工程费用较小；远期可扩

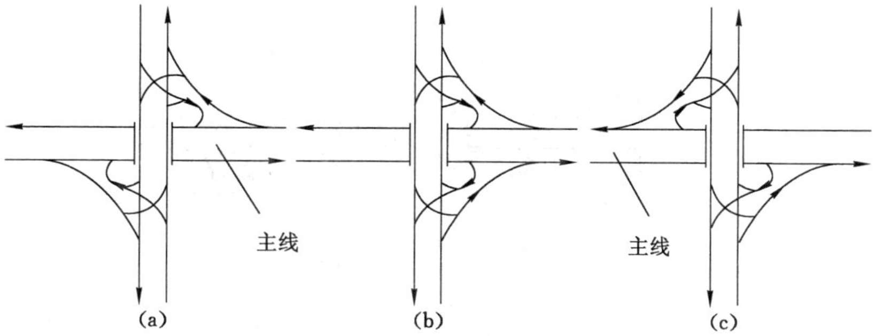

图 10-4　部分苜蓿叶式立交

建为全苜蓿叶式立交。但次线上存在平面交叉，有停车等待和错路运行的可能。适用于出入交通量较小的一般互通式立交。

布设时应使转弯车辆的出入尽可能少地妨碍主线交通，最好使每一转弯运行均为右转弯出入，不得已时应优先考虑右转出口。另外，平面交叉口应布置在次线上。

10.2.1.2　全互通式立体交叉

这是一种相交道路的车流轨迹线全部在空间分离的交叉。它是一种比较完善的高级形式，各转向都有专用匝道，适用于高速公路与高速公路之间以及高速公路与其他高等级道路相交的交叉。根据匝道形式不同，有如下几种形式。

(1) 喇叭形立体交叉

以喇叭形匝道连接的三岔道互通式立交，即是喇叭形立交。图 10-5 所示为三路立交的代表形式：A 式和 B 式，经小环道(转向约 270°)左转匝道和一个半定向型匝道来实现左转所构成的立交形式。由小环道驶入主线为 A 式，驶出时为 B 式。

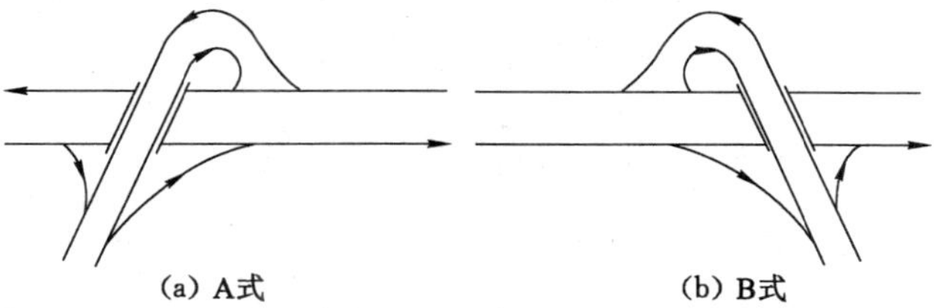

图 10-5　喇叭形立交

喇叭形立体交叉常用在 T 形或 Y 形交叉口，结构简单，行车安全方便，但占地面积较大。由于这种立交的环圈式匝道车速较低，布设时应将环圈式匝道设在交通量小的方向上，主线交通量大时宜采用 A 式。次线可上跨或下穿，上跨对转弯交通视野有利，下穿时宜斜交或弯穿。

(2) 苜蓿叶式立体交叉

如图 10-6 所示，图 10-6(a)为标准形，图 10-6(b)为带集散车道形。

由 4 个对称的小环道左转匝道来实现各方向左转弯车辆的运行。立交各匝道相互独立，交通运行连续而自然，无冲突点，可分期修建，仅需一座构造物。但这种立交占地面积大，左转小环道转向角 270°，转弯半径小，绕行距离较长，小环道匝道适应车速较低，且桥上、下存在交织，限制立交的通行能力。适用于两条高速公路或一级公路相交，左转交通量

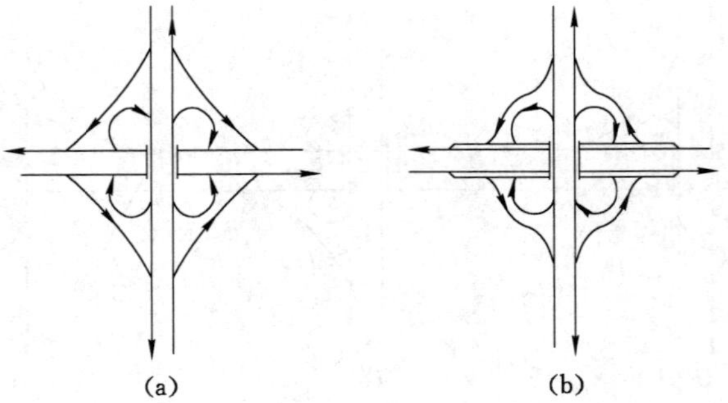

图 10-6　苜蓿叶式立交

不大的郊区及乡村立交。

布设时视具体条件，小环道匝道可采用单曲线、多心复曲线、扁平形等。为消除主线上的交织，避免双重出口，使标志简化及提高立交的通行能力和行车安全，可加设集散车道。

(3) 子叶式立体交叉

如图 10-7 所示，由两个小环道来实现车辆左转。这种立交只需一座构造物，造价较低，造型美观。但交通运行条件不如喇叭形的好，正线存在交织，多用于苜蓿叶式立交前期工程，布设时以正线下穿为宜。

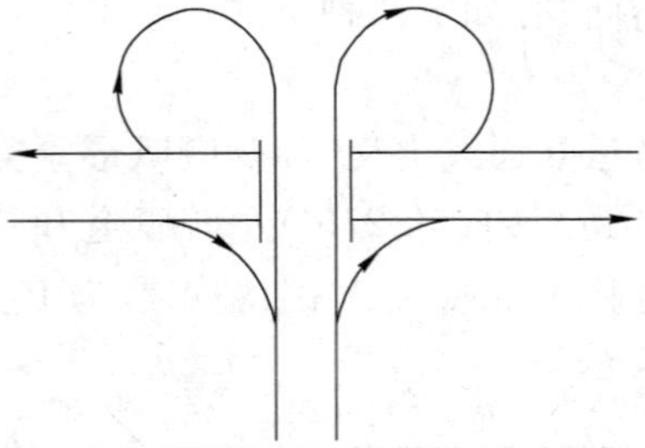

图 10-7　子叶式立体交叉

(4) Y 形立交(又称定向式立交)

定向式立体交叉各个方向车辆均设有直接的连接匝道，保证交通的便捷、通畅和安全，提高通行能力，是互通式立体交叉的最高级形式，公路上称为直连式枢纽互通式立交。由于这种立体交叉的桥梁多，工程量大，造价贵，一般用于直行与转弯交通量均较大的高等级道路相交处。图 10-8(a)所示为定向 Y 形，图 10-8(b)所示为半定向 Y 形。

(5) X 形交叉(又称半定向式立交)

如图 10-9 所示，该立交各方向运行都有专用匝道，自由流畅，转向明确；无冲突点，无交织，通行能力大；适应车速高的立体交叉。但占地面积大，层多桥长，造价高，在城区受地形限制很难实现，一般用于高速道路之间、各左转弯交通量均大、车速要求高、通行能力大的枢纽互通式立交。

(6) 环形立交

环形立交是由环形平面交叉发展演变而来的，是一种交织型立体交叉，可分为二层式、三层式和四层式。

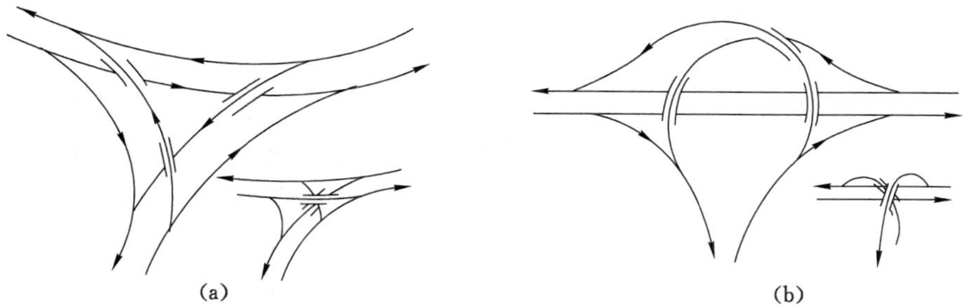

图 10-8　Y 形立交

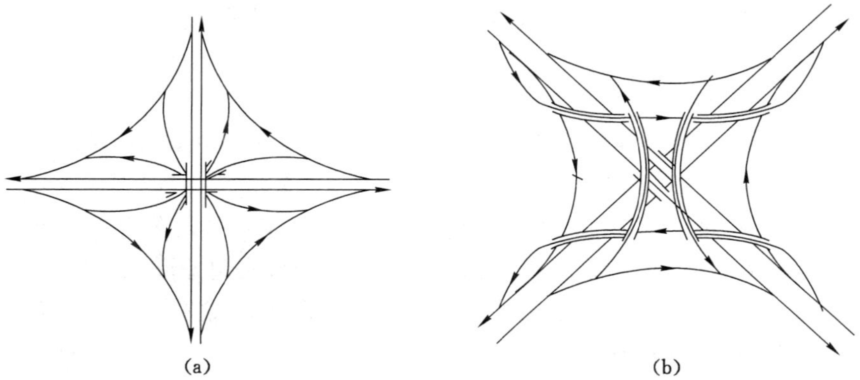

图 10-9　X 形立交

① 二层式环形立体交叉——是常用的环形立交，主干道上跨或下穿直接通过路口，次要道路的直行交通和转弯车流按逆时针方向绕环道进出路口(图 10-10)。这种立交占地少、拆迁量小，适用于用地受限制的主次道路相交路口。由于环形交叉的通行能力受交织段上的交织能力限制，环道上的行车速度又受到中心岛半径的限制，因此它不适用于交通量较大的主干道相交路口。机、非交通量均较大时可设置分隔带。相交道路为主次道路，并且交叉口左转弯车辆较少时，可采用长圆形环道，使短轴沿主干方向，以缩短路程，长轴沿次要干线方向，便于直行车辆行驶。北京市二环路上的朝阳门立交，即为二层式长环形立体交叉。

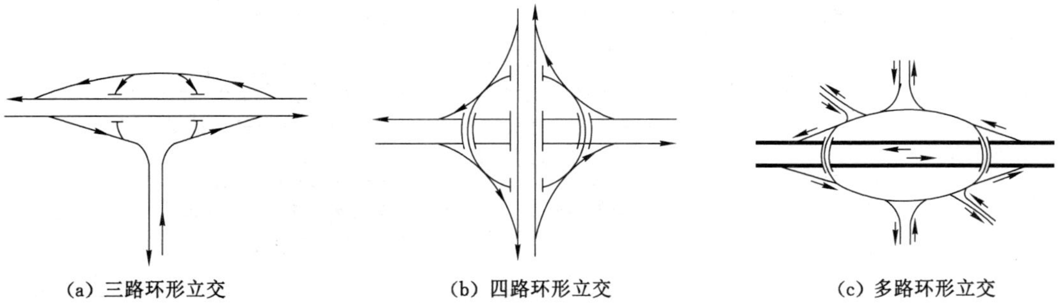

图 10-10　环形立交

环形立交便于分期建设，当相交道路上的直行机动车数量增加很多，又超过环形交叉通行能力时，可在环道上面增设直行跨线桥(即三层式环交)，所以二层式环形交叉，也可作为近期向远期三层式立交过渡的一种形式。如广州大北立交为1964年修建的二层环形立交，由于环道通行能力至1984年已达饱和，因此于1986年沿环市路又辟筑第三层直通高架桥。

② 三层式环形立体交叉——两条相交道路均为主要干线，且交通量均很大时，可将两个方向直行交通分别上跨与下穿，中间环道供左右转弯机非车辆运行，适用于大城市主干路交叉，如南京中央门环形立交。

③ 四层式环形立体交叉——是指双层环道加上跨与下穿直行道的立体交叉。我国也用于机动车与非机动车分行的立交中。为保证相交道路的直行方向的车辆畅通无阻，机动车转弯车辆与自行车分别置于两个环道转盘上运行。因此，适用于相交道路的直行交通量和机、非转弯交通量均较大的城市交叉口，整个主体交叉的建筑高度大，工程复杂，投资多，但占地面积不大，如广州区庄立交。

(7) 组合式立体交叉

它是根据交通量并结合地形、地物限制条件，在同一座立交中采用两种或两种以上不同形式的左转匝道组合而成的立交。

这种立交主线双向在立交范围不拉开距离的情况下，左转匝道多为小环道和半定向匝道，立体形式多种多样；匝道布设形式与交通量相适应；充分利用地形、地物，因地制宜，造型别致、美观。适用于一个或两个左转弯交通量较小的枢纽互通式立交。

10.2.2 立体交叉形式选择

10.2.2.1 影响立体交叉选择的因素

影响因素可概括为道路、交通、环境及自然条件，具体内容详见图10-11。

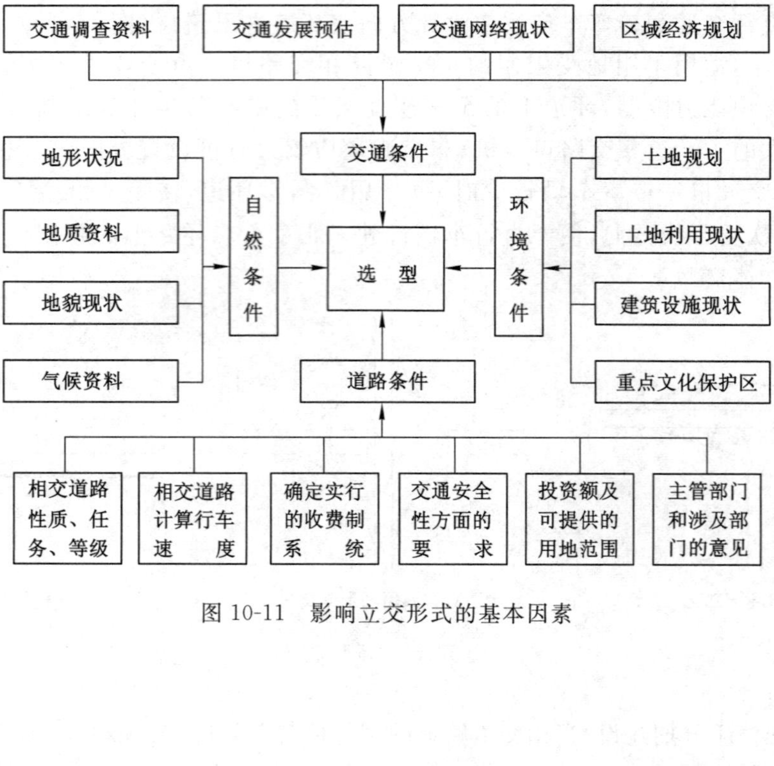

图10-11 影响立交形式的基本因素

10.2.2.2　互通式立体交叉间距

互通式立交间距应主要考虑以下影响因素：

① 能均匀分散交通。相邻立交之间保持间距，应与其负担的交通量均衡。间距过大会使交通联系不方便；间距过小则又影响高速道路的功能发挥，且使建设投资增加。

② 能满足交织路段长度的要求。相邻立交之间要有足够的交织路段，以便在相邻的立交之间设置加减速车道。交织路段是指前一个立交匝道的合流点到后一个立交匝道的分流点之间的路段。

③ 满足标志和信号布置需要。相邻立交之间应保证足够的距离，在此路段内设置一系列标志和信号，以便连续不断地告诉司机下一个立交出口的到来。

④ 驾驶员操作顺适的要求。相邻立交之间的距离如果过近，特别是在城市道路上，会因互通式立交的平面连续变化，纵断面起伏频繁，而对车辆运行、驾驶操作以及景观产生不利影响。

⑤ 经济要求。立交间距过小，布置过多，则造价高，不经济，反而不如连续的高架桥经济合理。

对互通式立交的标准间距要求，公路与城市道路不尽相同。公路上，在大城市、重要工业区周围为 5～10 km；一般地区为 15～25 km；最小间距不应小于 4 km；相邻互通式立交间距以不超过 30 km 为宜，超过时，应设置与主线立体分离的 U 形转弯设施。城市道路规定相邻互通立交交叉点的间距，应大于上下游匝道出入口间变速车道与交织段长度之和及满足设置必要交通标志的要求，且不宜小于 1.5 km。

10.2.2.3　立交形式选择的基本原则

互通式立交形式的选择应遵循下列原则：

① 首先取决于相交道路的性质、任务和远景交通量等，要确保行车安全畅通和车流连续。相交道路等级高时应采用完全式互通立交；交通量大、计算行车速度高的行车方向要求线形标准高、路线短捷、纵坡平缓；车辆组成复杂时要考虑个别交通特性的需要。在城市道路上，若使机、非交通量都很大的车流分离行驶，可采用三层式或四层式立体交叉。

② 选定的立交形式应与所在地的自然环境条件相适应，要充分考虑区域规划、地形地质条件、可能提供的用地范围、周围建筑物及设施分布情况等。在满足交通要求的前提下综合分析研究，力求合理利用地形，工程运营经济，与环境相协调，造型美观，结构新颖合理。

③ 选型应全面考虑近远期结合，既要考虑近期的交通要求，减少投资费用，又要考虑远期交通发展需要改建提高的可能。

④ 选型应从实际出发，有利于施工、养护和排水，尽量采用新技术、新工艺、新结构，以提高质量，缩短工期和降低成本。

⑤ 选型和总体布置要全面安排，分清主次，考虑平面线形指标和竖向标高的要求。如果铁路与道路相交，常以铁路上跨，可减小净空高度；高速道路与其他道路相交，原则上高速道路不变或少变，有利于行人及自行车通行。

⑥ 选型应与定位相结合。立交的形式随所在位置的地形地物及环境条件不同而异，通常先定位后选形，并将选形与定位结合起来考虑。

10.2.2.4 立交形式选择步骤及要点

(1) 初步选定立交的基本形式

公路立交形式选择:

① 两条干线公路或高速公路相交时,可选择全定向、半定向式立交;当部分左转弯交通量较小时,可选择组合式立交。

② 两条一级公路相交时,宜采用部分苜蓿叶形、苜蓿叶形、环形或组合式立交。

③ 高速公路与一级公路或交通量大的二级公路相交,且设置收费站时,宜采用双喇叭形。与交通量小的二级公路相交时,宜采用旁置式单喇叭形、部分苜蓿叶形。匝道上不设收费站时,宜采用菱形。

④ 一级公路与二、三、四级公路相交,因交通转换而设置互通式立体交叉时,宜采用菱形、部分苜蓿叶形。

城市道路立交形式选择:

① 枢纽立交应选择全定向、半定向、组合式等立交。一般立交可选择全苜蓿叶形、部分苜蓿叶形、喇叭形、菱形及环形或组合型等立交。

② 直行和转弯交通量均较大并需高速集散车辆的快速路与快速路相交的枢纽立交,应选用全定向式或半定向式立交;左转弯交通量差别较大的枢纽立交,可选用组合式立交。

③ 相交道路等级相差较大且转弯交通量不大的一般立交,可选用菱形、部分苜蓿叶形或喇叭形立交。

④ 城市不宜选用占地面积较大的全苜蓿叶形立交,左转交通量较大的立交不应选用环形立交。

城市道路立交的选择,应根据交叉结点在城市道路网中的地位、作用、相交道路的等级,并结合城市性质、规模、交通需求与用地条件,参照城市道路立交等级选择(表 10-3)。

表 10-3 城市立体交叉选型

相交路口类型	选型	
	推荐形式	可选用形式
快速路-高速公路	立 A_1 类	—
快速路-快速路(一级公路)	立 A_1 类	—
快速路-主干路	立 B 类	立 A_2 类、立 C 类
快速路-次干路	立 C 类	立 B 类
快速路-支路	—	立 C 类
主干路-高速公路	立 B 类	立 A_2 类、立 C 类
主干路-主干路	—	立 B 类
主干路-次干路	—	立 B 类
次干路-高速公路	—	立 C 类
支路-高速公路	—	立 C 类

根据影响立交形式选择的主要因素,表 10-4 为常用立交形式的选择条件,可供参考。

(2) 立交几何形状及结构的选择

立交的几何形状及结构对行车速度、运行时间、行车视距、视野范围、服务水平及通行能力等影响较大。在基本形式确定的基础上,通过仔细研究,对立交的总体结构进行安排和匝道布置,如跨线构造物的布置,出入口的位置,匝道布置象限,内外匝道采用整体式或分离式,匝道的平、纵、横几何形状及尺寸等。

表 10-4　互通式立交形式选择

立交形式	车速/(km/h)		交叉口通行能力/(辆/h)	用地/公顷	相交道路等级及交叉口情况
	直行	转弯			
菱形	30～80	25～35	5 000～7 000	2.5～3.5	高速公路与次要公路相交; 快速路与主干道相交
部分苜蓿叶形	30～80	25～35	6 000～8 000	3.5～5.0	高速公路与快速路、主干路相交; 苜蓿叶形立交的前期工程
部分定向型	60～80	40～60		2.5～3.0	快速路与主干道相交
喇叭形	60～80	30～40	6 000～8 000	3.5～4.5	高速公路与快速路相交; 高等级公路相互交叉; 用地允许的市区交叉口
苜蓿叶形	60～80	30～40	9 000～13 000	7.0～9.0	高速公路相互交叉; 高速公路与快速路、主干路相交; 用地允许的市区主要交叉口
组合式	80		1 200～14 000	8.5～10.0	同等级
定向型	80～100	70～80	1 300～15 000	5.5～12.5	高速公路相互交叉; 高速公路与市郊快速路相交
环形二层式	60～80	25～35	5 555～6 000	2.5～3.0	快速路与次干路相交
环形三层式	60～80	25～35	6 000～7 000	2.5～3.0	快速路相互交叉; 市区交叉口; 高等级公路与次要道路相交
环形四层式	60～80	25～35	7 000～9 000	2.5～3.0	
三路子叶形立交	60～80	25～35	5 000～7 000	3.0～4.0	高等级公路相互交叉; 苜蓿叶形立交的前期工程

注:1 公顷=10 000 m^2。

(3) 立交方案比较

有时产生几个立交方案,需经过多方案的技术、经济比较,选择合理的立交形式和适当的规模,以做出满足交通功能要求、适合现场条件、工程量小、投资方案省的立交方案。方案比较的方法较多,下面简要介绍综合评价法和技术经济比较法。

① 综合评价法。该方法是对建立的综合评价指标体系,借助层次分析法或模糊数学的方法或两者的结合使用,通过各影响因素权重的计算和综合分析比较,以寻求整体最优或较优的立交方案,作为决策依据。

② 技术经济比较法。直接计算各立交方案的技术、使用及经济指标值,逐项进行对比分析,选出最佳方案。各指标的具体内容如下:

a. 技术指标——包括占地面积,以单车道计的匝道总长度,以单车道计的立交范围内主线全部车道长度,匝道路面面积,主线路面面积,以单车道计的跨线桥总长度,路基土石方体积。

b. 使用指标——包括汽车在相邻道路上两固定点间以计算行车速度，左转运行时间和右转运行时间，以最佳车速计算的左转运行时间和右转运行时间。

c. 经济指标——包括立交范围的路基、路面及跨线构造物等的总造价，立交一年的养护费用，一年的运输费用。

10.2.3 立交设计资料和设计步骤

（1）设计资料

在立体交叉设计之前，应通过实地勘测、调查收集下列资料：

① 自然资料。测绘立交范围的 1∶500～1∶2 000 的地形图，详细标注建筑物的建筑线、种类、层高、地上及地下各种杆柱和管线；调查并收集用地发展规划，水文、地质、土壤、气候资料；收集附近的国家控制点和水准点等。

② 交通资料。收集各种转弯及直行交通量，交通组成；推算远景交通量；绘制交通量流量流向图；调查非机动车和行人流量等。

③ 道路资料。调查相交道路的等级、平纵面线形、横断面形式和尺寸；相交角度、控制坐标和标高；路面类型及厚度。确定净空高度、设计荷载、计算行车速度及平纵横指标等。

④ 排水资料。收集立交所在区域的排水制度、现状和规划；各管渠位置、埋深和尺寸。

⑤ 文书资料。收集设计任务书，上级主管部门的具体要求、意见及有关文件等。

⑥ 其他资料。调查取土、弃土和材料来源；施工单位、季节、工期和交通组织与安全。

（2）设计流程

① 初拟方案。根据交通量的地形条件，在地形图上绘出可能的立交方案。

② 确定比较方案。对初拟方案进行分析，应考虑线形是否顺适，半径能否满足，各层间可否跨越，拆迁是否合理，选 2～4 个比较方案。

③ 确定推荐方案。在地形图上按比例绘出各比较方案，完成初步平纵设计、跨桥方案和概略工程量计算，做出各方案比较表，全面比较后确定推荐方案（一般 1～2 个）。比较时应考虑交通是否流畅安全，各匝道的平、纵、横及相互配合是否合适，立交桥的结构、布置是否合理，设计和施工难易程度，整体工程估价，养护营运条件以及立交的造型和绿化等。

④ 确定采用方案。对推荐方案视需要做出模型或透视图，征询有关方面的意见，最后定出采用方案。应权衡造价与方案、近期与远期、局部与整体的关系，也可采用分期修建方案。

⑤ 详细测量。对采用方案实地放线并详细测量，进一步收集技术设计所需要的全部资料。

⑥ 技术设计。完成全部施工图和工程预算。

以上第①～④步为初步设计阶段，当可选方案较少或简单明了时可酌减步骤，第⑤和⑥步为施工图设计阶段。

思考与练习

1. 立体交叉方案考虑的主要原则是什么。

2. 简述立体交叉的组成和公路立交与城市立交的主要区别。

3. 简述设置分离式立体交叉与互通式立体交叉的适用条件及互通式立体交叉与其他交通设施的间距。

参考文献

[1] 北京市市政工程设计研究总院. 城市道路工程设计规范:CJJ 37—2012[S].北京:人民交通出版社,2012.

[2] 陈洪仁.道路交叉设计[M].北京:人民交通出版社,1991.

[3] 方守恩.高速公路[M].北京:人民交通出版社,2002.

[4] 胡功宏,张苛.道路勘测设计[M].徐州:中国矿业大学出版社,2018.

[5] 黄晓明. 路基路面工程[M].6 版.北京:人民交通出版社股份有限公司,2019.

[6] 霍明.山区高速公路勘察设计指南[M].北京:人民交通出版社,2000.

[7] 交通部公路科学研究院.公路沥青路面施工技术规范:JTG F40—2004[S].北京:人民交通出版社,2004.

[8] 交通部公路科学研究院.公路土工试验规程:JTG 3430—2020[S].北京:人民交通出版社,2007.

[9] 交通运输部公路局,中交第一公路勘察设计研究院有限公司.公路工程技术标准:JTG B01—2014[S].北京:人民交通出版社股份有限公司,2014.

[10] 交通运输部公路科学研究院.公路水泥混凝土路面施工技术细则:JTG/T F30—2014[S].北京:人民交通出版社,2014.

[11] 李相然,等.公路工程现场勘察与测量技术[M].北京:人民交通出版社,2003.

[12] 林雨,陶明霞.道路勘测设计[M].武汉:武汉大学出版社,2013.

[13] 刘伯莹,姚祖康.公路设计工程师手册[M].北京:人民交通出版社,2002.

[14] 孙家驷.道路概论[M].北京:人民交通出版社,1997.

[15] 孙家驷.道路设计资料集 2[M].北京:人民交通出版社,2001.

[16] 韦璐,扈慧敏.路基路面公路[M].2 版.武汉:武汉大学出版社,2022.

[17] 徐家钰,等.道路工程[M].2 版.上海:同济大学出版社,2004.

[18] 许金良等.道路勘测设计[M].北京:人民交通出版社股份有限公司,2016.

[19] 杨少伟.道路勘测设计[M].2 版.北京:人民交通出版社,2008.

[20] 张金水.道路勘测设计[M].上海:同济大学出版社,1998.

[21] 中国公路工程咨询集团有限公司.公路立体交叉设计细则:JGT/T D21—2014[S].北京:人民交通出版社,2014.

[22] 中交第二公路勘察设计研究院有限公司.公路路基设计规范:JTG D30—2015[S].北京:人民交通出版社股份有限公司,2015.

[23] 中交第三公路工程局有限公司.公路路基施工技术规范:JTG/T 3610—2019[S].北京:人民交通出版社股份有限公司,2019.

[24] 中交第一公路勘察设计研究院有限公司.公路路线设计规范:JTG D20—2017[S].北京:人民交通出版社股份有限公司,2017.

[25] 中交公路规划设计院有限公司.公路水泥混凝土路面设计规范:JTG D40—2011[S].北京:人民交通出版社,2011.
[26] 中交路桥技术有限公司.公路工程抗震设计规范:JTG B02—2013[S].北京:人民交通出版社,2013.
[27] 中交路桥技术有限公司.公路沥青路面设计规范:JTG G50—2017[S].北京:人民交通出版社股份有限公司,2017.
[28] 朱照宏.道路规划与几何设计[M].北京:人民交通出版社,2008.